Matthias Kaufmann
Recht

Grundthemen Philosophie

Herausgegeben von
Dieter Birnbacher
Pirmin Stekeler-Weithofer
Holm Tetens

Matthias Kaufmann
Recht

DE GRUYTER

ISBN 978-3-11-027218-5
ISBN (PDF) 978-3-11-027249-9
ISBN (EPUB) 978-3-11-039096-4

Library of Congress Cataloging-in-Publication Data
A CIP catalog record for this book has been applied for at the Library of Congress.

Bibliografische Information der Deutschen Nationalbibliothek
Die Deutsche Nationalbibliothek verzeichnet diese Publikation in der Deutschen Nationalbibliografie; detaillierte bibliografische Daten sind im Internet über http://dnb.dnb.de abrufbar.

© 2016 Walter de Gruyter GmbH, Berlin/Boston
Einbandabbildung: Martin Zech
Satz: fidus Publikations-Service GmbH, Nördlingen
Druck und Bindung: CPI books GmbH, Leck
♾ Gedruckt auf säurefreiem Papier
Printed in Germany

www.degruyter.com

Einleitung

Recht ist heute ein globales Phänomen. Dies bedeutet erstens, dass es von allen Staaten als verbindlich akzeptierte Regelungen gibt, so etwa die UN-Charta, unabhängig davon, ob diese Regelungen de facto global wirksam sind. Dies bedeutet zweitens, dass es, von einigen *failed states* abgesehen, überall staatliche Rechtssysteme gibt, die Geltung beanspruchen, auch wenn sie es nicht immer durchsetzen können. Dass Recht heute ein globales Phänomen ist, bedeutet jedoch nicht, dass es ein global anerkanntes Naturrecht gäbe, das von Gott in die Herzen der Menschen geschrieben wurde, wie man einige Zeit annahm. Es bedeutet ebenso wenig, dass das staatlich oder auch zwischenstaatlich gesetzte Recht noch die ausschließliche Rolle spielt, die zur Formulierung staatspositivistischer Positionen führte: Zu klar erfolgt die Entwicklung des Handelsrechts häufig an den Staaten vorbei und zu häufig erheben traditionalistische und religiöse Rechtskonzeptionen Geltungsansprüche, vor allem in postkolonialen Systemen.

Das Wesen des Rechts ist also wieder einmal im Wandel begriffen. Für das europäische Mittelalter schienen die Annahme eines Naturrechts und dessen göttlicher Ursprung mehr oder minder selbstverständlich. Manchmal wurden göttliches Recht und Naturrecht identifiziert und menschlichem Recht gegenübergestellt wie bei Isidor von Sevilla[1] und im Decretum Gratiani.[2] Bei Thomas von Aquin[3] wiederum galt das natürliche Gesetz als Teilhabe der vernünftigen Geschöpfe am ewigen Gesetz, mit dem der Schöpfer das Universum ordnet. Welche Rolle es in den konkreten Rechtsstreitigkeiten spielte, ist eine andere Frage, erst recht, ob man sich über seinen Inhalt einig war. Immerhin war das Naturrecht in diversen, nicht allzu weit voneinander verschiedenen Versionen bis zum Ende des 18. Jahrhunderts präsent und besaß auch im 19. und selbst im 20. Jahrhundert seine Vertreter und Anhänger.

Gleichwohl lief die Entwicklung der Rechtsmodelle seit dem 17. Jahrhundert immer mehr auf die Konzeption des mit dem Gewaltmonopol ausgestatteten, souveränen Nationalstaats als auf seinem Territorium Recht setzender Instanz zu. Dies wurde mit z. T. sehr unterschiedlichem Erfolg weltweit „exportiert" und wird bei vielen Theoretikern getragen von der Fiktion eines – nach Möglichkeit demokratischen – Souveräns, der bestimmt, was als Recht zu gelten hat und Gehorsam findet. Auch dort, wo dieses Modell als zu einfach verabschiedet wird, bleibt der Gedanke einer Einheit des Rechts erhalten, unabhängig davon, ob man bereit ist, staatliches Recht der Kontrolle durch Naturrecht, Moral oder andere Instanzen unterwerfen zu lassen. Schließlich gehen auch Thomas von Aquin und die von ihm beeinflussten Naturrechtler für das menschliche Gesetz von *einem* Gesetzgeber aus[4]. Dem Nachteil der Beschränkung der Rechtsgeltung auf das jeweilige staatliche Territorium begegnet man dann mitunter durch ein universelles Völkerrecht und/oder das langfristige Ziel eines Weltstaats.

Das empirische Phänomen des Rechtspluralismus stellt diese grundlegende Einheit des Rechtssystems in Frage. Verschiedentlich wird auch die Anerkennung eines derartigen Rechtspluralismus, zumindest in Teilbereichen wie dem Familienrecht, propagiert. Die Etablierung eines Weltstaats scheint nicht nur in weiter Ferne zu liegen, sondern auch deutlich weniger attraktiv zu sein als verschiedentlich angenommen.

Diese Situation lässt es, so meine These im ersten Kapitel, geboten erscheinen, den Gedanken der Rechts*setzung* als Grundmodell der Rechtsbildung zu überwinden oder zumindest einzuschränken und durch den der Rechts*aushandlung* zu ersetzen. In günstigen Situationen kann sich eine solche Aushandlung als gemeinsame Beratung abspielen, die zum gemeinsamen Beschluss über ein für alle geltendes Recht führt. Häufig jedoch, gerade im internationalen Rahmen, erfolgt sie als Aushandeln zwischen ungleichen Partnern, die keineswegs mehr in allen Fällen Staaten sein müssen. Um angesichts derartiger Asymmetrien die schwächeren Partner zu schützen, müssen neben die Fairness absichernden Prozeduren die Menschenrechte als allseits zu respektierender Minimalinhalt einer jeden Vereinbarung garantiert werden.

Da trotz aller Kritik und Relativierung die Nationalstaaten nach wie vor die zentralen, wenn auch nicht ausschließlichen Akteure des Rechts sind, gilt es, sowohl ihre Legitimationsgrundlage, besser vielleicht ihre Legitimationsgrundlagen, als auch das lange und in Konfliktfällen noch heute als fundamental angesehene Souveränitätskonzept zu untersuchen und mit den Ergebnissen des ersten Kapitels in Beziehung zu setzen. Schließlich lassen sich die dabei gewonnenen Kriterien auch an andere Akteure auf der rechtlich-politischen Bühne anlegen. An dieser Stelle wird auch relevant, wie sich unter diesen Bedingungen das Verhältnis von Recht und Politik, Recht und Staat gestaltet, aber auch, wie die Menschen reagieren sollten, wenn es den Staaten an Legitimität fehlt, wenn sie sich etwa, statt die Menschen in ihrem Machtbereich zu schützen, gegen diese wenden und sie verfolgen. Es geht also um eine heutige Deutung des Widerstandsrechts.

Da die Menschenrechte als unverzichtbare Basis jeder Rechtsaushandlung benannt wurden, andererseits keineswegs unumstritten sind, gilt es, sie etwas näher zu untersuchen. Dabei ist ein Versuch, ihre historische Entwicklung nachzuzeichnen, deshalb von Interesse, weil häufig gerade historisierende Argumentationen herangezogen werden, um sie zu relativieren bzw. als kontingente regionale Fehlentwicklung zurückzuweisen. Doch werden im dritten Kapitel auch die systematischen Grundlagen, das Verhältnis zu Demokratie, Menschenwürde und kultureller Vielfalt untersucht.

Das vierte Kapitel gibt eine Interpretation der tragenden Begriffe jeder rechtsphilosophischen Diskussion – Sicherheit, Freiheit, Gleichheit, in knapper Form auch Eigentum und Gerechtigkeit – im Lichte der historischen wie aktuellen Diskussion. So erweist sich Humboldts Plädoyer für eine Beschränkung staatlicher Aktivität auf die Sicherung der Individuen in dieser Form als für die gegenwärtige globale Situation unzulänglich. Freiheit wiederum entwickelte sich vom Gruppenprivileg und Vorrecht zum allgemeinen Menschenrecht und gewann noch an Inhalt im Kontext der sozialen Frage. Es wird sich zeigen, dass die gerne vorgenommene Konfrontation von Gleichheit und Freiheit für eine adäquate Beschreibung des modernen Verfassungsstaates unangemessen ist. Schließlich sei angedeutet, dass die Annahme eines Menschenrechts auf Eigentum eher problematisch ist; zudem seien gegenwärtige Debatten zur Gerechtigkeit angesprochen.

Im letzten Kapitel kommen wiederum die globalen Bezüge ins Spiel, durch eine Skizze der Entwicklung des Völkerrechts wie durch die Themen der internationalen Gerechtigkeit und der humanitären Intervention.

Ich danke dem Verlag und den Herausgebern der Reihe für die Anregung, den Band zu verfassen und für die große Geduld bis zur Fertigstellung, insbesondere Dieter Birnbacher für wichtige inhaltliche Hinweise. Ferner danke ich denen, die mich durch die Lektüre früherer Fassungen verschiedener Teile des Buches unterstützt haben, v. a. Danae Simmermacher und Christoph Haar, sowie André Kahl für wertvolle Hilfe bei der Erstellung der fertigen Fassung. Vor allem aber danke ich meiner Frau, unseren Kindern und unserem Enkelkind für die Ermöglichung der Seelenruhe, durch die ich auch langwierige Projekte zu Ende bringen kann.

Inhaltsverzeichnis

1 Die klassischen Modelle des Rechts, ihre Probleme und ein Vorschlag —— 1
1.1 Das Naturrecht —— 1
1.1.1 Das Recht der Natur und das Recht Gottes —— 2
1.1.2 Das Recht aus der Natur des Menschen —— 6
1.1.3 Das Recht aus der Natur des Rechts —— 14
1.1.4 Die Wiederbelebung des Naturrechts nach dem zweiten Weltkrieg —— 18
1.2 Varianten des Rechtspositivismus —— 21
1.2.1 Methodologischer Positivismus —— 21
1.2.2 Der etatistische Positivismus —— 22
1.2.3 Psychologischer und soziologischer Positivismus —— 23
1.2.4 Harts Deutung des Rechts als Einheit von primären und sekundären Regeln —— 24
1.3 Vereinigungsversuche und die Diskussion um die Trennungsthese —— 25
1.3.1 Hegels Recht als Sittlichkeit —— 25
1.3.2 Dworkins Recht als Interpretation —— 27
1.3.3 Die Diskussion um die Trennungsthese —— 28
1.4 Die Herausforderung durch den Rechtspluralismus —— 30
1.4.1 Probleme für das Einheitsideal —— 30
1.4.2 Beispiele: Adat, Scharia und staatliches Recht in Westsumatra und in Marokko —— 33
1.4.3 Geteilte Rechtsprechung? —— 35
1.5 Globales Recht als Aushandlung —— 39
1.5.1 Bietet die Weltrepublik eine Lösung? —— 39
1.5.2 Aushandeln, nicht diktieren —— 42
1.6 Moral, Kultur, Rationalität – Kriterien und Methoden des Aushandelns —— 44
1.7 Schutzmechanismen des Rechts —— 46
1.7.1 Rule of Law und Rechtsstaat —— 46
1.7.2 Was sind subjektive Rechte? —— 46
1.7.3 Menschenrechte als Angelpunkt der Aushandlung —— 50

2 Staat und Recht: Legitimität und Widerstandsrecht —— 53
2.1 Souveränität, Staat und Nation —— 53
2.1.1 Konzepte der Souveränität —— 54
2.1.2 Staat und Nation —— 60
2.2 Kriterien der Legitimität —— 65
2.2.1 Funktionale Legitimität —— 66

2.2.2 Affirmative Legitimität —— 67
2.2.2.1 Die Legitimität der Mehrheitsentscheidung —— 68
2.2.2.2 Mehrheitsregel und Minderheitenschutz —— 70
2.2.3 Moralische Legitimität —— 73
2.2.4 Kosmopolitische Legitimität —— 74
2.3 Widerstandsrecht —— 75
2.3.1 Zur Geschichte des Widerstandsrechts —— 75
2.3.2 Formen des Widerstands und ihre Berechtigung —— 79
2.4 Recht und Politik —— 83

3 Menschenrechte —— 89
3.1 Zur Geschichte der Menschenrechte —— 91
3.1.1 Vorboten der Menschenrechte: der Bedeutungswandel von *ius* im Mittelalter —— 92
3.1.2 Sklaverei und Leibeigenschaft als theoretische und praktische Herausforderungen —— 94
3.1.3 Naturrecht und politische Philosophie im 17. und 18. Jahrhundert: die Entdeckung der Freiheit —— 99
3.1.4 Erste Institutionalisierungen der Menschenrechte: Die Deklarationen und Verfassungen des 18. Jahrhunderts und ihre Grenzen —— 104
3.1.5 19. Jahrhundert: soziale Frage und marxistische Kritik der Menschenrechte —— 105
3.1.6 20. Jahrhundert: Kritik der öffentlichen Meinung —— 108
3.2 Status, Struktur und Begründung der Menschenrechte —— 110
3.2.1 Arten und Generationen von Menschenrechten —— 110
3.2.2 Zwischen Recht, Natur, Religion und Moral: Begründungsmöglichkeiten und Seinsweisen —— 113
3.2.3 Menschenrechte und Menschenwürde —— 117
3.2.4 Menschenrechte und moderner Staat —— 126
3.2.4.1 Menschenrechte und Demokratie —— 126
3.2.4.2 Menschenrechte und Gemeinwohl —— 129
3.2.5 Minderheitenrechte, Toleranz und Integration —— 136
3.3 Kulturabhängigkeit vs. Transkulturalität der Menschenrechte —— 144
3.3.1 Der Ideologie- und Imperialismusvorwurf —— 144
3.3.2 Menschenrechte und kulturbedingte Grenzen des Verstehens —— 148
3.3.3 Ein Recht auf kulturelle Identität? —— 150

4 Die Kernbegriffe des modernen Rechts —— 157
4.1 Recht und menschliche Sicherheit —— 159
4.2 Formen politischer und rechtlicher Freiheit —— 163

4.2.1   Freiheit zur Selbstbestimmung – positive Freiheit —— 165
4.2.2   Freiheit von Bevormundung – negative Freiheit —— 169
4.2.2.1 Reine negative Freiheit und Freiheit als Erlaubtheit —— 169
4.2.2.2 Die Freiheit als Unabhängigkeit und die republikanische Freiheit —— 172
4.2.3   Was nützt die Freiheit? – Soziale Freiheit —— 175
4.3   Über die Gleichheit und die Gleichen —— 177
4.3.1   Wie gleich sind die Menschen und was folgt daraus? —— 177
4.3.2   Wer sind die Gleichen? —— 182
4.4   Gibt es ein Menschenrecht auf Eigentum? —— 186
4.5   Moralische Gleichheit und materiale Gerechtigkeit —— 190

5   **Völkerrecht, internationales Recht —— 201**
5.1   Überstaatliches und zwischenstaatliches Recht —— 201
5.1.1   Anmerkungen zur Geschichte des europäischen Völkerrechts —— 201
5.1.2   Zur Struktur des Völkerrechts —— 204
5.2   Transnationales Recht und seine Akteure —— 207
5.3   Internationale Gerechtigkeit —— 212
5.4   Krieg und humanitäre Intervention —— 220

Anmerkungen —— 231

Siglenverzeichnis —— 247

Literaturverzeichnis —— 249

Namenregister —— 269

Sachregister —— 273

1 Die klassischen Modelle des Rechts, ihre Probleme und ein Vorschlag

Als Einstieg für die Bemühung um einen der heutigen Diskussion und gesellschaftlichen Situation angemessenen Rechtsbegriff ist die Auseinandersetzung mit den diversen Varianten des Naturrechts, des Rechtspositivismus, aber auch mit der Bemühung, diesen Gegensatz hinter sich zu lassen unausweichlich. Während diese Debatte aus verschiedenen Gründen weitgehend auf die europäische und christliche Tradition beschränkt bleibt, erfordern die durch den faktisch an vielen Orten entstandenen Rechtspluralismus gestellten Herausforderungen zumindest die Offenheit gegenüber außereuropäischen Rechtstraditionen, von denen die Scharia derzeit vielleicht die prägnanteste Rolle spielt. Der Umstand, dass die für einige Jahrhunderte zum Paradigma des Rechts gewordene Form etatistischer Rechtsdurchsetzung noch lokale Anwendung findet, jedoch in vielen Bereichen weder realistisch, noch eine wünschenswerte Option ist, dass andererseits auch keine göttliche oder jedenfalls ewige Rechtsordnung mehr anerkannt ist, aus der man die konkreten Rechtsfragen untersuchen könnte, lässt den Vorgang des Aushandelns als konstitutiven Rechtsprozess immer wichtiger werden. Um dabei weder faktische Machtverhältnisse, noch kontingente Vorgaben als per se legitim akzeptieren zu müssen, bedarf es der Diskussion um Rationalitätskriterien über kulturelle Grenzen hinweg. Als Angelpunkt dieser schwierigen und oftmals unübersichtlichen Diskussionen wird hier die universelle Geltung der Menschenrechte als Legitimitätskriterium für jegliche Form von Machtansprüchen vorgeschlagen.

1.1 Das Naturrecht

In stark schematisierendem Zugriff kann man die Naturrechtsgeschichte als Aufeinanderfolge eines Rechtes aus der Natur, eines Rechtes aus der Natur des Menschen und eines Rechtes aus der Natur des Rechts fassen. Diese Ansätze waren für die Konzeption dessen, was unter Recht zu verstehen sei und wie man es bestimmen könne, zusammen mit dem römischen Recht und traditionellen Rechtsauffassungen im europäischen Raum für lange Zeit konstitutiv. Doch ist es wichtig, die Unterschiede zur Kenntnis zu nehmen, um nicht mit unzutreffenden Argumenten das Für und Wider zu erörtern, was insbesondere für die nach 1945 wiederbelebten Varianten des Naturrechts gilt.

Im römischen Recht, in vielen Teilen Europas bis ins 19. Jahrhundert eine zentrale Instanz zur Begründung von Normen und rechtlichen Entscheidungen,[1] wird die Bedeutung des Naturrechts zunächst eher niedrig angesetzt. Man unterscheidet zwischen dem *ius civile*, das nur für römische Bürger gilt, und dem *ius gentium*, das nach natürlichen Maßstäben gefunden wird und überall gilt, daher auch *ius naturale* heißt.[2] Die systematische Differenzierung zwischen Natur- und Völkerrecht entsteht in Europa erst im 16. Jahrhundert, insbesondere in der Spanischen Scholastik.

Eine Aufwertung erfährt das natürliche Recht nicht zuletzt im frühen Mittelalter bei Isidor von Sevilla[3], der es unter Rückgriff auf stoische Traditionen und die römisch-rechtliche Differenzierung von liturgischem (fas, ius poli) und weltlichem (ius fori) Recht als göttliches Recht den von Menschen geschaffenen Sitten gegenüberstellt, allerdings nur begrenzt zu deren Fundierung benutzt. Im späteren Mittelalter wird es zusätzlich mit aristotelischen Theoriestücken verknüpft. Zu diesen Theoriestücken gehört eine der für die abendländische Geistesgeschichte fundamentalen Reflexionen zur politischen und rechtlichen Anthropologie, die allerdings in das mittelalterliche und frühneuzeitliche Naturrecht integriert werden und keine dominante Rolle spielen. Deshalb wird hier als anthropologisch *begründetes* Naturrecht der mit Thomas Hobbes verknüpfte Gegenentwurf vorgestellt, der kein dem staatlichen Recht vorgeordnetes objektives Recht akzeptiert und die Notwendigkeit des staatlichen Rechts aus den Eigenschaften der Menschen ableitet. Der im Anschluss an Hobbes einsetzenden Debatte um die „wahre" Natur des Menschen vermag sich das *Vernunftrecht* insoweit zu entziehen, als es nach den Bedingungen der Möglichkeit eines Rechtssystems fragt und lediglich auf sehr elementare anthropologische Präsuppositionen zurückgreift.

1.1.1 Das Recht der Natur und das Recht Gottes

Erste rechtsphilosophische Reflexionen in Form einer Gegenüberstellung von menschlichem und natürlichem Recht bietet im europäischen Kulturkreis die griechische Sophistik. Angesichts der Erfahrung unterschiedlicher Formen von Gesetzen und Sitten bei Griechen und Barbaren sowie der Möglichkeit, bei der Neugründung von Kolonien unterschiedliche politische Organisationen zu installieren, suchte man nach einem stabilen Maßstab für die Richtigkeit von Regelungen und fand ihn in der Natur (*physis*), die man menschlicher Kunstfertigkeit (*techne*) auf dem Sektor von Recht und Moral gegenüberstellte. Die Natur diente daher nicht nur der Begründung, sondern auch zur Kritik faktisch bestehender Normen. Einige Sophisten deuteten das menschliche Recht als widernatürliche Unterdrückung der Schwachen durch die Starken, andere als Zähmung der Starken durch die Schwachen, wodurch die Starken um den aus ihrer Stärke resultierenden natürlichen Vorteil gebracht würden. So erklärt Hippias in Platons

Protagoras-Dialog die Anwesenden als Gleiche von Natur verwandt[4], während Kallikles im *Gorgias* vehement dafür eintritt, dass der Edle und Starke nach dem Recht der Natur mehr haben und die Schwachen beherrschen müsse[5].

Aristoteles will im Gegenzug zur sophistischen Kritik zeigen, dass die *Polis* und ihr Recht von Natur aus, damit auch der Natur gemäß ist. Dies geschieht durch eine Art induktiven Aufbaus der *Polis* aus ihren grundlegenden sozialen Relationen: Mann und Frau, Herr und Knecht, Eltern und Kinder, also Beziehungen, die für alle Beteiligten nach Aristoteles' Ansicht lebensnotwendig sind und gemeinsam das Haus bilden. Aus mehreren Häusern entstehen auf Kult und gegenseitiger Hilfe basierende Dörfer. Die erste autarke Gemeinschaft, die sich wiederum aus diesen kleineren Strukturen zusammensetzt, ist die *Polis*. Das Argument für die Naturgemäßheit der *Polis* lautet nun, der Staat müsse von Natur aus bestehen, da er das Ziel der von Natur aus bestehenden kleineren Gemeinschaften sei und das Ziel eines Dinges sei eben die Natur. „Denn der Zustand, welchen jedes Einzelne erreicht, wenn seine Entwicklung abgeschlossen ist, nennen wir die Natur jedes Einzelnen, wie etwa des Menschen, des Pferdes, des Hauses."[6] Der von Aristoteles in dieser Argumentation verwendete *teleologische Naturbegriff* spielte über lange Zeit eine zentrale Rolle in der Naturrechtstradition, gerade dann, wenn der Natur eine Begründungsfunktion zukommt. Später wird er häufig verbunden mit Spekulationen über die göttlichen Absichten, da Gott als Schöpfer der Natur auch gewollt haben müsse, dass die Dinge sich so verhalten. Heute ist er eher umstritten, da man einen naturalistischen Fehlschluss vermutet: Der Schluss, daraus, dass etwas der Natur gemäß so ist, darauf, dass es so sein soll, ist eine Form des Schlusses daraus, dass etwas so ist, darauf, dass es so sein soll. Hinzu kommt noch die keineswegs unproblematische Bestimmung, welche der vielfältigen in der Natur beobachtbaren Erscheinungsformen als „der Natur *gemäß*" zu bewerten sind.

Zu den aristotelischen Argumentationsfiguren, auf die in der Naturrechtstradition – allerdings nicht nur dort – kontinuierlich zurückgegriffen wurde, ohne dass den Beteiligten der Ursprung klar sein musste, gehören die formale Bestimmung der Gerechtigkeit, „Gleiches gleich und Ungleiches ungleich behandeln"[7], die Analyse der Freiwilligkeit[8], die für die Zurechnungslehre wichtig wurde, und die Erwägungen zur Billigkeit, epikeia[9], die man z. B. anwenden muss, wenn die Gesetze zu allgemein sind und ihre buchstäbliche Befolgung ungerecht wäre, wenn man Grund zur Nachsicht hat, oder wenn es gilt, die Mängel der Gesetze auszugleichen. Letzteres wurde in Mittelalter und Neuzeit für die menschlichen Gesetze häufig geltend gemacht, während das natürliche Gesetz dank seines göttlichen Ursprungs keine Mängel aufweisen konnte.

Markant in der Geschichte des Naturrechts ist die Figur der Antigone in Sophokles' gleichnamiger Tragödie, die gegen den ausdrücklichen Befehl des

Stadtherren Kreon ihren im Kampf gegen Theben gefallenen Bruder beerdigt und sich, vom Herrscher zur Rede gestellt, auf das Gesetz der Götter beruft, an welchem der menschliche Herrscher nicht rühren könne, da es eine über seinen Anordnungen stehende Norm darstelle.

Während in diesem Fall das Naturrecht dem Gebot der als Personen aufgefassten Götter entspringt, entspricht für die Stoa das Naturrecht dem ewigen Gesetz einer göttlichen Allnatur. Nach stoischer Auffassung sind wir, ist überhaupt alles auf der Welt Bestandteil einer wohlgeordneten, von einem vernünftigen Gesetz durchdrungenen Natur, die eine Überpolis darstellt. Der Weise, der richtig Handelnde befindet sich im Einklang mit dem diese Natur durchdringenden göttlichen Willen[10]. Laut Cicero steht dieses Gesetz auch über allen menschlichen Regelungen:

> Es ist aber das wahre Gesetz die richtige Vernunft, die mit der Natur in Einklang steht, sich in alle ergießt, in sich konsequent, ewig ist, [...]. Wir können aber auch nicht durch den Senat oder das Volk von diesem Gesetz gelöst werden, [...], noch wird in Rom ein anderes Gesetz sein, ein anderes in Athen, ein anderes jetzt, ein anderes später, sondern alle Völker und zu aller Zeit wird ein einziges, ewiges und unveränderliches Gesetz beherrschen.[11]

Die Auffassung des Naturrechts als Anordnung einer personal verstandenen Gottheit verbindet sich bei vielen mittelalterlichen Autoren insofern mit der stoischen Konzeption, als man das ewige Gesetz der Allnatur als Anordnung der Gottheit deutet. An dieser Stelle treffen die Begriffe des Rechts und des Gesetzes, dann aber auch die des natürlichen und des menschlichen Gesetzes zusammen. Im Anschluss an die erwähnte Differenzierung bei Isidor von Sevilla stellt auch das für die weitere begriffliche Entwicklung des Rechts enorm einflussreiche Decretum Gratiani (ca. 1140) mit den diversen Glossen göttliches und natürliches Recht in engste Verbindung, ohne sie generell gleich zu setzen, und beides dem menschlichen Recht gegenüber. In einer Glosse wird erläutert, *welches* göttliche Recht mit natürlichem Recht zusammenfällt, weil es uns von der höchsten Natur, d. h. von Gott gegeben ist („dicitur hoc ius naturale quoniam summa natura id est Deus nobis illud tradidit").[12] Dabei kommt eine evtl. auf den arabischen Aristoteles-Kommentator Averroes zurückgehende, bis weit in die Neuzeit, etwa bei Spinoza gebräuchliche Differenzierung zum Tragen: Gott als *natura naturans* im Unterschied zur *natura naturata* ist Urheber desjenigen göttlichen Rechts, das zugleich Naturrecht ist.[13]

In einigen Punkten von Gratian und seinen Glossatoren abweichend, jedoch gleichfalls prägend für spätere Diskussionen ist die Definition und Erklärung des Gesetzes bei Thomas von Aquin, die auf der stoischen Vorstellung vom ewigen Weltgesetz der göttlichen Allnatur fußt, welches auch das Gesetz unserer Natur ist. Thomas fügt die stoische Naturrechtslehre in ein neuplatonisch-christliches

Weltbild ein, mit der Vorstellung einer Schöpfung, die bestimmt ist, zu ihrem Schöpfer zurückzukehren und schon von daher eine Teleologie in sich trägt. Er definiert das Gesetz als eine „Anordnung der Vernunft zum allgemeinen Wohl, von jenem, der für die Gemeinschaft sorgt, verkündet" (quaedam rationis ordinatio ad bonum commune, ab eo qui curam communitatis habet, promulgata)[14]. Bemerkenswert ist, dass er das Gemeinwohl auf das Wohl der Individuen zurückführt und die Menge als Gesetzgeber vorsieht. Bei Thomas findet man eine der paradigmatischen Formen der Begründung menschlicher Normen aus dem natürlichen Gesetz:

Thomas unterscheidet die *lex aeterna*, die vollkommene Regelung des Universums durch die göttliche Vernunft, von der *lex naturalis,* der Teilhabe des ewigen Gesetzes in einem vernünftigen Geschöpf, wodurch dieses seine natürliche Neigung zum gesollten Tun und Ziel besitzt. Die menschlichen Gesetze entstehen beim Umgang der menschlichen Vernunft mit dem natürlichen Gesetz. Sie erarbeitet aus seinen allgemeinen und unbeweisbaren Prinzipien konkretere, auf die gegebenen Voraussetzungen bezogene Vorschriften, welche den Bedingungen eines Gesetzes genügen. Neben natürlichem und menschlichem Gesetz bleibt die *lex divina* bestehen, etwa zur Regelung der letzten, übernatürlichen Dinge, aber auch, um Verbrechen zu ahnden, die vom weltlichen Richter übersehen wurden. Das ewige und das göttliche Gesetz gelten in diesem Reigen also unmittelbar deshalb, weil sie vom Schöpfer der Welt befohlen werden, die *lex naturalis* gilt, weil sie die allgemeinen Prinzipien enthält, die der menschliche Verstand durch die Teilhabe am ewigen Gesetz erkennen kann. Das menschliche Gesetz gilt, weil und insofern es durch die Anwendung dieser allgemeinen Prinzipien auf die konkreten natürlichen und sozialen Bedingungen zustande kommt.[15] Dieses begriffliche Raster wird nicht zuletzt über die zumindest formal stark an Thomas von Aquin ausgerichteten Autoren der Spanischen Scholastik, die sich u. a. mit naturrechtlichen Rechtfertigungen und Kritiken von Kolonialpolitik, Sklavenhandel und Kriegen befassten, bis ins 17. Jahrhundert und bis in den protestantischen Norden Europas weiter getragen. Dabei gibt es deutliche Neugewichtungen der Bestandteile, es wird hervorgehoben, dass zum Gesetz im strengen Sinn eine Anordnung an ein zurechnungsfähiges Wesen gehört. Francisco Suárez etwa wendet sich in seinem monumentalen Werk *De legibus ac Deo legislatore* von 1612 gegen eine allzu breite und oftmals metaphorische Verwendung des Gesetzesbegriffs, so wenn das ewige Gesetz auf die nicht-menschliche Natur angewandt wird. Gesetz im eigentlichen Sinn ist für ihn „ein Maßstab der sittlichen Handlungen, so dass sie bei Übereinstimmung mit ihm moralisch richtig, und bei Abweichung von ihm moralisch falsch sind"[16] und wird „ausschließlich einem Wesen auferlegt, das frei handeln kann".[17] Suárez übte auch großen Einfluss auf den oft als „Vater des Völkerrechts" bezeichneten Hugo

Grotius aus, dessen Hauptwerk *De iure belli ac pacis* zwölf Jahre später erschien, bis dahin, dass sich auch die oft als Grotius' revolutionäre Tat gefeierte Frage, ob das Naturrecht auch gälte, „selbst wenn es Gott nicht gäbe", auch schon bei Suárez findet[18], von dem sie allerdings gleichfalls nicht erfunden wurde.[19] Allerdings sind die genannten Autoren, zwar in unterschiedlichem Maße, aber doch allesamt auf die eine oder andere Weise, sei es nur in Form der Opposition, auch vom voluntaristischen Naturrecht beeinflusst.

Dem voluntaristischen Naturrecht des Ioannes Duns Scotus zufolge gelten naturrechtliche Forderungen an die geistliche wie weltliche Herrschaft, weil sie von Gott befohlen wurden und deshalb gut sind.[20] Der Inhalt des Naturrechts wird bei Duns Scotus extrem reduziert. Er unterscheidet ein von Gott als Urheber der Natur geschaffenes Naturrecht und ein von Gott gesetztes positives Recht, welches von ersterem verschieden, da nicht zu allen Zeiten gültig ist.[21] Natürliches Gesetz sind streng genommen nur die ersten Prinzipien, die aus den in ihrer Formulierung auftauchenden Termini notwendigerweise folgen, weil die Negation dieser Prinzipien selbstwidersprüchlich wäre. Diese Bedingung wird nicht einmal von den Geboten auf der zweiten Tafel des Dekalogs (du sollst nicht töten, stehlen, ehebrechen etc.) erfüllt. Es gibt nur *ein* solches notwendiges Prinzip: Man soll Gott lieben und verehren. Die Gebote der zweiten Tafel sind deshalb Naturgesetze, weil sie in herausragender Weise mit dem ersten Prinzip übereinstimmen.[22] Angesichts dieser inhaltlichen Reduktion und der Bindung des Rechts an den Willen Gottes wird dem Voluntarismus bei Duns Scotus und mehr noch bei Wilhelm von Ockham eine wichtige Rolle bei der Abkehr vom teleologischen Naturrecht zugeschrieben.

1.1.2 Das Recht aus der Natur des Menschen

Wenn es um die Frage geht, wie Recht mit der Natur des Menschen zusammenhängt, lassen sich zwei fundamental verschiedene Ansätze ausmachen. Der erste basiert auf der aristotelischen Bestimmung des Menschen als *zoon politikon*. Er bildet manchmal die Grundlage, manchmal die Gegenposition, jedenfalls den Ansatzpunkt für die meisten Theorien über die politische oder apolitische Natur des Menschen. Den zweiten bestimmt Thomas Hobbes' Charakterisierung des Menschen als trotz seiner sozialen Lebensform vereinzeltes Lebewesen, welches aufgrund seiner Sprachfähigkeit in steter Furcht vor künftigem Mangel lebt und damit gefährlicher wird als jedes Tier.

Im Rahmen der Argumentation für die Behauptung, der Staat sei von Natur aus, legt Aristoteles dar, warum und in welchem Sinne der Mensch von Natur ein *zoon politikon*, ein staatenbildendes Lebewesen ist, so dass der außerhalb der *Polis* Lebende mehr sein muss als ein Mensch oder weniger als ein Mensch in seiner vollständigen Entwicklung, ein Gott oder ein Tier. Der Mensch ist nach Aristoteles mehr *zoon politikon* als die anderen Staaten bildenden Lebewesen, weil er nicht nur, wie die Tiere, Stimme (*phone*) besitze, um das Angenehme und das Unangenehme, sondern auch argumentierende Rede (*logos*) um das Nützliche und Schädliche, das Gerechte und Ungerechte mitzuteilen.[23] Die Gemeinschaft in diesen Dingen aber schaffe erst Haus und Staat. In der scholastischen und neoscholastischen Naturrechtstradition, teilweise bis ins zwanzigste Jahrhundert, etwa bei Autoren wie Alasdair MacIntyre, wurde die aristotelische Lehre von der natürlichen Geselligkeit der Menschen oft als These von der Natürlichkeit und daraus folgenden Verbindlichkeit der faktisch vorhandenen Staaten oder gesellschaftlichen Ordnungen gedeutet, was zumindest nicht zwingend ist. Schließlich geht es bei Aristoteles auch um die Beratung über das Nützliche und Gerechte und die aus dieser folgende Gemeinschaft.

Thomas Hobbes wendet bei seinem Gegenentwurf die resolutiv-kompositive Methode der Naturwissenschaft auf das Gebiet der politischen Wissenschaft an. Während Aristoteles, der ja auch einen Aufbau des Staates aus einfachen Elementen durchführt, auf die einfachsten menschlichen Beziehungen rekurriert, zerlegt Hobbes den Staat – offenbar unter dem Einfluss des epikuräischen Atomismus – in die beteiligten Individuen als irreduzible Bestandteile. Diese Individuen gilt es, in ihren für die politische Theorie relevanten Eigenschaften zu erfassen. Der als Resultat einer gedachten Auflösung[24] der staatlichen Beziehungen angenommene hypothetische Naturzustand ist für Hobbes der Krieg aller gegen alle, da die Menschen aufgrund der durch ihre Sprachfähigkeit bewirkten Furcht vor zukünftiger Not stets bereit sind, einander zu töten.[25] Offenkundig in direkter Wendung gegen die thomistische Konzeption der natürlichen Neigung des Menschen zum Guten setzt Hobbes als „generall inclination of all mankind…a perpetuall and restlesse desire of Power after power, that ceaseth only in death".[26]

Der Umstand, dass die Menschen von Natur gleich sind, weil im Prinzip jeder jeden töten kann, weil jeder verletzlich ist und im Schlaf oder durch die Verbündung mehrerer getötet werden kann, sorgt keineswegs für eine Befriedung. Im Gegenteil erheben alle gleichermaßen Anspruch auf die knappen Ressourcen. Noch größer ist laut Hobbes übrigens die Gleichheit auf geistigem Gebiet, da ja jeder sich und seine engsten Freunde für die Klügsten hält.[27] Um diesem Zustand permanenter Bedrohung zu entrinnen, unterwerfen sich die Menschen in einem wechselseitigen Unterwerfungsvertrag einem Souverän. Wie die menschliche Gewalttätigkeit auf den Verstand des Menschen zurückzuführen ist, entspringt somit auch die Unterwerfung unter die Gewalt des Souveräns einer rationalen Entscheidung.

Gemäß ihrer Gleichheit und Bedrohtheit haben die Menschen zunächst ein natürliches Recht – ein *ius naturale* – auf alles, inklusive aller dazu erforderlichen Mittel.[28] Allerdings nützt den einzelnen dies im Naturzustand nichts, da alle anderen dasselbe Recht haben. Daher lehren ihn die natürlichen Gesetze, die *leges naturales*, wie er aus diesem Zustand entrinnen kann. Das erste davon lautet, dass man den Frieden suchen soll, solange dies möglich ist, ansonsten aber sich nach Hilfe für den Krieg umsehen muss. Direkt aus ihm wird ein anderes abgeleitet, demzufolge man das natürliche Recht in einem Unterwerfungsvertrag mit den anderen künftigen Untertanen zugunsten eines Souveräns aufgibt, der seinerseits als Begünstigter kein Vertragspartner ist, sondern sein natürliches Recht auf alles behält. Das objektive staatliche Recht ist demnach das subjektive Recht des Souveräns auf alles, das ihm im Naturzustand zu eigen war.[29] Man erkennt am Beispiel des Thomas Hobbes, dass die Begründung von Widerstandshandlungen seit jeher nur *eine* Verwendungsweise für naturrechtliche Argumentationen ist. Ebenso wichtig ist die Legitimation staatlicher Zwangsgewalt. Hier werden die Normen also dadurch begründet, dass sie von einer Zwangsgewalt befohlen wurden, deren Existenz für das Fortbestehen der Menschen unverzichtbar ist.

Freilich ist Hobbes' Konstruktion nicht frei von inneren Spannungen: Einerseits erhält der Herrscher durch den gegenseitigen Unterwerfungsvertrag der Untertanen sein natürliches Recht auf alle und alles, also auch das Recht, die Untertanen zu töten.[30] Andererseits kann der einzelne gar nicht auf das natürliche Recht verzichten, sich gegen Gewaltanwendung, auch legale Gewaltanwendung, zur Wehr zu setzen und dafür Beistand zu suchen.[31] Zwar bestimmt der Oberherr, was gut und böse, gerecht und ungerecht ist[32], weil jede Annahme außerstaatlicher Moral und vorstaatlichen Rechts den Frieden gefährden würde.[33] Die Verpflichtung gegen den Souverän dauert jedoch nur solange, wie er imstande ist, die Bürger zu schützen, solange die „mutual relation of protection and obedience" gewährleistet ist.[34] Damit hat Hobbes ein Kriterium für die Legitimität der Herrschaft, den ersten echten Legitimitätstest für die Existenz staatlicher Herrschaft überhaupt geschaffen, ein Kriterium, das ebenso vergleichsweise leicht zu überprüfen wie immun gegenüber allen Versuchen des Souveräns ist, das Recht durch anders lautende Bestimmungen zu definieren.

Auch wenn man ihn nicht mehr unbedingt als den Vater des Naturrechts ansieht, beweist der bereits als Bindeglied zwischen spätscholastischem und neuzeitlichem Naturrecht erwähnte Hugo Grotius (1583-1645) seine Bedeutung durch den Einfluss, den er auf Thomas Hobbes ausübte, aber auch auf Samuel Pufendorf (1632-1694). Dieser Jurist und protestantische Theologe, der sich in seiner politischen Theorie teils an Hobbes, teils an Aristoteles orientiert, besaß mit seinem umfangreichen Werk *De iure naturae et gentium libri octo* (1672) und dem verbreiteten Kompendium *De officio hominis et civis* (1673) eine eminente

Wirkung auf mehrere Generationen von Rechtstheoretikern. „Pufendorf ist der Naturrechtslehrer eines ganzen Jahrhunderts gewesen."[35] Im Zentrum seiner Naturrechtslehre steht nicht das Recht, sondern die Pflicht des Menschen. Sie resultiert aus seiner Schwäche (*imbecillitas*) und der damit verbundenen Angewiesenheit auf andere Menschen.[36] Um die allgemeine Beachtung dieser Pflichten zu sichern, bedarf es einer staatlichen Zwangsordnung. Die durch die Vernunft aufzeigbare essenzielle Rolle des Naturrechts für die *socialitas*, die Geselligkeit, ist zugleich sein Geltungsgrund. Positives Recht verdankt dagegen seine Geltung dem Willen des Souveräns, göttliches Recht dem Willen Gottes. Die Gesetze des letzteren werden daher durch die Offenbarung ermittelt, die des Naturrechts durch die Vernunft. Wichtig für das Naturrecht in Deutschland ist der an der Universität Halle lehrende Christian Thomasius, der zwar nicht den Vertrag als Grundlage des Rechtes anerkennt, da ein Vertrag für sich nicht verpflichte, sondern nur, wenn er mit dem Naturrecht oder mit dem positiven Recht übereinstimme, wie Hobbes jedoch das positive Recht als Befehl des Herrschers erklärt.[37]

An Hobbes' rechtlicher Anthropologie wurde von verschiedener Seite heftige Kritik geübt: Von Seiten der Moral-sentiment-Lehre hob man die natürlichen moralischen Antriebe der Menschen hervor. Locke meinte, man dürfe die Menschen nicht für so töricht halten, sich aus Furcht vor Füchsen und Mardern in die Gewalt von Löwen zu begeben. Jean-Jacques Rousseaus Kritik, Hobbes habe nur den verkommenen Menschen der dekadenten Gesellschaft gezeigt und weder auf die historische Veränderbarkeit des menschlichen Charakters, noch auf den wahren, ursprünglichen Menschen Bezug genommen, stellt zugleich die zum Dogma gewordene aristotelische Wesensbestimmung des Menschen als vernünftiges und soziales Wesen in Frage: Rousseau sieht den ursprünglichen, von keiner Gesellschaft verbildeten *homme sauvage* als Einzelgänger, der noch keine Vernunft besitzt, sondern zunächst nur eine *perfectibilité*, die ihn den Tieren überlegen mache und sich im Laufe der Jahrtausende zu Sprache und Vernunft geformt habe.[38] Rousseau fordert zugleich eine empirische Forschung über die verschiedenen Formen menschlichen Lebens.[39] Damit gilt er neben Giambattista Vico als einer der Wegbereiter der ethnologischen, generell der empirischen Forschung über den Menschen.

Diese Forschungen entwickelten sich teilweise in eher biologisch-naturwissenschaftlichen Ansätzen, in denen die Nähe des Menschen zu den Tieren, speziell den höheren Säugetieren hervorgehoben wird, nicht selten mit deterministischen Implikationen, teilweise entstanden eher kulturrelativistische Positionen, die auf Vielfalt und Eigenart menschlicher Entwicklungsmöglichkeiten bestanden. Bis heute wird bekanntlich die Anthropologie mit diesen sehr unterschiedlichen Perspektiven betrieben, auch wenn die Tendenz deutlich nachgelassen hat, sie zur Begründung rechtsphilosophischer oder politiktheoretischer Positionen einzusetzen, jedenfalls im Vergleich mit Autoren wie Arnold Gehlen oder auch Carl Schmitt,[40] die eine direkte Korrelation von autoritärer politischer Doktrin und pessimistischem, oftmals biologisch bestimmtem Menschenbild behaupten, was sich in dieser Allgemeinheit nicht halten lässt. Der Anarchist Pjotr Kropotkin argumentiert z. B. wesentlich biologisch und sogar sozialdarwinistisch und betont, gerade dann, wenn man die Menschen für gefährlich hält, dürfe man ihnen keine Macht geben.[41]

Die Signifikanz des anthropologischen Naturrechts besteht heute darin, dass Rechtssysteme und Rechtstheorien zunächst jedenfalls für die in absehbarer Zeit lebenden Menschen gemacht werden und heute, spätestens nach den Erfahrungen des zwanzigsten Jahrhunderts, klar sein dürfte, dass kurzfristige Umerziehungsmaßnahmen wenig Erfolg versprechend sind. Insofern genügen vorerst die für jeden und jede verifizierbaren Beobachtungen über ihr faktisches und aller Voraussicht nach auch in nächster Zukunft zu erwartendes Verhalten. Entsprechend gründet auch Hart seinen *minimum content of natural law* auf einige *truisms*, banale Feststellungen über die Menschen.[42]

Nachdem er zuvor bereits festgehalten hat, dass man in einer Rechtsanthropologie einen Überlebenswunsch der Menschen unterstellen darf, trägt er Beobachtungen über ihre rechtlich relevanten Konditionen zusammen, deren Kontingenz er immer wieder betont. Dies sind, in leichter Modifizierung:

i) *Verletzlichkeit*. Selbst der Stärkste ist nicht unangreifbar, muss z. B. irgendwann schlafen, ist daher zu seiner Erhaltung unter anderen Menschen, denen ein gewisses Maß an Angriffsbereitschaft zu eigen ist, auf deren Zurückhaltung, damit letztlich auf Regeln angewiesen.

ii) *Approximative Gleichheit*. Die erkennbaren Unterschiede in Körperkraft, Gewandtheit und Intelligenz sind im Hinblick auf dieses zentrale Gebiet nicht so gravierend, dass jemand unverletzlich oder dass größere Teile des Volkes zur Verletzung anderer komplett unfähig wären. Gegenüber jenen, die hilflos und schutzbedürftig sind, begründet man eine Fürsorgeaufgabe für die anderen, die letztlich ihren Ausgangspunkt nimmt beim beobachtbaren

iii) *begrenzten Altruismus*. Die Menschen sind keine Engel und keine Teufel, d. h. ein Rechtssystem mit wechselseitiger Angriffsunterlassung ist notwendig, aber eben auch möglich. Der bei Menschen keineswegs selten zu beobachtende Altruismus bezieht sich normalerweise auf irgendwie Nahestehende und muss durch ein objektivierendes System von Forderungen an Kriterien wie dem der Bedürftigkeit festgemacht werden.

iv) *Begrenzte Mittel*. Da nicht für alle ein Leben in beliebigem Überfluss möglich ist und außerdem die Menschen zu schwach sind, um sich über die Einteilung der Güter spontan zu einigen, wie bereits Duns Scotus feststellte, bedarf es irgendeiner Art der Eigentumsordnung. Welcher Gestalt diese zu sein hat, kann nach unterschiedlichen Gesichtspunkten erwogen werden.

v) *Begrenztes Verstehen und begrenzte Willensstärke.* Da erstens nicht alle Menschen einsehen, daß es aufs Ganze gesehen rational für sie ist, den Gesetzen zu gehorchen, und zweitens selbst die Einsichtigen durch allerlei Einflüsse zum Ungehorsam verführbar sind, bedarf es der Möglichkeit, sie durch Zwang zum Gehorsam zu bewegen, sonst wären die freiwillig Gehorchenden klar im Nachteil und man befände sich wieder im von Hobbes beschriebenen Naturzustand.

Harts Punkte – inklusive ihrer Benennung als *truisms* – offenbaren recht genau die Stärken und Schwächen dieser Art von Naturrecht. Die Teile, die gut gesichert und für eine Rechtstheorie oder politische Theorie relevant sind, liegen auf der Hand, besitzen ein hohes Maß an Evidenz. Dies macht sie zwar unumgehbar, aber auch so allgemein, dass sie im frühen 21. Jahrhundert bei kaum einem rechtlich interessanten Streitfall mehr eine Rolle spielen, eben weil über sie unter seriösen Gesprächspartnern Konsens besteht.[43] Man *weiß*, dass Menschen keine der Dressur bedürftigen Kaninchen sind, man *weiß* auch, dass kurzfristige Umerziehungsversuche in Richtung auf den neuen Menschen, dessen es für die utopischen Gesellschaftsmodelle bedürfte, bereits aufgrund der Unfähigkeit der Erzieher zum Scheitern verurteilt sind und ungeheures Elend verursacht haben. Man wird also mehr oder minder bei dem stehen bleiben, was bereits Kant als „ungesellige Geselligkeit" des Menschen bezeichnet hat.[44] Doch gelangt Hart mit einleuchtenden, stringenten Überlegungen zu einigen anthropologischen Gesichtspunkten, die es innerhalb der politischen Debatten zu berücksichtigen gilt.[45]

Es ist erhellend, zum Vergleich eine nicht von Hobbes und Hume, sondern aristotelisch inspirierte anthropologische Position aus der Gegenwartsdiskussion heranzuziehen, obgleich die Autorin wohl eher nicht auf die Idee gekommen wäre, ihre Reflexionen als Teile des Naturrechts anzusehen. Martha Nussbaum, gemeinsam mit Amartya Sen sicherlich die wichtigste Vertreterin des sog. *capability approachs* in der Praktischen Philosophie, wendet sich gegen die von John Rawls vertretene Begrenzung der Gerechtigkeitskonzeption auf prozedurale Verteilungskriterien. Die Kritik richtet sich also sehr fundamental gegen die liberale Tendenz, Gerechtigkeitsfragen auf die faire Verteilung einiger als unumstritten geltender Grundgüter zu beschränken – zu denen bei Rawls allerdings nicht nur materielle Güter, sondern z. B. auch Selbstwertgefühl gehören – und die Frage nach dem guten Leben zu privatisieren, der Wahl der Individuen zu überlassen. Nussbaum hält es für nicht akzeptabel, sich auf eine derartige Theorie des Rechten zurückzuziehen, weil nicht alle Menschen in angemessener Weise von den fair verteilten Mitteln Gebrauch machen können. Sie nennt mehrfach das Beispiel des von Marx in den Pariser Manuskripten von 1844 angesprochenen

Arbeiters, der aufgrund seiner harten entfremdeten Tätigkeit nicht in der Lage ist, authentischen Gebrauch von der Nahrung zu machen, die ihm zur Verfügung steht, noch von seinen Sinnen im Allgemeinen. Um menschliches Wohlergehen (flourishing) in zutreffender Weise beurteilen zu können, benötige man eine „starke vage Konzeption des Guten", die es politischen und rechtlichen Erwägungen zugrunde zu legen gelte.[46]

Sie bezieht sich dabei auf „Fähigkeiten", *capabilities*, also Eigenschaften bzw. Dispositionen bestimmten Typs, die sie bei allen Menschen in etwa glaubt feststellen zu können. Davon sind einige weitgehend unstritig und stimmen in etwa mit Kriterien überein, die wir auch bei Hart finden. Nussbaum nennt Sterblichkeit, körperliche Grundbedürfnisse wie Hunger und Durst, Schutz, sexuelles Verlangen, Mobilität, ferner Empfindungen wie Freude und Schmerz, Wahrnehmung und die besondere Schutzbedürftigkeit in der frühkindlichen Phase. Hinzu kommen die Sozialität und die praktische Vernunft, die Fähigkeit gemeinsam über Gerechtes und Ungerechtes, Nützliches und Schädliches zu reflektieren. Sie gibt zunächst also insgesamt in etwa die aristotelische Definition des Menschen wieder.

Nussbaum fügt noch die Fähigkeit zu Humor und Spiel hinzu, die in der aristotelischen Tradition nicht als Wesensbestimmung, sondern als *proprium* des Menschen angesehen wurde, da eben die Menschen und nur die Menschen des Lachens fähig – *risibilis* – sind, verzichtet dabei auf aristotelische Wesensmetaphysik und gelangt somit zu einer traditionellen Beschreibung menschlicher Eigenschaften, von denen wir manche mit den Tieren teilen, während uns andere von denselben unterscheiden. Sie hat also in der Tat die aristotelische Rede vom *zoon logon echon* und *zoon politikon* eingeholt.[47]

Zwei weitere Eigenschaften erscheinen weniger typisch für die aristotelische Tradition, sind evtl. auf Nussbaums intensive Beschäftigung mit der griechischen Tragödie zurückzuführen und haben heute einen beinahe existenzialistischen Klang. Diese sind das *Getrenntsein*, da trotz aller Gemeinschaft mit Anderen der Mensch am Ende nur einer bleibt und von der Geburt bis zum Tode eine unabhängige Existenz in der Welt zu führen hat, und das *starke Getrenntsein*: Infolge des Getrenntseins der menschlichen Leben hat eine Jede und ein Jeder die eigene besondere Umgebung, die persönlichen Gegenstände, Erlebnisse, Freundschaften, sexuellen Bindungen, die von allen anderen verschieden sind und gewisser Weise die Identität bilden. Eher Wunschdenken Nussbaums scheint freilich die Annahme, es gebe in allen Kulturen eine *Verbundenheit mit anderen Arten und mit der Natur*.

Entsprechend diesen Fähigkeiten, die eine „starke vage Konzeption des Guten" umschreiben und in irgendeiner Form *alle* zu berücksichtigen sind, wenn

Menschen sich politisch organisieren, ergeben sich bestimmte Vorgaben für diese politischen Ordnungen:

> Das von Aristoteles formulierte Ziel sollte als ein institutionelles, nicht als ein residuelles Wohlfahrtssystem verstanden werden. Das heißt, dass die Politik nicht einfach abwartet und schaut, wer zu den Zukurzgekommenen gehört [...] Statt dessen besteht ihr Ziel darin, ein umfassendes Unterstützungssystem zu schaffen, das allen Bürgern ein Leben lang eine gute Lebensführung ermöglicht.[48]

Folgerungen, die sich laut Nussbaum aus dieser Konzeption des Guten ergeben, sind etwa, dass bestimmte Formen der Arbeit mit einem guten Leben unvereinbar sind, dass es kein absolutes Recht auf Eigentum gibt und die Möglichkeit politischer Partizipation bestehen muss. Ferner plädiert sie für eine Erziehung, die private und öffentliche Elemente verbindet.[49] Bis hierher würde ihr wohl kaum jemand in der Rawls'schen Tradition widersprechen, jedenfalls nicht, wenn man die von Rawls in seiner Theorie der Gerechtigkeit geforderte „demokratische Gleichheit" berücksichtigt, zu der ja gerade der Ausgleich sozialer Benachteiligungen ebenso gehört wie die Förderung derer, die in der „Lotterie der Natur" schlechte Ausgangsbedingungen erhalten haben.[50]

Der theoretische Konflikt entsteht nicht zuletzt daraus, dass Nussbaum ihre Konzeption des Guten zu einem Teil der Bemühung um Gerechtigkeit machen will und in diesem Zusammenhang die Wahl des Guten nicht generell den Individuen zu überlassen gedenkt. Wir können, so Nussbaum nicht immer nur von dem ausgehen, was die Betroffenen de facto sagen, können ihnen nicht immer die Wahl des für sie Guten, ihre Suche nach Glück alleine überlassen, da sie nicht immer Kenntnis von dem haben, was für sie an Möglichkeiten offen steht. Außer Marx' Beispiel des entfremdeten Arbeiters, der in seinen von ihm erkannten Bedürfnissen auf Elementares reduziert ist, weil ihm etwa die Möglichkeit fehlt, „menschliche Form der Speise" von der rohesten Form der Nahrung zu unterscheiden,[51] nennt sie Frauen in Bangladesh, die sich in Unkenntnis ihrer damit verbundenen Möglichkeiten zunächst nicht mit einem Bildungsprogramm anfreunden konnten und erst durch entsprechende, ihren besonderen Bedingungen angepasste Ausbildungsformen in den Genuss der mit besserer Ausbildung verbundenen Vorteile kamen.

Die rechtlichen Folgerungen aus dieser Anthropologie bestehen etwa darin, dass bestimmte Formen der Arbeit mit einem guten Leben unvereinbar sind und es kein absolutes Recht auf Eigentum gibt.[52] Dem Vorwurf des Paternalismus begegnet Nussbaum, indem sie auf die Notwendigkeit großer Sensibilität der Aristoteliker hinweist und darauf, dass es ja nur darum gehe, die Fähigkeiten der Menschen zu entwickeln, was sie dann damit machten, sei ihre freie Entscheidung.[53] Ob Rawls sich der institutionalisierten Entfaltung der menschlichen Befähigungen widersetzt hätte, scheint nicht sicher, Nussbaum kritisiert ihn auch eher dafür, dass er sie nicht aktiv vorantreibt.[54]

Wenngleich die Beteiligten dieser Diskussion sie kaum als Teil des Naturrechts angesehen hätten, setzt sie doch eine wesentliche Tradition naturrechtlichen Denkens fort, weshalb sie an dieser Stelle vorgestellt wurde.

1.1.3 Das Recht aus der Natur des Rechts

Im ausgehenden 17. und im 18. Jh. beginnt eine intensive Diskussion über das Grundprinzip des Naturrechts. Dazu gibt es naturrechtliche Untersuchungen zu einzelnen Fragestellungen, etwa des Strafrechts, die sich als theoretisch enorm fruchtbar erweisen. Bei der Suche nach dem letzten Prinzip des Naturrechts, welches als Obersatz für einen Syllogismus zur Begründung konkreter moralischer Forderungen taugen und zudem so einfach sein sollte, dass auch der Mann auf der Straße seine konkreten moralischen Probleme subsumieren konnte, entstanden heute noch vertraute Vorschläge. Einer fordert, so zu handeln, dass möglichst viel Gutes und für so viele wie möglich erreicht „und soviel Glück verbreitet wird, wie die Natur der Dinge es zulässt". Autor dieses lange Zeit J. Bentham und später F. Hutcheson zugeschriebenen utilitaristischen Grundsatzes ist G.W. Leibniz.[55]

Weitere Wege hin zu einem Grundprinzip des Naturrechts waren der Verweis auf die Goldene Regel („Was du nicht willst, dass man dir tu', das füg' auch keinem anderen zu!") und das Prinzip der Verallgemeinerung, wonach das, dessen allgemeine Unterlassung zum Untergang der Menschheit führen würde, vom Naturrecht geboten und das, dessen allgemeine Durchführung zum Untergang der Menschheit führte, vom Naturrecht verboten ist.[56] Diese Prinzipien fanden Eingang in Kants erste Formulierung des kategorischen Imperativs: „Handle nur nach derjenigen Maxime, durch die du zugleich wollen kannst, dass sie ein allgemeines Gesetz werde".[57]

Zudem übte das Vernunftrecht des 18. Jh. einen immensen Einfluss auf die umfangreichen Kodifikationsunternehmen in Preußen, Österreich und Frankreich aus, die gegen Ende des 18. und zu Beginn des 19. Jh. ihren Abschluss fanden. Hier war unbestritten das Werk Christian Wolffs von herausragender Bedeutung.[58]

Die Rechtslehre aus Kants *Metaphysik der Sitten* und Fichtes *Grundlage des Naturrechts* aus den neunziger Jahren des 18. Jahrhunderts können in ihrer Präzision und methodischen Durchdringung als Höhepunkt und Paradigma der vernunftrechtlichen Argumentationsweise angesehen werden. Kant will anhand der ‚bloßen Vernunft' die Grundlage einer möglichen positiven Gesetzgebung erschaffen. Dies ist möglich, da alle Rechtssätze Vernunftgesetze und daher apriorisch sind. Er definiert das Recht als „Inbegriff der Bedingungen, unter denen die Willkür des einen mit der Willkür des andern nach einem allgemeinen Gesetze der Freiheit zusammen vereinigt werden kann."[59] Es geht dabei um ein äußeres Verhältnis von *Personen*, um deren Handlungen, nicht um ihre Absichten und Wünsche. Ich habe im Staat, so Fichte, keinen Anspruch auf die Moralität des anderen, sondern nur auf seine Legalität, darauf, dass er sich so benimmt, als ob er guten Willens wäre. Allerdings habe ich ein Recht, ihn zum Eintreten in ein Rechtsverhältnis zu zwingen, um Fragen von Besitz und Eigentum ohne kriegerische Mittel lösen zu können[60], laut Kant gibt es das Gebot, aus dem Naturzustand herauszutreten.[61] Das Recht seinerseits ist auch bei Kant „nach dem Satze des Widerspruchs" mit der Befugnis zu zwingen verbunden.[62] Diese Verbindung von Recht und Zwang einerseits, von Recht und Freiheit andererseits führt zur Formulierung des einzigen natürlichen subjektiven, wie Kant sagt „angeborenen" Rechts auf Freiheit im Sinne der „Unabhängigkeit von eines Andern nötigender Willkür", da nur wechselseitiger Zwang nach Gesetzen als rechtlicher akzeptiert werden kann.

Zu diesem Zeitpunkt sind nach den intensiven Diskussionen unterschiedlicher Versionen des Naturrechts also die Trennung von Legalität und Moralität fester Bestandteil des Rechtsdenkens, ferner der Gedanke, dass Rechtsnormen den Kriterien der Reziprozität und Generalität zu genügen haben, dass die Menschen ein natürliches Recht auf Freiheit von Willkür besitzen und dass das Recht ein kompliziertes Gefüge von privaten und öffentlichen Beziehungen zu schützen hat, nicht nur den Krieg Aller gegen Alle zu verhindern.

Mit seiner Verwendung der Vertragskonzeption hatte Hobbes für mehr als hundertfünfzig Jahre die Terminologie der argumentativen Auseinandersetzung konfiguriert.

Die Rede von einem Vertrag zwischen den Mitgliedern des Staates hat systematische Vorzüge, da sie ganz selbstverständlich zum Gedanken der Verpflichtung führt. Wer einem Vertrag zugestimmt hat, ist nach dem alten Prinzip *pacta sunt servanda* zu seiner Erfüllung verpflichtet. Zugleich impliziert der Vertrag eine gewisse Wechselseitigkeit. Die Vertragsmetapher suggeriert eine freiwillige Zustimmungs- oder Ablehnungsmöglichkeit und eine Berücksichtigung der Wünsche und Interessen sämtlicher Vertragspartner. Bei klarem Verstand, so die Intuition, wird man keinen Vertrag unterschreiben, bei dem man erkennbar übervorteilt wird. So analysierte man, wie ein Staat aussehen müsste, in welchem der Gesellschaftsvertrag keine Übervorteilung einiger Bürger darstellt.

Die Kritik an der Vertragstheorie richtete sich entsprechend zum einen gegen den Anspruch, sie erkläre die Verpflichtung zum Rechtsgehorsam, zum anderen gegen ihre individualistischen, liberalen und voluntaristischen Implikationen. Schließlich gab es kaum jemals eine Versammlung, in welcher sämtliche Bürger eines Staates den Zusammenschluss und seine Konditionen vereinbarten. Der Einwand, derartiges sei bei einer Metapher auch nicht zu erwarten, führt zu der Replik, dass eine *metaphorische* Zustimmung zu einem *metaphorischen* Vertrag wohl keine *reale* Gehorsamspflicht begründen kann; sonst könnte man vielerlei Pflichten begründen. Zudem wäre dann die Gehorsamspflicht ein Abkömmling einer moralischen oder naturrechtlichen Pflicht zur Einhaltung von Verträgen. Darauf weist auch bereits Fichte hin: Das, was man zu begründen beansprucht, wird gerade schon vorausgesetzt.[63] Die Rede vom Vertrag kann allenfalls als didaktisches Instrument dienen, um eine Verpflichtungsbegründung zu erläutern.

Hegel kritisierte ferner, ein Vertrag stamme aus der Sphäre des Ökonomischen, bei der es um private Beziehungen zum je eigenen Vorteil gehe, weshalb die Vertragsmetapher prinzipiell ungeeignet sei, die höher stehende Sphäre des Staates, dessen Mitglied zu sein eines Jeden „höchste Pflicht" sei, zu erfassen oder gar zu begründen[64]. Man könne den Staat mit seiner Sittlichkeit nicht als Summe vieler Einzelinteressen beschreiben oder gar neu erschaffen, man kann ihn auch nicht „als ein Gemachtes ansehen"[65]. Dort, wo man versucht habe, einen Staat nach moralischen Prinzipien neu zu konstruieren, sei das Schlimmste entstanden, nämlich der Despotismus der französischen Revolution.[66] Dieser letzte Gedanke ist an Edmund Burkes *Reflections on the Revolution in France* (1790) angelehnt, demzufolge eine menschliche Gesellschaft nicht ein willentlich gemachtes technisches Produkt, sondern ein langsam gewachsenes Gefüge ist.

Erst im letzten Drittel des 20. Jahrhunderts wurde die Vertragstheorie neu belebt, nicht als Begründung der Gehorsamspflicht, sondern als Instrument zur Analyse des Begriffs institutioneller Gerechtigkeit.

Um zu bestimmen, wie gemäß seiner eben angesprochenen Theorie des Rechten eine gerechte Gesellschaft aussieht, bedient sich Rawls in seinem Hauptwerk, der *Theory of Justice*, eines hypothetischen „Urzustandes" (original position), aus welchem heraus die Menschen über die gerechte Ordnung einer Gesellschaft entscheiden, ohne zu wissen, welchen Platz sie in der eingerichteten Gesellschaft einnehmen werden. Sie wissen nichts über ihren sozialen Status, nichts über ihren Besitz, aber auch nichts über ihre Fähigkeiten, ihre Vorlieben, ihre besonderen Bedürfnisse. Sie besitzen im Urzustand alle etwa dieselben rationalen Fähigkeiten und sind am Schicksal ihrer Mitmenschen weitgehend desinteressiert.[67]

Gerecht sind nach Rawls Verhältnisse, die jedes Mitglied der Gesellschaft hinter diesem Schleier des Nichtwissens (veil of ignorance) – ohne Kenntnis des eigenen Standorts – aus vernünftigem Egoismus akzeptieren kann, so dass es einem entsprechenden Gesellschaftsvertrag zuzustimmen vermag.[68] Durch die gleiche Rationalität und das Desinteresse sollen Täuschungsmanöver und Neid- oder Missgunstentscheidungen ausgeschlossen werden.

Rawls nennt zwei Prinzipien, durch welche die Gerechtigkeit einer politischen Ordnung gewährleistet werden kann. Erstens muss jeder und jede die größtmögliche Freiheit haben, die sich mit der Freiheit der anderen vereinbaren lässt.[69] Zweitens können ungleiche Güterverteilungen nur insofern akzeptiert werden, wie sie auch diejenigen, die dabei am schlechtesten wegkommen, absolut gesehen besser stellen, als es ihnen bei einer Gleichverteilung ginge, die gleichen Zugangsmöglichkeiten zu politischen Ämtern müssen stets gewährleistet bleiben.[70] Trotz einer geradezu plakativen Abkehr vom Utilitarismus unternimmt Rawls hier eine Verbindung kantischer und utilitaristischer Grundsätze. Im fünften Kapitel von Mills Utilitarismusschrift findet sich etwa der Gedanke, Abweichungen von der Gleichheit seien nur akzeptabel, wenn sie dem Allgemeinwohl dienen.[71] Bei Rawls wird er in einer Weise formuliert, die sicherstellt, dass beim „größten Glück der größten Zahl" nicht einzelne benachteiligt werden, um das Glück der anderen zu sichern. Sein Modell wird häufig mit dem Titel eines späteren Buches charakterisiert: Gerechtigkeit als Fairness.

Rawls nimmt keine genaue Differenzierung der Güter und der individuellen Neigungen zu ihnen vor, sondern geht von einem gewissen Grundbestand an Dingen aus, bei denen im Normalfall jede und jeder den Besitz dem Nicht-Besitz vorzieht, wie etwa das Leben, die Gesundheit etc.[72] Eine genauere Wahl dessen, was man sich für ein gelungenes Leben an Gütern wünscht, überlässt Rawls in guter liberaler Tradition der Entscheidung der Individuen, die dies natürlich gemäß ihrer Auffassung vom Guten tun, also in Habermasscher Diktion in etwa gemäß ihrem Ethos.

Auch für Hegel ist philosophisches Recht oder Naturrecht, sofern man den Namen aus historischen Gründen beibehalten möchte, wesentlich Vernunftrecht, wofür es einer philosophischen Rechtswissenschaft bedarf, die sich mit der Idee des Rechts befasst.[73] Doch warnt er, dessen Verschiedenheit vom positiven Recht „darein zu verkehren, dass sie einander entgegengesetzt und widerstreitend sind, wäre ein großes Missverständnis".[74] Zwar lässt sich die Frage, ob eine Rechtsbestimmung vernünftig ist, legitimerweise stellen. Als Reaktion auf ihre Unvernünftigkeit scheint Hegel jedoch weniger an eine Korrektur nach einem überall gültigen Maßstab, denn an eine sinnvolle Fortentwicklung unter Berücksichtigung des Zweckes, der Zeit, der Rahmenbedingungen etc. zu denken.[75] Dies ist ein Aspekt in Hegels Versuch, Recht und Moral in der Sittlichkeit aufzuheben.

Im Verlauf des neunzehnten Jahrhunderts wurde das Naturrecht in der rechtswissenschaftlichen Debatte mehr und mehr zum Synonym für Unwissenschaftlichkeit, metaphysische Verstiegenheit und/oder ideologische Verblendung, eine Einschätzung, die auch im 20. Jahrhundert unter den Gelehrten weit verbreitet blieb. Eine gewisse Renaissance erfuhr das Naturrecht einerseits durch eine Tendenz, das nationalsozialistische Unrecht nach dem zweiten Weltkrieg in der einen oder anderen Weise der Dominanz des Rechtspositivismus anzulasten, andererseits durch die Einsicht, dass einige elementare Strukturen und Grundannahmen schlicht für ein Rechtssystem konstitutiv sind. Das Beispiel der zwar kontingenten, aber gegenwärtig kaum übergehbaren anthropologischen Präsuppositionen wurde mit dem Hinweis auf Hart bereits angesprochen.

1.1.4 Die Wiederbelebung des Naturrechts nach dem zweiten Weltkrieg

Neben Harts anthropologisch inspiriertem „Minimalinhalt des Naturrechts" wurde in den letzten Jahrzehnten auf struktureller Ebene John Finnis' Verteidigung des Naturrechts stark beachtet. Dagegen wurde in Deutschland der Rückgriff auf naturrechtliche Evaluation des positiven Rechts propagiert, weil nach einer für gewisse Zeit herrschenden, inzwischen jedoch eher angezweifelten Sichtweise der Rechtspositivismus den nationalsozialistischen Unrechtsstaat entweder aktiv begünstigt hatte oder zumindest zu schwach war, sich gegen ihn zur Wehr zu setzen, während von anderer Seite eher naturrechtliche Elemente in den nationalsozialistischen Rechtskonzeptionen ausgemacht wurden.[76] Trotz der unterschiedlichen Ausgangsmotivation scheint bemerkenswert, dass sich neben diversen christlich motivierten Ansätzen eine ganze Reihe von Naturrechtskonzeptionen mit nicht-religiösen Begründungen finden.[77]

Lässt man die opportunistische, mit der Denunziation des Rechtspositivismus verbundene Verwendung des Naturrechts durch nationalsozialistisch kontaminierte Juristen nach 1945 beiseite und befasst sich mit einem von den Nationalsozialisten seines Amtes enthobenen Juristen wie Gustav Radbruch,[78] so ergibt sich gegenüber der zeitweilig vertretenen Auffassung, er habe sich durch das „Damaskus-Erlebnis" des Nationalsozialismus vom Positivisten zum Naturrechtler gewandelt, inzwischen ein komplexeres Bild. Weder war Radbruch nämlich vor 1933 ein Positivist im engsten Sinne des Wortes, sondern sah stets als Aufgabe positiven Rechts die Umsetzung der Rechtsidee an, zu der Gerechtigkeit, Zweckmäßigkeit und Rechtssicherheit gehörten, der Verstoß gegen den Gleichheitsgrundsatz nahm positivem Recht die Legitimität[79], noch wurde er zum konsequenten Naturrechtler, auch wenn sich seine Auffassung von den Geltungsgründen des Rechts stark zugunsten inhaltlicher Kriterien verschob. In jedem Fall, ob man dies nun als naturrechtliches Denken bezeichnen mag oder nicht, gehört für Radbruch in seinen letzten Publikationen zur Geltung des Rechts wesentlich die inhaltliche Bemühung um Gerechtigkeit.[80] Auch andere Autoren, ob „unbelastet" wie Helmut Coing, durch den Verweis auf die Furcht vor dem Verlust der beruflichen Existenz „entschuldigt" wie Hans Welzel oder auch schlicht zu jung, um ernsthaft in den nationalsozialistischen Rechtsbetrieb einzugreifen, wie Arthur Kaufmann, lieferten Entwürfe für naturrechtliche Rechtsbegründungen bzw. Rechtsbewertungen. Helmut Coing etwa deduziert unter dem Einfluss der materialen Wertethik Max Schelers und Nicolai Hartmanns oberste Rechtsgrundsätze, darunter auch die Grundrechte der Person, die als Grundlage der Rechtswissenschaft und Bewertungskriterium der Rechtspolitik dienen sollen.[81] Hans Welzel formuliert im letzten Kapitel seines nach wie vor eindrucksvollen Überblicks über die Naturrechtsgeschichte „Mindestanforderungen an eine Sozialordnung", die schon aufgrund des existenzialontologischen Ansatzes die Anerkennung des Menschen als verantwortliche Person als zentrales Element enthalten müssen.[82] Aufgrund diverser methodischer wie inhaltlicher Schwierigkeiten dieser Ansätze, immer wieder wird eine unvermeidliche Ungenauigkeit und Unschärfe der präsentierten Verfahren und ihrer möglichen Ergebnisse beklagt, ging das Interesse an dieser Vorgehensweise in den sechziger Jahren des 20. Jahrhunderts zugunsten eines Neopositivismus deutlich zurück, um nochmals nach dem Fall der Berliner Mauer, etwa im Umfeld der „Mauerschützenprozesse" eine gewisse Wiederbelebung zu erfahren.[83]

Neben dieser im Kern durch konkrete Anlässe bestärkten moralischen Motivation für naturrechtliche Argumentation gibt es Reflexionen, die auf Strukturelemente eines jeden Rechts, das als akzeptabel angesehen werden kann, gerichtet sind, ohne dass sich eine klare Trennung zwischen den beiden Theorietypen durchführen ließe.

Auf den ersten Blick scheint das 1969 in zweiter Auflage erschienene Werk *The Morality of Law* von Lon Fuller die Lücke zwischen einer positivistischen und einer naturrechtlichen Konzeption zu schließen.[84] Bei genauerer Betrachtung geht es indessen eher um die Beseitigung letztlich formaler Hindernisse für das Funktionieren eines Rechtsystems, wie Selbstwidersprüchlichkeit, rückwirkende Bestrafung, fehlende rechtliche Regelungen, mangelnde Publizität etc.[85] Dies wurde auch von Hart kritisiert, mit dem für einen erklärten Positivisten bemerkenswerten Hinweis, dass auch moralisch verwerfliche Rechtssysteme mit diesen Kriterien problemlos funktionieren könnten,[86] was allerdings bei den Kriterien der Öffentlichkeit, der rechtlichen Stabilität und des Rückwirkungsverbots angesichts der häufigen Rechtsdurchbrechungen durch autoritäre Staaten nicht so ganz sicher ist. In einigen Bereichen scheinen traditionell naturrechtliche Forderungen schlicht Teil der methodologischen Grundsätze positiver Rechtsentwicklung geworden zu sein.

John Finnis[87] bezeichnet als Naturrecht die vorausgesetzten normativen Standards, die Annahmen hinsichtlich dessen, was für das menschliche Leben gut ist etc., die jede – auch jede positivistische – Rechtstheorie zumindest implizit anwenden muss, um ihren Zweck erfüllen zu können.[88] Er fordert, diese Voraussetzungen nicht stillschweigend zu unterschieben und hinter einer Fassade reiner Deskriptivität zu verbergen, sondern sie offenzulegen und damit rational diskutierbar zu machen.[89] Die Berechtigung dieser Forderung ist in einer Welt, in der bei interkulturellen Differenzen immer häufiger der Verdacht geäußert wird, der Rückzug auf wissenschaftliche und damit als unabweisbar beanspruchte Begründungen diene nur der Selbstimmunisierung „westlicher" Dominanzansprüche, vielleicht noch deutlicher als vor über dreißig Jahren, als Finnis sein Hauptwerk verfasste. Ebenso kann man Finnis' Verteidigung des Naturrechtsdenkens gegen generalistische Angriffe akzeptieren, gegen die Behauptung etwa, für alle Naturrechtler sei das gesamte positive Recht lediglich eine Emanation eines präexistenten Naturrechts[90], gegen die Annahme, alles Naturrecht basiere auf dem ungültigen Schluss vom Sein aufs Sollen[91], oder auch gegen die Unterstellung, Naturrecht sei nur unter der Annahme eines Gottes als Rechtsschöpfer denkbar.[92]

Problematischer ist hingegen der ontologische und epistemologische Status, den Finnis dem Naturrecht zuspricht. Einesteils sollen seine Prinzipien den mathematischen Prinzipien der Buchführung entsprechen, dem historischen Wandel also entzogen sein, auch wenn sie erst zu einem bestimmten Zeitpunkt entdeckt wurden[93], andererseits soll der Umstand, dass es zwischen Naturrechtlern reichlich kontroverse Positionen gab, nicht gegen das Naturrecht sprechen.[94]

Da für keine der politisch relevanten Kontroversen der Naturrechtstradition operationalisierbare Lösungsverfahren entwickelt wurden, erscheint der Vergleich mit der Mathematik gewagt. Doch ist der Grundgedanke nicht unplausibel. Sowenig die technisch und physikalisch begrenzten Möglichkeiten bei der Herstellung ebener Flächen die geometrische Definition der Ebene oder anderer idealisierter geometrischer Figuren beeinträchtigte, sowenig werden die aus den in der Gesellschaft vorhandenen Normen extrapolierbaren Gerechtigkeitsprinzipien durch den Fortbestand von Ungerechtigkeit in der Welt außer Kraft gesetzt. Ebenso, wie man die idealisierten „Gegenstände" zur Vermessung realer Landschaften etc. benutzt, kann man diese Prinzipien zur Beurteilung realer Situationen verwenden. Offenkundig sind sie jedoch sehr allgemeiner Natur und jede konkrete Anwendung ist mit zusätzlichen, weniger allgemein akzeptablen Urteilen verknüpft. Wenn man etwa die Gerechtigkeit definiert als Gleichbehandlung von Gleichem und Ungleichbehandlung von Ungleichem, so erscheint dies prima facie klar, führt jedoch in konkreten Fällen zu Streitigkeiten darüber, welche Gemeinsamkeiten und welche Unterschiede jeweils relevant sind. Auch hier ist Finnis sicherlich darin zuzustimmen, dass der Bereich, in welchem rational argumentiert werden kann, erheblich größer ist als oftmals angenommen. In diesem

Sinne sind naturrechtliche Argumentationen bzw. solche, die man früher als naturrechtlich bezeichnet hätte, sicherlich nicht einfach überholt.[95]

Da Finnis kein Buch über Naturrechtslehren, sondern eine inhaltliche Naturrechtslehre vorzulegen beansprucht,[96] werden einige seiner Argumentationen bei der Diskussion rechtsphilosophischer Grundbegriffe zur Sprache kommen.

1.2 Varianten des Rechtspositivismus

Seinen Namen verdankt der Rechtspositivismus den Theorien, für die nur das von staatlichen Instanzen *gesetzte* Recht als solches zu gelten hat, Theorien, die man unter dem Titel *etatistischer Positivismus* zusammenfasst. Zentral für die meisten rechtspositivistischen Theorien ist die ‚Trennungsthese', wonach kein notwendiger Zusammenhang zwischen Recht und Moral besteht, noch weniger zwischen Recht und Religion. Ein Leitgedanke für den Versuch, naturrechtliche, vernunftrechtliche und Sittlichkeitserwägungen etc. aus dem Recht herauszuhalten, ist der Wunsch, das Recht wissenschaftlich bearbeitbar und damit zuverlässiger, von subjektiven Momenten wie den individuellen Wertüberzeugungen des Richters weniger abhängig zu machen.[97]

1.2.1 Methodologischer Positivismus

Das Ideal wissenschaftlichen Vorgehens ist im rechtlichen Kontext die rein logische Deduktion der richterlichen Entscheidung aus dem Gesetzestext und den festgestellten Tatbestandsmerkmalen. Um eine solche bemüht sich der methodologische Positivismus, der auch ‚wissenschaftlicher Positivismus' oder ‚Begriffsjurisprudenz' genannt wird und v. a. im 19. Jh. große Bedeutung in verschiedenen juristischen Traditionen Europas gewann.

Dem Programm streng logischer Deduktion steht jedoch die Vagheit der Sprache des Rechts entgegen. Das Recht ist zudem kein kohärentes und vollständiges deduktives System. Die im 19. Jahrhundert von Gesetzespositivisten wie Karl Bergbohm angenommene Vollständigkeit des Rechtssystems entspricht nicht der Realität. Es gibt eine nicht unerhebliche Zahl von Fällen, in denen eine richterliche *Rechtsfortbildung* in der einen oder anderen Form, bis hin zur *contra-legem*-Entscheidung unerlässlich ist. Die Ablehnung der Begriffsjurisprudenz dürfte einer der wenigen Punkte sein, in denen in der aktuellen Diskussion weitgehend Einigkeit besteht.[98]

1.2.2 Der etatistische Positivismus

Recht ist nach Auffassung der als ‚etatistischer Positivismus' bezeichneten, auf Thomas Hobbes, vielleicht bereits auf Marsilius von Padua zurückgehenden Richtung ein sanktionsbewehrter Normenkatalog. Charakteristisch sind dabei die Nicht-Anerkennung überstaatlicher, z. B. religiöser Autoritäten als weltliche Machthaber und, damit verbunden, die Ersetzung der Frage nach der Richtigkeit des Gesetzes durch die nach dem legitimen Gesetzgeber. Der *Gesetzespositivismus* der letzten Jahrhundertwende steht paradigmatisch für dieses zweite Charakteristikum. Nach Auffassung klassischer Vertreter wie Bergbohm und G. Anschütz ist es nicht die Aufgabe des Juristen, rechtliche Stellungnahmen über die moralische Qualität eines Gesetzes abzugeben, sofern es formell korrekt erzeugt ist.

Der Bentham-Schüler John Austin ist indessen eines der markantesten Beispiele dafür, dass Rechtspositivismus nicht mit moralischem Relativismus oder auch nur Nonkognitivismus verknüpft sein muss. Grundbegriff des Rechts ist nach Austin der Befehl eines Mächtigeren gegenüber einem Untergebenen, ein Befehl, der mit der Androhung eines Übels bei Nichtbefolgung verbunden ist. Eine Rechtsnorm ist ein generalisierter Befehl, der sich nicht auf Einzelsituationen, sondern auf Handlungstypen bezieht. Um zu wissen, was Recht ist, muss man lediglich die Befehle des Souveräns kennen. Allerdings kann es moralisch erlaubt, sogar geboten sein, sich gegen das geltende Recht zur Wehr zu setzen.[99]

Im Unterschied zu Austins Befehlstheorie des Rechts sowie zum psychologischen und soziologischen Positivismus tritt Hans Kelsen unter Berufung auf den Neukantianismus für eine strikte Trennung von Sein und Sollen ein. Er bemüht sich um eine Reinigung der Rechtswissenschaft von allen empirischen, insbesondere soziologischen Implikationen und Verknüpfungen und fordert „den Verzicht auf die eingewurzelte Gewohnheit, im Namen der Wissenschaft vom Recht, unter Berufung also auf eine objektive Instanz, politische Forderungen zu vertreten, die nur einen höchst subjektiven Charakter haben können, auch wenn sie im besten Glauben, als Ideal einer Religion, Nation oder Klasse auftreten".[100] Geltungsgrund einer Norm kann nur eine andere Norm sein. Auf der untersten Ebene des in seiner *Reinen Rechtslehre* angenommenen „Stufenbaus der Rechtsordnung" stehen z. B. Zwangsakte wie die Vollstreckung eines Gerichtsurteils, die dadurch zum Rechtsakt wird, dass eine „individuelle Norm" (sc. das Gerichtsurteil) als rechtliches „Deutungsschema" fungiert. Geltungsgrund einer individuellen Norm ist eine generelle Norm (z. B. ein Gesetz), der wiederum eine Norm höherer Stufe als Geltungsgrund dient usf. Letzter Geltungsgrund, der u. a. die Geltung der Verfassung sichert und die Einheit und Geltung der Rechtsordnung gewährleistet, ist eine hypothetische, vorausgesetzte „Grundnorm".

Das durch die Grundnorm begründete rechtliche Sollen steht in keinerlei Zusammenhang mit irgendeiner Moral. Wissenschaftliche Betrachtungsweise ist mit der Annahme einer absolut gültigen Moral angesichts der Vielzahl vorhandener Moralsysteme unvereinbar. Es gibt auch nicht so etwas wie ein sämtlichen Moralsystemen gemeinsames Minimum wie etwa die Forderung nach Frieden. Dieses Dogma von der prinzipiellen Unwissenschaftlichkeit aller moralischen Argumentation in Verbindung mit der Ablehnung der Begriffsjurisprudenz lässt Kelsen die Gerichtsentscheidung als ‚Willensakt' im freien Ermessen des Richters deuten. Dies entspricht jedoch nicht der Art und Weise, in der gerichtliche Entscheidungsfindungen in modernen Rechtssystemen gewöhnlich ablaufen. Das Ziel, die Rechtswissenschaft völlig von soziologischen und psychologischen Elementen zu reinigen, scheint angesichts der engen Verflechtung von Rechtswirksamkeit und Rechtsgeltung ferner ebenso verfehlt wie unerreichbar. Der Anspruch schließlich, positive Rechtssysteme wissenschaftlich zu beschreiben, erscheint unvereinbar mit der Schöpfung einer Konstruktion namens ‚Grundnorm', die weder präzise formulierbar, noch den meisten Juristen bekannt, außerdem moralisch inhaltsneutral, dennoch der normative Grund für deren Rechtsanwendung sein soll.[101]

1.2.3 Psychologischer und soziologischer Positivismus

In der intensiven rechtsphilosophischen und rechtstheoretischen Diskussion des 19. und 20. Jahrhunderts entwickelten sich verschiedene Theorien, die weder naturrechtliche Argumentationen noch eine Befehlstheorie des Rechts zu akzeptieren bereit sind. Recht identifizieren sie entweder mit den Bewusstseinsinhalten, Überzeugungen der Rechtsunterworfenen und dem von ihnen wechselseitig als Recht Anerkannten (E.R. Bierling, G. Jellinek, skandinavischer Realismus), oder sie machen das sprachliche und nichtsprachliche Verhalten bestimmter Gruppen – wie von Richtern und anderen Amtspersonen – und soziologische Interessenkonstellationen zur Basis dessen, was Recht ist (E. Ehrlich, M. Weber, Th. Geiger, amerikanischer Rechtspragmatismus). Beide Richtungen, die man auch unter dem Titel ‚Rechtsrealismus' zusammenfasst, wollen das Recht durch Fakten beschreiben und erklären. Sie halten rechtliches und moralisches Sollen für einen unwissenschaftlichen Mythos, ein Relikt aus naturrechtlich geprägten Urzeiten. Rechtsgeltung ist allein als sozialpsychologisches bzw. soziologisches Faktum von wissenschaftlichem Interesse.[102]

Eine prinzipielle Schwierigkeit solcher Reduktionen von präskriptiven auf deskriptive Sätze besteht darin, dass Sollenssätze, also Forderungen, eine andere semantische Struktur besitzen als Seinssätze. Wir machen, grob gesagt, bei Sollenssätzen in dem Fall, dass der Satz nicht mit der Wirklichkeit übereinstimmt, nicht den Satz, sondern die Wirklichkeit verantwortlich. Wir sagen nicht, wir hätten uns geirrt, sondern wir sagen, wir müssten versuchen, den betreffenden Zustand zu ändern.

1.2.4 Harts Deutung des Rechts als Einheit von primären und sekundären Regeln

H.L.A. Harts Kritik der Befehlstheorie benennt zunächst die ‚extensionalen' und die inhaltlichen Unterschiede von Rechtsnormen und Befehlen: Staatliche Regeln beziehen sich auf einen allgemeinen Verhaltenstypus und auf eine allgemeine Personenklasse und sind außerdem gewöhnlich auf Dauer angelegt. Rechtsregeln werden ferner großenteils auch ohne unmittelbaren Zwang beachtet. Es gibt Normen, die private Befugnisse erteilen und das Vorgehen in bestimmten Situationen regeln, etwa welche Bedingungen Wechsel, Verträge, Testamente erfüllen müssen, um gültig zu sein. Es gibt zudem Normen, die Zuständigkeiten von Behörden, Gerichten und Gesetzgebungsorganen regeln. Diese beiden Typen von Normen bezeichnet Hart als *sekundäre Regeln*. Sie geben nicht unmittelbar Anweisungen, die von den dem Recht Untergebenen zu befolgen sind, sondern regeln Zuständigkeiten, Verfahrensmodi etc. Hart unterscheidet sie von primären Regeln, die tatsächlich allgemein bestimmte Verhaltensweisen gebieten oder verbieten.

Ferner kann eine Theorie, die Recht als Befehl des Souveräns definiert, nicht die Kontinuität der gesetzgeberischen Autorität über mehrere Gesetzgeber hinweg erklären, ebenso wenig die Geltung der Gesetze über den Tod des Gesetzgebers hinaus, somit weder die Geltung primärer noch sekundärer Regeln. Besser als durch das Konzept des Befehls lässt sich das Recht durch die Verbindung von *primären*, verhaltensregulierenden und *sekundären*, Befugnisse erteilenden Regeln beschreiben. Dass da, wo es Recht gibt, das Verhalten der Menschen nicht beliebig, sondern obligatorisch ist, sollte ferner nicht durch Zwang, sondern durch die Rede von einer Verpflichtung erklärt werden, da die Rede vom Zwang faktisches Verhalten beschreibt, inklusive der Feststellung, dass jemand auch tat, wozu er gezwungen wurde. Verpflichtet sein konnte er auch zu etwas, das er nicht tat.

Beim Recht wie auch bei der Moral kann man zwischen einem *internen* und einem *externen* Aspekt der Regeln unterscheiden. Ersterer besteht in der Auseinandersetzung mit dem verpflichtenden Charakter einer Regel, den man akzeptieren oder auch angreifen kann, doch stets mit Argumenten über ihre Berechtigung oder Nicht-Berechtigung, mit präskriptivem Vokabular also. Für den externen Aspekt genügt die bloße Feststellung, dass die Mitglieder einer bestimmten

Gesellschaft eine bestimmte Regel beachten, ohne dass damit über die Berechtigung dieser Praxis etwas gesagt würde.

Zur Identifikation der Rechtsregeln dient nach Hart die Erkenntnisregel (*rule of recognition*), die festlegt, wie Rechtsregeln als solche identifiziert werden. Da dies in modernen Rechtssystemen die gesamte Praxis der Rechtsgewinnung ist, spricht Hart hier von einer sozialen Regel, deren Existenz nur noch festgestellt werden kann, die man nicht mehr durch eine allgemeinere Regel rechtfertigen kann. Sie tritt in seiner Theorie an die Stelle von Kelsens ‚Grundnorm' und existiert „nur als komplexe, aber normalerweise koordinierte Praxis der Gerichte, Beamten und Privatpersonen, wenn sie mit Hilfe gewisser Kriterien identifizieren, was Recht ist".[103] Da Hart für eine Trennung von Recht und Moral und, als Konsequenz daraus, für die Beibehaltung der Rede von Recht auch im Falle ‚pathologischer', offenkundig ungerechter, Rechtssysteme plädiert, sieht auch er sich, trotz aller Kritik an früheren positivistischen Konzeptionen, als Positivist.

1.3 Vereinigungsversuche und die Diskussion um die Trennungsthese

Wie bereits angesprochen, finden sich bei Hart, aber auch bei Rawls Argumentationsstrukturen, die mehr oder minder explizit an naturrechtliche Diskussionen anschließen. Der institutionalistische Positivismus Neil MacCormicks und Ota Weinbergers versucht, in theoretischer Nähe zu Hart die Schwierigkeiten beider Konzeptionen zu vermeiden. Aus den Ansätzen, die in den letzten Jahrzehnten den Versuch machten, die Kluft zu unterlaufen oder einzuebnen sei die Rechtshermeneutik genannt (G. Radbruch, A. Kaufmann, W. Hassemer).[104]

1.3.1 Hegels Recht als Sittlichkeit

Hegel hatte in seinem Aufsatz „Über die wissenschaftlichen Behandlungsarten des Naturrechts" im *Kritischen Journal der Philosophie*[105] dem neuzeitlichen Naturrecht ein am naturphilosophischen Begriff der Natur ausgerichtetes, teleologisches Naturrecht entgegenzustellen versucht. Bei diesem sollte der für Hegel zentrale Fehler neuerer Naturrechtslehren, „das Seyn der einzelnen als das Erste und Höchste" zu setzen, vermieden und der naturgemäße Vorrang des Allgemeinen und der absoluten Sittlichkeit hervorgehoben werden.[106]

Demgegenüber wird in den *Grundlinien der Philosophie des Rechts* (1821) auf dem Boden eines neuzeitlichen, deskriptiven Naturbegriffs, dem Geist und Willen gegenübergestellt sind[107], festgehalten: „das Recht kommt nur aus dem Geist, denn die Natur hat keine Rechte".[108] Zur vollständigen begrifflichen Bestimmung des Rechts gehört der Wille, der jedoch nicht als bloße, zufällige Willkür, wie sie sich bei Kant findet[109], sondern „nur als *denkende* Intelligenz", gereinigt von allen Trieben, vom Sinnlichen, Zufälligen und Unwahren „wahrhafter, freier Wille ist" und das „Prinzip des Rechts, der Moralität und aller Sittlichkeit" ausmacht.[110] „Das Recht ist nicht die Einschränkung, sondern das ‚Dasein' des freien Willens – die ‚Freiheit als Idee.'"[111] Nach wie vor ist es für Hegel ein Fehler etwa bei Rousseau, dass er den „allgemeinen Willen" nicht als das „an und für sich Vernünftige des Willens, sondern nur als das Gemeinschaftliche, das aus diesen einzelnen Willen hervorgeht" fasst.[112]

Philosophisches Recht oder Naturrecht, sofern man den Namen aus historischen Gründen beibehalten möchte, ist daher wesentlich Vernunftrecht, da „der objektive Wille das an sich in seinem Begriffe Vernünftige ist, ob es von den einzelnen erkannt und von ihrem Belieben gewollt werde oder nicht".[113]

Zur Ermittlung dieses objektiv Vernünftigen befürwortet er durchaus eine über das positive Recht hinausgehende, allgemeine philosophische Rechtswissenschaft, die sich mit der Idee des Rechts befasst[114], ein Vernunftrecht also. Sogleich warnt er jedoch: „Daß das Naturrecht oder das philosophische Recht vom positiven verschieden ist, dies darein zu verkehren, daß sie einander entgegengesetzt und widerstreitend sind, wäre ein großes Mißverständnis; jenes ist zu diesem vielmehr im Verhältnis von Institutionen zu Pandekten"[115], also wie der erste, einführende Teil des Corpus Juris zum für die konkrete Rechtspflege relevanten Hauptteil.

Gesetzgebung sollte nicht isoliert betrachtet werden, sondern als „abhängiges Moment *einer* Totalität"[116], welche wesentlich auch durch ihre historische Entwicklung bestimmt ist. Vor allem aber lässt sich das Naturrecht nicht auf das bloß abstrakte Recht beschränken, wie in der Neuzeit geschehen, sondern es schließt die Sittlichkeit mit ein[117]. Die Sittlichkeit objektiviert sich in den Momenten Familie, bürgerliche Gesellschaft und Staat,[118] deren höchstes der Staat ist, für den alles andere im Zweifelsfall geopfert werden muss.[119]

Der staatlichen Gesetzgebung entspringt nun das positive Recht, doch „kann das, was Gesetz ist, in seinem Inhalte noch von dem verschieden sein, was an sich Recht ist"[120]. Die Frage, ob eine Rechtsbestimmung vernünftig ist, lässt sich nach Hegel also legitimerweise stellen.[121] Als Reaktion auf ihre Unvernünftigkeit scheint er jedoch weniger an eine Korrektur nach einem überall gültigen Maßstab, denn an eine sinnvolle Fortentwicklung unter Berücksichtigung des Zweckes, der Zeit, der Rahmenbedingungen etc. zu denken.[122] An den römischen Juristen rühmt er ihre Fähigkeit zur Inkonsequenz in den Fällen, wo das Recht unvernünftig ist.[123]

Hegels Ansatz der Berücksichtigung gewachsener Verhältnisse und der verschiedenen Aspekte der Sittlichkeit bei der Behandlung des Rechts hat sicherlich ihre Vorzüge gegenüber einem starren System der naturrechtlichen Deduktion, wie es sich bei Christian Wolff findet. Durch seine Bindung an eine idealistische Philosophie des absoluten Geistes mit all ihren theologischen Implikationen, laut der „diejenigen, welche das Göttliche für unbegreiflich und die Erkenntnis des Wahren für ein nichtiges Unternehmen halten, sich enthalten müssen, mitzusprechen"[124] ist er als Vermittlungsinstanz zwischen naturrechtlichen und positivistischen Ansätzen heute nur noch begrenzt tauglich. Dem steht zudem der durchgängig vorfindbare Antiindividualismus entgegen. Auch wenn man Kenneth Westphal darin zustimmen kann, dass Hegel kein schlichter Konservativer und kein vom Organismusmodell des Staats besessener Romantiker war[125], so ist die Einstufung als „liberal" doch schwer nachzuvollziehen.

Erfolgversprechender für eine Vermittlung zwischen Naturrecht und Positivismus scheint hier eine rechtsphilosophische Position, die einige Parallelen zu Hegel aufweist, nur, dass an die Stelle der Apotheose des monarchischen preußischen Staats und der Sittlichkeit des beginnenden neunzehnten Jahrhunderts das Ethos eines aufgeklärten, humanitären Liberalismus getreten ist. Gemeint ist das Werk von Ronald Dworkin.

1.3.2 Dworkins Recht als Interpretation

Am international einflussreichsten in dieser Richtung ist derzeit Ronald Dworkin, der Recht als interpretativen Begriff deutet. Zweck der Interpretation, wie Dworkin sie sieht, ist jedoch nicht das Verstehen von Texten, Autoren, Kulturen etc., sondern eine durch die Zwecke des Interpreten mitbestimmte, aktiv gestalterische Auslegung des vorliegenden Materials. Durch solch eine kreative Auslegung der relevanten Rechtsquellen unter Verwendung anerkannter Grundsätze erarbeiten wir die Rechtslage für den konkreten Fall.

Dworkin begründet ferner seine Zweifel an der Trennbarkeit von Recht und Moral, d. h. einen Angriff auf die Kernthese des Positivismus, indem er die Existenz eines moralunabhängigen Herkunftstests für Rechtsregeln in Frage stellt. Zum Recht gehören für ihn nicht nur Regeln, die er als klare Relation zwischen Tatbestand und Folgen versteht, sondern auch Prinzipien und politische Ziele. Prinzipien sind generelle Rechtsgrundsätze wie der, dass niemand aus einer Straftat legalen Nutzen ziehen soll. Wenn Prinzipien in der juristischen Argumentation herangezogen werden, so geht es nicht um die zumeist gegebene Anwendbarkeit, sondern um die *Gewichtung* im Einzelfall.

Falsch an seiner Kritik an Hart ist, dass er den Charakter der Erkenntnisregel als soziale Regel im Sinne Wittgensteins, die Prinzipien problemlos zu umfassen vermag, nicht genügend berücksichtigt. Allerdings ist es tatsächlich etwas eigenwillig, wenn nicht irreführend von Seiten Harts, einen derart verschlungenen Komplex von Institutionen als *eine* Regel zu bezeichnen. Und trotz seines Missverständnisses trifft Dworkin etwas Wesentliches: Entweder umfasst die Erkenntnisregel alle juristisch relevanten Rechtfertigungsgründe, also auch die moralischen. Dann taugt sie zumindest nicht zur klaren Abgrenzung. Oder sie umfasst sie nicht, dann taugt sie nicht zur vollständigen Beschreibung des Rechtssystems.

Was das Recht ist, bestimmt sich nach Dworkin durch eine kreative und richtige Interpretation der vorhandenen Rechtsquellen, zu denen auch solche moralischer Natur zählen. Allerdings spricht Dworkin nicht so sehr eine universelle Moral an, wenn er das Wort verwendet – etwa im Sinne der Aufklärungs-Moralität –, als vielmehr die Moral einer Gemeinschaft, die er als die beste kreative Interpretation der bestehenden Institutionen versteht. Die beste Interpretation qualifiziert sich dadurch, dass sie am ehesten dem Integritätsideal entspricht, dem Ideal einer fairen, gerechten und fürsorglichen Gemeinschaft, das in Gesetzgebung und Rechtssprechung umgesetzt werden soll. Dem Richter etwa hält er ein idealisiertes Modell namens Herkules vor, welches durch eine holistische Sichtung, Auswahl und Interpretation der relevanten Rechtsquellen dieses Integritätsideal am besten umzusetzen vermag.[126]

1.3.3 Die Diskussion um die Trennungsthese

Wer – um damit zu beginnen – beschreiben will, was von öffentlichen Autoritäten in bestimmten Gegenden zu bestimmten Zeiten als Recht festgesetzt bzw. was von größeren Teilen der Bevölkerung als solches angesehen wird, sollte nicht seine Beobachtungen mit seinen – wenn auch noch so begründeten – Überzeugungen darüber, wie Recht auszusehen habe, vermengen. Aus externer Perspektive scheinen die Vertreter der Trennungsthese daher Recht zu haben.[127]

Seit dem 17. Jahrhundert[128] trennt man ferner zwischen einem Bereich des persönlichen Bemühens um das individuelle Glück und der öffentlichen Sphäre des Rechts, in welcher Handlungen berücksichtigt werden, soweit sie gesetzwidrig in das Leben anderer eingreifen. Die Motive für den Rechtsgehorsam sind nicht mehr Gegenstand des Rechts. Diese Trennung von Legalität und Moralität dient nicht so sehr der Immunisierung staatlicher Organe gegen öffentliche Kritik, sondern eher dem Schutz des einzelnen vor staatlicher Gewissenskontrolle.

Bei der Bestimmung dessen, was Recht ist, kommen allerdings immer wieder moralische Argumentationen zum Tragen, wie Dworkin gegenüber Hart hervorhob. Man kann eine in gewissem Sinne notwendige Verbindung zwischen einem Rechtssystem und moralischen Argumenten kaum bestreiten, wenn diese ein Bestandteil der Rechtsfindungsverfahren sind. Auch der Positivist Hart weist zudem darauf hin, dass in der Rechtssprechung der Anspruch auf Richtigkeit der richterlichen Entscheidung erhoben wird, besonders, wenn die Gerichte rechtsschöpfend bzw. rechtsfortbildend tätig werden müssen. Umstritten ist, ob dieser ‚interne Aspekt' des Rechts von moralischen Forderungen abgekoppelt werden kann und soll.

Nach dem von allen etatistischen Varianten des Rechtspositivismus für die Trennungsthese vorgebrachten Argument der Rechtssicherheit garantiert erst die Loslösung von Recht und individueller oder gruppenspezifischer Moral den inneren Frieden. Spätestens seit Locke hält man dagegen, ab einem gewissen Maß an Ungerechtigkeit könne der Bürgerkrieg das geringere Übel sein. In weniger martialischer und weniger individuenbezogener Ausdrucksweise besagt die ‚Radbruchsche Formel' Ähnliches, der zufolge auch ungerechtes positives Recht Gültigkeit beanspruchen kann, „es sei denn, dass der Widerspruch des positiven Gesetzes zur Gerechtigkeit ein so unerträgliches Maß erreicht, dass das Gesetz als ‚unrichtiges Recht' der Gerechtigkeit zu weichen hat".[129]

Wer aber soll bestimmen, was ein unerträgliches Maß an Ungerechtigkeit ist? Trotz aller Versuche, allgemein verbindliche Kriterien zu finden, muss während einer Unrechtsherrschaft die letzte Entscheidung dem und der Einzelnen nicht nur überlassen, sondern auch zugemutet werden. Schließlich kann das Individuum im Falle der Ablösung eines Unrechtsregimes durch eine andere Regierung erst von der einen, dann von der anderen Seite, nicht selten sogar von beiden, zur Rechenschaft gezogen werden.

Die häufig vertretene Ansicht, der Rechtspositivismus habe das nationalsozialistische Unrecht befördert, ist zwar zumindest missverständlich, weil die führenden Positivisten nicht daran beteiligt, wenn nicht gar von den Nationalsozialisten verfolgt waren, und ein Unrechtsregime mit einem inhaltlich neutralen, formal jedoch konsequenten positivistischen System denkbar schlecht bedient ist. Trotzdem scheint es angesichts der empfehlenden Wirkung, welche das Wort „Recht" im gewöhnlichen Sprachgebrauch offensichtlich unauslöschbar mit sich trägt, leichter, besonders gravierenden staatlichen Verstößen gegen die Gerechtigkeit zwar nicht vom externen, wohl aber vom internen Standpunkt aus den Rechtscharakter abzusprechen als diesen Sprachgebrauch zu verändern. Durch die unvermeidliche Verzahnung der juristischen Sprache mit der Umgangssprache hat Robert Alexys schwache Verbindungsthese gegenüber der Trennungsthese den Vorteil, dass sie keine schwer durchführbare Revision des Sprachgebrauchs und der mit ihm verknüpften Alltagsüberzeugungen in Angriff nehmen muss.

Die Frage, ob Recht und Moral getrennt werden können und sollen, wird jedoch für unterschiedliche Formen der Moral verschieden zu beantworten sein. So wird man auf die im Naturrecht der Aufklärung wurzelnde Moralität oder Minimalmoral, die auf Prinzipien wie Unparteilichkeit und Unvoreingenommenheit und jenes, dass jeder Mensch nicht nur Mittel, sondern auch Zweck an sich selbst sein soll, rekurriert, zurückgreifen und zurückgreifen müssen, während regionale Sitten aufgrund ihrer Partikularität und religiöse Moralkodizes aufgrund ihrer Bindung an höhere Glaubenswahrheiten hinter dem Recht in den Bereich des Privaten zurücktreten müssen. Gerade in einer liberalen Demokratie kann man indessen das Rechtssystem nicht völlig aus den moralischen Auseinandersetzungen heraushalten. Wichtig ist, dass es gegenüber bestimmten, in Richtung der Despotie weisenden Veränderungen durch Festschreibung der individuellen Bürger- und Menschenrechte immunisiert wird.

1.4 Die Herausforderung durch den Rechtspluralismus

1.4.1 Probleme für das Einheitsideal

Wie eingangs bemerkt, ist Recht ein globales Phänomen, insofern heute fast überall auf der Welt Rechtssysteme im modernen Sinn des Wortes Geltung beanspruchen. Trotz der Existenz diverser *failed states* hält man nicht zuletzt in der UNO die Fiktion einer flächendeckenden Struktur aus gewissermaßen traditionellen Nationalstaaten und postkolonialen, in Teilen der Russischen Föderation vielleicht auch noch kolonialen Rechtsordnungen aufrecht.

Man kann traditionell als ein gemeinsames Merkmal derartiger Rechtssysteme eine Tendenz zur normativen Geschlossenheit, jedenfalls eine Suche nach normativer Geschlossenheit hervorheben, die von diversen Rechtsphilosophen in unterschiedlicher Weise dargestellt und gedeutet wird. Wir finden bei Hans Kelsen die bekannte Konstruktion des hierarchischen Stufenbaus der Normordnung mit der hypothetischen Grundnorm an der Spitze, deren Funktion unter anderem in der Sicherung der Einheit des Rechtssystems besteht. H.L.A. Hart deutet, wie wir sahen, das Recht hingegen als *Einheit* von primären und sekundären Normen. Bei einem fiktiven „primitiven" Rechtssystem, das nur primäre, unmittelbare Anordnungen erteilende Regeln enthält, sieht er vor allem drei Probleme. Dies wären erstens die Unsicherheit, welche Regeln gültig sind, zweitens der statische Charakter der Regeln, die nicht neuen Bedingungen angepasst werden könnten und drittens die Unwirksamkeit, da Regelbrüche nicht eindeutig feststellbar und gezielt verfolgbar sind.

Gegen diese Probleme nennt Hart drei Heilmittel in Gestalt sekundärer Regeln. Dies sind

i) Die unter 1.2.4. bereits angesprochene Erkenntnisregel (Anerkennungsregel, rule of recognition), die festlegt, wie Rechtsregeln als solche identifiziert werden. Da dies in modernen Rechtssystemen die gesamte Praxis der Rechtsgewinnung ist, spricht Hart hier von einer sozialen Regel, deren Existenz nur noch festgestellt werden kann, für die es keine Rechtfertigung durch eine allgemeinere Regel gibt, für die daher die Behauptung der Gültigkeit sowenig Sinn macht wie die Aussage, das Urmeter sei 1m lang wahr oder falsch sein könne.[130] Sie tritt in seiner Theorie an die Stelle von Kelsens Grundnorm, der gegenüber sie den Vorteil einer gewissen Bodenständigkeit besitzt.

Sie existiert „nur als komplexe, aber normalerweise koordinierte Praxis der Gerichte, Beamten und Privatpersonen, wenn sie mit Hilfe gewisser Kriterien identifizieren, was Recht ist. Die Existenz der Erkenntnisregel liegt in dieser Art von Faktizität."[131] Es handelt sich um eine gelebte Praxis, die aus der Innenperspektive der Betroffenen normativen, aus der Außenperspektive faktischen Charakter besitzt.

ii) Die Änderungsregel, mit deren Hilfe etwa Legislativorgane ermächtigt werden, bei gesellschaftlichem Bedarf die Regeln zu ändern oder neue zu schaffen.

iii) Die Entscheidungsregel, durch die Gerichte und Exekutivorgane zur Durchsetzung ihrer Entscheidungen etabliert werden.

Man kann hieran kritisieren, dass angesichts des flächendeckenden Charakters der Erkenntnisregel das Verhältnis der drei Regeln zueinander unterbestimmt bleibt. Sind die beiden letzten nur Spezifizierungen der ersten, wenn nicht, wo zieht man die Grenzen? Es wird sich gleich zeigen, dass die beiden anderen Regeln für ein modernes Rechtssystem keineswegs irrelevant sind. Ferner scheint die irreführende Rede von *einer* Erkenntnisregel angesichts ihres außerordentlich komplexen Charakters die Absicht zu verfolgen, eben jene Einheit des Rechtssystems zu *suggerieren*, die *herzustellen* für Kelsen eine der Aufgaben der Grundnorm darstellt.[132] Es bleibt somit dabei, dass diese Einheit ein wesentliches Merkmal des Rechtes ist.

Ob und inwieweit Ronald Dworkins Kritik an Harts Positivismus zutrifft, d. h. an der „Existenz eines Herkunftstests für Rechtsregeln", der die Trennungsthese von Recht und Moral rechtfertigt, wurde unter 1.3.2. kurz diskutiert. Als berechtigt erwies sich der Hinweis, dass die *rule of recognition* entweder moralische Begründungselemente zulässt und damit nicht zur Trennung von Recht und Moral taugt, oder sie ausschließt und dann nicht die Gesamtheit der Rechtsfindungsverfahren umfasst. Für den gegenwärtigen Zusammenhang ist entscheidend, dass Dworkin als Ideal und Richtwert seines Konzepts von Recht als Interpretation die *integrity* benennt, das Erreichen einer möglichst großen normativen Geschlossenheit hinsichtlich der gemeinsamen Grundsätze einer Gesellschaft, dem sein idealisierter Richter namens Hercules verpflichtet ist. Dem korrespondiert seine *right-answer-thesis*, die Auffassung, dass es für jedes Rechtsproblem, für jeden konkreten Rechtsfall genau eine richtige Lösung im Sinne des Integritätsideals gibt.

Gemeinsames Bild des Rechts sind also vom demokratischen Gesetzgeber erlassene Gesetze, die nach rechtsstaatlichen, dem gemeinsamen *Integritätsideal* verpflichteten Grundsätzen ausgelegt werden.

Ein Problem, dem sich viele Rechtsysteme dieser Welt gegenübersehen, liegt darin, dass dieses Bild des Rechts, diese so selbstverständlich als Ideal angenommene Einheit, in manchen Kontexten so weit von der rechtlichen Realität abweicht, dass sich die Frage stellt, ob man sie als Ziel im normativen Bereich beibehalten oder eher zugunsten der einen oder anderen Form des Rechtsrelativismus verabschieden oder nach einer anderen Lösung suchen sollte.

Dies hat vor allem zwei Gründe: Erstens hat sich das internationale Recht auf vielfältige Weise entwickelt. Neben die anerkannten Staaten als traditionelle Rechtssubjekte traten zunächst das Internationale Kommitee des Roten Kreuzes,[133] später sogar NGOs, zudem überstaatliche Verbünde wie die EU, aber auch die UN hinzu. Da sich neben dem zwischenstaatlichen Völkerrecht zunehmend ein supranationales und ein transnationales (v. a. ökonomisches) Völkerrecht entwickeln,[134] stellt sich rechtsphilosophisch nicht mehr die lange dominierende Frage, ob man einem Dualismus von staatlichem und Völkerrecht das Wort reden, oder einen Monismus anstreben solle, sondern vielmehr, wie man normativ mit dem Faktum des Rechtspluralismus umzugehen habe.

Der vermutlich von Gilissen u. a.[135] bereits 1972 geprägte Begriff „Rechtspluralismus" wird in den letzten Jahrzehnten vermehrt von Seiten der Rechtsethnologie eingesetzt, insbesondere um die rechtliche Situation zahlreicher postkolonialer Staaten zu beschreiben, zu der sich indessen auch in den sog. westlichen Staaten immer deutlichere Parallelen herausbilden.

Dies ist der zweite Grund für das Bröckeln des Einheitsideals: Das im Anschluss an die Kolonialzeit erlassene, teilweise noch von dieser beeinflusste staatliche Rechtssystem tritt vielerorts in Konkurrenz mit wieder erstarkten, teilweise allerdings eher rekonstruierten als neu belebten Rechtstraditionen, die sich in manchen Gegenden mit der Scharia verbinden oder auch in Konkurrenz zu ihr stehen. Hinzu kommt oftmals noch das Recht der Vereinten Nationen mit der Forderung nach Einhaltung der Menschenrechte und auf Umsetzung dieser Forderungen drängenden NGOs.[136]

Es sei gestattet, diesen Vorgang an zwei rechtsethnologisch gut erforschten Regionen zu illustrieren, mit Bezug auf Forschungen, die Franz und Keebet von

Benda-Beckmann seit den siebziger Jahren in Indonesien und Bertram Turner seit den neunziger Jahren in Marokko durchgeführt haben.[137]

1.4.2 Beispiele: Adat, Scharia und staatliches Recht in Westsumatra und in Marokko

Im vierzehnten oder fünfzehnten Jahrhundert traf der Islam in Miangkabau in West-Sumatra auf eine Gesellschaft aus Dorfrepubliken unter dem Recht der so genannten Adat mit matrilinear bestimmten Sozialstrukturen, sowohl was die Vererbung von Vermögen und die Weitergabe von politischen Ämtern, als auch die Residenzregeln betraf. Nach der Eheschließung wohnten Männer im Haus der Frauen, die Verwandtschaft von Vätern und Kindern wurde zwar akzeptiert, hatte jedoch kaum rechtliche Bedeutung. In dieser Umgebung wurde der Islam lange als Religion akzeptiert und den ursprünglichen Religionen vorgezogen, wirkte sich jedoch, abgesehen von einigen verbalen Anleihen kaum auf die rechtlichen Strukturen aus, bis es im frühen 19. Jahrhundert zu einem Krieg zwischen wahabitisch beeinflussten islamischen Reformern und den Adat-Treuen kam, die dann die Holländer zu Hilfe riefen, die daraufhin das Land besetzten. Beide Traditionen lebten seither mit- und nebeneinander, mit kontinuierlichen Erbrechtsauseinandersetzungen, die letztlich die Oberfläche des Ringens um die eigentliche Autorität darstellten und ebenso kontinuierlichen, aber offenkundig fragwürdigen Harmoniedeklarationen. In den achtziger Jahren des zwanzigsten Jahrhunderts wurden die Adat durch eine Verwaltungsreform zurückgedrängt, während sich der Islam zur moralischen Instanz gegenüber der korrupten Suharto-Diktatur entwickelte. Nach deren Fall im Jahre 1999 lebten mit der Dezentralisierung die Adat wieder auf und ihre Repräsentanten nutzen islamische Legitimationsmuster, um die eigenen Aktionen legitimatorisch aufzuwerten und vice versa. Glanzstück dieser eigenartigen Symbiose ist eine im Jahr 2000 von der Allianz der Adat-Dorfräte von Minangkabau verfasste *fatwa*, die eine von der Regierung vorgenommene Übertragung von Dorfeigentum auf eine Zementfabrik für null und nichtig erklärte. Man bediente sich also zumindest sprachlich eines der wichtigen Instrumente des gesellschaftlichen Konkurrenten, um das eigene Recht gegen staatliches Recht zu behaupten. Teilweise sind die Träger der Adat-Renaissance, die heute die entsprechenden Ämter besetzen, Personen, die gar nicht im Dorf aufgewachsen sind, sondern Beamte, Dozenten, Händler, die mit der Geschichte dieser Rechtstraditionen nur sehr begrenzt vertraut sind und sie sehr selektiv der Situation oder auch ihren Interessen anpassen.[138]

Eine teils parallele, teils etwas verschieden gelagerte Situation finden wir in Marokko vor, wo aus ähnlichen Motiven lokale Praktiken eine Stärkung erfuhren. Für die ländliche Bevölkerung ist die erste Rechtsquelle für ihre Belange das so genannte „urf"[139], das im Selbstverständnis der Landbevölkerung derart selbstverständlich mit dem Islam in Verbindung gebracht wird, dass es „wenig sinnvoll" ist, „zwischen Gewohnheitsrecht und lokalem islamischem Recht zu differenzieren"[140]. Neben diesem lokalen islamischen Recht existiert in diesen Gegenden noch das staatliche und das religiöse islamische Recht, die Scharia. Der marokkanische Staat unterstützt diese regionalen Entwicklungen, schon um den von außen kommenden Einflüssen globaler Akteure, seien es Menschenrechtsgruppen, sei es der islamische Fundamentalismus, entgegen zu wirken. Hier erhebt von städtischen staatlichen Instanzen gefördertes lokales ländliches Recht den Anspruch, die wahre Scharia wiederzugeben und so neben der regionalen Regulierungsleistung als Abwehr gegen überregionale islamische Herrschaftsansprüche zu dienen. Träger der Retraditionalisierung sind indes auch hier nicht unbedingt die ursprünglichen Überlieferer alter Kenntnisse, sondern interessierte, oft staatliche Instanzen.

Wichtiger als historische Detailtreue scheint allerdings die durch die Tradition und die regionale Bindung verliehene Legitimität, die gegen den Staat, manchmal gegen diverse global players ausgespielt wird – man spricht hier vom Phänomen der Glokalisierung. Diese ermöglicht es in einigen Fällen lokalen Autoritäten, sich in den Bereichen, in denen der Staat etwa nicht mehr willens oder fähig ist, die Ressourcenverteilung und andere seiner Aufgaben zu erfüllen, ein Staat, der möglicherweise im Ruf der Ungerechtigkeit und Korruption steht, Respekt zu verschaffen. Dabei ignoriert man bewusst, dass diese Regelungen ihrerseits oft Ungerechtigkeiten perpetuieren, etwa im Verhältnis der Geschlechter zueinander. Nicht selten beteiligen sich in- und ausländische Nicht-Regierungs-Organisationen daran, vermeintliche oder echte Traditionen als Garantie gerechter sozialer Verhältnisse und nachhaltiger Wirtschaftsweise zu erklären. So hebt man in den Molukken in Ostindonesien den typisch molukkischen und antikolonialen Zug der sasi-Regelung, einer Art Brache- und Schonzeitregel für bestimmte Früchte und bestimmte Fischarten, hervor und ignoriert, dass die Form, in der man sie benutzt, aus der entsprechenden Verordnung der niederländischen Kolonialverwaltung abgeschrieben ist, die sich von der vorkolonialen Tradition durchaus unterscheidet. Es wurde mitunter sogar der Verdacht geäußert, dass in manchen Regionen gezielt solche traditionellen Wertvorstellungen restauriert würden, die der indigenen Bevölkerung die Beteiligung an der ökonomischen Nutzung der Ressourcen verbieten, die damit von anderer Seite vorgenommen wird.[141]

Wichtig ist für unseren Zusammenhang ein andauerndes Neben- und Miteinander dreier Rechtsformen, die „Koexistenz nicht-staatlichen Rechts mit staatlichem Recht", wofür das rechtsethnologische Verständnis explizit auf einen

Rechtsbegriff zurückgreift, der „nicht auf einer direkten Kopplung an den Staat basiert."[142] Dieser Rechtspluralismus bestand eben schon vor dem kolonialen und postkolonialen Staat, jener hat die Zusammenhänge nur etwas verkompliziert.

Wenn wir diese Situation mit der Hartschen Begrifflichkeit analysieren, sehen wir, dass drei unterschiedliche Erkenntnisregeln hier nebeneinander, teilweise miteinander, teilweise in Konkurrenz und Rivalität bestehen. Für eine dieser Erkenntnisregeln, nämlich die staatliche, gibt es fixierte Änderungsregeln, während sich die anderen in sehr unterschiedlicher, oft schwer prognostizierbarer Form den Gegebenheiten anpassen. Ihr Wandel hängt von lokalen Machtverhältnissen, temporal schwankender Überzeugungskraft und den Interessen und Kenntnissen der wichtigsten Akteure ab. Doch handelt es sich keineswegs um das, was Hart als „primitive" Ordnung bezeichnet hatte, denn es existieren sehr wohl sekundäre Regeln, auch eine Entscheidungsregel für strittige Rechtsfälle, die möglicherweise mit den Entscheidungsregeln der anderen Rechtssysteme um die Vorherrschaft kämpft. Es ist daher plausibel hier von einem Pluralismus von Rechtsordnungen zu sprechen, anstatt von „Gewohnheiten" oder „Brauchtum". In vielen Kolonialsystemen bestanden „Gewohnheitsrecht", „Brauchtum" und dergleichen in mehr oder minder geduldeter, aber letztlich von der Kolonialmacht und ihren regionalen Adepten mitgeformten Ordnungen weiter, manchmal deutete man sie auch als typisch koloniale Produkte[143]. Die erwähnte Glokalisierung führte nach der Entkolonialisierung zu einer Verfestigung dieser Strukturen, die es angemessen erscheinen lässt, von nebeneinander bestehenden Rechtsordnungen zu sprechen, die in wechselnden Koalitionen mit und gegeneinander agieren.

Während in den eben knapp präsentierten Forschungsresultaten das Vorhandensein eines Rechtspluralismus schlicht diagnostiziert wird, ohne dass damit notwendigerweise rechtsrelativistische Konsequenzen verbunden wären, wird von Ayelet Shachar eine je nach ethnischer Zugehörigkeit in manchen Bereichen geteilte Rechtsprechung aktiv propagiert.

1.4.3 Geteilte Rechtsprechung?

In ihrer 2001 publizierten Studie „Multicultural Jurisdictions", die den Erzbischof von Canterbury dazu bewog, die Einführung der Scharia in England für bestimmte Fragen zu befürworten, eine Anregung die mittlerweile angenommen wurde, nachdem der Vorsitzende des neuen Supreme Court, Lord Philips sich dafür aussprach, schlug Ayelet Shachar für den Bereich des Familienrechtes eine „joint governance" von Seiten des liberalen westlichen Staates einerseits, von

Vertretern der jeweiligen Migrantengruppen andererseits vor. Für den Fall der Muslime wäre damit eine gleichzeitige Gültigkeit der liberalen Rechtsordnung und der Scharia gegeben, doch stammen Shachars Beispiele auch in erheblichem Maß aus dem Bereich jüdisch-orthodoxer Familien. Ihr geht es darum, den so genannten „kulturellen Reaktivismus" zu vermeiden, also den Versuch, Immigrantengruppen durch extremen Rückzug auf traditionelle Gesetze, Regeln und Praktiken zu stabilisieren und gegen sozialen Wandel durch Säkularisierung und Modernisierung abzuschotten.[144] Solche Entwicklungen gereichen erfahrungsgemäß gerade den schwachen Mitgliedern dieser Gruppen zum Schaden, weil die Hierarchien innerhalb der Gruppe gleichzeitig intensiviert werden. Wegen ihrer Schlüsselrolle bei der Hervorbringung künftiger Gruppenmitglieder, wegen ihrer „reproductive activities" stehen insbesondere Frauen unter extremer Kontrolle und Überwachung, die sich um so schlimmer auswirkt, je mehr die Gruppenregeln in die Rolle einer „inoffiziellen Gesetzgebung" wachsen.[145]

Shachar schlägt vor, diesen Entwicklungen dadurch entgegenzutreten, dass man die Herausforderung der multikulturellen Gesellschaft annimmt und einräumt, dass manche Leute zu mehr als einer politischen Gemeinschaft gehören, dass sie Rechte und Verpflichtungen gegenüber mehr als einer rechtmäßigen Obrigkeit haben.[146] Wir wären damit also wieder in einer Situation, wie wir sie beim Rechtspluralismus vorfanden, nur dass dies diesmal zumindest bewusst auf normativer Ebene eingeräumt, wenn nicht begrüßt wird, mit dem Ziel, die Interessen des Staats mit denen der Gruppe und des Individuums, das zu beiden gehört, in ein Gleichgewicht zu bringen.[147]

Es gibt unterschiedliche Versionen einer „Herrschaftsteilung": Ein föderatives Arrangement (accomodation) setzt eine räumliche Konzentration der „nomoi-Gruppe" voraus.[148] Bei einem zeitlichen Arrangement zieht sich der Staat aus bestimmten Lebensphasen zurück, etwa aus der Erziehung, oder er greift bei bestimmten Situationen ein, etwa wenn es Erbfragen oder den Lebensunterhalt der Hinterbliebenen zu regeln gibt. Hier hat man offenbar das Problem, dass in diesen Zeitabschnitten irreversible Entscheidungen getroffen sein können. Ein konsensuelles Arrangement überlässt die Entscheidung über die Zugehörigkeit zur jeweiligen Gruppe allein der betroffenen Person und ein kontingentes Arrangement behält dem Staat eine Eingriffsmöglichkeit „bei Bedarf" vor. Beide riskieren ein gewisses Maß an Willkür.[149]

Das von Shachar bevorzugte transformative Arrangement geht davon aus, dass weder der Staat, noch die relevante Gruppe, noch das zu beiden gehörige Individuum auf Dauer dieselben bleiben, sondern setzt darauf, dass durch den permanenten Dialog, der bei diesem Arrangement erforderlich wird, alle Beteiligten einem Wandel unterworfen sind.[150] Sie verspricht sich durch diesen kontinuierlichen Prozess ein höheres Maß an Transparenz der internen Machtstrukturen von „nomoi-Gruppen", vor allem aber durch bestimmte Möglichkeiten, die den schwachen Gruppenmitgliedern eine Auswegoption eröffnen, wenn etwa die Entscheidung eines gruppeninternen Gerichts nicht hinnehmbar ist. Besser als die Möglichkeit, einen langwierigen und kostspieligen Prozess vor einem ordentlichen Gericht anzustrengen, der von den Betroffenen aus diversen Gründen nicht durchgehalten werden könne und möglicherweise die Gruppe zu immer stärkerer Abschottung veranlasse, sei ein Unterstützungsprogramm, das ihnen einen „Teilausstieg" ermögliche, finanzielle Unterstützung gewährleiste und ihre Verhandlungsposition innerhalb der Gruppe stärke.[151] Potentiell besäßen Frauen gerade eine besonders starke Position, weil nur sie das Fortbestehen der Gruppe ermöglichen könnten.

Sicherlich lag es nicht in Shachars Absicht, die „Fehler des Gruppenessentialismus" zu wiederholen, wie ihr Sheila Benhabib vorwirft.[152] Gleichwohl bleibt es ein Problem, wenn ein herausgehobener Status einer Gruppe in dieser Weise legal festgeschrieben wird, zumal vermutlich unterschiedliche Regelungen für unterschiedliche Gruppen erforderlich werden, was zu Glaubwürdigkeitskrisen des Staates führen kann. Es war der Muslim Canadian Congress, der bereits im August 2004 in der Debatte vor der Einführung der Sharia in Ontario warnte, man riskiere damit eine weitere Gettoisierung der Muslime. Hinzu kamen heftige Proteste muslimischer, aber auch jüdischer Frauenorganisationen. Diese Reaktionen verweisen auf das Problem, dass die Einsetzung der Richter(innen?) nicht unbedingt den Anspruch auf Repräsentation und demokratische Legitimation erheben kann. Da ferner das gleichzeitige Bestehen unterschiedlicher, auf Dauer nicht selten konkurrierender Rechtsregelungen für dieselben Menschen erfahrungsgemäß ein erhebliches Konflikt- oder sogar Gewaltpotential mit sich bringt – gerade in Deutschland gab es Jahrhunderte lang Auseinandersetzungen zwischen Kirche und Staat – scheint eine Anerkennung dieser Art gemeinsamer Regierung auf der selben Ebene nicht empfehlenswert, so lange andere Möglichkeiten zur Verfügung stehen.

Anders steht es mit dem Angebot zur Mediation, das auch von muslimischen Gerichten gemacht werden kann, von dem sich eine Partei jedoch zurückziehen und an ein staatliches Gericht wenden kann, wenn sie ihre Rechte verletzt sieht. Eine solche Mediation durch eine von allen Beteiligten anerkannte religiöse Autorität kann den sozialen Konfliktstoff innerhalb religiöser Gemeinschaften besser in den Griff bekommen, als ein auf Sieg und Niederlage angelegtes „faires" Gerichtsverfahren. Von *mediation* sprach auch Lord Philips und Ähnliches schien dem Erzbischof vorzuschweben. An der Förderung derartiger Einrichtungen kann dem Staat in der Tat gelegen sein, um den von Shachar beschriebenen Transformationsprozess in Gang zu setzen. Im Unterschied zur Mediation im ökonomischen Bereich, bei der für gewöhnlich die Vertraulichkeit der Verhandlung eine wesentliche Bedingung ist, laut deutschem Mediationsgesetz gehört sie sogar zur Definition,[153] wäre in diesen Kontexten die auch von Shachar als notwendig angemahnte Öffentlichkeit der Verhandlungen essentiell, weil nur sie den Schutz der Schwächeren wahrscheinlicher macht und die angesprochene Veränderung in den Positionen aller Beteiligten zu befördern vermag.

Auf nationaler Ebene liegt es für den demokratischen Staat also nahe, ein Neben- und Gegeneinander unterschiedlicher Rechtssysteme soweit wie möglich zu vermeiden. Man sollte das Einheitsideal nicht leichtfertig aufgeben, so lange es sich in realistischer Form bewahren lässt. Man kann auch unter diesen Prämissen im liberalen säkularen Staat durch Herstellung von Öffentlichkeit und transparenter Entscheidungsfindung in Schiedsgerichten einem reaktiven Kulturalismus und der Gettobildung entgegenwirken. In den mittels der ethnologischen Studien vorgestellten Situationen scheinen die Optionen nicht in derselben Weise verfügbar. Zudem waren Glokalisierung und Minoritätenkulturen nur einer der Bereiche, in denen wir mit dem Phänomen des Rechtspluralismus konfrontiert sind. Schwieriger wird die Bewahrung des Einheitsideals, wenn sich durch die Globalisierung im Bereich des Privatrechts auf internationaler Ebene diverse Rechtsstrukturen überlagern, oder auch wenn internationale Regelungen in die nationalen Rechte eingreifen. Es wäre auch denkbar, dass multinationale Konzerne sich zu demokratisch strukturierten Strukturen mit einer Art internem Rechtssystem umwandeln, um die Transparenz und Verantwortlichkeit dieser inzwischen ebenso undurchsichtigen wie einflussreichen politischen Machtfaktoren zu verbessern. Neben dem traditionellen Grund der steten Kriegsdrohung zwischen Staaten könnte die Option einer rechtlichen Vereinheitlichung in diesem Bereich ein weiteres triftiges Motiv für eine Weltrepublik, für eine globale Demokratie darstellen. Dies würde einem Festhalten am Einheitsideal entsprechen. Und die Weltrepublik hat gewichtige Fürsprecher. Zugunsten einer „echten *politischen Weltautorität*," die sich „dem Recht unterordnen, sich auf konsequente Weise an die Prinzipien der Subsidiarität und Solidarität halten, auf die Verwirklichung des Gemeinwohls hingeordnet sein", zugleich aber „von allen anerkannt sein, über wirksame Macht verfügen [muss], um für jeden Sicherheit, Wahrung der Gerechtigkeit und Achtung der Rechte zu gewährleisten", hat sich am 29. Juni 2009 Papst Benedikt XVI. in seiner Enzyklika *Caritas in veritate* ausgesprochen.[154] Otfried Höffe hatte bereits zehn Jahre zuvor „die föderale Weltrepublik" als „krönendes Dach" im „globalen Gebäude von Recht und Demokratie" gefeiert.[155] Allerdings hat auch solch eine globale Demokratie ihre Tücken.

1.5 Globales Recht als Aushandlung

1.5.1 Bietet die Weltrepublik eine Lösung?

Wollen wir wirklich einen Weltstaat? Es sei zunächst an die Äußerung Kants aus seiner Friedensschrift erinnert, der vom Völkerrecht vorausgesetzte Zustand unabhängiger Staaten sei zwar ein solcher des Krieges, doch sei

> selbst dieser nach der Vernunftidee besser als die Zusammenschmelzung derselben durch eine die andere überwachsende und in eine Universalmonarchie übergehende Macht, weil die Gesetze mit dem vergrößerten Umfange der Regierung immer mehr an ihrem Nachdruck einbüßen und ein seelenloser Despotism, nachdem er die Keime des Guten ausgerottet hat, zuletzt doch in Anarchie verfällt.[156]

Dem Verlangen der Staaten, den Frieden durch Weltbeherrschung zu erreichen, habe die Natur aber die Verschiedenheit der Sprachen und der Religionen entgegengesetzt, die, wie Kant zugesteht,

> zwar den Hang zum wechselseitigen Hasse und Vorwand zum Kriege bei sich führt, aber doch bei anwachsender Cultur und der allmählichen Annäherung der Menschen zu größerer Einstimmung in Principien zum Einverständnisse in einem Frieden leitet, der nicht wie jener Despotism (auf dem Kirchhofe der Freiheit) durch Schwächung aller Kräfte, sondern durch ihr Gleichgewicht im lebhaftesten Wetteifer derselben hervorgebracht und gesichert wird.[157]

Gewiss bezieht sich Kant ausdrücklich auf eine Universalmonarchie, die etwa nach dem Vorbild der pax Romana jenen Frieden auf dem Kirchhofe der Freiheit errichtet, dem sogar der Kriegszustand vorzuziehen wäre. Doch scheint das Argument, dass gesetzliche Regelungen immer schwieriger in kontrollierbarer Form umzusetzen und durchzusetzen sind, auch eine globale Demokratie zu betreffen. Für diese kommt noch das Problem hinzu, dass der Partizipationsgedanke (vgl. unten 2.) kaum noch in sinnvoller Weise gefasst werden kann, wenn der Staat eine gewisse Größe überschreitet. Diese Probleme sind beiden genannten Autoren ebenso wie anderen, die sich für eine Weltdemokratie einsetzen, durchaus bekannt. Benedikt betont die Wichtigkeit der Subsidiarität, „um nicht eine gefährliche universale Macht monokratischer Art ins Leben zu rufen".[158] Höffe streitet mit ähnlichen Mitteln „wider einen globalen Leviathan" und setzt zudem auf das Prinzip der Öffentlichkeit.[159] Auch David Held und Daniele Archibugi wollen bei ihrem Projekt einer kosmopolitischen Demokratie mittels einer „mehrstufigen" Demokratie den angesprochenen Gefahren begegnen.[160]

Dennoch bleiben Zweifel an der Wünschbarkeit einer solchen Weltrepublik oder Weltautorität. Bereits viele der an der Europäischen Union immer wieder geäußerten Kritikpunkte mögen als Indiz dafür gelten, dass auch Anordnungen einer letztlich demokratisch legitimierten Zentralgewalt bei der konkreten Anwendung rasch als sinn- und seelenlos und ihre Durchsetzung als despotisch erscheinen können oder sich zumindest von interessierter Seite so interpretieren lassen. Im Juli 2013 verglich der Präsident des Genossenschaftsverbandes Bayern, Stephan Götzl, ein geplantes Gesetz der EU zur zentralen Bankenkontrolle mit Hitlers Ermächtigungsgesetz und verteidigte diese Entgleisung ausdrücklich.[161]

Zum Erhalt der Macht und des Gewaltmonopols in allen Teilen der Erde, worauf eine Weltrepublik angewiesen ist, wenn der Terminus eine Bedeutung haben soll, kann ferner ein erhebliches Maß an militärischem Druck erforderlich sein, der von den Betroffenen als Unterdrückung empfunden wird. Dies gilt erst recht, wenn Maßnahmen zur Rechtsdurchsetzung von denen, die den Weltstaat als despotisch „entlarven" wollen, sehr gezielt provoziert werden. Wir brauchen hier nur an die schwierige emotionale Lage vieler Basken im demokratischen Spanien zu denken. Und doch bietet dieser militärische Druck keineswegs die Garantie, dass nicht wieder allerlei Weltbürgerkriege ausbrechen. Schließlich können die in den letzten Abschnitten angesprochenen Probleme um einen internen Rechtspluralismus in einem solchen Weltstaat zumindest lokal jederzeit wieder auftauchen, wenn religiöse oder anders motivierte Gruppen das Recht auf bestimmte Privilegien oder Ordnungsstrukturen, möglicherweise auf Sezession beanspruchen. Für die von diesen Auseinandersetzungen betroffenen Individuen entsteht das für uns bislang unbekannte zusätzliche Problem, dass der klassische Weg, sich vor Verfolgung einer – oder auch beider – der beteiligten Parteien in Sicherheit zu bringen, nämlich das Exil, in einem Weltstaat nicht mehr vorhanden wäre.

Mit dem Argument, der Kosmopolitismus spreche durch das Untergraben der staatlichen Souveränität „den Bürgern vieler Länder das demokratische Recht ab, sich selbst zu regieren",[162] und dem zweiten Kritikpunkt, dass sämtliche Versionen des Kosmopolitismus „die Möglichkeit konsensorientierter Governance als gegeben voraussetzen, die das Politische sowie Konflikt und Negativität hinter sich lassen würde",[163] setzt sich Chantal Mouffe für eine „multipolare Weltordnung" im Sinne Carl Schmitts ein.[164] Sie will das Politische erhalten wissen, das sie im Gegensatz zu Schmitt allerdings nicht durch die reale Möglichkeit des bewaffneten Kampfes zwischen großen „Gesamtheiten" von Menschen samt der Möglichkeit physischer „Negation" gekennzeichnet sieht,[165] sondern durch „agonistische" Auseinandersetzungen „zwischen unvereinbaren hegemonialen" Projekten,[166] die nach den Regeln der Demokratie ablaufen und diese stärken sollen,[167] also durch das, was Schmitt verächtlich als „kümmerliche" Nebenprodukte der eigentlich politischen Entscheidung zur Auseinandersetzung zwischen Staaten abgetan hatte.[168] Schmitts Großraumordnung „mit Interventionsverbot für raumfremde Mächte" ist wesentlich bestimmt durch das Konzept einer Raumordnungsmacht für jeden dieser Räume, die sich dadurch auszeichnet, dass sie einem modernen Materialkrieg mit allen Konsequenzen gewachsen ist.[169] Es lässt sich annehmen, dass ihm Mouffe auch in diesem Punkt nicht zu folgen gedenkt.

Unabhängig davon, ob Chantal Mouffes Versuch, sich zentraler Konzepte Carl Schmitts zu bedienen, ohne die faschistoiden Implikationen mitzutragen, aussichtsreich ist, bietet die Aufteilung der Welt in mehrere Großräume keinerlei Vorteile gegenüber der Weltrepublik, ganz abgesehen davon, dass es wiederum irgendeiner rechtlichen Regelung der Beziehungen zwischen diesen bedürfte. Auch hier müsste man durch Betonung des Subsidiaritätsprinzips der „Seelenlosigkeit" und Realitätsferne entgegenwirken, und ein intensiver Minderheiten- und Menschenrechtsschutz wäre auch in Großräumen ebenso wichtig wie schwer umsetzbar. Es blieben also die selben Probleme, wie sie beim Weltstaat genannt wurden, im Wesentlichen bestehen, ferner würden die vielfältigen trans"polaren" Rechtsbeziehungen wirtschaftlicher und anderer Art eine neue Herausforderung darstellen. Selbstverständlich können sich größere Staatenbünde überall auf der Welt als auf vielerlei Weise vorteilhaft erweisen. Die Annahme jedoch, innerhalb derartiger Pole, Mouffe nennt die islamische Welt, Südamerika und den Machtbereich Chinas,[170] sei das Problem des Rechtspluralismus nicht virulent, ist entweder naiv oder eine Lizenz zur unkontrollierten Unterdrückung von Minderheiten. Sobald man aber jede Unterdrückung und Unterprivilegierung bekämpfen und die Demokratie fördern will, wie es Mouffes Intention ist, hat man ein kosmopolitisches Ordnungsprinzip eingeführt.

Wenn nun die globale Demokratie zumindest weniger attraktiv ist als es zunächst den Anschein hat, wenn ferner der von Kant als Surrogat angesehene Völkerbund derzeit schwächelt und obendrein sicherlich nicht aus lauter Republiken besteht, wenn ferner die Partitionierung der Welt in Großräume nicht die Lösung zu bringen scheint, sind wir dann auf Gedeih und Verderb einem Pluriversum von Staaten und einem Pluralismus nebeneinander existierender und miteinander konkurrierender Rechtssysteme ausgeliefert, ohne die enormen Konfliktpotentiale und Risiken irgendwie steuern zu können?

Ganz so düster scheint die Situation aus drei Gründen nicht zu sein: Erstens sind die Vereinten Nationen trotz aller offenkundigen Probleme noch keineswegs gescheitert, zweitens gibt es in Form der Menschenrechte einen im Prinzip gültigen und anerkannten Maßstab für Rechtsordnungen aller Art. Derzeit wird eben im Gedanken der Menschenrechte jene „Einstimmung in Principien" gesucht, die es möglich macht, kulturelle oder auch ökonomische Differenzen und Eigenheiten in der Auseinandersetzung auf dem Boden der Zivilgesellschaft fruchtbar zu machen. Ferner haben wir in den meisten Rechtssystemen, die diesen Namen verdienen, entweder rechtsstaatliche Grundsätze der Rechtsausübung oder die *rule of law* oder beides, das Verhältnis dieser Elemente werden wir uns noch kurz ansehen müssen.

Drittens wird man sich im Rechtsverständnis daran gewöhnen müssen, dass Recht nicht mehr allgemein durch die Entscheidungen eines souveränen, nach Möglichkeit demokratischen Staatsapparates bestimmt wird, sondern häufig ein Projekt der Aushandlung darstellt, bei der die Beteiligten mit möglichst guten Argumenten für ihre Rechtsauffassung werben. In gewissem Sinne kann man also von einer „Refeudalisierung" des Rechts sprechen und man kann sie sogar für hilfreich halten.

1.5.2 Aushandeln, nicht diktieren

Der hier zu unterbreitende Vorschlag bestünde also darin, das dem Einheits- oder Integritätsideal verpflichtete Bild des Rechts als Setzung zwar lokal zu akzeptieren, so lange es sich realistisch vertreten lässt und solange insbesondere das Zustandekommen der Setzung als legitim anerkannt werden kann, weil sie nach einem standardisierten Verfahren *ausgehandelt* wurde, im anderen, allgemeineren Fall jedoch das Recht als kontinuierlichen faktischen, lokalen Aushandlungsprozess und als jeweils erreichten *status quo* dieses Prozesses zu deuten.

Man hat damit zwei Bilder dessen, was Recht ist, nebeneinander bestehen, die für gewöhnlich nicht in Konflikt geraten: Dies ist einmal die in der europäischen Neuzeit zum Standard gewordene Konzeption des Rechts als Setzung, die sich trotz aller Einschränkungen und Relativierungen durch Hinweise auf die Relevanz sekundärer Regeln, auf Rechtsprinzipien, auf *policy* und Ähnliches im Kern erhalten hat, auch wenn man sie nicht mehr als Befehl, und zwar – wie es bei Christian Thomasius mit Nachdruck heißt[171] – des Herrschenden, nicht etwa des Gelehrten, versteht, sondern als Ausdruck des Rechts eines Volkes, „sich selbst zu regieren", um die Formulierung von Chantal Mouffe aufzugreifen. Natürlich wird dieses Recht nicht analog zur Willensentscheidung einer natürlichen Person ausgeübt, sondern im Kern durch standardisierte Verfahren, in denen unterschiedliche Überzeugungen und unterschiedliche Interessen verschiedener Gruppen artikuliert werden, bevor eine Entscheidung fällt, die dann als solche „des Volkes" gedeutet wird.

Diesem positiven Recht, das strukturell auf Einheit und Konsistenz ausgerichtet ist, wird in der hier vorgeschlagenen Auffassung nicht primär das Konzept des Rechtes als ein von Natur, durch göttliche Fügung oder sonstwie über den Menschen schwebendes Normensystem *gegenüber gestellt*, vielmehr wird es durch das Bild vom Recht als Resultat eines Aushandlungsprozesses bzw. als Vorgang des Aushandelns selbst *ergänzt*, sofern die Einheit nicht erreichbar ist, etwa weil zwei konkurrierende Regelsysteme vorliegen. Recht geht also in beiden Fällen auf Aushandlung zurück. Der Unterschied liegt primär darin, inwieweit es vorab anerkannte gemeinsame Grundsätze und Verfahrensregeln gibt oder ob der Verhandlungsrahmen und die Rationalitätskonzeptionen deskriptiver wie normativer Art ad hoc in „Aushandlungszonen" abgesprochen werden müssen.[172]

Nicht übersehen werden soll dabei der Vorteil der Einfachheit des der Integrität verpflichteten, gesetzten Rechts, so lange es seine Pflicht der Friedenssicherung erfüllt und solange es als legitim gelten kann, weil es allgemein anerkannt, in möglichst transparenten und ihrerseits anerkannten Aushandlungsprozessen zustande gekommen ist. Da dies offenbar keineswegs immer mustergültig abläuft, bedarf es der Wege, diejenigen einzubinden, die Zweifel an der Legitimität einer Entscheidung haben, ob zu Recht oder nicht ist ja gerade strittig. In dem Moment, wo sich das gesetzte Recht nicht durchsetzen lässt oder aber der Versuch der Erzwingung in gewaltsame Auseinandersetzungen mit unberechenbarem Ausgang führen würde, tritt nach dem hier formulierten Modell an die Stelle der Setzung und Durchsetzung von Recht allemal der Vorgang der Aushandlung, der sich auf die konkret strittigen Fragestellungen bezieht. Dies entspricht durchaus einer geübten Praxis, wird hier auch nur für die Fälle propagiert, in denen eine für alle gleiche, gesetzesartige Regelung nicht erreichbar wäre und Fragen nach der Richtigkeit des Rechts Ursache des Konfliktes sind. Hier bietet die Aushandlung eine Möglichkeit zur Vermeidung gewaltsamer Durchsetzung, mit der man zahlreiche Verletzungen physischer wie sozialer Art und im schlimmsten Fall den Bürgerkrieg riskiert.

Dies zu propagieren scheint mir im Kern das Anliegen der meisten, die sich mit dem Rechtspluralismus befassen. Dieser Prozess des Aushandelns findet auf verschiedenen Ebenen und unter durchaus verschiedenen Vorzeichen statt, manchmal zwischen rechtlich und/oder in Bezug auf ihre Machtposition in etwa Gleichen, oft jedoch auch unter Bedingungen massiver Asymmetrie hinsichtlich der verfügbaren Machtmittel. Wie oben angedeutet können hier Verhandlungen zwischen Dorfräten oder religiösen Gruppierungen und staatlichen Organen stattfinden, es können aber auch ökonomische Partner wie der IWF, multinationale Unternehmen, Gewerkschaften oder NGOs involviert sein. Hier kann man, wenn man so will, das Politische im Sinne Chantal Mouffes am Werke sehen, also den Kampf um Hegemonie. Dass die politische Diskussion wesentlich durch diese Art von Auseinandersetzungen geprägt ist, ist gewiss nicht neu, entspricht nationalen wie internationalen Gepflogenheiten. Es gibt ferner intensive Forschung über die Bedeutung des Aushandelns im Kontext internationaler Konflikte, über die anzuwendenden Methoden, aber auch psychologische wie kognitive Barrieren.[173]

Mein rechtsphilosophischer Vorschlag geht nun erstens dahin, den Prozess des Aushandelns als einen der zentralen Begriffe in allen Teilen des Rechts kenntlich zu machen, von ähnlicher Relevanz wie der Begriff der Norm, der Regel, der Institution oder auch der Entscheidung, um erneut an Carl Schmitt zu erinnern.[174] Zweitens soll der Forderung Rechnung getragen werden, dass das Resultat der Aushandlung nicht allein durch Machtposition und individuelles Geschick bestimmt sein darf, sondern dass als geteiltes Grundprinzip, als gemeinsames Ziel die Wahrung und zumeist Verbesserung der Menschenrechtssituation zu gelten hat. Dies steht in vielen Fällen im Widerspruch zur faktisch geübten Praxis, doch scheint es aussichtsreicher, durch den Druck der globalen Zivilgesellschaft diese Fälle je einzeln zu korrigieren als eine Weltrepublik oder eine globale Demokratie zu etablieren.

1.6 Moral, Kultur, Rationalität – Kriterien und Methoden des Aushandelns

Natürlich darf man hier nicht den Umstand übersehen, dass über die Regeln und Inhalte eines rationalen und fairen Aushandlungsverfahrens Alles andere als Einigkeit besteht.[175] Häufig wird der Zweifel an der Effizienz derartiger Regeln mit der kulturellen Relativität zahlreicher Normen begründet,[176] andererseits wird ebenfalls darauf hingewiesen, dass nicht nur Konflikte zwischen Menschen unterschiedlicher regionaler Herkunft über Streitthemen wie die Mädchenbeschneidung kaum lösbar erscheinen, sondern auch innerhalb demokratischer Gesellschaften unversöhnliche Ansichten über Fragen wie die Erlaubtheit der Abtreibung bestehen.[177]

Es hat sich in der Praktischen Philosophie und den mit ihr verbundenen Diskussionen die Tendenz eingebürgert, zwischen dem Rechten und dem Guten, in anderer, weitgehend paralleler Diktion zwischen der Moralität und dem Ethos zu differenzieren. Dabei gehören zum Rechten und zur Moralität universelle, alle Menschen in gleicher Weise betreffende, schützende und verpflichtende Regeln der Gerechtigkeit, der wechselseitigen Verpflichtung zur Anerkennung etc. Das Ethos hingegen umfasst die oftmals regional verschiedenen Auffassungen über ein gutes Leben. Diese Differenzierung erscheint jedoch zu grobkörnig, um die diversen Konflikte um moralische Fragen und Probleme adäquat zu erfassen. Es gilt zumindest fünf Typen von Begründungen zu unterscheiden, die in moralischen Diskursen immer wieder auftauchen. Dies sind einerseits die universalistische, an Unparteilichkeit, Unvoreingenommenheit und der Gleichheit aller Menschen ausgerichtete Moralität, andererseits die Forderung, die eigenen Wünschen dem Wohl der Gruppe unterzuordnen, sei dies der Staat, eine Familie, ein Clan, eine Partei etc. Ferner gibt es den Verweis auf die traditionellen „guten Sitten", auf die Forderungen der Religion und schließlich auf den Wunsch nach einem guten, richtigen Leben. Die mit diesen Begründungstypen untermauerten Forderungen können teilweise miteinander verträglich sein, sogar aufeinander aufbauen, wenn etwa das Opfer für das Vaterland mit religiösen Begründungen eingefordert wird, sie können miteinander in Konflikt geraten, wenn religiöse Reformer gegen die Sittenverderbnis angehen. Die universalistische Moralität ist unvereinbar mit Gruppenegoismus, mit religiöser Intoleranz und mit diskriminierenden Traditionen. Vor allem verschiedene Kombinationen aus Sitten, religiösen Überzeugungen und persönlichem Streben nach dem guten Leben kann man als Auffassungen vom Guten bezeichnen, als Ethos.[178]

Die Annahme, derartige Unsicherheiten und Widersprüche in der Bewertung gebe es nur im Bereich des Normativen, solange man sich im Deskriptiven an die objektiven Fakten halte, sei man vor Streit und Verwirrung gefeit, gilt gleichfalls seit Längerem als unhaltbar. Weder Rationalität noch Objektivität sind kultur- und zeitinvariante Größen[179] und spätestens seit Quines Arbeiten ist die evidentielle Unterbestimmtheit naturwissenschaftlicher Theorien als wissenschaftstheoretische These etabliert.[180] Dass wissenschaftliche Erklärungen für Krankheiten durch Viren oder Bakterien solchen mittels Magie und Dämonen überlegen sind, ist nicht für alle Menschen unmittelbar evident. Die Überzeugung, dass wissenschaftliche Theoriebildung langfristig bessere Resultate liefert als ihre Konkurrentinnen begründet sich durch die institutionalisierte Fähigkeit der Wissenschaft zur Selbstkorrektur,[181] selbst wenn diese im Einzelfall einige Zeit auf sich warten lassen kann.

Diese Fähigkeit zur Selbstkorrektur durch freie Diskussion ist ein generelles Merkmal offener Rationalität. Theoretisch sollte auch die Weiterentwicklung von Rechtsordnungen nach diesen Kriterien offener Rationalität stattfinden. Da sich mitunter in konkreten Fällen Widerstände gegen „westliche", „imperialistische", „hegemoniale" Rationalitätsvorstellungen deskriptiver wie normativer Art regen,[182] entlastet im Konfliktfall die eben erwähnte Begrenzung auf Aushandlungszonen von der Notwendigkeit eines umfassenden gemeinsamen Weltbildes. An die Stelle einer durchzusetzenden rechtlichen Weltordnung tritt nach der hier vertretenen Konzeption die These, dass bei konkreten Aushandlungen in Konfliktfällen die Rechte der Beteiligten, auch im Sinne der von Dussel geforderten wechselseitigen Anerkennung der faktischen Anderen,[183] stets aber die Menschenrechte aller möglicherweise Betroffenen zu respektieren sind.

Wege zum Schutz der dem Recht Unterworfenen sind zum einen die Garantie bestimmter Verfahren, die das Recht berechenbar und stabil machen und gewisse Sicherungen einbauen. Zum anderen setzt man eher auf die Garantie bestimmter inhaltlicher Ansprüche.

1.7 Schutzmechanismen des Rechts

1.7.1 Rule of Law und Rechtsstaat

Die Lehre von der *rule of law* formuliert einen Test, den jedes System zu bestehen hat, wenn es als vom rechtlichen Standpunkt akzeptabel gelten soll. Darüber besteht weitgehend Einigkeit,[184] nicht jedoch darüber, worin sie genau besteht. Lon Fuller etwa, der uns schon im Kontext des Naturrechts kurz begegnet war, stellt formale Kriterien auf, wie die Allgemeinheit, Öffentlichkeit, Klarheit, Nicht-Widersprüchlichkeit, Konstanz über die Zeit. Andere Autoren wie Joseph Raz legen zusätzlich Wert auf die Unabhängigkeit der Gerichte, Beachtung der Grundsätze natürlicher Gerechtigkeit, Zugänglichkeit der Gerichte.

Ein damit verwandter, aber doch verschiedener Ansatz ist der Verweis auf den Rechtsstaat, der auf Kants Rede vom rechtlichen Zustand zurückgeht, den dieser im § 41 seiner Rechtslehre so definiert: „Der rechtliche Zustand ist dasjenige Verhältnis der Menschen untereinander, welches die Bedingungen enthält, unter welchen allein jeder seines Rechts teilhaftig werden kann."[185] Es gibt, so Kant auch im nicht-rechtlichen Naturzustand Rechte, doch sind sie eben nicht durch eine öffentliche Gerichtsbarkeit gesichert. Zu dieser gehört außer einem funktionierenden Strafrecht jedoch auch die Gewaltenteilung und weitere Bedingungen. Was heißt es aber, dass jemand ein Recht hat, das geschützt wird oder nicht, also: Was sind subjektive Rechte?

1.7.2 Was sind subjektive Rechte?

Dass jemand ein Recht darauf hat, etwas zu tun, bedeutet, dass es falsch wäre, sich einzumischen und ihn daran zu hindern oder zumindest, dass es starker Gründe bedürfte, dies zu tun. Dass jemand ein Recht auf etwas hat, heißt jedoch nicht unbedingt, dass es richtig für ihn wäre, es auch auszuführen. Umgekehrt kann es in manchen Situationen durchaus das Richtige für jemanden sein, etwas zu tun, ohne dass es falsch oder ein Unrecht für die anderen wäre, ihn daran zu hindern. So ist es für einen Kriegsgefangenen sicherlich das Richtige, dass er zu fliehen versucht, doch tun seine Bewacher nichts Falsches, wenn sie ihn daran hindern.[186]

Ein Recht auf etwas haben kann auch bedeuten, dass die Regierung Unrecht tut, wenn sie mich an der Ausübung hindert,[187] zumindest, dass es sehr außergewöhnlicher Umstände bedürfte, um einen solchen Eingriff zu rechtfertigen. Insofern ist das Recht auf zivilen Ungehorsam des Einzelnen, wenn er sich solchen Eingriffen widersetzt, auch kein zusätzliches Recht, sondern nur die Ausübung des ursprünglichen Rechtes, an der er widerrechtlich gehindert wurde. Es kann natürlich sein, dass die Rechte unterschiedlicher Personen in Konflikt zueinander geraten. Es ist die Aufgabe des Richters, die Rechte der betroffenen Personen gegeneinander abzuwägen,[188] oder es ist möglicherweise sogar die Aufgabe des Richters, festzustellen, welches die Rechte der streitenden Parteien sind.[189]

Dieses sind Ansichten Ronald Dworkins, die einige zentrale Punkte seines Werkes „Taking Rights Seriously" erfassen – und es sind auch Ansichten von Luis de Molina (1535-1600), der den größten Teil seines Monumentalwerkes *De iustitia et iure* strikt am Begriff des subjektiven Rechts ausrichtet, wobei er den erst eineinhalb Jahrhunderte später von Achenwall geprägten Terminus *ius subiective sumtum*[190] natürlich nicht benutzt. Auf die Geschichte subjektiver Rechte werden wir im Kontext der Geschichte der Menschenrechte kurz eingehen. Hier soll erstens deutlich werden, dass diese Ansicht keineswegs eine neue Erfindung ist, in gewissem Sinne ist Molinas Theorie sogar in konsequenterer Form als diejenige Dworkins – um in Dworkins eigener Terminologie zu bleiben – eine *right-based-theory*: Sie nimmt, bezogen auf die von Dworkin angeführten Alternativen, weder den Begriff der Pflicht noch den des politischen Ziels als Ausgangspunkt der Überlegungen.[191] Zweitens zeigt sich bereits an den angeführten Beispielen, dass Rechte in manchen Kontexten als etwas „Vorstaatliches", quasi „Natürliches" angesehen werden, das ein Staat berücksichtigen sollte, wenn er Legitimität beanspruchen will (vgl. unten Kap. 2.2., Kap. 3.2.). Dworkin sieht Rechte als Trümpfe an, die der Einzelne bei Auseinandersetzungen mit dem Staat ausspielen kann und soll.[192] Er bindet dies relativ stark an den Staat und das Integritätsideal, doch gibt es auch Deutungen, die dies nicht in derselben Weise in Anspruch nehmen und insbesondere auf die „natürlichen" individuellen Rechte auf Schutz vor (staatlicher) Willkür, auf Subsistenzsicherung und politische Partizipation abheben. In anderen Zusammenhängen sind Rechte hingegen etwas, das zwischen zivilen Parteien umstritten sein kann, was insbesondere auf Eigentumsrechte und andre Ansprüche zutrifft, die sich offenkundig einer bereits bestehenden Rechtsordnung verdanken und ihr gemäß bestimmt werden. Wie Niklas Luhmann es ausdrückt: „Rechte kommen und gehen, das Recht bleibt bestehen."[193] Weniger plausibel ist es, wenn er bei den natürlichen Rechten von einer Paradoxie spricht und festhält: „Logisch und historisch gesehen hat danach das Subjekt schon Rechte, bevor eine ‚objektive', allseits anerkannte Rechtsordnung sich bildet."[194] Die logische Vorstaatlichkeit bestimmter Rechte soll lediglich normativ festhalten, dass eine sich bildende oder bereits existierende Rechtsordnung Legitimitätsdefizite aufweist, wenn sie den Individuen diese Rechte verweigert. Es bedarf dafür keiner Annahme unbegrenzter vorrechtlicher Freiheit, nur des Grundsatzes, wonach man begründen muss, warum man

Gehorsam beansprucht und wofür man ihn beansprucht. Eine Ontologisierung dieser Forderungen erscheint unnötig und verwirrend.

„Die Diskussion über den Begriff des subjektiven Rechts hat trotz ihrer beachtlichen Dauer und sehr intensiver und umfangreicher Bemühungen nicht zu einer Einigung geführt."[195] Seit Robert Alexy dies 1985 feststellte, scheint die Einigkeit nicht unbedingt erreicht, eher könnte im deutschsprachigen Raum von juristischer Seite das Interesse an der Thematik als solcher nachgelassen haben.[196] Sofern man sich nicht auf knappe, lexikalische Definitionen beschränkt – gängig in diversen Hand- und Wörterbüchern ist etwa, dass es sich um eine Befugnis einer natürlichen oder juristischen Person handle, die aus einer Rechtsnorm folge, manchmal wird noch die rechtliche Erzwingbarkeit gefordert – und rechtsphilosophische Argumente berücksichtigt, greift man für die Bearbeitung konkreterer Fragestellungen auf das Repertoire vorhandener Theorieangebote zurück.[197] Eine ausführliche philosophische Auseinandersetzung betont indessen: „die Definition der modernen Rechte als subjektive Rechte ist die Grundoperation des bürgerlichen Rechts [und] der zur Wirklichkeit gewordene (Selbst-)Widerspruch: der Widerspruch zwischen Wesen und Erscheinung."[198] Aufgrund dessen sei die „Falschheit des bürgerlichen Rechts [...] real."[199] Möglicherweise lautet der Vorwurf, das bürgerliche Recht behandle partikulare Eigentumsrechte, auch an Produktionsmitteln, als unveräußerliche allgemeine Menschenrechte, was m. E. nicht notwendigerweise der Fall ist.

Im angelsächsischen Raum diskutiert man nach wie vor intensiv über den angemessenen begrifflichen Umgang mit dem Konzept der Rechte.[200] Immer wieder kommt dabei die von Wesley Hohfeld im Jahre 1913 vorgeschlagene Differenzierung von claims (claim-rights), privilege, power (Kompetenzen) und immunity zum Tragen, wird aber nicht universell angewandt. Neben den unvermeidlichen Bezugnahmen auf Bentham, Hohfeld, Hart und Dworkin wird auch immer noch über die seit langem, im 19. Jahrhundert u. a. zwischen Autoren wie Windscheid und Jhering umstrittene Frage debattiert, ob Rechte ihrem Träger die Gelegenheit geben, seinen Willen umzusetzen[201] oder ob sie dazu da sind, seine Interessen zu wahren bzw. wie sich beide Ansätze verbinden lassen.[202] In den achtziger und neunziger Jahren des zwanzigsten Jahrhunderts ging die Auseinandersetzung zwischen Interessentheoretikern wie Joseph Raz' und Vertretern einer *choice-theory of rights* wie Hillel Steiner weiter.[203] Die Wahltheoretiker, für die ein Recht nur von einem Wesen wahrgenommen werden kann, das zur freien Entscheidung fähig ist, verwenden gegen die Interessentheoretiker unter anderem das Argument der dritten Partei: Wenn A beim Blumenhändler B einen Strauß Blumen für C bestellt und bezahlt, dann ist C der Begünstigte, doch hat er kein Recht auf die Auslieferung. Dieses hat nur A. Andererseits weisen Interessentheoretiker darauf hin, dass es etwa ein Recht auf Bildung gibt, ohne dass alle

Betroffenen dies wirklich wollen. Tatsächlich scheint es nicht sonderlich plausibel, anzunehmen, dass etwa Neugeborene kein Recht auf Leben haben, weil sie es nicht wählen können. Möglicherweise ist der Anwendungsbereich des subjektiven Rechts zu heterogen, um hier eine Entweder-oder-Entscheidung zuzulassen.[204]

Joel Feinberg sieht ebenfalls ein „Geltendmachen von Ansprüchen (claims)" als Wesen der Rechte und ihren Wert darin, dass dieses Geltendmachen „mehr als alles andere konstitutiv für die eigene Selbstachtung wie für die Achtung vor anderen" sei.[205] Es mag schwierig sein, diese „moralpsychologische" These über das in Kants Worten „selbstgewirkte" Gefühl der Achtung, gar der Selbstachtung, zu verifizieren oder zu falsifizieren. Doch liegt darin, dass man jemanden als *möglichen* Träger von Rechten betrachtet, welche es auch immer seien, ein Element der Anerkennung, das in Feinbergs *Nowheresville*,[206] einer Welt ohne Rechte, so nicht vorhanden ist. Eine Systematisierung des Rechts aus der Perspektive subjektiver Rechte, so eine der Thesen dieses Beitrags, gewinnt daher einen anderen Blick auf das Individuum als ein Ansatz, der allein die von der Obrigkeit erlassenen Gesetze ins Zentrum der Reflexion stellt. Hier geht es weniger darum, ob subjektive Rechte die Möglichkeit einer Differenz zwischen dem Subjekt, das Rechte wahrnimmt oder nicht, und dem Individuum als Ganzes eröffnen,[207] sondern darum, dass Menschen überhaupt in der Situation sind, Rechte wahrzunehmen.

Um den Begriff des subjektiven Rechts gibt es also eine seit längerem anhaltende, auf verschiedenen Ebenen durch verschiedene Disziplinen geführte Debatte. Ob man daher bei der Diskussion um die Genealogie subjektiver Rechte etwa lapidar betont: „Das Konzept subjektiver Rechte ist eine Erfindung des 19. Jahrhunderts"[208] oder bereits bei deutlich früheren Formen des Gebrauchs von *ius* dieses Konzept am Werke sieht, hängt wesentlich davon ab, wie man sich des angedeuteten Repertoires an diversen Theoriestücken bedient. Man kann eine bestimmte soziologische und ökonomische Rolle des als Person verstandenen Individuums, dessen „Willensmacht", seinen Schutz als Wirtschaftspartner gegenüber den anderen Marktteilnehmern, die Markierung der Grenzen staatlicher Rechtsbefugnisse zu integralen Bestandteilen des subjektiven Rechts erklären[209] oder man kann sich mit dem schlichten Bestehen eines Rechtsanspruchs begnügen.[210] Im Folgenden werden wir uns eher dieser zweiten, voraussetzungsärmeren Tendenz anschließen.

Robert Alexy macht in der Reflexion über subjektive Rechte auf unterschiedliche Perspektiven aufmerksam. Er unterscheidet eine von der Geltung einer konkreten Rechtsordnung unabhängige *ethisch-normative* Frage nach den Rechten von Individuen und deren Begründung von der *juristisch-dogmatischen* Frage, „ob ein Rechtssubjekt in einem Rechtssystem ein bestimmtes subjektives Recht hat" und empirischen, also rechtshistorischen, rechtssoziologischen etc. Fragestellungen.²¹¹ Er fasst die Rede von subjektiven Rechten durch den Begriff der rechtlichen Position, in der sich z. B. a befindet, wenn a gegenüber b ein Recht auf G, womit die individuelle Norm gilt, dass a gegenüber b ein Recht auf G hat, also durch eine dreistellige Relation. Diese theoretische Charakterisierung unterscheidet er einerseits von den Gründen, andererseits von der rechtlichen Durchsetzbarkeit subjektiver Rechte.²¹² Ein Grundrecht, etwa auf Leben oder auf Meinungsfreiheit, „als Ganzes" begreift Alexy als „ein Bündel von grundrechtlichen Positionen".²¹³

Wenn wir nunmehr die Kantsche Auffassung übernehmen, dass ein Rechtsstaat ein solcher ist, in dem ein jeder seines Rechtes teilhaftig werden kann, so hat dies zwei Komponenten: Erstens muss man erwarten können, dass die subjektiven Rechte unterschiedlicher Art, die Menschen innerhalb dieses Staates erworben haben, auf welche Weise auch immer, ihnen sicher sind. Zweitens setzt man schlicht voraus, dass ein Rechtsstaat ein solcher ist, in dem die Menschenrechte respektiert werden und der sich aktiv für die Verbesserung der globalen Menschenrechtssituation einsetzt.²¹⁴ Dieses Ziel bildet denn auch einen Fixpunkt für die Konzeption eines Rechtes als Aushandlung.

1.7.3 Menschenrechte als Angelpunkt der Aushandlung

Die Zielvorgabe, dass alle Beteiligten sich den Menschenrechten verpflichtet wissen und zumindest zu friedlicher Konfliktbeilegung bereit sind, ist im Augenblick gewiss nicht unbedingt realitätskonform, besitzt jedoch deutlich größeres Realisierungspotential als eine Weltrepublik, zumindest, was die Bereitschaft zu Lippenbekenntnissen angeht. Auf der Basis des Bekenntnisses zur Friedfertigkeit und der Achtung der Menschenrechte haben die Konfliktparteien nach der hier vorgeschlagenen Auffassung dann die Möglichkeit, ihre Rechtsposition und damit ihre Erfolgsaussichten durch überzeugende Argumentation vor einer immer stärkeren Weltöffentlichkeit zu stärken. Durch die normierende Rolle der Menschenrechte wird die Liste der den Konfliktparteien offen stehenden Optionen deutlich eingeschränkt, auch wenn wir bereits feststellen mussten, dass in konkreten Konfliktfällen wie z. B. dem Kaukasuskrieg zwischen Russland und Georgien im Jahr 2008 jede Seite möglicherweise den Anspruch erhebt, die Menschenrechte im Angesicht eines Völkermordes zu verteidigen. Man kann und muss hier auf die langfristige Wirkung von Informationen und Argumenten hoffen. In diesem Kontext ist es nicht unbedingt nachteilig, dass die Menschenrechte gewissermaßen eine rechtliche und eine moralische Komponente haben bzw. sich in einem schwer zu bestimmenden Zwischenbereich befinden.²¹⁵

Zwar ist allgemein bekannt, dass es von verschiedenen Seiten immer wieder Vorbehalte gegen die Menschenrechte gibt,[216] die angeblich nicht mit bestimmten Kulturen oder Religionen vereinbar sind – laut Carl Schmitt nicht mit den deutschen Rechtsprinzipien von Artgleichheit und Führertum,[217] später nicht mit dem spanischen, dem lateinamerikanischen, dem asiatischen oder afrikanischen Wesen[218] – so wurden sie doch auf der einen Seite von allen Staaten vertraglich anerkannt. Zweitens bieten sie eine gut überprüfbare Weise, die in den meisten Kulturen präsente Unterscheidung von moralisch guter und schlechter Herrschaft zu formulieren. Drittens ermöglichen sie eine gewisse Neutralität gegenüber den verschiedenen Religionen, viertens haben sie gegenüber den Religionen den Vorteil, nicht von vorneherein nur für die Gläubigen wirklich einleuchtend zu sein und somit gerade einmal ein Viertel oder ein Drittel der Weltbevölkerung zu erreichen. Fünftens kann man gegenüber dem Vorwurf, es werde wieder einmal den Menschen eine ihnen fremde Normenordnung aufgezwungen, damit reagieren, dass man die diversen Einwände sehr ernsthaft prüft. Auch die Frage der richtigen Auslegung normativer Grundsätze wie der Menschenrechte wird nicht an einer zentralen Stelle entschieden, sondern ist eine Angelegenheit öffentlicher Debatten und Verhandlungen. Durch die damit implizierte Forderung, derartige Debatten in rationaler Weise zu führen, im vollen Bewusstsein, dass auch der Rationalitätsbegriff nichts auf ewig Festgeschriebenes ist, und die Annahme, dass es im Prinzip möglich ist, in derartigen Fällen eine für alle Beteiligten rationale Lösung zu finden, unterscheidet sich dieses Vorgehen von einem Rechtspluralismus, der nur das Vorhandensein unterschiedlicher Rechtssysteme konstatiert, ohne eine rationale Auflösung dieser Situation anzustreben.

Der so konzipierte Universalismus versucht also dem Vorwurf zu begegnen, es würden abstrakte universale Prinzipien ohne Sinn für die konkreten Probleme und Bedürfnisse der Menschen aufgezwungen. Er entspricht in etwa dem, was Seyla Benhabib „interaktiven" Universalismus nennt und von einem „substitutiven", angeblich bei Kant und Rawls am Werke befindlichen Universalismus unterscheidet, der die universellen Prinzipien einfach an die Stelle der bisher von den Menschen vertretenen Ansichten setzen will.[219] Der interaktive Universalismus hingegen nehme die Menschen in ihrer faktischen Individualität ernst. Ganz aus der Welt schaffen lassen sich die Spannungen zwischen universellen Ansprüchen und der Selbstinterpretation lokaler Akteure auch auf diese Weise nicht. Gleichwohl wurden die Menschenrechte zum wichtigsten, wenn nicht einzigen universellen Kriterium für die Annehmbarkeit rechtlicher Strukturen.

National wie auf internationaler Ebene lässt sich demnach festhalten, dass einerseits das Gegeneinander konkurrierender Rechtssysteme nicht problemlos hinnehmbar ist, andererseits die Vorstellung einer vereinheitlichenden rechtlichen Setzung wohl eher dem gemeinsamen Aushandeln einer konsensfähigen

Lösung nach anerkannten Kriterien zu weichen hat, von denen der Schutz der Menschenrechte das wichtigste Kriterium sein dürfte.

2 Staat und Recht: Legitimität und Widerstandsrecht

Wie im Verlauf des 1. Kapitels deutlich geworden sein sollte, besitzt trotz aller rechtspluralistischen Tendenzen das Modell des Staats, des modernen Nationalstaats als zentrale Recht setzende Instanz, als tragender Teil der von der UNO repräsentierten globalen Rechtsordnung nach wie vor zentrale Bedeutung: Erstens werden als Mitglieder dieser Organisation Staaten anerkannt, auch wenn dies mitunter eher rechtlicher Fiktion als sozialer Realität entspringen mag. Auch John Rawls geht in seinem dem Völkerrecht gewidmeten Spätwerk *The Law of Peoples* von einer Weltordnung von Nationalstaaten aus.[1] Zweitens ist die Idee, dass die von einer rechtlichen Struktur Betroffenen auch diejenigen sein sollten, die diese Struktur in gemeinsamer Beratung nach Gesichtspunkten von Nutzen und Gerechtigkeit beschließen sollten, normativ außerordentlich attraktiv, weil sie die Vereinbarkeit von individueller und kollektiver Autonomie am ehesten zu sichern vermag. Insofern ist es für eine rechtsphilosophische Untersuchung unvermeidlich, sich der Bedeutung der relevanten Termini in vergangenen und gegenwärtigen Diskursen zu vergewissern, die vorgebrachten Rechtfertigungen der Herrschaftsausübung zu erörtern, zu überlegen, welche Reaktionen des Widerstands bei welchen Formen staatlicher Unzulänglichkeit berechtigt sind und wie sich generell Recht und Politik zueinander verhalten. Teile des Legitimationsdiskurses für staatliche Instanzen lassen sich auf andere Akteure wie z. B. NGOs übertragen, andere müssen modifiziert werden.

2.1 Souveränität, Staat und Nation

Auf die Frage, was den neuzeitlichen Staat als politische Struktur von anderen unterscheide, wäre die Antwort für lange Zeit sicher gewesen: die Souveränität. Die Frage, worin die Gemeinsamkeit der Mitglieder des Staates bestehe oder nach Möglichkeit bestehen solle, wäre mit einiger Selbstverständlichkeit durch den Verweis auf die Nationalität verwiesen worden. Nicht nur in Festreden werden Staat und Nation gerne identifiziert, sondern man meint mit den Vereinten Nationen in den allermeisten Fällen die vereinten Staaten. Es gibt eine eigene Organisation, die versucht, die Rechte der dort nicht repräsentierten Völker geltend zu machen.

Eben die Selbstverständlichkeit, mit der diese Begriffe die politische und rechtliche Diskussion beherrschen, vermag bei genauerem Zusehen zu erstaunen. Dabei ist es nicht entscheidend, dass der Begriff des Staates im modernen

Sinn sich wohl erst allmählich im Umfeld von Machiavelli mit seinem Politikziel des *mantenere lo stato*, des Erhalts des Zustands/des Staates und der Diskussion um die Staatsräson entstand – der erste dokumentierte Gebrauch findet sich wohl in der „an Kaiser Karl V. geschriebenen Rede" des päpstlichen Gesandten bei der Republik Venedig, Giovanni della Casa, der bereits von „jenem Nutzen, den man heute Staatsräson nennt"[2] spricht. Dort, bei Machiavellis Rezipienten und Kritikern auf der iberischen Halbinsel[3] und ebenso in Frankreich entwickelt sich die Regelung, den Staat vom Zustand durch Großschreibung von *Stato, Estado, État* zu unterscheiden. Es ist auch nicht entscheidend, dass die Rede vom Souverän als rechtlich unabhängige Instanz sich in Reinform erst in Hobbes' Leviathan zeigt, wenn naturrechtliche Bindungen des Herrschers eliminiert sind, oder dass die Nation noch später, aus der „Ehe zwischen Staat und Kultur"[4] entspringt. Schließlich sind die meisten naturwissenschaftlichen Resultate, die uns ebenfalls selbstverständlich geworden sind, sogar deutlich neueren Datums. Dafür, dass es systematisch sinnvoll ist, die Konzeption der Menschenrechte trotz ihres kontingenten Ursprungs zu verteidigen, wird in Kapitel 3 argumentiert. Hier wird sich jedoch zunächst zeigen, dass die Begriffe Souveränität, Nation und Staat systematisch alles Andere als klar und leicht zu handhaben sind.

2.1.1 Konzepte der Souveränität

Souveränitätsrechte werden in Zeiten staatsübergreifender rechtlicher Strukturen wie die Europäische Gemeinschaft, aber auch die UNO sie darstellen und in Zeiten internationaler Sanktionen, bis zur humanitären Intervention, von den Staaten mitunter verbissen und mit unterschiedlichem Erfolg verteidigt. Ein souveräner Staat ist traditionellerweise ein solcher, dessen Regierung nicht an die Weisungen einer übergeordneten Instanz oder der Regierung eines anderen Staats gebunden ist. Versteht man Recht im Sinne des Thomas Hobbes so bedeutet dies, dass sie rechtlich gar nicht gebunden ist. Mit internationalen Beziehungen und Fragen der Souveränität wird sich Kapitel 5 befassen. Hier geht es zunächst um die Souveränität innerhalb eines staatlichen Rechtssystems, bei der man den Souverän in ähnlicher Weise wie im Völkerrecht als rechtlich ungebundene Instanz versteht. Das zugrunde liegende intuitive Bild ist in beiden Fällen das des absolut herrschenden Monarchen, der es im Völkerrecht mit anderen, ebensolchen Monarchen zu tun hat.

Eine seit Jahrhunderten wiederholte Argumentation behauptet, es müsse eine souveräne, keinen rechtlichen Weisungen unterworfene Instanz geben, um den Naturzustand eines Krieges Aller gegen Alle zu vermeiden, um einen Bürgerkrieg zu verhindern und um Rechtssicherheit herzustellen. Allgemeine Akzeptanz findet heute, zumindest in Europa, die Annahme eines staatlichen Gewaltmonopols. Doch wollen die Verfechter innerstaatlicher Souveränität mehr:

In ihrer radikalen, einfachsten und klarsten Form, etwa bei Hobbes, behauptet diese Position, Recht sei genau das, was der Souverän, also eine Instanz mit rechtlich unbeschränkten Befugnissen, unter Drohung mit Zwang befiehlt, Unrecht das, was er verbietet. Die Kritik an einer solchen Rechtsdeutung überschneidet sich wesentlich mit Harts Einwänden gegen die Befehlstheorie des Rechts: Das Recht ist zu vielgestaltig, um durch eine solche Formel erfassbar zu sein, die Befugnisse der souveränen Instanz ebenso wie die Verfahren der Nachfolge müssen gleichfalls zum Recht gehören, können jedoch ihrerseits nicht befohlen sein, da sie erst die Befehlsrechte definieren. Die Theorie beruht auf einigen Missverständnissen, die zu der irrigen Annahme führen, für den Bestand eines Rechtsystems sei ein Souverän mit unbeschränkter Macht erforderlich:[5]

Es bedarf, um die Macht einzelner Organe einzuschränken, keiner übergeordneten Instanz, es genügt die Feststellung der Rechtsunfähigkeit des jeweiligen Organs in den betreffenden Punkten. Zur Eigenständigkeit eines Rechtssystems bedarf es keines Souveräns, es genügt, dass die Regeln, welche die Befugnisse der obersten Instanzen festlegen, keiner Instanz mit Autorität über ein anderes Territorium auch Autorität über das betreffende Territorium verleihen. Es bedarf keiner rechtlich unbeschränkten Autorität zur Vermeidung von Rechtsunsicherheiten, da rechtlich unbeschränkte Autorität etwas anderes ist als – in der Tat erforderliche – oberste rechtliche Autorität, welche in der Regel rechtlich durchaus beschränkt ist.

Eher konsistent beschreibbar und politisch in den letzten Jahrzehnten sicherlich einflussreicher ist eine schwächere, bei Jean Bodin (1530-1596)[6] und im 20. Jahrhundert bei Carl Schmitt vorzufindende Version der Souveränitätslehre. Diese ruft nach einer Instanz, welche den Fortbestand der Rechtsordnung zu sichern vermag, da sie über dieser Rechtsordnung steht, *legibus absoluta* ist. Der Souverän besitzt nach dieser Interpretation die Macht, sich über eine bestehende Rechtsordnung hinwegzusetzen, falls eine Notsituation dies erfordert. Souverän ist daher, „wer über den Ausnahmezustand entscheidet",[7] da der Ausnahmefall zeigt, wer in der Lage ist die Ordnung zu garantieren, die hergestellt sein muss, „damit die Rechtsordnung einen Sinn hat".[8] Der Souverän schafft demnach nicht das Recht, doch ermöglicht er seine Geltung und darf sich zu diesem Zweck auch über jede bestehende und normalerweise als geltend anerkannte Norm hinwegsetzen.

> Im Ausnahmefall suspendiert der Staat das Recht kraft eines Selbsterhaltungsrechtes [...] Es muß eine normale Situation geschaffen werden, und souverän ist derjenige, der definitiv darüber entscheidet, ob dieser normale Zustand wirklich herrscht. Alles Recht ist ‚Situationsrecht'. Der Souverän schafft und garantiert die Situation als Ganzes in ihrer Totalität.[9]

Da sich niemals im voraus tatbestandsmäßig bestimmen lässt, worin die Ausnahmesituation besteht, würde laut Schmitt jede Einschränkung der Befugnisse des Souveräns auch seine Möglichkeit zur Bewältigung von Notsituationen beschneiden, widerspräche daher dem Interesse des Staates.[10]

Die theoretischen Probleme dieser Position beginnen damit, dass sich Staat und Rechtsordnung kaum in solcher Weise voneinander trennen lassen wie im angeführten Zitat suggeriert wird. Ferner ist für die Beseitigung von Rechtsunsicherheiten, der Hauptbedrohung für den „normalen Zustand", wie festgestellt nur eine rechtlich oberste Instanz vonnöten, nicht jedoch eine mit rechtlich unbegrenzter Macht. Sollte es aber über die Frage, wer diese Befugnis in Anspruch nehmen darf, zum Bürgerkrieg kommen, so gibt es gerade niemanden, der „die Situation als Ganzes in ihrer Totalität" zu garantieren vermag. Hat sich dann eine Seite durchgesetzt, so ist die „absolute Ausnahme" nicht mehr gegeben, es herrschen wieder überschaubare Verhältnisse, in denen man die Befugnisse der verschiedenen Instanzen durchaus festlegen kann.

Eigentlicher Streitpunkt ist jedoch, ob der liberale Staat mit seinen Hemmungen der Staatsmacht in der Lage ist, auf den Ausnahmezustand zu reagieren. Wie Carl Schmitt völlig zu Recht bemerkt, gehen „alle Tendenzen der modernen rechtsstaatlichen Entwicklung dahin, den Souverän in diesem Sinne zu beseitigen".[11] Der moderne Verfassungsstaat ist tatsächlich unvereinbar mit der Existenz einer Instanz mit rechtlich fast unbegrenzter Macht, die man geradezu als artspezifisches Merkmal autoritärer Staaten bezeichnen könnte.

Allerdings ist der Rechtsstaat damit keineswegs „hilflos" den Belastungen einer Ausnahmesituation ausgeliefert. Bereits bei Locke[12] finden sich ausführliche Begründungen für Prärogativrechte der Exekutive für den Fall ungewöhnlicher Belastungen des Gemeinwesens. Giorgio Agamben[13] hat gezeigt, dass der Ausnahmezustand keineswegs eine Besonderheit autoritärer Herrschaftssysteme darstellt, sondern vielmehr spätestens seit der Französischen Revolution regelmäßig als Versuch zur Rettung republikanischer oder demokratischer Systeme eingesetzt wurde. Allerdings stellte der Rückgriff auf das Instrument des Ausnahmezustandes auf Dauer für diese Republiken eine massive Bedrohung dar, da stets die Tendenz zum diktatorischen Missbrauch gegenwärtig ist. Gegen die Extremsituation konkurrierender Herrschaftsansprüche mit annähernd gleicher Machtbasis, die zum Bürgerkrieg eskalieren kann, ist allerdings eine autoritäre Herrschaft nicht unbedingt besser gefeit als ein Rechtsstaat.

Allemal ist derzeit in den meisten Ländern, jedenfalls in den sog. westlichen Ländern zumindest pro forma die Volkssouveränität akzeptiert. Wer z. B. in den öffentlichen Dienst der Bundesrepublik Deutschland eintreten will, muss unterschreiben, dass er das Prinzip der Volkssouveränität akzeptiert. Was kann dies nach den vorangegangenen Überlegungen bedeuten? Zunächst: Wer ist das Volk? Dies ist trotz verschiedener historischer Identifikationsansprüche alles andere als klar. Weder kann man das Volk ohne weiteres als per se existierende Person ansehen, wie man einen Monarchen als Person sieht, gleich, ob man für ihn oder gegen ihn ist, ob man ihn als Souverän anerkennt oder nicht. Ebenso wenig kann man einfach die als Volk akzeptieren, die sich „widerspruchslos mit dem Volk identifizieren"[14], da die Methoden bei der Beseitigung von Widerspruch und Widersprechenden in Volksgemeinschaften und Volksdemokratien, also de facto faschistischen oder kommunistischen Diktaturen, nur allzu bekannt sind.

Für die rechtstheoretische Diskussion sind vor allem vier traditionelle Bedeutungen des Wortes *Volk* relevant:
- Volk als Inbegriff der unteren Schichten, als *demos* oder *plebs*, die den Reichen bzw. dem Patriziat gegenüberstehen und eine eigene, partikuläre Kraft innerhalb der politischen Gemeinschaft darstellen.
- Volk als Gesamtheit der Nicht-Regierenden, die sich unter Umständen gegen eine despotische Herrschaft auflehnen. In diesem Verständnis wurde im mittelalterlichen und frühneuzeitlichen Naturrecht, bei Autoren wie Francisco Suárez oder Hugo Grotius das Widerstandsrecht des Volkes diskutiert.[15] Diese Interpretation liegt noch der Argumentation von Friedrich Gentz zugrunde, wenn er in Reaktion auf Kants Gemeinspruchaufsatz[16] einem unterdrückten Volk zwar eine Art Notwehrrecht gegen seine Peiniger zugesteht, jedoch betont, ein solcher Notwehrakt könne nur entschuldigt werden, kein neues Recht schaffen. Wenn man Brechts Spott in den Buckower Elegien, wenn die Regierung mit dem Volk nicht zufrieden sei, möge sie sich doch ein anderes Volk suchen, so verstünde, hätte sie eine weitere Spitze: Der SED-Führung, die sich nach dem 17. Juni 1953 über ihr Volk beschwert hatte, würde eine letztlich mittelalterliche Auffassung von *Volk* unterstellt.

Beide Auffassungen entsprechen indessen nicht dem Verständnis von *Volk*, welches dem Gedanken der Volkssouveränität zugrunde liegt. Schließlich soll die Berufung auf das Volk ja die Machtausübung rechtfertigen, möglicherweise einen Regierungswechsel, wie es bei dem vom Weimarer Reichsgericht und ebenso vom Staatsgerichtshof anerkannten Recht der gelungenen Revolution der Fall war.[17] Auch hier bleiben bei der Frage, wer zum Volk gehört, zwei zentrale Lesarten:
- Volk als Gesamtheit der Staatsbürger einer bereits vorhandenen politischen Einheit.

- Volk als irgendwie historisch oder ethnisch zusammengehörige Gruppierung von Menschen, denen evtl. nach dem eigenen Selbstverständnis das politische Organisationsrecht ganz oder teilweise verweigert wird. So sprach man im 19. Jahrhundert von der polnischen Nation, forderte im zwanzigsten Jahrhundert ein Selbstbestimmungsrecht für das palästinensische Volk und versuchte, die Teilung des deutschen Volkes zu überwinden.

Allemal ist das Volk als Gesamtheit der Staatsbürger schon deshalb die für die Konzeption der Volkssouveränität fundamentalere Verwendungsweise des Wortes, weil die Staatsbürger der Staatsverfassung sicherlich unterliegen, während ethnische Angehörige eines Volks politisch auch einem anderen Staat zugehören können. So verstanden bringt der Begriff der Volkssouveränität den Anspruch der einer Herrschaft Unterworfenen auf Mitgestaltung dieser Herrschaft zum Ausdruck. Anders formuliert enthält er die Zurückweisung jedes Machtanspruchs, der sich nicht auf die tatsächlich geäußerte Zustimmung der Beherrschten stützen kann. Die übliche Form, diese Zustimmung zu äußern, ist die demokratische Mehrheitsentscheidung.

Hier sei noch erwähnt, dass Volkssouveränität nach dem heute üblichen Verständnis die Demokratie als Herrschaftsform, als Staatsform impliziert, nicht jedoch als Regierungsform. Das Volk bestimmt die Legislative, zumeist in Form einer parlamentarischen Repräsentation, es übt jedoch keine Exekutivtätigkeiten aus. Demokratie als Regierungsform, bei der eine Volksversammlung die Tagesgeschäfte regiert wie in der Bundesrepublik Deutschland das Kabinett, dürfte in den Massendemokratien erstens schwer praktikabel sein und hat vor allen Dingen den Nachteil, dass bei rechtlichen Streitigkeiten zwischen Regierung und Bürgern kaum eine von beiden unabhängige Instanz mehr zu finden ist, da es stets das Volk selbst ist, welches entschieden hat, zu welchem auch der betroffene Bürger gehört, obgleich er nicht einverstanden war. Aus diesem Grunde hatte Kant die Demokratie als *Despotism* bezeichnet, da es sich in diesem Fall um einen Missbrauch der Konstruktion des Gemeinwillens handle[18]. Eine Ausnahme von dieser Einteilung stellen die in einigen Verfassungen vorgesehenen plebiszitären Entscheidungsformen des Volksbegehrens und des Volksentscheids dar, deren Befürworter ihre legitimatorische Kraft hervorheben, während ihre Gegner die Macht betonen, die damit denen zuwächst, die die Massenmedien beherrschen, denen, die den Zeitpunkt der Abstimmung festsetzen, und denen, die die Fragen formulieren.

Um sicherzustellen, dass es tatsächlich die zum Volk gehörigen Bürger sind, die über die demokratische Mehrheitsentscheidung die Herrschaft ausüben, nicht jedoch eine Gruppierung, die ihre eigenen Entscheidungen als die des Volkes bezeichnet, wurden diverse Sicherungen eingeführt. So etwa die Möglichkeit, vor unabhängigen Gerichten gegen Entscheidungen der Exekutive wie der Legislative Widerspruch einzulegen, die parlamentarische Kontrolle der Regierung und andere Maßnahmen, die sich ohne eine Gewaltenteilung kaum ins Werk setzen lassen. Wichtig ist hier jedoch noch die für Alle gleiche Zugänglichkeit der relevanten Ämter. Die Gewaltenteilung verfehlt ihre Wirkung, wenn sämtliche wesentlichen Posten in der Hand einer kleinen Schicht oder einer herrschenden Klasse sind. Diese Bedingung ist freilich keineswegs in allen Staaten erfüllt, die man pro forma als Demokratien bezeichnet.

Mit der Volkssouveränität verknüpft ist ferner der am prägnantesten wohl vom Abbé Sieyès formulierte Anspruch auf eine über jedes konkrete *pouvoir constitué* hinausgehende gestalterische Kompetenz des *pouvoir constituant* der Nation.[19] Wenn die konkreten staatlichen Instanzen ihren Herrschaftsanspruch auf die Zustimmung des Volkes zurückführen, so muss diesem prinzipiell die Möglichkeit zu ihrer Veränderung oder jedenfalls zur Korrektur ihrer Entscheidungen, eventuell auch zur Umgestaltung der Verfassung offenstehen, wenn sich etwa herausstellt, dass die freie Zugänglichkeit der Staatsämter nicht gewährleistet ist. Dieser Anspruch impliziert in der Tat ein Widerstandsrecht, wobei der Widerstand in unterschiedlichen Situationen verschiedene Formen, vom politischen Ungehorsam bis zur Revolution, annehmen kann. Dies wird bei der Diskussion von Legitimität und Widerstandsrecht zu präzisieren sein.

Hier gilt es, vor zwei Missverständnissen zu warnen:

i) Die Rede vom Willen des Volkes als legitimatorisches Grundprinzip der Volkssouveränität sollte nicht zu einer Sichtweise des Volkes als kapriziöser Diva führen, welche nach Lust und Laune Regierungen und Verfassungen wechselt. Derartiges kann nur die *ultima ratio* im äußersten Notfall sein und muss wohl überlegt werden. Der in den meisten Fällen vorzuziehende Weg ist der der „Volkssouveränität als Verfahren".[20]

ii) Das Ideal der Demokratie ist nicht die oft als solches präsentierte *Identität von Herrschenden und Beherrschten, Regierenden und Regierten*. Dies wurde mitunter als wahres Prinzip von Demokratie und Volkssouveränität den liberalen Sicherungen des Individuums gegenübergestellt.[21] Doch dürfte es kein Zufall sein, dass die politische Umsetzung derartiger Ansprüche oft mit extrem autoritärer Herrschaftsausübung verknüpft war. Es *sind* in der politischen Realität eben nicht alle gleichzeitig an der Macht, und die Suggestion, die an der Macht Befindlichen könnten ohne institutionelle Kontrolle das tun, was die Untergebenen „eigentlich" wollen, hat sich stets als Einbahnstraße in die Despotie erwiesen. Man kann nur fordern, dass keine Gruppe a priori vom Zugang zur Macht ausgeschlossen wird, dass alle dieselben Chancen haben, ein politisches Amt zu erreichen etc. Ansonsten ist der Schutz der Beherrschten vor den Herrschenden ein fester Bestandteil der Volkssouveränität.[22]

2.1.2 Staat und Nation

International ist das „klassische" Subjekt der Souveränität also der Nationalstaat und durch die zentrale Bedeutung der Volkssouveränität gewinnt die Beziehung zwischen Staat und Nation weiteres Gewicht. Bei genauerer Betrachtung zeigt sich indessen, dass diese Verbindung weit weniger klar und eindeutig ist, als man auf den ersten Blick meinen würde und als oft unterstellt wird.

Seit dem Ende des 18. Jahrhunderts besteht die Idee einer Nation als einer vorstaatlichen Entität, deren Mitglieder durch ein gemeinsames Wesen, eine Substanz, eine Essenz verbunden sind, einer Entität, die sich in einem Staat mit einem bestimmten Rechtssystem manifestiert, jedoch auch ohne diesen Bestand hat. Diese aus dem Wunsch, das Volk nicht nur durch seine Untergebenheit gegenüber einem Fürsten zu definieren entstandene Auffassung wird noch heute regelmäßig bemüht, ist in manchen Interpretationen jedoch seit einiger Zeit heftiger Kritik ausgesetzt.

Die Debatte zwischen der essentialistischen oder objektivistischen und der konstruktiven Deutung der Nation und der Kultur[23] neigt sich inzwischen deutlich der letzteren Position zu. Für die Essentialisten gibt es eine objektiv feststellbare Substanz, ein wesentliches Merkmal, eine bestimmte Eigenschaft, die allen Mitgliedern einer Nation oder einer Kultur gemeinsam ist. Häufig wissen diese Mitglieder noch gar nichts von dieser ihrer Substanz und deshalb müssen etwa die überzeugten Nationalisten Anstrengungen unternehmen, diese Substanz den Betroffenen zu erklären und die Mehrheitsmeinung in die gewünschte Richtung zu lenken, bei Bedarf auch zu zwingen.

Nach konstruktivistischer Auffassung dagegen gibt es kein solches, allen Mitgliedern einer Nation oder einer Kultur gemeinsames Wesen, keine objektiven Merkmale, sondern lediglich Erzählungen, die bei den Menschen das Gefühl erwecken, da gäbe es etwas, das allen gemeinsam ist. Benedict Anderson *definiert* eine Nation denn auch als „vorgestellte politische Gemeinschaft – vorgestellt als begrenzt und souverän", legt jedoch Wert darauf, dass „alle Gemeinschaften, die größer sind als die dörflichen mit ihren Face-to-face-Kontakten vorgestellte Gemeinschaften" sind.[24] Dies bedeutet nicht, dass diese Vorstellungen oder Erzählungen unwichtig wären, schließlich wissen wir sehr gut, dass immer wieder Menschen bereit sind, für ihr Vaterland zu sterben. Doch hat sich herausgestellt, dass es unmöglich sein dürfte, *Eigenschaften* zu finden, die allen oder zumindest den meisten Menschen gemeinsam sind, die einer Nation oder einer Kultur angehören – und den anderen Menschen nicht. Wir werden uns hier mögliche Wesensmerkmale einer Nation ansehen, da dies immerhin deutlich einfacher ist als bei einer Kultur.

Interessanterweise sind die Argumente, warum es derartige Wesensmerkmale einer Nationalität wohl nicht geben kann, seit weit über hundert Jahren bekannt, wurden jedoch als Teil einer ideologischen Auseinandersetzung um ein konkretes politisches Problem angesehen, nämlich um die nationale Zugehörigkeit von Elsaß-Lothringen, und lange Zeit nicht allgemein in ihrer generellen Tragfähigkeit erkannt.

Ernest Renan hatte in einem Vortrag mit dem Titel *Qu'est-ce qu'une nation?*, Was ist eine Nation? an der Sorbonne am 11. März 1882 diejenigen Merkmale des Nationbegriffs untersucht, die „am häufigsten und mit der größten suggestiven Wirkung genannt und verteidigt werden".[25] Dies sind Rasse, Sprache, Religion, Gemeinschaft der Interessen und natürliche geographische Grenzen. Renan überprüft sie nacheinander, inwieweit sie als objektive, notwendige oder hinreichende Kriterien dafür gelten können, dass eine Gruppe von Menschen eine Nation bildet. Keines der genannten Kriterien erweist sich als geeignet.

Da alle Nationen ethnisch gemischt sind, taugt die *Rasse* nicht zum Kriterium. Die „*Verschmelzung* der Bevölkerungen, die sie bewohnen"[26] ist gerade ein Charakteristikum moderner Staaten. Es gibt kein rassisch homogenes Land, nebenbei gesagt, wohl auch kein außereuropäisches. Mehr noch, „die Wahrheit ist, dass es keine reine Rasse gibt."[27]

Die *Sprache* kann ebenfalls kein notwendiges oder hinreichendes Merkmal sein. Häufig spricht man eine Sprache in verschiedenen Nationen, umgekehrt gibt es Nationen, in denen mehrere Sprachen gesprochen werden.[28] Anderson zeigt sogar, dass die Einführung *einer* Sprache in einem bestimmten Territorium meist das Resultat politischer Durchsetzung, oftmals des Zwangs war.[29] Die *Religion* ist ungeeignet, weil die Grenzen von Nationen und Religionen sehr verschieden sind und in absehbarer Zeit auch bleiben. Heute könnte man auf Ausnahmen wie den panislamischen Nationalismus verweisen, doch handelt es sich erstens um eine minoritäre Extremistenbewegung und zweitens will auch diese nicht unbedingt einen gesamtislamischen *Staat*. Die These, wonach die Grundlage einer Nation die Gemeinsamkeit von *Interessen* sei, beantwortet Renan lapidar: „Ein *Zollverein* ist kein Vaterland."[30] Gemeinsame Interessen könnten zu Handelsverträgen führen. Das emotionale Band, das laut Renan das Bewusstsein einer Nationalität kennzeichnet, basiert nicht auf gemeinsamen Interessen. Diese können allenfalls Handelsverträge ins Leben rufen. Die Rede vom emotionalen Band wird noch weiterhin relevant sein.

Ebenso wenig taugt laut Renan der Verweis auf *natürliche*, geographische Grenzen als objektives Merkmal, da die Lebensräume der Nationen stets fluktuierend blieben. Und wie sollte auch ein Stück Natur, wie ein Gebirge oder ein Fluss, von sich aus politisch signifikant sein und „a priori so etwas wie eine begrenzende Kraft" haben?[31]

Renan schließt daraus, dass solche vermeintlich objektiven Umstände keine hinreichende Grundlage für Bildung und Bestand von Nationen sind. „Nationen beruhen auf dem subjektiven Willen der sich zu einer Gemeinschaft Assoziierenden und legitimieren sich als eine solche Willensgemeinschaft."[32] Wichtig ist dabei eine gemeinsame Geschichte, die einen „gemeinsamen Besitz eines reichen Erbes an Erinnerungen" darstellt, ein kollektives Gedächtnis. Doch auch hier gibt es keine Objektivität. „Das Vergessen – ich möchte fast sagen: der historische Irrtum – spielt bei der Erschaffung einer Nation eine wesentliche Rolle."[33] Insbesondere das Vergessen von Massakern und politischem Unrecht ist dabei wichtig.

Entscheidend ist das „gegenwärtige Einvernehmen" aller, das „gemeinsame Leben fortzusetzen".[34] Der Wille zur Nation ist der gemeinsame Wille zu gemeinschaftlichen Projekten, insbesondere zur Solidarität.[35] Hierin liegt die Integrationskraft des Nationgedankens. Sie wird von jedem Einzelnen als Mitglied der Gemeinschaft performativ erzeugt und bestätigt.[36]

Eine Nation kennzeichnet sich nicht durch rassische, ethnische, sprachliche, religiöse oder geographische Einheit, sondern durch die „Gemeinschaft des *Bewußtseins* und *politischen Willens*". Sind einmal die „metaphysischen und theologischen Abstraktionen aus der Politik verbannt", bleibt nur noch „der Mensch, seine Wünsche, seine Bedürfnisse" übrig.[37] Angesichts deren Wandelbarkeit wird auch der Nationgedanke zu etwas dem Wechsel der Geschichte Unterworfenem. „Die Nationen sind nichts Ewiges. Sie haben einmal begonnen, sie werden einmal enden."[38]

Erfahrungen, die man in den letzten Jahren und Jahrzehnten mit dem sogenannten *nation building* neu entstehender staatlicher Strukturen gemacht hat, bestätigen häufig Renans Thesen, insofern dieser Prozess in der Regel da gelingt, wo man – oft genug über sprachliche, religiöse und ethnische Schranken hinweg – den Gedanken eines gemeinsamen Projektes zu wecken und zu erhalten vermag. Dagegen scheitert er nicht selten in Regionen, die nach der objektivistischen Auffassung wesentlich bessere Voraussetzungen für eine nationalstaatliche Existenz besäßen. Es gibt sehr interessante politikwissenschaftliche Untersuchungen, die in dieser Beziehung etwa Litauen und Georgien miteinander vergleichen.[39] Der Hinweis auf die gemeinsame Kultur, den auch Gellner bemüht, hatte seinen Sinn als Abwehr monarchischer Vorstellungen von Territorien als Familienbesitz, wird aber problematisch, wenn er zur nationalen Abgrenzung dienen soll, da Kulturen noch weit weniger klar voneinander zu trennen sind als Nationen.[40]

David Miller,[41] den man als Hauptvertreter des liberalen Nationalismus bezeichnen kann, auch wenn er die problematischen Konnotationen des Nationalismus vermeiden will und statt dessen von *nationality* spricht,[42] verteidigt den Nationalstaat mit ethischen und demokratietheoretischen Argumenten. Er erklärt durchaus mit Bezug auf Renan eine gemeinsam geteilte nationale Identität, ein Bewusstsein der Gemeinsamkeit für wesentlich für eine erfolgreiche deliberative Demokratie. Jedenfalls sieht er die Bedingungen für eine gelingende deliberative Demokratie, als da sind eine *gemeinsame öffentliche Sprache*, ein *ethischer Grundkonsens über geteilte Prinzipien und Praktiken, eine public culture*, wechselseitiges Vertrauen, Stabilität und Kontinuität sowie eindeutige Kriterien für eine Festlegung, wer „der Volkskörper" ist, der den *demos* konstituiert, sowie den Bezug auf ein gemeinsames Territorium im Nationalstaat erfüllt. Transnationale Institutionen entsprechen nach Miller nicht dem deliberativen Ideal, sie sollten den Status von Foren zugewiesen bekommen, in denen Repräsentanten verschiedener nationaler Gemeinschaften miteinander über verschiedene Belange verhandeln können.

Keines dieser Kriterien hält jedoch als Argument für die Notwendigkeit von Nationalstaaten einer Prüfung stand.[43] Wenn eben das Bewusstsein von Gemeinsamkeit als vorteilhaft für das *nation building* bezeichnet wurde, bedeutet dies nicht, dass es nur mit Bezug auf Nationen oder besonders gut mit Bezug auf Nationen vorhanden sein kann. Sprachgrenzen sind weder identisch mit Nationengrenzen noch die Grenzen zwischen gelingender und nicht gelingender Kommunikation. Nationalistische Parolen sollen seit Langem den fehlenden sozialen Konsens herstellen. Ähnliches gilt für Religionen. Gewiss wirken Loyalitätsbindungen, zumal wenn sie durch persönliche Interaktion motivational und emotiv gefüttert sind, stärker vertrauensbildend als anonyme Beziehungen.[44] Doch ist der Nationalstaat nicht der beste und schon gar nicht der einzige Rahmen, um Vertrauen zu schaffen. Entscheidend für vertrauensbildende Wirkung sind wiederholt und dauerhaft gemachte Erfahrungen der Vertragstreue.

Das Faktum der Migration deckt die zunehmende Untauglichkeit ehemals vermeintlich oder tatsächlich eindeutiger Kriterien der Zugehörigkeit zum Staatsvolk bei den auf einem Territorium befindlichen Gruppen auf, da es sowohl für Staaten mit *ius soli* wie für solche mit *ius sanguinis* Probleme verursacht. Ayelet Shachar schlägt daher stattdessen ein *ius nexi* vor, das zumindest eine Forderung nach höherer Durchlässigkeit der Zugehörigkeitskriterien beinhaltet.[45]

Hilfreich sind die von Miller namhaft gemachten Bedingungen für gelingende demokratische Deliberation in unserem Kontext deshalb, weil sie einen guten Überblick darüber geben, was den Teilnehmerinnen am politischen Diskurs einer Republik einerseits gewährt werden muss, was man andererseits von ihnen erwarten darf. Doch besitzen Ethno- und Kulturnationalismen, die ein „gesundes Nationalbewusstsein" aufgrund einer homogenen Kultur propagieren, in einer unter anderem, aber keineswegs nur durch Migration verursachten fragmentierten Kultur eher zentrifugale als integrierende Wirkung. Will man dagegen ein politisches Gemeinsamkeitsgefühl entwickeln, so muss man allen Beteiligten die Chance bieten, sich an der politischen Willensbildung zu beteiligen, ihnen andererseits aber auch die Bereitschaft abnötigen, dies gemäß den demokratischen Verfahren zu tun. Man kann, um den inneren politischen Zusammenhang zu fördern, die Tugend des Einsatzes für die Gemeinschaft honorieren und auf diverse Elemente der Gemeinsamkeit verweisen. Innerhalb eines Landes mit einer Mehrheitssprache sollte das Erlernen dieser Sprache massiv gefördert werden, dazu kann indessen gerade ein zweisprachiger Unterricht für Minderheiten hilfreich sein. Dies wären staatliche Maßnahmen, die in die Gesellschaft hineinwirken.

Doch sollte man nicht dem Glauben anhängen, in der hier angesprochenen Begriffstrias Souveränität, Nation, Staat sei der Staat als unproblematische Entität anzusehen. Schließlich bilden sich die Nationalstaaten erst seit einigen Jahrhunderten heraus und ist generell „Staat" keine reale Entität, sondern die abstrakte begriffliche Sammelbezeichnung für eine – obendrein nach Ort und Zeit stark variierende – Vielzahl heterogener ineinandergreifender Strukturen und menschlicher Aktivitäten, die Michel Foucault unter dem Terminus der Gouvernementalität zusammengefasst hat: „Ich verstehe unter ‚Gouvernementalität' die aus den Institutionen, den Vorgängen, Analysen und Reflexionen, den Berechnungen und den Taktiken gebildete Gesamtheit, welches es erlaubt, diese recht spezifische, wenn auch sehr komplexe Form der Macht auszuüben, die als Hauptzielscheibe die Bevölkerung, als wichtigste Wissensform die politische Ökonomie und als wesentliches technisches Instrument die Sicherheitsdispositive hat."[46] Zweitens gehört zu diesem Begriff der um die diversen Regierungsapparate entwickelte Komplex von Souveränität, Disziplin und anderen Formen der Einflussnahme, drittens die Herausbildung des Verwaltungsstaats seit dem 16. Jahrhundert und seine Transformationen. Foucault nennt als Beispiele solcher „Sicherheitsdispositive", die als Hauptinstrument der Steuerung fungieren, die Stadtplanung im 17. Jahrhundert, den Umgang mit der Regulierung des Getreidepreises und die Pockenimpfung im 18. Jahrhundert. Es kann hier nicht darum gehen, Foucaults Analysen im Detail vorzustellen und zu analysieren. Wichtig ist jedoch die Feststellung, dass es sinnvoll sein kann, die Gesamtheit dieser Steuerungsmechanismen – manchmal mit und manchmal ohne die betroffene Bevölkerung – als „Staat" zu bezeichnen, nachdem man von der *res publica*, dem *corps politique* oder der politischen Gesellschaft gesprochen hatte, dass es indessen irreführend und möglicherweise gefährlich werden kann, sie zu verdinglichen, zu personalisieren und ihr quasipersonale moralische Ansprüche zuzusprechen. Es ist umgekehrt wichtig zu wissen, aus welchen Gründen man Menschen, die den Anspruch erheben, andere zu führen, dies zugestehen kann und wann nicht, mit anderen Worten: zu wissen, welche Herrschaft legitim ist und welche nicht.

2.2 Kriterien der Legitimität

Die Begriffe Legalität und Legitimität betreffen das Verhältnis der Sphäre des Rechts zu derjenigen der Moral. Die Legalität, Gesetzeskonformität, wird dabei der Moralität gegenübergestellt, soweit die Qualifikation der handelnden Individuen betroffen ist. Sie unterscheiden sich – in der Terminologie Kants – in den „Bestimmungsgründen der Willkür", die beim Recht „pathologisch", auf Leidenschaften wie Furcht oder Ehrgeiz aufgebaut sein dürfen,[47] während als moralisch richtig nur eine Handlung gelten kann, die aus Achtung vor dem Sittengesetz durchgeführt wurde. Eine rechtliche Kontrolle der Motive des Rechtsgehorsams ist nicht nur politisch bedenklich. Eine moralisch richtige Entscheidung ist dadurch als solche qualifiziert, dass sie in Freiheit getroffen wurde, was mit strafrechtlicher Kontrolle unvereinbar wäre.

Bei der Beurteilung staatlicher Handlungen wird Legalität als formal korrektes Zustandekommen rechtlicher Normen mit Legitimität als vor- und überstaatlichem, letztlich moralischem Beurteilungskriterium und Begründungsinstrument konfrontiert. Carl Schmitt bezeichnet die Distinktion Legalität und Legitimität als „zeitgemäße" Präsentation des Gegensatzes von positivem Recht und Naturrecht.[48]

Bis zu Hobbes, der die Frage nach der Berechtigung von Herrschaft überhaupt stellt, hatte man sich, von eher kurzen Reflexionen abgesehen, im Kontext der Legitimität der regelkonformen Herrschaftsnachfolge und der richtigen Herrschaftsausübung gewidmet. Dem legitimen Herrscher standen der unrechtmäßig zur Macht gekommene Usurpator und der seine rechtmäßig erworbene Macht missbrauchende Despot gegenüber. Umstritten war ferner die Aufteilung von Machtansprüchen zwischen Krone und Ständen, Kirche und Krone, in Republiken zwischen den verschiedenen Einwohnerschichten. So wurde den französischen Revolutionären von den Vertretern des *ancien régime* Illegitimität aufgrund nicht autorisierter Amtsnachfolge vorgehalten. Diese jedoch argumentierten mit einem völlig anderen Paradigma der Legitimität, nämlich der Zustimmung der Beherrschten. Bei Max Weber wird anhand der Zustimmungsmotive zwischen traditionaler, legaler und charismatischer Legitimität unterschieden.[49] Da z. B. in Revolutionssituationen das die Nachfolge ordnende Regelwerk, generell die legale Legitimität, nicht mehr anerkannt wird, muss man die Diskussion um die Legitimität von Herrschaft anders strukturieren als nur durch die Gegenüberstellung dynastischer und demokratischer Legitimität.[50]

Legitimität lässt sich heute so definieren:[51] Das Behaupten oder Bezweifeln von Legitimität ist das Behaupten oder Bezweifeln der Anerkennungswürdigkeit von Hoheitsakten bzw. Herrschaftsordnungen aufgrund ihrer Übereinstimmung oder Unvereinbarkeit mit allgemein anerkannten Prinzipien. Man kann diese Prinzipien einteilen in solche, denen zufolge Herrschaft dem Schutz der Beherrschten dient, in solche, die irgendeine Form der Zustimmung zur Bedingung dafür machen, dass man von jemandem überhaupt etwas und insbesondere Gehorsam verlangen kann, und solche, welche die Umsetzung von Gerechtigkeits- und anderen moralischen Grundsätzen im politischen Rahmen zum Ziel haben.

Im Folgenden werden sowohl Begründungen für Herrschaft selbst als auch solche für bestimmte Herrschaftsansprüche und für die Richtigkeit einzelner Herrschaftsansprüche untersucht.

2.2.1 Funktionale Legitimität

Diese Art der Herrschaftsrechtfertigung geht auf den Grundsatz zurück, dass Herrschaft dem Schutz der Beherrschten zu dienen habe. Der Staat hat nach diesem Grundsatz Anspruch auf Gehorsam der Individuen, weil er im Normalfall, z. B. bis auf eine überschaubare Kriminalitätsrate, deren Leben und Gesundheit besser schützt als wenn sie sich allein gegen die Mitmenschen zur Wehr setzen müssten.[52]

Da diese Formel auch ein Kriterium liefert, wann die Obrigkeit *nicht* den Anspruch auf Gehorsam erheben kann, weil sie ihre Bürger nicht zu schützen vermag oder sie gar effektiv gefährdet, wichen stark ordnungsorientierte Theoretiker auf allgemeinere Formulierungen aus wie die Stabilitätssicherung oder die „Garantie der Situation als Ganzes",[53] welche eher der Perspektive der gesamten politischen Organisation als der des Individuums entsprechen. Auch völkerrechtlich wurde die Norm, wonach die effektive Kontrolle über ein Territorium die rechtmäßige Vertretung impliziert, auch von keineswegs autoritär gesonnenen Juristen vertreten[54] und besitzt im Wesentlichen nach wie vor Geltung. Selbst wenn seit einiger Zeit die Bereitschaft der internationalen Gemeinschaft wächst, massive Menschenrechtsverletzungen von Seiten einer Regierung zu brandmarken und mit Sanktionen zu belegen, bestand z. B. im Jahr 2008 keine Möglichkeit, offenkundige Repression und extremen Machtmissbrauch durch die Regierungen in Birma, Sudan und Zimbabwe zu beenden. Gegen die Ersetzung der funktionalen Legitimität ‚von unten' zugunsten der ‚von oben' spricht, dass Friedenssicherung, Stabilität usw. primär aufgrund ihres Wertes für die einzelnen als erstrebenswert gelten und somit als Legitimationsargument fungieren können.

Das Gemeinwohl, worauf funktionale Legitimität von oben oft rekurriert, umfasste z. B. in Theorie und Praxis des aufgeklärt absolutistischen Wohlfahrtsstaats u. a. verbesserte medizinische Versorgung und Ausbau der Infrastruktur. Zentral ist hier der Gedanke der Staatsräson, der allerdings auch in demokratischen Staaten weiterlebt. Doch müssen in derartigen Formen autoritärer, undemokratischer Herrschaftsausübung Widerstrebende oft gewaltsam zum Schweigen gebracht werden. Dabei lässt sich kaum effektiv klären, ob einzelne Herrschaftsakte oder auch das System als Ganzes eher dem Gemeinwohl oder eher dem Vorteil der Herrschenden dienen.

2.2.2 Affirmative Legitimität

Ein naheliegendes Verfahren, derartige Kontroversen zu entscheiden, ist es, die freie, nicht erzwungene Zustimmung der Beherrschten zum Maßstab zu nehmen und den Rechtsgrundsatz *volenti non fit iniuria,* wonach kein Unrecht geschieht, wenn jemandes Willen Genüge getan wird, zur Rechtfertigung von Herrschaft oder Herrschaftsakten heranzuziehen. Die Frage ist, wie sich die Zustimmung bzw. ihr Fehlen feststellen lässt. Man wird unterscheiden müssen, ob die Zustimmung zu einzelnen Entscheidungen der Obrigkeit, die Zustimmung zur Regierung oder die Zustimmung zum Herrschaftssystem als Ganzem überprüft werden soll.

Die Zustimmung zu einzelnen Entscheidungen wird in Sonderfällen per Volksentscheid eingeholt, in Rechtsstaaten normalerweise jedoch unterstellt, insofern es Einspruchs- und Klagemöglichkeiten gibt. Man kann von staatlicher Seite versuchen, möglichst viele Formen der Unmutsäußerung wahrzunehmen und ernst zu nehmen, mit einem gewissen Maß an Unzufriedenen wird jedoch jedes System leben müssen. Dies ist dann akzeptabel, wenn diese der Regierung insgesamt die Zustimmung verweigern können.

Die Zustimmung zur Regierung wird normalerweise anhand von freien und geheimen Wahlen, also mittels einer demokratischen Mehrheitsentscheidung, überprüft. Wenn Parlament und Regierung durch Wahl bestimmt werden, geht es nicht allein um ein möglichst demokratisches Verfahren der Ämterbesetzung. Ein ebenso gewichtiges Argument für die freie und geheime Wahl ist die Möglichkeit, in freier Entscheidung Zustimmung und Ablehnung auszudrücken.

Die Alternativen sind heute (i) die *repräsentative Demokratie,* nach deren Theorie die Abgeordneten des Parlaments für eine bestimmte Zeitspanne in letzter Instanz ihrem Gewissen verantwortlich sind, (ii) die *Basisdemokratie* mit imperativem Mandat, in welcher die oder der einzelne Abgeordnete von einer Versammlung der Vertretenen instruiert wird, wie im konkreten Fall zu entscheiden ist. Der Nachteil der repräsentativen Demokratie liegt in der Korruptionsgefahr für die Abgeordneten und darin, dass für ihre vielleicht folgenschweren Entscheidungen keine unmittelbare demokratische Legitimation besteht. Ihr Vorteil besteht in einer größeren personalen Kontinuität und damit persönlichen Verantwortlichkeit der Entscheidungsträger, Unabhängigkeit von in ihrer Zusammensetzung wechselnden Basisversammlungen, etwas größerer Unabhängigkeit auch von Tagesereignissen, Massenmedien etc.

Die Zustimmung zum System als Ganzem kann am ehesten durch Rousseaus Kriterium bestimmt werden: Wer freiwillig bleibt, ohne am Gehen gehindert zu sein, stimmt zu.[55] Das Volk bestätigt durch sein Schweigen bis auf Widerruf das System.[56] Doch kann das Schweigen des Volkes erstens auch durch Furcht hergestellt sein, was evtl. im Einzelfall schwer zu beweisen ist. Zweitens kann niemand einen anderen ohne weiteres vor die Wahl stellen, ihm zu gehorchen oder zu gehen.[57] Drittens gibt es viele Weisen, in denen jemand am Gehen gehindert sein kann, von denen eine wirksame und häufige die Armut ist, worauf bereits Hume in seiner Kritik der Vertragstheorie hinwies. Dennoch kann man das Kriterium zumindest in negativer Weise beibehalten und feststellen, dass neben Volksaufständen auch Massenexilierungen und deren gewaltsame Verhinderung Zeichen für erhebliche Legitimitätsmängel eines Systems sind.[58] Nur sollte man aus dem Fehlen solcher Erscheinungen nicht auf die Zustimmung aller einer Herrschaft Unterworfenen schließen.

Die Verbindung von funktionaler Legitimität und Legitimität durch Zustimmung stellt die Grundlage des demokratischen Verfassungsstaats dar.

2.2.2.1 Die Legitimität der Mehrheitsentscheidung

Da die Zustimmung der Bevölkerung mit gewisser Selbstverständlichkeit an einer Mehrheitsentscheidung festgemacht wird, ist eine knappe Zusammenstellung der Argumente für diese Art von Entscheidung notwendig:

(1) *Das dezisionistische Argument.* Die Mehrheitsregel liefert ein Verfahren, Streitfragen zu entscheiden, ohne ein Urteil über Wahrheit oder Falschheit der einander widerstreitenden Ansichten fällen zu müssen. Sie besitzt den Vorteil, die Manövrierfähigkeit der politischen Einheit zu gewährleisten, die bei einer Konsensregelung leicht zu blockieren wäre. Gleichzeitig zeigt diese Überlegung, dass auch Kollektive bei Bedarf zu Dezisionen fähig sind. Die schlichtende Wirkung, die eine solche Entscheidung der Theorie nach besitzt, ist daran geknüpft, dass die bei der Abstimmung Unterlegenen durch die Entscheidung nicht zerstört werden und in politischen Gemeinwesen nicht darüber abgestimmt wird, ob in Zukunft weiter abgestimmt werden darf. Das dezisionistische Argument bedarf daher der Ergänzung. Dazu dient zunächst

(2) *das prozedurale Argument*, welches die rechtlich gleiche Chance für alle betont, ihre Vorstellung durchzusetzen, und Wert darauf legt, dass den Unterlegenen die Möglichkeit bleibt, bei einer späteren Entscheidung das Ergebnis zu korrigieren. Dieses Argument besitzt einige Überzeugungskraft, um die in einer Abstimmung Unterlegenen zur Loyalität zu bewegen, wenngleich natürlich viele

Entscheidungen später nicht mehr vollständig oder gar nicht mehr revidiert werden können. Das prozedurale Argument liefert jedoch keinen Grund für die erfolgreiche Partei, sich später wieder einer neuen Abstimmung auszusetzen, bei welcher eventuell die Gegenseite die Oberhand behält. Es bedarf demnach einer grundsätzlichen Erwägung, warum es gut ist, den Prozess immer neuer Abstimmungen am Laufen zu halten.

(3) *Das veritative Argument* gibt hierfür einen triftigen Grund. Es besagt, dass bei offener Diskussion diejenige von zwei Alternativen, die mehr Leuten einsichtig gemacht werden kann, eher die Vermutung der Wahrheit für sich hat. Dies liefert keinen Beweis für die Richtigkeit der je einzelnen Mehrheitsentscheidung. Ferner wird der Einfluss von Interessen zunächst vernachlässigt. Doch ist man der berechtigten Überzeugung, dass die offene Diskussion noch die größte Chance besitzt, persönliche Unzulänglichkeiten und Fehleinschätzungen durch Leidenschaften und Korrumpierbarkeit namhaft zu machen und damit in den Griff zu bekommen. Dem Einwand, es gehe Vielen nicht um das Gemeinwohl, sondern um partikuläre Vorteile, begegnet im Sinne der Mehrheitsentscheidung

(4) *das Stabilitäts-Argument*. Was von der Mehrheit entschieden wird, nützt normalerweise auch der Mehrheit der Betroffenen. Damit erreicht man erstens eine relativ hohe Stabilität des Staates, da mehr Leute zufrieden sind als unzufrieden; zweitens kommt man dem Ideal näher, demzufolge möglichst viele Menschen glücklich sein sollen. So rigide gelesen zieht das Stabilitäts-Argument natürlich die Kritik auf sich, die Interessen der überstimmten Individuen würden ignoriert. Um überhaupt akzeptabel zu werden, müsste dieses Argument durch einen wirksamen Minderheitenschutz ergänzt werden (Minderheitenrechte).

Ein Modell, bei welchem diese Probleme ausgeklammert werden, konstruiert

(5) *das voluntative Argument*. Es geht auf Rousseau zurück[59] und lässt sich in dem Gedanken zusammenfassen, dass bei weitestgehender Interessenkongruenz die Anwendung der Mehrheitsentscheidung unproblematisch ist. In einer solchen Situation sind Selbstbestimmung und Mehrheitsentscheidung insofern miteinander vereinbar, als alle an der Abstimmung Teilnehmenden vom Ergebnis in etwa gleicher Weise betroffen sind und niemand mit unannehmbaren Beschlüssen zu rechnen hat. In Rousseaus Terminologie ausgedrückt, fallen hier *volonté générale* (Gemeinwille) und *volonté de tous* (Wille Aller) zusammen. Unter diesen Bedingungen werde ich bei der Abstimmung nicht gefragt, was ich will, sondern, was meiner Ansicht nach der Gemeinwille sei. Werde ich überstimmt, so habe ich mich geirrt, ohne dass dies weitere negative Folgen für mich hätte.

Das Problem dieser Konstruktion liegt darin, dass derart homogene Interessen kaum jemals gegeben sind. Über Versuche, etwa die ökonomische Homogenität zu vergrößern, gibt es bekanntlich sehr unterschiedliche Werturteile. Immerhin zeigen die rigorosen Forderungen Rousseaus, dass es unter Normalbedingungen nicht ratsam ist, Mehrheitsentscheidungen und gerechte Entscheidungen ohne Weiteres zu identifizieren. Obwohl Mehrheitsentscheidungen generell für ein politisches Gemeinwesen zuträglicher sind als eine Einzel- oder Minderheitenherrschaft, sollte man mit der gewaltsamen Durchsetzung umstrittener Entscheidungen vorsichtig sein. Andererseits kann man Rousseaus Konstrukt auch dazu benutzen, um auf ein gewisses Minimum an Homogenität hinsichtlich des Wunsches nach Unversehrtheit, Bewegungsfreiheit und Freiheit der Rede bei den meisten Menschen hinzuweisen, so dass Mehrheitsentscheidungen, bei denen dies garantiert bleibt, nicht in extremer Weise problematisch sind.

2.2.2.2 Mehrheitsregel und Minderheitenschutz

Die Reflexion über den Umgang mit Minderheiten, nicht nur der Minderzahl im Kampf, wird einerseits erforderlich, wenn das weitere Verhalten einer Gruppe von Menschen vom Ergebnis einer Abstimmung abhängt, der sich die Unterlegenen fügen sollen, wenn andererseits innerhalb größerer politischer oder gesellschaftlicher Strukturen besondere Gruppen sich zu Recht oder zu Unrecht strukturell benachteiligt fühlen. Letzteres ist überwiegend Teil der Untersuchung über die Menschenrechte (Kap. 3), wird jedoch wegen unvermeidlicher Überschneidungen auch im Folgenden kurz angesprochen.

In der europäischen Tradition sind in der Interpretation des Historikers Christian Meier die „Eumeniden" des Aischylos ein frühes Beispiel für den angemessenen Umgang mit Abstimmungsminderheiten. Er liest sie als Versuch, die in der Abstimmung durch den Areopag unterlegenen Erinnyen dadurch zu besänftigen, dass man sie zu Schutzgöttinnen Athens erklärt, was als Lösungsvorschlag für eine in der zur Zeit der Aufführung stattfindende heftige politische Auseinandersetzung um die Zukunft Athens zu verstehen sei, in der es eine umstrittene Mehrheitsentscheidung gab.[60]

Im Umfeld des mittelalterlichen Armutsstreits zwischen der päpstlichen Kurie und Teilen des Franziskanerordens äußerte Wilhelm von Ockham die These, die Minderheit, ja sogar nur ein Einzelner, und sei es ein *bubulcus catholicus*, ein katholischer Rinderknecht, könne die Glaubenswahrheit gegen einen ketzerischen Papst und die Mehrheitskirche bewahren.[61] Beinahe gleichzeitig formuliert Marsilius von Padua die Auffassung, wonach die „menschliche Befugnis zur Gesetzgebung allein der Gesamtheit der Bürger oder deren Mehrheit zukommt".[62] Gewiss sollte man hier keine modernen Demokraten am Werke sehen, doch tauchen einige Argumente aus diesen Werken in mitunter stark modifizierter Form in den Debatten folgender Jahrhunderte wieder auf, so etwa im 15. Jahrhundert in den Auseinandersetzungen beim Basler Konzil.[63]

Was die strukturellen, etwa ethnischen oder religiösen Minderheiten[64] angeht, so führte der im Neuen Testament formulierte, nach wie vor eindrucksvolle Protest gegen die traditionelle soziale Ausgrenzung von Kranken (Aussätzige), ethnisch Fremden (Samariter), aber auch durch Landessitte marginalisierten Gruppen (Zöllner, Ehebrecherin) bei einigen Menschen und Organisationen zu bewundernswerten und vorbildlichen karitativen Maßnahmen, jedoch kaum zu institutionellen Konsequenzen, die zum politischen Schutz oder zur Sicherung der Partizipationsrechte der Minderheiten geführt hätten.

John Stuart Mills Auffassung, die Demokratie sei solange nicht die ideale Regierungsform, wie sie nicht jede, auch die numerisch stärkste Klasse daran hindern könne, alle anderen zur politischen Bedeutungslosigkeit zu degradieren,[65] und sein Versuch, durch eine bestimmte Variante des Verhältniswahlrechts die Einflussmöglichkeit der gebildeten Schichten zu sichern,[66] trugen ihm für lange Zeit den Ruf ein, den bürgerlichen Rechtsstaat „re-aktionär" zu interpretieren.[67] Es dauerte etwas, bis man über den angesprochenen Interessenkonflikt hinaus das allgemeinere von Mill angesprochene Problem in den Blick nahm, wobei es Mill selbst selbstverständlich schien, dass es nur zum Vorteil der Basken und Bretonen sein könne, wenn sie in die hochzivilisierte französische Nation aufgenommen würden.[68] Heftiger noch reagierten etwa zur selben Zeit Marx und Engels auf ethnisch motivierte politische Ansprüche von Minderheiten.[69]

Georg Simmel erklärt einerseits anhand der Problematik der „vergewaltigten" Minderheit, die „Überstimmung [...] zum übersteigertsten Ausdruck des [...] im Prinzip [...] unversöhnlichen und tragischen Dualismus zwischen dem Eigenleben des Individuums und dem des gesellschaftlichen Ganzen", andererseits beim Konsensprinzip die Gefahr einer Vergewaltigung der Mehrheit durch die Minderheit.[70] In der Bundesrepublik Deutschland kamen beide Aspekte ins Spiel, als in den frühen achtziger Jahren die Legitimität der auf politischen Mehrheiten beruhenden Entscheidungen für ökologisch umstrittene Großprojekte wie die Wiederaufbereitungsanlage in Wackersdorf oder auch für den sog. NATO-Doppelbeschluss in Zweifel gezogen und dabei hervorgehoben wurde, dass die Legitimität von Mehrheitsentscheidungen nur so lange gewährleistet sei, wie eine wirksame institutionelle Garantie des Minderheitenschutzes besteht.[71]

Dringlich kann diese Forderung nach pfleglichem Umgang mit der Minderheit in Gesellschaften werden, die einerseits so dramatisch in zwei Lager gespalten sind, dass nur wenige Stimmen den Ausschlag geben, bei denen andererseits die anstehenden Entscheidungen derart existenzieller Natur sind – etwa über eine Kriegsteilnahme –, dass das prozedurale Argument wesentlich an Plausibilität verliert. Der Machtbesitz ist dabei häufig mit dem privilegierten Zugriff auf die Massenmedien verbunden – oder er geht auf diesen zurück. Mitunter setzen Wahlkampfstrategen in Massendemokratien just auf derartige Polarisierungen, in der Hoffnung auf eine wenn auch knappe Mehrheit. Die eher am Gemeinwohl und Konsens Interessierten hoffen entsprechend auf ein Scheitern derartiger Strategien.

Josef Schumpeters Hoffnung, in der parlamentarischen Demokratie könnten strukturelle Minderheiten ihre Interessen durch entsprechend geschickte Koalitionen geltend machen,[72] scheitert in der Realität mitunter daran, dass die Minderheit nicht mit der erforderlichen Homogenität auftritt oder evtl. einer ebenso homogenen Mehrheit gegenübersteht. Strukturelle Minderheiten können möglicherweise durch geschicktes Taktieren durchaus gewissen Einfluss auf die Entscheidungsfindung ausüben, in anderen Fällen sind sie jedoch dazu zu schwach, in jedem Fall dem kontinuierlichen Assimilationsdruck der Majorität ausgeliefert. Inwieweit hier Gruppenrechte Abhilfe schaffen können, wird im Kontext der Menschenrechte angesprochen.

Systematisch geht es ferner um die Frage, wer überhaupt zu der Grundgesamtheit gerechnet wird, bei der man zwischen einer Mehrheit und einer Minderheit unterscheidet, wer abzustimmen berechtigt ist, schließlich kann auch dies darüber entscheiden, wer zur Mehrheit und wer zur Minderheit gehört. Der Überlieferung nach konnten die Mitglieder einer der berühmtesten politischen „Mehrheiten" des 20. Jahrhunderts, die Bolschewiki („Mehrheitler"), eher zufällig 1903 beim Parteitag der sozialdemokratischen Arbeiterpartei Russlands im Exil in Brüssel bzw. London mehr Stimmen auf sich vereinen als ihre Widersacher. An der Frage, wer an der Abstimmung teilnehmen und die Geschicke einer Gruppe mitbestimmten darf, zeigt sich, wie eng die Mehrheitsentscheidung und die Frage nach der Identität einer Gruppe miteinander verknüpft sind. Die mögliche Kontingenz dieser Zugehörigkeiten und Ergebnisse zeigt zudem, wie wichtig es ist, nach Gerechtigkeitskriterien mit denen umzugehen, die nicht zur Gruppe oder innerhalb nicht zur Mehrheit gehören. Darüber hinaus geht es beim Minderheitenschutz darum, wie die Identität der Angehörigen einer Minderheitenkultur, etwa der indigenen Kulturen Kanadas, innerhalb der Majoritätskultur gesichert werden kann. Darüber, inwieweit dies besondere Gruppenrechte für derartige Minderheiten rechtfertigen könnte, soll im Kontext der Menschenrechte nachgedacht werden.

Wenn es zu bestimmen gilt, wer in den verschiedenen Schattierungen des Wortes „dazugehört", so kann der Kreis der Sozialversicherten, der Kreis der Staatsbürgerinnen, der Kreis der Wahlberechtigten oder der Kreis der auf einem bestimmten Territorium Anwesenden, der nur momentan Anwesenden, der seit zehn Jahren Wohnhaften, der dort Geborenen und Vieles mehr angesprochen sein. Im Staat führt dies zu der Frage, was den *citoyen*, die *citoyenne*, als solche definiert und wie sie sich zu den anderen verhält, die sich auf „ihrem" Territorium aufhalten. Im Fall der Nationalstaaten gab und gibt es bei ethnischen Minderheiten immer wieder die Tendenz zur Sezession, d. h. die Minderheit versucht, einen eigenen Nationalstaat zu gründen. Eine vor allem in den neunziger Jahren mit aller Unerbittlichkeit deutlich gewordene Lehre ist hier, dass die Schaffung neuer Nationalstaaten auch das Entstehen neuer nationaler Minderheiten zur Folge hatte,[73] die dann in glücklicheren Fällen wenigstens partiell von der internationalen Staatengemeinschaft gegen die extremen Formen „ethnischer Säuberungen" geschützt werden konnten. Eine generelle Lösung des Minderheitenproblems bietet die Schaffung immer neuer Nationalstaaten jedenfalls nicht.

Zudem setzt sich die Einsicht durch, dass Kulturen – ob nun Leitkultur oder Minderheitenkultur – keine isolierbaren, klar begrenzten und sauber voneinander zu trennenden Entitäten sind.[74] Selbst bei den angesprochenen „first nations" ist die Annahme klarer Abgrenzbarkeit heutzutage keineswegs unproblematisch, bei Immigrantengruppen kommen die Abgrenzungsversuche sowohl von Seiten einiger Gruppenmitglieder, als auch der Alteingesessenen meist in Bedrängnis, was in verschiedenen Kontexten gewaltsame Reaktionen zeitigt. Mehr noch als bei den Staaten erweisen sich die meisten der angeblich so objektiven Wesensmerkmale bestimmter Kulturen bei näherem Hinsehen als – mitunter recht erfolgreiche – mehr oder minder willkürliche Konstruktionen. Ein halbwegs klares Abgrenzungskriterium bleibt dabei zunächst die Sprache. Es gibt in vielen Einwanderungsländern daher die Forderung, die Immigranten hätten um der Integration willen die Sprache ihres Ziellandes zu erlernen. Ein angemessener Minderheitenschutz, der den Menschen die Veränderung ihrer staatlichen Identität erleichtern könnte, bestünde hier wie bei eingesessenen Minoritäten im Anerkennen eines Rechtes auf Zweisprachigkeit, soweit es sich praktisch realisieren lässt.[75]

2.2.3 Moralische Legitimität

Für manche Ziele, so eine von den meisten geteilte Überzeugung, muss man sich auch dann einsetzen, wenn weder die Rechtsordnung dies vorschreibt noch die öffentliche Meinung es gutheißt. Häufig werden in diesem Zusammenhang religiöse Ziele genannt. Diese besitzen angesichts ihrer Bindung an den nicht allen nachvollziehbaren Glauben im säkularen Staat den Nachteil, dass man sie nicht zum für alle verbindlichen Inhalt des Rechtsystems machen kann, jedenfalls nicht ohne ein erhebliches Maß an physischem Druck.

Anders steht es mit den Versuchen, das in den meisten Kulturen im Prinzip akzeptierte Ideal der Gerechtigkeit in die Realität umzusetzen. Dazu gehören die Emanzipationsbewegungen gegen rassistische und sexistische Diskriminierung, dazu gehören aber auch der Einsatz für gerechte soziale Verhältnisse – selbst wenn es über die Frage, was gerechte soziale Verhältnisse sind, Differenzen gibt – sowie der Einsatz für die ökologischen Rahmenbedingungen, den wir nicht zuletzt auch späteren Generationen schuldig sind. Während aus dieser Liste die Emanzipationsbestrebungen zumindest im Lippenbekenntnis in den westlichen Ländern seit längerer Zeit allgemein anerkannt sind, gab es über ‚Legitimationsprobleme' des demokratischen Verfassungsstaats hinsichtlich der Realisierung sozialer Gerechtigkeit,[76] aber auch über die Legitimierbarkeit ökologisch brisanter Großprojekte durch die Mehrheitsentscheidung[77] in den letzten Jahrzehnten heftige Kontroversen. Andererseits sind durch den Stalinismus und andere Bewegungen des 20. Jahrhunderts, bis hin zu Pol Pot, die Probleme, ja Katastrophen, die entstehen können, wenn man soziale Ideale mit Gewalt durchzusetzen versucht, nur zu bekannt. Aus den politischen Erfahrungen des 20. Jahrhunderts lässt sich die Lehre ziehen, dass derartige Bemühungen die Verbindung von funktionaler und affirmativer Legitimität ergänzen, niemals jedoch ersetzen sollten, um Despotien zu vermeiden, die angeblich für die Durchsetzung der Gerechtigkeit erforderlich sind.

2.2.4 Kosmopolitische Legitimität

In einer Welt, in der „die Rechtsverletzung an einem Platz der Erde an allen gefühlt wird", wie bereits Kant es in seiner Schrift *Zum ewigen Frieden* ausdrückte[78] – was heute so deutlich wird wie nie zuvor –, in der zugleich eine Entwicklung hin zu kosmopolitischen Normen und einem „international human rights regime" diagnostiziert wird[79], lässt sich die Legitimität einer politischen Ordnung und der von ihren Instanzen ergriffenen Maßnahmen nicht mehr allein mit Bezug auf diejenigen diskutieren, die im Besitz der Staatsbürgerschaft sind, etwa indem man fragt, ob die StaatsbürgerInnen sicher sind, ob sie dem Staat und seiner Politik zustimmen, wie sie zur Besitz- und Einkommensverteilung und ihren diversen Belastungen stehen. Erstens wird seit längerem darauf hingewiesen, dass die Zugehörigkeitskriterien bei weitem nicht so klar sein können wie Nationalisten glauben machen möchten.[80] Zweitens hatte Kant im oben bereits zitierten Kontext das Weltbürgerrecht auf „Bedingungen der allgemeinen Hospitalität" eingeschränkt, welches sich vom Gastrecht deutlich unterscheidet. Dies bedeutet, dass es sich nicht weiter erstreckt „als auf die Bedingungen der Möglichkeit, einen Verkehr mit den alten Einwohnern zu versuchen". Der Fremdling kann durchaus abgewiesen werden, solange dies nicht seinen Untergang zur Folge hat, nur eben nicht feindlich behandelt, solange er sich friedlich verhält.[81] Dies ist nach zwei Seiten hin bemerkenswert: Einmal ist zwar nicht belegt, dass Kant mit Francisco de Vitorias z. T. auf dem Gastrecht fußender Rechtfertigung des spanischen Krieges gegen die Indianer und der Kolonisierung ihres Landes vertraut war, doch trägt seine Überlegung klar antikoloniale Züge. Zum anderen darf man niemanden abweisen, wenn dies voraussichtlich seinen Untergang zur Folge hat, was angesichts der gegenwärtigen Migrationsbewegungen überraschende Aktualität gewinnt.[82] Dies betrifft zum einen den rechtlichen und sozialen Status der legalen und illegalen Migranten, insbesondere innerhalb der wohlhabenden Staaten, die Frage, inwieweit ihnen die elementaren Schutzrechte gewährt werden, die ein legitimer Staat niemandem verwehren darf, da er zur Wahrung der Menschenrechte verpflichtet ist. Es betrifft jedoch auch die Frage, inwieweit der Ausschluss zahlreicher Menschen mit Migrationswünschen gerechtfertigt werden kann. Schließlich stützen sämtliche Staaten ein globales Herrschaftsgefüge, welches in vielen Teilen der Welt extreme Ungerechtigkeiten, aber auch Terror, Repression, Hunger und Unterversorgung im Hinblick auf das Allernotwendigste zulässt.[83] Dies wird zweifellos auch durch korrupte und repressive regionale Herrschaftssysteme bewirkt, deren gewaltsame Beseitigung von außen allerdings mehr Probleme als Vorteile bewirken und evtl. den Vorwurf eines neuen Kolonialismus hervorrufen würde. Doch werden erstens längst nicht alle Mittel friedlicher Veränderung genutzt, zweitens bewirken Schutzzölle, Agrarsubventionen etc. der reichen Länder, dass ein fairer Handel nicht entstehen kann.[84] Somit muss man bei allen diesen Staaten ein erhebliches Legitimitätsdefizit konstatieren. Man kann vielleicht darüber diskutieren, wie sie am sinnvollsten vorzugehen haben, um es auszugleichen, nicht aber darüber, dass sie dazu verpflichtet sind.[85]

2.3 Widerstandsrecht

Das Widerstandsrecht gibt den innerhalb einer Machtstruktur Untergeordneten die Möglichkeit, sich gegen grobe Formen des Machtmissbrauchs zur Wehr zu setzen, die Legitimität der Herrschaft wieder herzustellen und im Extremfall die Schuldigen zur Rechenschaft zu ziehen. Ursprünglich mit einer mittelalterlichen Rechtsauffassung verknüpft, muss es heutzutage den Bedingungen eines mit dem Gewaltmonopol ausgestatteten modernen Staates angepasst, d. h. in den meisten Fällen als ‚moralisches‘, ‚außerstaatliches‘, ‚vorstaatliches‘ Recht interpretiert werden.

2.3.1 Zur Geschichte des Widerstandsrechts

In der mittelalterlichen und frühneuzeitlichen europäischen Tradition beruht die Annahme eines Widerstandsrechts auf der Voraussetzung, dass es eine übergeordnete Rechtsstruktur gibt, der Herrscher und Beherrschte unterworfen sind. Für die Germanen war bereits seit der Völkerwanderungszeit der Widerstand gegen einen König aus unterschiedlichen Gründen – wegen Gesetzlosigkeit oder Unfähigkeit, Feigheit oder ‚Mangel an Geblütsrecht' – nichts Ungewöhnliches.[86] Im Kontext des Sachsenspiegels wird darüber debattiert, ob man – wie Eike von Repgow – generell ein individuelles Widerstandsrecht annehmen soll, oder ob es ein solches nur bei untergeordneten Herrschern geben kann.[87] König Johann von England musste 1215 in der Magna Charta (§ 61) einer ‚Notbehörde' von 25 Baronen das Recht einräumen, ihn gegebenenfalls vorübergehend zu suspendieren.[88] Unter dem Einfluss des römischen Rechts und der Auseinandersetzung mit der aristotelischen Politik seit dem 13. Jahrhundert findet eine zunehmende argumentative Systematisierung statt.

So ist etwa für Thomas von Aquin Aufruhr (*seditio*), eine Todsünde, weil er die Einheit des Volkes zerstört und damit der Gerechtigkeit und dem Gemeinwohl zuwiderläuft. Am schwersten sündigen die Rädelsführer, dann aber auch die, welche ihnen folgen, nicht dagegen jene, die sich dem Aufruhr entgegenstellen.[89] Freilich ist die Herrschaft eines Tyrannen nicht gerecht, weil sie nicht dem Gemeinwohl, sondern seinem persönlichen Vorteil dient, eine despotische Amtsführung des Monarchen stellt sogar ihrerseits eine *seditio* dar und somit ist auch die Gegenwehr legitim, solange sie die Situation des Volkes verbessert und nicht verschlechtert.[90]

In *De regimine principum* wird nach einer Aufzählung von Fällen, in denen die Beseitigung von Tyrannen nur zu noch schlimmeren Tyranneien geführt hat, das Kriterium genannt, man dürfe nicht aufgrund privater Animosität, sondern nur durch öffentliche Autorität etwas unternehmen (non privata praesumptione, sed auctoritate publica procedendum). Gewaltsamer Widerstand ist nur gerechtfertigt durch allgemeinen Beschluss – etwa der Ständeversammlung – oder durch die Anordnung eines Höherstehenden.[91] Letzteres betrifft wohl die Zentralregierung im Falle eines tyrannischen Provinzgouverneurs, nach katholischer Lehre aber auch die Überordnung der kirchlichen gegenüber dem Inhaber der weltlichen Gewalt.

Mit diesen Rechtfertigungsmustern sind im Prinzip die meisten Widerstandstheorien des Mittelalters, bis weit in die Neuzeit hinein, abgedeckt. Dass es innerhalb dieser Richtung sehr differenzierte Positionen gab, zeigt das Beispiel des Jesuiten Luis de Molina (1535-1600). Er wendet sich einerseits von Juan de Mariana und den Monarchomachen ab, die dem politischen Gemeinwesen stets das Recht zur Entlassung des Königs zubilligten.[92] Andererseits erkennt er sehr wohl ein Widerstandsrecht an, wenn der König seine Befugnisse überschreitet. Unter Rückgriff auf die zu seiner Zeit bereits traditionelle Unterscheidung zwischen einem *tyrannus in exercitio*, einem Despoten und einem *tyrannus absque titulo*, einem Usurpator, hält Molina fest, gegen ersteren dürfe man nicht privat, sondern nur als politisches Gemeinwesen vorgehen, es sei denn, das eigene Leben sei in Gefahr; letzteren hingegen dürfe jede Privatperson töten – wie dies bereits Cicero am Beispiel Julius Cäsars vertrat.[93] Auch Hugo Grotius bewegt sich in dieser argumentativen Tradition, ebenso die englische Widerstandslehre, wie sie sich in Lockes ‚appeal to heaven' niederschlägt. Hobbes' erbitterte Argumentation gegen die Ansicht, die kirchliche Gewalt stehe über der weltlichen, hat ihre Wurzel in diesem Kontext.[94] Eine gewisse Sonderrolle spielt die Widerstandslehre, die auf Wilhelm von Ockham zurückgeht, für den die Pflicht zum Widerstand, wenngleich nicht unbedingt zum gewaltsamen Widerstand, jeden und jede treffen kann.[95]

Dagegen gibt es in der von Thomas Hobbes begründeten Tradition des modernen Staatsdenkens keine vorstaatliche Rechtsordnung mehr, in die Monarch und Volk eingebunden sind und die bei einseitigem Treuebruch Gegenmaßnahmen rechtfertigt. Recht ist laut Hobbes das und nur das, was vom Souverän als solches beschlossen wurde; durch die ‚reinliche Scheidung von Recht und Gewalt' gibt es keinen Platz mehr für jenen ‚Zwitter' namens Widerstandsrecht.[96] Dies gilt auch und nach späterer positivistischer Auffassung insbesondere dann, wenn der Souverän das Volk ist. Damit muss keineswegs der Despotie der Weg geebnet sein. Zur Volkssouveränität in diesem Sinne gehören nach Auffassung vieler Autorinnen und Autoren sämtliche individuellen Freiheitsrechte.[97] Viele Positivisten vertreten allemal die Überzeugung, dass es aus moralischen Gründen geboten sein kann, gegen eine ‚pathologische' Rechtsordnung Widerstand zu leisten.[98]

Seit Locke begegnet man dem Argument, wonach die Legitimität einer Rechtsordnung und damit die Verwerflichkeit jeder Art von Widerstand auf der friedenssichernden und daher für das Individuum vorteilhaften Wirkung des Rechts beruht, mit dem Hinweis, dass ab einem gewissen Maß an Ungerechtigkeit der Bürgerkrieg das geringere Übel sein kann. Immanuel Kant dagegen lehnt „tätlichen Widerstand" ab, fordert jedoch die Freiheit der Feder.[99] Dass es auch zu Kants Zeit eine engagierte Stellungnahme zugunsten des Widerstandsrechts gab, sogar mit Rückriff auf die kritische Philosophie, zeigt der *Antimachiavel* des Ludwig Heinrich von Jakob (1759-1827), der in Halle geboren wurde, studierte, lehrte und – nach einem längeren Aufenthalt in Charkov – dort starb. Man spricht ihm das Verdienst zu, erstmals das Widerstandsrecht systematisiert zu haben. Wichtig ist ihm, dass der Widerstand in der Öffentlichkeit stattfindet und nicht aufgrund von Geringfügigkeiten. Das letzte Mittel ist der gewaltsame Aufstand: „Wenn ein Regent eine Nation oder den größten Teil derselben, zum Tode verdammt, so muss die ganze Nation aufstehen, und ihn entweder zum Widerrufe zwingen, oder wenn sie zu seinen Versprechungen, vermöge anderer Tatsachen kein Zutrauen haben kann, sich von ihm loßreißen."[100]

Da sein Vorbild indessen der Aufstand der Niederländer gegen die Spanier ist befindet er sich hier wie Locke, wie die amerikanischen Verfassungsväter und ebenso die aktuellen Verfechter des Widerstandsrechts und des zivilen Ungehorsams in diesem Aspekt ihrer Rechtskonzeption eher in der Tradition des mittelalterlichen und frühneuzeitlichen Widerstandsrechts als in der des von Hobbes grundgelegten Staats mit seinem Gewalt- und Rechtssetzungsmonopol. Dieses Vorgehen hat insofern Einiges für sich, als es bereits deskriptiv nicht möglich scheint, das in einem Staat geltende Recht als Befehl eines Souveräns erklären zu wollen. Zum anderen lässt sich die vom Positivismus hochgehaltene Trennung von *Recht und Moral*, durch die Widerstand moralisch geboten sein kann, aber rechtlich konsequent illegitim bleibt, nicht stringent aufrechterhalten. Daher ist es angesichts des auch im Verfassungsstaat stets drohenden Machtmissbrauchs staatlicher Organe durchaus sinnvoll, auf die Tradition des Widerstandsrechts zurückzugreifen.

Man muss sie allerdings mit der inneren Struktur des modernen Rechtsstaats korrelieren. Dies geschieht am zweckmäßigsten, wenn man, durchaus im Stile v. Jakobs, die Legitimitätsansprüche des Staates, die Begründungen für den staatlichen Anspruch auf Rechtsgehorsam, den Fällen gegenübergestellt, in denen diese Begründungen in drastischer Weise unzutreffend sind, so dass nicht nur die Pflicht der Bürgerinnen und Bürger zum Gehorsam erlischt, sondern möglicherweise ein Recht auf Widerstand entsteht. Ausgangspunkt der Überlegung ist, dass es normalerweise eine generelle, wenn auch nicht unbedingte moralische Gehorsamspflicht gegenüber dem Recht, damit gegenüber dem Staat gibt. Sie resultiert erstens daraus, dass das Recht für alle Sicherheit und ungestörten Lebensvollzug – *the pursuit of happiness* – ermöglicht, zweitens daraus, dass unter der Bedingung freier Partizipations- und Einspruchsmöglichkeit die Zustimmung zu rechtlichen Entscheidungen *prima facie* vorausgesetzt werden kann und drittens daraus, dass ein funktionierendes Rechtssystem die Voraussetzung dafür darstellt, dass man Ziele wie soziale Gerechtigkeit und ökologische Unversehrtheit in allgemein akzeptabler Weise in Angriff nehmen kann. Ferner hat ein Staat in einer immer enger zusammenwachsenden Welt die Verpflichtung, überall in der Welt nach seinen Möglichkeiten die Situation der weltweit extrem Unterprivilegierten zu verbessern und die Verfolgten zu schützen. Der Schutz der Bürger, deren freiwillige Zustimmung zum System, die Bemühung um soziale Gerechtigkeit und ökologische Unversehrtheit und der Einsatz gegen Armut und Unterdrückung in der Welt sind die Legitimitätskriterien des sozial verantwortlichen Verfassungsstaats.

Die Verpflichtung zum Rechtsgehorsam für jede und jeden erlischt, wenn der Gehorsam nur unter grober Verletzung anderer essenzieller moralischer Pflichten möglich ist. Die letzte Entscheidung darüber, wann dieser Fall eingetreten ist, kann letztlich nur jede und jeder für sich selbst treffen, eben weil es sich um eine eminent moralische Entscheidung handelt. Gleichwohl gibt es objektive, oder jedenfalls öffentlich diskutierbare Bewertungsmaßstäbe; man braucht sich nicht sogleich auf das schwer überprüfbare individuelle Gewissen zurückzuziehen. Die Bewertungsmaßstäbe entstehen daraus, dass die moralische Gehorsamspflicht, eigentlich nur die Pflicht gerechtere oder moralisch besser zu bewertende Zustände den schlechteren vorzuziehen, an die Eignung eines konkreten Rechtssystems geknüpft ist, die legitimierenden Leistungen zu erbringen. Ferner ist die moralische Berechtigung zum Widerstand hinsichtlich der zu ergreifenden Maßnahmen an die Schwere der Legitimitätsverstöße gekoppelt. Zunächst: Welche Maßnahmen des Widerstand kommen in Frage?

2.3.2 Formen des Widerstands und ihre Berechtigung

Es dürfte sich folgende Einteilung in Typen anbieten, die indessen nicht streng voneinander getrennt sind.[101]

Der Tyrannenmord ist die gewaltsame Beseitigung und eventuell Tötung von jemandem, der eine an sich als legitim anerkannte Herrschaftsordnung diktatorisch-eigennützig missbraucht oder eine legitime Ordnung durch eine autokratische gewaltsame Herrschaft ersetzt.

Ursprünglich geht man dabei von einer legitimen Monarchie aus, die durch die Beseitigung des Tyrannen wiederhergestellt wird. Der Tyrannenmord basiert auf der Unterstellung, durch die Beseitigung einer oder weniger Personen lasse sich eine rechtmäßige Herrschaft wiederherstellen. Dadurch unterscheidet er sich von der nur durch individuelle Vorteilssuche motivierten Verschwörung, vom Attentat geistig Kranker oder auch vom Putsch innerhalb einer Militärjunta. Er trifft heutzutage nur noch in Ausnahmefällen zu. Ein allgemein anerkanntes Beispiel dürfte das Attentat auf Hitler vom 20. Juli 1944 sein. Gleichwohl ist für den ‚Staatsstreich von oben' der entsprechende Passus im Art. 20 (Abs. 4) des Bonner Grundgesetzes vorgesehen.[102]

Die Revolution ist die meist gewaltsame Beseitigung einer Führungsschicht unter gleichzeitiger Veränderung des Herrschaftsprogramms und der Rechtfertigungskriterien. Ein Staat verwandelt sich beispielsweise von der Monarchie zur Bürgerherrschaft, von der bürgerlich-repräsentativen Demokratie zur Räterepublik, vom Schah-Regime zum islamischen Gottesstaat, von der Ein-Parteienherrschaft zur Mehrparteiendemokratie. Es handelt sich demnach nicht nur um die rechtlich unautorisierte Ersetzung einiger Beamter, wie Hart meint,[103] sondern auch um eine zumindest partielle Änderung der Einsetzungskriterien und der Rechtfertigungsmuster. Dabei wird in der Regel zumindest der Behauptung nach die Herrschaft auf eine breitere gesellschaftliche Basis gestellt – vor allem deshalb kann man die Revolution als ‚Befreiung' feiern, ob zu Recht oder nicht – und so die Hoffnung auf Besserung der Verhältnisse geweckt.

Der zivile Ungehorsam ist der (in der Regel) gewaltfreie Widerstand gegen Hoheitsakte, der sich sowohl gegen Gewaltherrschaften als auch gegen prinzipiell in ihrer Berechtigung anerkannte Demokratien richten kann. Dazu zählen publizistisch wirksame Hungerstreiks, Sitzblockaden, ungenehmigte Protestmärsche und dergleichen, wie man sie von historischen Vorbildern wie Ghandi, Martin Luther King oder dem tschechischen Widerstand gegen die Niederschlagung des Prager Frühlings kennt. Die Vertreter der etablierten Ordnung werden durch bewusste Rechtsbrüche und den dadurch herbeigeführten rechtlichen Ausnahmezustand zu Strafmaßnahmen gezwungen, die für ihr Bild in der Öffentlichkeit unvorteilhaft sind und der Rückendeckung, welche die Regierung in der Bevölkerung genießt, schweren Schaden zufügen. Damit will man als legitim anerkannte Obrigkeiten zur Rücknahme einzelner Entscheidungen oder auch zur Veränderung der rechtlichen Lage – etwa der gesetzlich gestützten Diskriminierung afrikanischer Amerikaner in den USA der 1960er Jahre – bewegen. Manchmal wird auch versucht, auf diese Weise eine als illegitim angesehene Regierung zu destabilisieren; dies hat sich als ungleich schwieriger, jedoch nicht unbedingt unmöglich erwiesen.

Der Terrorismus beinhaltet alle Arten von gewalttätigen Formen des Widerstands, ist jedoch im klassischen Fall aus Schwäche nicht in der Lage, ein System in seinem Fortbestehen zu gefährden. Ein Terrorist unterscheidet sich vom simplen Banditen durch ein halbwegs ernstzunehmendes politisches Programm. So zählte man im Kolumbien der 1990er Jahre die Aktionen von Guerilla-Organisationen wie FARC in den großen Städten zum Terrorismus, nicht aber die Morde der Kokain-Mafia. Ähnlich verhielt es sich im Libanon der 1980er Jahre beim Unterschied zwischen Hisbollah oder Hamas einerseits, dem Hammadi-Clan, einer eher mafiaähnlichen Organisation, andererseits, obgleich teilweise am selben Ort und mit denselben Mitteln gearbeitet wurde. Ein drittes, aktuelleres Beispiel sind einerseits die international operierenden Strukturen des organisierten Verbrechens, andererseits das Terror-Netzwerk Al Quaida, selbst wenn man beim Waffenhandel kooperiert.

Die Abgrenzung der terroristischen von der revolutionären Bewegung ist nicht zuletzt eine Sache des militärischen und vor allem propagandistischen Erfolges. Hingegen basiert die Abgrenzung zum zivilen Ungehorsam einmal darauf, inwieweit bewusst Gewaltkriminalität organisiert wird, nicht primär als spontaner Ausbruch entsteht; sie ist an anderer Stelle jedoch eine moralisch-rechtliche Frage, die eine Definition von Gewalt und damit verbundenen Vergehen erfordert, welche sich mit der Zeit ändern kann. So nahm das Bundesverfassungsgericht sein ursprüngliches Urteil über die ‚Strafbarkeit von Sitzdemonstrationen als Nötigung' am 10.1.1995 zurück.[104]

Kultureller Widerstand
In den letzten Jahrzehnten zeigt sich insbesondere in ehemaligen Kolonialstaaten vermehrt das Phänomen, dass religiöse und – vermeintlich oder tatsächlich – vorkoloniale Rechtstraditionen wiederbelebt und gegen den Staat, aber auch bereits gegen die ‚Hegemonie' der dominanten Kultur in Anspruch genommen werden. Dabei entstehen wechselnde Koalitionen, in denen z. B. die innerhalb traditioneller Strukturen oft benachteiligten Frauen einmal auf den säkularen Staat und seine Unterstützung angewiesen sind, um dann mit muslimischen Männern unterschiedlicher Ethnien gegen diesen Staat und seine Änderung des Erbrechts zu agieren.[105] Ohne seine Berechtigung in Zweifel zu ziehen, spielt der Widerstand in dieser Form angesichts seines vielfältigen und schwer greifbaren Charakters für die hier gewählte Systematisierung insofern keine größere Rolle, weil er überwiegend legal verläuft und in den anderen Fällen unter die bisher genannten Rubriken fällt.

Was ist berechtigt?
Allen Formen des politischen Widerstands ist im Unterschied zu persönlicher Vorteilssuche durch Verschwörer und zu individueller Antipathie gegen die Machthaber eine Bemühung um Rechtfertigung der Widerstandshaltung gemeinsam, mit der man auf Zustimmung des für wesentlich erachteten Teils der Bevölkerung hofft. Nach der hier eingeführten Systematisierung ergibt sich daher folgende Relation von moralischer Verfehlung auf Seiten des Staates und dem Recht zu Widerstandshandlungen:

(i) Gegenüber einem Staat, der das Leben einiger seiner Bürger aktiv bedroht oder jedenfalls keine Anstalten macht, es zu schützen, kann es in Extremfällen sogar ein moralisches Recht zum gewaltsamen Widerstand geben, wenn dieser das Ziel verfolgt, einen intakten Rechtszustand herzustellen. Dabei wird auch die Schädigung Dritter in Rechnung zu stellen sein.[106] Allerdings gilt es, die Schwere der in Kauf genommenen Gewalttaten gegen die Erfolgsaussichten abzuwägen. Terrorismus gegenüber Unbeteiligten ist in jedem Fall unakzeptabel und verwerflich. Auch wer sich von außen berufen sieht, den von einem despotischen Regime bedrohten Menschen zu Hilfe zu eilen, was zur Vermeidung eines Völkermords durchaus berechtigt sein kann, unterliegt der strengsten Verpflichtung, die Schädigung Unschuldiger so weit wie irgend möglich zu vermeiden (vgl. unten Kap. 5.4.).

(ii) Werden die Möglichkeiten zu politischer Partizipation, zur Beeinflussung der politischen Entscheidungsfindung also, partiell oder ganz verweigert, so sind

Mittel des zivilen Ungehorsams moralisch berechtigt, um für deren Herstellung zu kämpfen. Die Verletzung der Gehorsamspflicht rechtfertigt sich dadurch, dass ein Staat, der seinen Bürgern dauerhaft das politische Mitspracherecht verweigert, diese Bürger offenbar nicht als Quelle möglicherweise vernünftiger Argumente ansieht. Er verweigert ihnen daher die Achtung, die ihnen aus moralischen Gründen kraft ihres Menschseins zusteht, missachtet ihre Menschenwürde. Eine Regierung, die ihre Bürger prinzipiell wie unmündige Kinder behandelt, selbst wenn es unter dem Titel der Fürsorglichkeit geschieht, ist für Kant der Inbegriff der Despotie.[107]

Gewaltsamer Widerstand ist für den Fall, dass die Bürger – von der Verweigerung der Partizipationsmöglichkeit abgesehen – gut versorgt und einigermaßen gut behandelt werden, moralisch bedenklich, weil er mit einiger Wahrscheinlichkeit die Situation für die meisten Betroffenen verschlechtert, eventuell sogar zu Bürgerkriegszuständen führt. Dies heißt nicht, dass jede Form des Widerstands unangemessen wäre. Es gibt viele Wege, sich gegen ein ungerechtes Regime zu wehren, wie die Unterstützung Verfolgter, zumindest die Nichtbeteiligung an der Verfolgung.[108] Es gibt nicht nur die Wahl zwischen Märtyrertum und unterwürfiger Kollaboration.

(iii) In besonderen Fällen kann es gerechtfertigt sein, Mittel des politischen Ungehorsams in funktionierenden Demokratien zur Verfolgung weiterführender Ziele, zur Herstellung sozialer Gerechtigkeit und zur Verbesserung der ökologischen Situation einzusetzen, falls die legalen Einspruchsmöglichkeiten erschöpft sind und es konkrete Hinweise für fahrlässiges oder gar korruptes Verhalten der politisch Verantwortlichen gibt. Rechtsverletzungen rechtfertigt man in derartigen Fällen – antiquiert ausgedrückt – dadurch, dass in der konkreten Situation eine *seditio*, ein Aufruhr von Seiten der herrschenden Instanzen vorliegt: Sie beschränken oder unterbinden die Fähigkeit des Rechtssystems, einer seiner zentralen Anforderungen zu genügen, nämlich die Basis für das Wohlergehen aller jetzt und in Zukunft von den politischen Entscheidungen Betroffenen zu schaffen.

Ziviler Ungehorsam verfolgt in solchen Situationen eher den Zweck der Systemstabilisierung durch Verbesserung als der Destabilisierung. Die Widerstand Leistenden richten sich mit ihrem Anliegen an die Öffentlichkeit, um die moralische Qualifikation ihrer Ziele zu beweisen.[109] Dies kann durchaus den Appell an die internationale Öffentlichkeit einschließen. Allerdings muss man sich sehr genau prüfen, ob tatsächlich der auf das Allgemeinwohl gerichtete Zweck und nicht persönliches Ressentiment oder fanatische Borniertheit im Mittelpunkt steht. Ferner muss man bereit sein, die verhängten Strafen in Kauf zu nehmen, sofern das Verfahren, dem man unterzogen wurde, rechtsstaatlichen Maßstäben halbwegs genügt und man die legalen Einspruchsmöglichkeiten ausgeschöpft hat. Dies wiederum bedeutet nicht, dass man auf das Recht verzichtet hat, die fraglichen Entscheidungen kritisch zu beurteilen und dagegen zu protestieren.

Gewaltsame Maßnahmen, die mit derartigen Zielen begründet werden, sind in einem ansonsten einigermaßen intakten Rechtssystem jedoch generell moralisch untragbar, da man die Rechtssicherheit der darin lebenden Menschen in Frage stellt, ohne berechtigte Hoffnung auf Verbesserung der Situation in der angestrebten Weise zu haben.

Es werden, so lässt sich der Grundgedanke der vorgestellten Erwägungen formulieren, hier nur humanitär begründete Rechtsbrüche als akzeptabel vorgestellt. Als Begründungen für derartige gegen das positive Recht gerichtete Handlungen taugen also nur solche, die mit der Legitimität eines Rechtssystems in nicht kontingenter Weise verknüpft sind.[110]

2.4 Recht und Politik

Die vorangehenden Überlegungen zur Rolle des Staates, der Nation und ähnlicher Strukturen und Ideen lassen einige grundsätzliche Erwägungen zum Verhältnis von Recht und Politik angebracht erscheinen. Bei starker Schematisierung lassen sich dafür vier verschiedene Formen konzipieren: Recht kann seinem Wesen nach als Ergebnis politischer Entscheidungen gedeutet werden, man kann der Politik auferlegen, sich stets dem Recht unterzuordnen, man kann annehmen, dass es wichtige politische Entscheidungen gibt, die unabhängig von den Vorgaben des Rechts getroffen werden und man kann annehmen, dass Recht und Politik einander bedingen und durchdringen.

Die Ansicht, Politik habe sich dem Recht unterzuordnen lässt sich bereits bei Aristoteles festmachen, wenn er betont, das Volk unter Gesetzen sei der beste Herrscher, nicht aber das Volk ohne Gesetze. Die Menge ist zwar weniger launisch und weniger irrtumsanfällig als ein einzelner, darf aber „nichts gegen das Gesetz tun, sondern nur dort handeln, wo das Gesetz ergänzt werden muss".[111] Im Mittelalter bis weit in die Neuzeit werden natürliches und göttliches Recht als über allem staatlichen Recht, jedenfalls über jedem Herrscher stehend gedeutet.[112] Die Annahme, ein Herrscher könne rechtlich ungebunden sein, scheint in diesem Kontext schlicht inkommensurabel. Das bedeutendste deutsche Rechtsbuch des Hochmittelalters, Eike von Repgows „Sachsenspiegel" aus dem frühen 13. Jahrhundert, sieht den König selbstverständlich ans Recht gebunden. „Bei Verstößen gegen das Recht unterfällt er der Gerichtsbarkeit des Pfalzgrafen."[113] Zahlreiche Fürstenspiegel zeigen den Regenten auf, wie sie sich im Einklang mit den Sitten, mit göttlichem und natürlichem Recht zu verhalten haben. Diese Tradition reicht – z. T. mit antiken Vorbildern – vom frühen Mittelalter bis ins siebzehnte und sogar ins achtzehnte Jahrhundert.[114] Als ein spätes, aber dafür umso prominenteres Beispiel wird oft der „Antimachiavel" des jungen Friedrich II. von Preußen angeführt, der angesichts der mit seinem Programm nicht ganz kohärenten Regierungspraxis seines Autors freilich relativ rasch diversen Spott auf sich zog. Der „Antimachiavel" des Hallensers von Jakob aus dem Jahr 1794 wurde bereits angesprochen.

Immanuel Kant setzt sich in seiner Schrift „Zum ewigen Frieden", in einem Abschnitt „Über die Misshelligkeit zwischen der Moral und der Politik" kritisch mit der Figur des „moralisierenden Politikers" auseinander, mit „staatsklugen" Männern, die behaupten die Praxis zu kennen und daher zu wissen, dass es schön wäre, Moral und Politik zu vereinbaren, aber „dass man es doch nicht könne".[115] Kant hält dagegen, dann gebe es auch keine „Misshelligkeit" zwischen Moral und Politik, weil man nicht zu etwas verpflichtet sei, was man nicht tun könne. Da jedoch „Ehrlichkeit besser denn alle Politik [...], ja die unumgängliche Bedingung der letzteren" sei[116], werde der „Grenzgott der Moral" dem „Jupiter (Grenzgott der Gewalt)" nicht weichen. Der Weg, auf dem die Politik vor dem Recht „die Kniee beugen" soll, besteht in der Wahrung der Öffentlichkeit:

> ‚Alle Maximen, die der Publicität bedürfen (um ihren Zweck nicht zu verfehlen), stimmen mit Recht und Politik vereinigt zusammen'. [...] Wenn aber dieser Zweck nur durch die Publicität, d.i. durch die Entfernung alles Misstrauens gegen die Maximen derselben, erreichbar sein soll, so müssen diese auch mit dem Recht des Publicums in Einklang stehen; denn in diesem allein ist die Vereinigung der Zwecke Aller möglich.[117]

Politik hat sich also zwar um das Wohl der Menschen zu kümmern, doch darf dies nur innerhalb der Grenzen des Rechts geschehen. Denn nur das Recht eröffnet die Möglichkeit, die divergierenden Interessen aller Beteiligten miteinander zu harmonisieren, zu arrangieren oder jedenfalls Gegensätze friedlich auszutragen.

Das direkte Gegenmodell zu diesem Entwurf geht unbestritten auf Niccolò Machiavelli zurück. Er will allerdings das Recht keineswegs dem Belieben eines Souveräns unterordnen, sondern unterstellt mehr oder minder selbstverständlich, dass die geltende Rechtsordnung in einem Gemeinwesen im Wesentlichen erhalten bleibt, die von ihm vorgeschlagenen Maßnahmen dienen sogar diesem Zweck: *mantenere lo stato* ist das Ziel im *Principe*, aber mutatis mutandis auch in den republikanisch ausgerichteten *Discorsi*.[118] Er stellt nur die zu diesem Zweck erforderlichen Maßnahmen neben das Recht, sofern die konkrete Situation es notwendig macht. Das Bild, mit dem er im berüchtigten Kapitel 18 des Principe die für diese Zielsetzung erforderliche Haltung eines Fürsten umschreibt, ist eine Verbindung aus Löwe und Fuchs: Der Löwe vermag die Wölfe zu schrecken, der Fuchs die ausgelegten Schlingen zu erkennen. Wurzeln dieser Charakteristik scheinen die Darstellung des spartanischen Feldherrn Lysander bei Plutarch im Positiven, Ciceros Warnung, Betrug und Gewalt entsprächen dem tierischen Charakter von Fuchs und Löwe und seien des Menschen unwürdig im Negativen.[119]

Im Anschluss an Machiavelli entsteht in vielen Ländern Europas eine umfangreiche Literatur zur Staatsräson. Sehr früh bemüht man sich dabei, diesen Begriff mit den Anforderungen an einen christlichen Herrscher zu vereinbaren.[120] Diese Literatur beruft sich, wohl auch angesichts der denkbar schlechten Reputation des Florentiners häufig auf den im 15. und 16. Jahrhundert gerade entdeckten Tacitus. Alamos de Barrientos aus dem spanischen Kreis von Tacitistas[121] prägte die Carl Schmitt zugeschriebene Formel, das Politische sei der Gegensatz von Freund und Feind. Doch gibt es auch durchaus renommierte Autoren wie Francis Bacon und Walter Lipsius, die sich mehr oder minder offen auf die Seite Machiavellis stellen,[122] in späteren Jahrhunderten sind u. a. Fichte,[123] Hegel und Marx zu nennen.

Zu den markantesten Propagandisten der Staatsräson im Sinne einer „bedarfsgemäßen" Dominierung des Rechts durch die Politik zählt im 20. Jahrhundert zweifellos der bereits im Kontext der Souveränitätsdiskussion angesprochene Carl Schmitt mit seiner Rhetorik des Ausnahmefalls „in seiner absoluten Gestalt [...], wenn erst die Situation geschaffen werden muß, in der Rechtssätze gelten können."[124] Doch gehöre dieser Ausnahmezustand wesentlich zu einem angemessenen Rechtsverständnis. Im Unterschied zu einer „Jurisprudenz, die [...] dem extremen Fall [...] fassungslos gegenüber" steht[125], vermag, wer den Ausnahmezustand zu fassen bereit ist, der grausamen Wirklichkeit zu trotzen und den Staat im Moment der existenziellen Bedrohung zu retten.

„Ist dieser Zustand eingetreten, so ist klar, dass der Staat bestehen bleibt, während das Recht zurücktritt. [...] Im Ausnahmezustand suspendiert der Staat das Recht kraft eines Selbsterhaltungsrechtes, wie man sagt."[126] Unklar bleibt, woher der Staat das Recht auf Selbsterhaltung begründet, wenn doch alles Recht suspendiert ist. Offenbar geht es nicht um die Suspendierung von Brandschutzverordnungen und Forstverwaltungsgesetzen, sondern um die Beseitigung bürgerlicher Schutzrechte gegenüber den staatlichen Exekutivorganen bzw. um die Beseitigung von Partizipationsmöglichkeiten für die Bürger.

Die historischen Belege, die Schmitt heranzieht, sind nicht geeignet, seine Auffassung zu begründen: Die Behauptung, für Locke sei „der Ausnahmezustand etwas Inkommensurables"[127] passt schlecht zu dessen intensiver Diskussion der Prärogativrechte der Exekutive in besonderen Situationen.[128] Ebenso steht die These, das im 17. Jahrhundert vorhandene „lebhafte Bewusstsein von der Bedeutung des Ausnahmefalles" sei im 18. Jahrhundert verloren gegangen[129], der intensiven naturrechtlichen Diskussion entgegen, die um Probleme wie das Brett des Karneades geführt wurde.[130] Wie Giorgio Agamben gezeigt hat, war zudem die „Theorie des Ausnahmezustands keineswegs nur in der antidemokratischen Tradition zuhause"[131], im Gegenteil ist es ein für republikanische bzw. demokratische Systeme charakteristisches, jedoch auch außerordentlich gefährliches Mittel, besonderen Situationen und Herausforderungen zu begegnen. Man bleibt „in dem Teufelskreis gefangen, dass die Sondermaßnahmen, die es für die Verteidigung der demokratischen Verfassung zu rechtfertigen gilt, dieselben sind, die zu ihrer Zerstörung führen."[132]

Selbst wenn man nicht davon ausgeht, dass das Recht vom Staat bzw. vom Souverän Volk mit einem Willensakt gesetzt wird, sondern sich auch allmählich entwickelt, bleibt es doch dabei, dass alle Rechtsquellen politischer Kontrolle unterliegen, jedenfalls wenn man unter Politik die Gestaltung der politischen Organisation durch die Bürger und ihre Repräsentanten versteht. Umgekehrt wurde bereits darauf hingewiesen, dass auch Volkssouveränität aus verschiedenen Gründen nicht als der Beliebigkeit überantwortete Entscheidung eines als Person gedeuteten Kollektivs zu verstehen ist, sondern diversen formalen wie inhaltlichen Beschränkungen unterliegt. „Einerseits wird also staatliche Herrschaft durch Recht konstituiert und begrenzt, andererseits aber beruht dieses Recht notwendigerweise auf der durch den Staat ermöglichten Herrschaftsausübung, nämlich der Setzung und Durchsetzung von Regeln."[133]

Welcher Art können diese rechtlichen Begrenzungen politischen Handelns sein, wenn es kein von allen als verbindlich anerkanntes göttliches oder natürliches Recht mehr gibt? Offenkundig gibt es für jeden Staat, ob demokratisch oder nicht, eine Vielzahl vertraglicher Bindungen, die seinen politischen Handlungsspielraum deutlich einschränken. Gewiss ist es einem Staat wie jedem anderen Vertragspartner grundsätzlich möglich, Verträge zu brechen oder aufzukündigen, doch wird man die politischen Vorteile und Nachteile sorgfältig abzuwägen haben. Dies gilt vermehrt für die Einbindung in supranationale Rechtsstrukturen wie die Europäische Gemeinschaft, für deren Verwirklichung nach Artikel 23 Abs. 1 des Grundgesetzes der Bundesrepublik Deutschland sogar dieses Grundgesetz gemäß den in Artikel 79 Abs. 2 und 3 festgelegten Regeln geändert werden kann.

Es geht gemäß dem in diesem Kapitel Erarbeiteten also darum, einerseits das Volk nicht als unabhängig von jeder rechtlichen Struktur vorhandene Quasi-Person zu deuten, deren Launen man wohl oder übel zu folgen habe, andererseits den einer rechtlichen Struktur Unterworfenen eine Möglichkeit zur Mitgestaltung dieser Struktur auf allen Ebenen einzuräumen. Dies geschieht dadurch, dass Verfassungsänderungen demokratischer Staaten erstens nach festgelegten Verfahren möglich sind und zweitens bestimmte elementare Grundsätze, in der Bundesrepublik Deutschland etwa die Wahrung der Menschenwürde und der Volksherrschaft, zu achten haben. Auch der angesprochene Artikel 23 des Grundgesetzes schickt einer eventuellen Verfassungsänderung einen klaren Grundsatz voraus: „Zur Verwirklichung eines vereinten Europas wirkt die Bundesrepublik Deutschland bei der Entwicklung der Europäischen Union mit, die demokratischen, rechtsstaatlichen, sozialen und föderativen Grundsätzen und dem Grundsatz der Subsidiarität verpflichtet ist und einen diesem Grundgesetz im wesentlichen vergleichbaren Grundrechtsschutz gewährleistet."

Über die Art, wie diese Form der Stabilität zu sichern sei, gibt es spätestens seit der Debatte um den Hüter der Verfassung in den frühen dreißiger Jahren immer wieder Auseinandersetzungen.[134] Die Bundesrepublik Deutschland hat die Institution der Verfassungsgerichtsbarkeit übernommen, somit eine Institution geschaffen, die dem tagespolitischen Kampf um Wählerstimmen enthoben ist, doch wird auch angemahnt, die Kontrollkompetenz dieser Institution solle „um so schwächer werden, je weiter die zu entscheidende Materie von den Kernprinzipien der Demokratie entfernt liegt."[135]

Ein interessantes Beispiel für die hier angesprochene institutionelle Verflechtung und eine Interpretation des Volkswillens lieferte in jüngster Zeit die plebiszitäre Schweizer Demokratie: Am 9. Februar 2014 entschied bei einer Volksabstimmung in der Schweiz eine Mehrheit von 50,3 Prozent die Annahme eines Gesetzes, welches die Zuwanderung von Ausländern aus Staaten der Europäischen Union in die Schweiz begrenzen sollte. In der intensiven, teils emotionalen Debatte kamen neben pragmatischen Hinweisen auf mögliche oder gar wahrscheinliche Nachteile für die Schweizer Wirtschaft auch grundsätzliche Fragen zumindest en passant zur Sprache. Man betonte einerseits das Selbstbestimmungsrecht eines Volkes, verwies andererseits auf offenkundig irrationale Faktoren, welche Zweifel an der Eignung von Plebisziten für eine deliberative Demokratie bestärken könnten, nannte drittens die Problematik eines komplexen Vertragsgeflechts, aus welchem die Schweiz sich nun entferne – oder entfernt werde – und viertens die Verletzung des individuellen Rechtes auf Freizügigkeit, welches in der EU gelten soll und dessen Akzeptanz sich die Schweiz angeschlossen hatte.

Patrik Müller, Chefredakteur der „Schweiz am Sonntag", feierte daraufhin sich und seine Landsleute in einem Gastbeitrag für Spiegel-online als „Europas mutigste Demokraten", während andere Kommentatoren darauf hinwiesen, dass die Zustimmung zur Begrenzung der Zuwanderung meist dort am Größten war, wo es eher wenige Ausländer gab.[136] Obwohl die Regierung in Bern dezidiert gegen diese Initiative Stellung genommen hatte, gab es keinen Zweifel daran, dass sie an die Umsetzung des Ergebnisses gebunden sein würde.

Im Allgemeinen bilden sich als inhaltliche Grenze staatlicher Entscheidungsbefugnis mehr und mehr die Menschenrechte heraus. Es ist sogar von einer „Kontrastierung eines zeitangemessenen Typs der Menschenrechtslegitimation mit dem alten nationalstaatlichen Prinzip der Volkssouveränität" die Rede, die auch den nicht durch Wahlen und Partizipation qualifizierten supranationalen und internationalen Strukturen in die Hände spiele.[137] Aufs Neue zeigt sich somit die Dringlichkeit einer intensiven Auseinandersetzung mit der Menschenrechtsthematik.

3 Menschenrechte

Da die Menschenrechte eine zentrale systematische Funktion in der hier vorgestellten Konzeption von Recht einnehmen, ist eine intensive Beschäftigung mit ihrer Geschichte und zentralen systematischen Fragen unvermeidlich. Man baut den Menschenrechten heutzutage Paläste und Denkmäler, man widmet ihnen Straßen und man tritt sie nach wie vor mit Füßen. Für Normensysteme und Glaubensbekenntnisse – von beiden haben die Menschenrechte etwas – ist es nicht ungewöhnlich, dass sie zugleich verkündet und verletzt werden. Rechtsnormen werden meist sogar genau deshalb erlassen, weil es in der menschlichen Gesellschaft Erscheinungen gibt, die man mit ihrer Hilfe zu beseitigen gedenkt. Glaubensbekenntnisse haben u. a. die soziale Funktion, eine gemeinsame Ebene der Verständigung und des Konsenses herzustellen, werden von einigen ihrer Vertreter ernst genommen und verfochten, von anderen als bloßes Lippenbekenntnis geäußert. Der Umstand, dass sie eine moralisch qualifizierende Wirkung besitzen, wird mitunter als Einladung zur Heuchelei gedeutet und gerade von denen am perfektesten betrieben, die sich zu Hütern des Glaubens berufen sehen. Machiavelli beschreibt so Papst Alexander VI.: „Alexander VI. tat nie etwas Anderes und dachte an nichts Anderes als daran Menschen zu betrügen [...] Und es gab niemals einen Menschen, der wirkungsvoller Dinge bekräftigt und mit heftigeren Schwüren verkündet hat, an die er sich weniger gehalten hätte"[1]. Von manchen Kritikern wurde parallel dazu der teilweise mit der Durchsetzung der Menschenrechte, jedenfalls der Demokratisierung, gerechtfertigte Irakkrieg des Jahres 2003 mit den ökonomischen Interessen der führenden Politiker in Verbindung gebracht.[2] Im März 2014 bezeichnete der russische Außenminister Lawrow die Besetzung der ukrainischen Halbinsel Krim durch russische Truppen als Einsatz für die Menschenrechte.[3]

Der Vergleich der Menschenrechte mit religiösen Bekenntnissen kann den Blick auf die Problematik verstellen, bei genauer Betrachtung jedoch auch erhellend sein. Gewiss lassen sich nicht nur religiöse Bekenntnisse, sondern auch der angebliche Kampf für die Menschenrechte für das egoistische politische Kalkül missbrauchen. Doch lässt sich erstens sehr viel klarer feststellen, ob ein Mensch gefoltert, vertrieben, mangelhaft versorgt oder ohne Gerichtsurteil inhaftiert wurde, als ob dem Willen Gottes zuwider gehandelt oder entsprochen wurde. Zweitens haben Menschen auf einer elementaren Ebene relativ große Ähnlichkeiten in ihren Bedürfnissen, Hoffnungen und Ängsten,[4] während sich geoffenbarte religiöse Programme in ihren Forderungen drastisch unterscheiden können. Insofern lässt sich die irreführende Verwendung der Menschenrechte leichter nachweisen als der irreführende Rückgriff auf religiöse Dogmen.

Das eigentliche Problem, die eigentliche Bedrohung der Menschenrechte sind im zweiten Jahrzehnt des 21. Jahrhunderts dennoch nicht diejenigen, die die Menschenrechte heuchlerisch missbrauchen, sondern diejenigen, die sie rundum ignorieren, für unwichtig oder gar gefährlich halten. In einigen Ländern der Erde, etwa in China und einigen arabischen Ländern, sind Menschenrechte wie die Meinungs- und Pressefreiheit nie eingeführt worden. Allerdings hat der sog. „Arabische Frühling" des Jahres 2011 deutlich gemacht, dass in jenen Regionen keineswegs ein allgemeines, „kulturbedingtes" Einverständnis mit despotischen Regimen herrscht, wie in den mehr oder minder offenen Varianten von Orientalismus unterstellt wird.[5] In anderen Ländern, etwa in Russland unter Putin oder der Türkei unter Erdogan, wurden die Menschenrechte in erheblichem Maße wieder eingeschränkt. Bemerkenswert daran ist, dass dies anscheinend mit dem Einverständnis, jedenfalls ohne den Widerspruch weiter Teile der Bevölkerung geschieht.

Die theoretischen Einwände gegenüber den Menschenrechten, auf welche die Ideologen autoritärer und totalitärer Regime gerne zurückgreifen, lauten erstens, sie seien historisch kontingent und daher nicht universell gültig, zweitens sie seien als Produkt bourgeoiser Furcht um Eigentum und Privilegien ein Ausdruck individualistischen und egoistischen Denkens, somit nicht mit traditionellen Gemeinschaftswerten vereinbar. Aus diesem Grunde wird in diesem Kapitel der Vorgeschichte der Menschenrechte einiger Raum gewährt, um erstens zu zeigen, dass das heute gebräuchliche Vokabular sicherlich kontingenten Ursprungs ist, vermutlich aber eher dem Kirchenrecht des 12. Jahrhunderts und dem Armutsstreit des 14. Jahrhunderts, also einem klerikalen, gemeinschaftsbezogenen Kontext als dem Kapitalismus des 17. Jahrhunderts entspringt. Ferner ist ein wesentlicher Entwicklungsschritt mit einer frühen Form von globaler Wirtschaft, mit ihrer Verrechtlichung und moralischen Beurteilung verbunden, nämlich der naturrechtlichen Debatte um die Berechtigung der Kolonialisierung, insbesondere Südamerikas, und des weltweiten Sklavenhandels im 16. Jahrhundert. Dort wurde ein wesentlicher Teil der Begriffe und Argumentationsfiguren geschaffen, auf die sich die bekannteren Naturrechts- und Vernunftrechtsdebatten des 17. und 18. Jahrhunderts kritisch oder affirmativ bezogen. Dies ist ein Paradebeispiel dafür, dass von Machtstrukturen geschaffene Rechtskonstruktionen sich auf lange Sicht zugunsten der Unterdrückten und „Unsichtbaren" auswirken, eben weil man ihnen eine Rechtsposition zuspricht, sie legal „sichtbar" macht.

Die folgenden Teile der im ersten Abschnitt gegebenen historischen Skizze benennen einerseits stichpunktartig die bekannten Stationen in der Herausbildung der heutigen Menschenrechte, versuchen andererseits Aspekte wie die eben genannten anzusprechen, die sich in der üblichen Erzählung weniger finden, so auch die Bedeutung Spinozas, frühe Plädoyers für die Rechte der Frauen oder die Frage nach der argumentativen Redlichkeit in Marx' Polemik gegen die Menschenrechte.[6]

Um einen klaren Umgang mit der Begrifflichkeit der Menschenrechte zu ermöglichen, unterscheidet der zweite Abschnitt verschiedene Arten von Menschenrechten, untersucht mögliche Begründungsansätze und stellt den Bezug zur Begrifflichkeit der Menschenwürde her (3.2.1.-3.2.3). Ferner zeigt sich, dass erst der mit den Menschenrechten verbundene Grundsatz menschlicher Gleichheit eine Demokratie im heutigen Sinne ermöglichte, dass Menschenrechte keineswegs dem Gemeinwohl im Wege stehen (3.2.4.) und wie essentiell der für die Menschenrechte konstitutive Gedanke des Minderheitenschutzes für eine moderne Demokratie ist (3.2.5.).

Gegenüber der Kritik, die Menschenrechte hätten primär die Funktion, Privilegien und Eigentum zu schützen, wird später in Kapitel 4.3. gezeigt, dass sich nach der hier entwickelten Begrifflichkeit Eigentum, das über das Lebensnotwendige hinausgeht, eher durch seine Vorteile für das Gemeinwohl als durch die Menschenrechte legitimieren lässt.

In der Auseinandersetzung mit der Frage um Kulturabhängigkeit oder Universalität der Menschenrechte ist der Hinweis auf ihre Kontingenz ebenso zu berücksichtigen wie der Vorwurf, es handle sich bei den Menschenrechten um „nichts anderes als" ein weiteres ideologisches Kampfinstrument des „Westens" und die angeblichen Verständnisschwierigkeiten über kulturelle Grenzen hinweg. Die mitunter als dritte Generation der Menschenrechte bezeichneten Rechte auf kulturelle Identität bilden ein enormes soziales Gefahrenpotential, wenn man sie aggressiv interpretiert und nicht als Teilaspekt des Rechtes jedes Menschen auf Entwicklung der eigenen Individualität und Persönlichkeit (3. 3.).

3.1 Zur Geschichte der Menschenrechte

Der Deutung der Menschenrechte als Instrument zum Schutz des besitzbürgerlichen Gewinnstrebens gegenüber der politischen Gemeinschaft entspricht die Verortung ihrer Anfänge bei den „besitzindividualistischen" „bürgerlichen" Autoren des 17. und 18. Jahrhunderts. Michel Villey dagegen sieht das gesamte Konzept eines subjektiven Rechts, dem das eines Menschenrechts untergeordnet ist, als Produkt des mittelalterlichen Nominalismus, namentlich als Werk Wilhelms von Ockham, der durch seine Bestimmung des Rechts als *licita potestas* eine „semantische Revolution" herbeigeführt und den Weg dafür bereitet habe, dass die mittelalterliche Auffassung des Rechts als objektive vernünftige Weltordnung einer Interpretation des Rechts als gewaltsamer Setzung gewichen sei.[7] Beide Einschätzungen erweisen sich bei näherem Zusehen als zumindest unvollständig; eine

Reduktion der Menschenrechte auf Egoismus, Besitz- und Machtstreben lässt sich auf diesem Weg daher schwerlich begründen. Ohne den Anspruch auf Vollständigkeit oder auf klare kausale Zuordnungen erheben zu wollen, sollen im Folgenden einige der vielfältigen Wurzeln dieser sehr besonderen rechtlichen Konstruktion, gerade in ihren unscheinbaren Anfängen herausgearbeitet werden.

3.1.1 Vorboten der Menschenrechte: der Bedeutungswandel von *ius* im Mittelalter

Da Menschenrechte, wie bereits in Abschnitt 1.7. angesprochen, zu den subjektiven Rechten gehören, dürfte es sinnvoll sein, ihre historischen Ursprünge bei der Entstehung des Begriffs subjektiver Rechte zu suchen. Der Terminus „subjektives Recht" wird hier generell benutzt, wenn eine natürliche oder andere Person unter Verweis auf rechtliche Normen und unter Verwendung von Termini wie *ius* oder äquivalenten Ausdrücken Ansprüche anmeldet oder wenn sie ihr zugesprochen werden. Für die Wurzeln der europäischen Rechtsgeschichte lässt sich wohl sagen, dass es weder in der griechischen, noch der hebräischen Tradition, noch im traditionellen römischen Recht so etwas wie die Rede von subjektiven Rechten gibt. *ius*, Recht, wird verstanden als objektive Regelung der Verhältnisse.[8] Das natürliche Recht im Unterschied zum menschlichen Recht stellt eine allgemeingültige, vollkommene Ordnung dar, die nicht durch zeitliche und räumliche Zufälligkeiten beeinträchtigt ist. Wenn nicht von subjektiven Rechten oder Vergleichbarem die Rede ist, so bedeutet dies nicht, dass Ideen, die wir heute den Menschenrechten zuordnen, dem antiken Denken völlig fremd waren. Christoph Horn trägt u. a. einige „menschenrechtsaffine" Konzeptionen bei Aristoteles zusammen, Martha Nussbaum hatte, wie in 1.1. angemerkt, „sozialdemokratische" Elemente bei Aristoteles entdeckt.[9] Auch der Gedanke menschlicher Würde war in der Antike nicht unbekannt, man findet sie etwa in der stoischen Ethik: Seneca spricht den körperlichen Gütern einen Preis, aber keine Würde zu, die allein dem moralisch Guten zukommt – und damit, so wird man schließen dürfen, auch dem möglichen Träger des moralisch Guten, der menschlichen Seele.[10] Das Wort *ius* jedoch wurde offenbar zunächst ohne derartige Konnotationen verwendet, ebenso die vergleichbaren Ausdrücke in den anderen Sprachen. Zwar dürften überall, wo es irgendeine Form von Rechtswesen gibt, auch Ansprüche eingeklagt werden, doch ist der Rückgriff auf eine spezifische Bedeutung des Wortes „Recht" selbst keineswegs selbstverständlich.

Wie es aussieht entsteht die Rede von *ius* als subjektivem Recht im Kontext der generellen Tendenz des 12. Jahrhunderts zur Individualisierung und Subjektivierung, in einer Zeit, in der infolge des sozialen Wandels traditionelle Rechtsansprüche strittig zu werden beginnen. Eine besondere Rolle spielte dabei eine intensive Diskussion innerhalb des Kirchenrechts, die bereits vor dem Neuaufleben der zivilrechtlichen, legistischen Tradition des römischen Rechts einsetzte. Das *Decretum Gratiani* (eigentlich: *Concordantia discordantium canonum*, c.1140) ordnete die verwirrende Masse des Kirchenrechts, die sich über die Jahrhunderte angesammelt hatte. Dort und vor allem in den dazu verfassten Glossen findet sich eine semantische Verschiebung des Naturrechtsbegriffs, insofern allgemeine Vorschriften nicht mehr die Kernbedeutung, sondern eher eine abgeleitete Verwendung von *ius naturale* darstellen.[11] Wie im römischen Recht gibt es auch bei den Kanonisten neben den Geboten und den Verboten den Bereich des Erlaubten, gewissermaßen eine autonome Zone, in der es der eigenen Entscheidung überlassen bleibt, etwas zu tun oder nicht zu tun, die nunmehr jedoch mit dem natürlichen Recht in Verbindung gebracht wird. Bei den Kanonisten findet sich dies im Kontext der dritten Äußerungsform des göttlichen natürlichen Rechts, den sog. *demonstrationes*, die anzeigen, was gut und erlaubt ist, wie etwa das Gemeineigentum aller und die natürliche Freiheit aller. Sie können, im Unterschied zu den naturrechtlichen Verboten und Geboten vom positiven Recht überlagert werden, doch entwickeln sich Freiheit und Teilhabe am Gemeineigentum mehr und mehr zu einem natürlichen Anspruch. Dazu gehört eine Verlagerung der durch die natürliche Ordnung den Reichen auferlegten Pflicht zum Almosengeben hin zu einem natürlichen Recht der Armen auf das *surplus* der Reichen, auch wenn es keine einklagbaren Besitzrechte gibt. Wer unter Not leidet, scheint eher etwas gemäß seinem Recht zu gebrauchen als einen Diebstahl zu planen (potius videtur is qui necessitatem patitur uti iure suo quam furti consilium inire). Ein freigelassener Höriger hat nach Auffassung einiger Glossen keine neue Freiheit, sondern nur die ihm durch positives Recht zeitweilig vorenthaltene Freiheit zurückerhalten. Diese Auffassungen eines jedem Menschen als Menschen zu eigenen Rechtes auf Freiheit und auf Lebensunterhalt, auch wenn es hier noch ohne direkte politische Forderung zugesprochen wird, könnten langfristig zur Formulierung der Menschenrechte geführt haben, wie wir sie heute verstehen. Doch gibt es zugleich das Recht des Papstes auf Einflussnahme bei Bischofswahlen (ius potestatis eligere) und ähnliche partikuläre Rechtsansprüche. Man hat beim subjektiven Recht also von Beginn an die doppelte Deutung als durch irgendeine Ordnung zugestandenen Anspruch auf irgendetwas – bzw. die *durch* diese Ordnung zugestandene Verfügungsgewalt über etwas – und als möglicherweise *gegen* das positive Recht geltende Berechtigung, sich Leben und Freiheit zu sichern. Nicht immer sind diese beiden Typen von Rechten klar voneinander zu trennen. Manchmal werden Vereinbarungen, die ursprünglich dazu dienen, die Rechte und Freiheiten bestimmter Gruppen und Stände zu sichern – das bekannteste Dokument dieser Art ist sicherlich die Magna Charta von 1215 – im Laufe der Jahrhunderte zu Manifesten allgemeiner Rechte der Freien uminterpretiert.[12]

Marsilius von Padua unterscheidet 1324 im *Defensor Pacis* Rechte, auf die man auch verzichten kann, etwa das Besitzrecht (dominium) über verschiedene Dinge, und solchen, auf die zu verzichten einen Verstoß gegen das göttliche Gesetz darstellen würde wie die Rechte auf Nahrung und Kleidung.[13] Wilhelm von Ockhams wenig später entstandene politische Schriften werden mitunter als erstes Beispiel einer politischen Theorie angesehen, die auf der Annahme individueller vorstaatlicher Rechte basiert.[14] Bemerkenswert ist zumindest, dass Ockham wohl der erste noch heute einer weiteren Öffentlichkeit bekannte Autor ist, der zwischen positiven und natürlichen Rechten der Menschen klar unterscheidet.

Er entwickelt diese Differenzierung in Reaktion auf die von Papst Johannes XXII. in der Bulle *Quia vir reprobus* (1329) auf dem Höhepunkt der theoretischen Auseinandersetzung um den Armutsstreit zwischen dem Franziskanerorden und der Kurie erhobene Behauptung, durch den Gebrauch und Verzehr der von ihnen benutzten Dinge nähmen die Franziskaner ein *dominium* und damit ein Gebrauchsrecht (ius utendi) in Anspruch.[15] Jeder Mensch, so Ockhams Reaktion, hat ein *natürliches* Gebrauchsrecht, welches ihm aber kein bleibendes Recht auf den Gebrauch verschafft. Diejenigen, die auf ihr Recht auf Eigentum, sowohl als einzelne wie als Gemeinschaft verzichtet haben, also die Franziskaner, behalten ihr natürliches Recht, fremde Dinge im extremen Notfall zu benutzen. Auf dieses Recht können sie nicht verzichten. Dagegen kann eine Erlaubnis zum Gebrauch, die einem Menschen von einem anderen gewährt wird, auch ohne jedes schuldhafte Verhalten des Betroffenen wieder entzogen werden. Ockham geht mit dieser Behauptung eines unverzichtbaren natürlichen Rechtsanspruchs aller Menschen auf Lebenserhaltung einen wichtigen Schritt in Richtung der Annahme unveräußerlicher Menschenrechte. Ein unverzichtbares Recht des Menschen auf das Lebensnotwendige vertreten auch noch Hobbes[16] und Locke.[17] Laut Ockham bleibt den Menschen ferner das Recht erhalten, sich im Notfall gegen tyrannische Formen der Herrschaft zur Wehr zu setzen.

3.1.2 Sklaverei und Leibeigenschaft als theoretische und praktische Herausforderungen

Eine Debatte von ähnlicher politischer Dramatik, die auf die spätere Menschenrechtsdiskussion einwirkt, entwickelt sich in Spanien und Portugal in den Jahrzehnten nach der Eroberung Südamerikas. Als Sammelname für die meist theologischen Akteure dieser Debatte dient häufig die Bezeichnung „Spanische Scholastik", mitunter wird auch dem Begriff „Schule von Salamanca" der Vorzug gegeben, wohl wissend, dass keineswegs alle relevanten Autoren in Salamanca tätig waren. Inhalt der Diskussion war einerseits die Rechtfertigung der Eroberung Südamerikas und der Herrschaft über seine Ureinwohner sowie des Sklavenbesitzes, die nach universal gültigen Völkerrechtsregeln erfolgen sollte, andererseits die Kritik am unübersehbaren massenhaften Unrecht, zumindest durch Dominikaner und Jesuiten, von denen manche Beichtväter der spanischen Könige waren, die wiederum ihr Seelenheil nicht in Gefahr bringen wollten. Charakteristisch ist für alle Beteiligten, dass die Instrumente einer seit Jahrhunderten geführten scholastischen Auseinandersetzung auf eine dramatisch geänderte und sich verändernde politische, ökonomische und soziale Situation angewandt werden.

Die im Armutsstreit behandelte Thematik wurde insofern bedeutsam, als einer der zentralen Streitpunkte in der Frage bestand, ob die Indianer die rechtmäßigen Eigentümer, *veri domini*, ihrer Besitzungen waren, die man ihnen in diesem Fall nicht hätte rauben dürfen. Ferner stellt sich die Frage, inwieweit ein Mensch das Eigentum, *dominium*, eines anderen, also sein Sklave sein kann. Der Dominikaner Domingo de Soto (1494-1560) beginnt das dem Begriff des *dominium* gewidmete vierte Buch seines Hauptwerkes *De Iustitia et Iure*, das zu den am meisten verbreiteten seiner Art im 16. Jahrhundert zählt, mit einem Hinweis auf die Auseinandersetzung zwischen Johannes XXII. und den Franziskanern. Im Hinblick auf den Gebrauch und das Eigentum von Dingen wie Nahrungsmitteln übernimmt er beinahe wörtlich Ockhams Ansicht und gelangt zu einer Definition des *dominium* als „eine jemandem zu eigene Befugnis (facultas) und Recht an einer beliebigen Sache, die er zu seiner Annehmlichkeit in Besitz nehmen und für jeglichen vom Gesetz erlaubten Gebrauch benutzen kann."[18] *Facultas* wurde hier mit „Befugnis" statt „Fähigkeit" übersetzt, weil Soto explizit die Differenz zur *potestas* hervorhebt, die auch ein Räuber oder ein Tyrann über etwas haben kann, ohne dazu befugt zu sein. Zugleich macht de Soto deutlich, dass die Herrschaft eines Fürsten, eines Königs anders zu verstehen ist als die Verfügung über Eigentum; wenn der Fürst dies so versteht, macht er sich zum Tyrannen. Die für viele Vertreter der spanischen Scholastik so entscheidende Differenz zwischen Eigentum und Herrschaft, *dominium proprietatis* und *dominium iurisdictionis*, wie es kurz darauf bei Luis de Molina heißt,[19] die auch die Grenze zwischen dem Sklaven und dem Bürger markiert, wurde vom Absolutismus eingeebnet.

Im zweiten Artikel der zweiten Quaestio desselben Buches, wenige Seiten später, widmet sich de Soto der Frage, ob ein Mensch der Herr eines Menschen sein kann. Er akzeptiert dabei zwar alle traditionellen Argumente für die Rechtmäßigkeit der Sklaverei, doch werden jene, die aufgrund ihrer geringen geistigen Fähigkeiten versklavt werden, nicht zu bloßen belebten Werkzeugen wie bei

Aristoteles. Vielmehr soll eine Herrschaft über sie zu ihrem Wohl, nicht zu dem des Herrn ausgeübt werden. Er hat sie zu versorgen, zu bilden und zu erziehen. Gerade den auf der untersten Stufe der sozialen Ordnung Stehenden wird damit so etwas wie ein natürlicher Anspruch gegenüber ihren Herren zugestanden.[20]

Soto greift hier u. a. auf den Franziskaner Jean Gerson (1363-1429) zurück, der eine Verbindung von *dominium* und Freiheit herstellt und betont, dass auch nach dem Sündenfall ein noch so schlimmer Sünder nicht das *dominium libertatis* völlig verlieren kann.[21] Da er außerdem *dominium* als Macht, Dinge zu nehmen bezeichnet, konnte man dies als erste Verknüpfung von Freiheit und Eigentum, jedenfalls Eigentum am eigenen Körper einordnen, das damit zur intrinsischen Eigenschaft des Menschen wird.[22] Der Gedanke, dass jeder Mensch erst einmal ein Recht auf seine Freiheit und den Besitz seiner Glieder hat, existiert also lange bevor das Recht auf Freiheit als unveräußerliches allgemeines Menschenrecht eingeklagt wird, doch schützt ihn dies nicht vor Versklavung.

Der fundamentale Text in der Diskussion um die Berechtigung des Krieges gegen die *indigenes* und deren damit verbundene Versklavung ist zweifellos die Vorlesung *De indis*,[23] welche Francisco de Vitoria (1483-1546), später als Vater des modernen Völkerrechts gefeiert,[24] im Jahr 1539 in Salamanca gehalten hat. Auf sie berufen sich sowohl Verteidiger als auch Kritiker der Unterwerfung Amerikas durch die Spanier. Für unseren Kontext ist sie wichtig, weil Vitoria einerseits den Indianern zugesteht, unabhängig von Verdiensten und Fähigkeiten wahre Besitzer ihrer Güter zu sein (veri domini), andererseits eine völkerrechtliche Rechtfertigung des Krieges gegen sie unter Rückgriff auf universal gültige Rechtsansprüche aller Menschen führt, die sie angeblich verletzt hätten. Weder die Todsünde, noch die Ungläubigkeit, noch die fehlenden geistigen Fähigkeiten können es einerseits rechtfertigen, ihnen den status als *domini* abzusprechen. Dies impliziert eine wichtige Innovation gegenüber der aristotelischen Tradition, da Vitoria auch den *amentes* aufgrund ihrer Gottesebenbildlichkeit und unabhängig von ihrer aktualen Fähigkeit eine Rechtsposition zuspricht.

Nachdem Vitoria dann in der zweiten Vorlesung acht illegitime Begründungen eines Krieges gegen die *barbari* zurückgewiesen hat, darunter die Behauptung eines Rechtes, das aus der Entdeckung entspringt, die Annahme einer Weltherrschaft des Kaisers oder des Papstes, oder etwa weil sie den christlichen Glauben nicht angenommen haben,[25] nennt er in der dritten Vorlesung sieben legitime Gründe.[26] Deren wichtigste basieren auf universellen Rechten, nämlich dem Recht auf Freizügigkeit, dem Gastrecht, dem Recht auf freien Handel einerseits, dem Recht auf das Predigen des Evangeliums andererseits. Wenn die Indios den Spaniern diese Rechte verweigern, so stellt dies einen legitimen Kriegsgrund dar. Ein weiterer Titel entsteht aus dem Schutz der unschuldigen Opfer von Menschenopfern und Kannibalismus. Wir finden bei Vitoria erstmals das Konzept eines universell gültigen Rechts mit völkerrechtlichem Status, das von einzelnen Individuen ausgeübt wird und das im Extremfall mit Gewalt durchgesetzt werden darf. Obwohl im konkreten Fall das angeblich für alle Menschen gleiche Recht Handel zu treiben und das Evangelium zu predigen aufgrund seines offenbar asymmetrischen Charakters sehr fragwürdiger Natur ist, wurde damit eine wirkungsvolle Argumentationsfigur geschaffen. Wie eminent politisch Vitorias Text verstanden wurde zeigt sich schon daran, dass ihm Karl V. in seiner Eigenschaft als König von Spanien daraufhin Schreibverbot erteilte.[27]

Eine kompromisslose Haltung gegen die *conquista* und alle auf sie zurückgehenden Rechtsansprüche nimmt Bartolomé de Las Casas (1484-1567) ein, der häufig als erster wichtiger Verfechter der Menschenrechte gefeiert wird. Ursprünglich an der *conquista* beteiligt, distanziert er sich nach einer Konversion und wird zu deren schärfsten Kritiker. Die Frage, ob die Indios Sklaven von Natur seien, beantwortet er mit einer Typologie unterschiedlicher *barbari*, von denen die einen überall auf der Welt vorkommen, nicht nur bei den Indianern, sondern auch in Spanien, während aus der Zurückgebliebenheit der anderen keinerlei Recht auf Beherrschung entspringt. In der erst nach seinem Tod in Frankfurt publizierten Schrift *De Regia Potestate* betont Las Casas wohl tatsächlich als einer der ersten das natürliche und gleiche Recht aller Menschen auf Freiheit (omnium una libertas).[28]

Ein gutes Beispiel dafür, wie gerade die nach heutigen Maßstäben moralisch ambivalente, aber stets um präzise naturrechtliche Argumentation bemühte Vorgehensweise in der Spanischen Scholastik die Diskussion um allen Menschen zustehende Rechte voranbrachte, gibt der Jesuit Luis de Molina (1535-1600). Im 1593 erschienenen ersten Band seines enorm umfangreichen Werkes *De iustitia et iure* gibt er die für lange Zeit umfassendste und gründlichste Untersuchung über Rechtfertigung und Praxis der Sklaverei.[29] Er betont allerdings zunächst, dass der Mensch gerade kein *dominium*, kein absolutes Recht über sein Leben und seine Glieder besitze, die er daher auch nicht aufgeben dürfe, weshalb er bei der Selbsttötung eine Todsünde gegen Gott begehe. Dies hat zur Folge, dass auch das Vaterland nicht befugt ist, über das Leben des Bürgers zu verfügen und ein Sklave von seinem Herrn nicht verstümmelt oder getötet, nicht einmal an der Heirat gehindert werden darf. Molina erkennt als Sklaverei im eigentlichen Sinne nur die rechtlich begründete Form derselben an. Von Natur sind zunächst alle Menschen frei. Für den Fall, dass bestimmte Umstände eintreten, die eine Versklavung rechtfertigen, wurde sie jedoch vom *ius gentium* zu Recht eingeführt. Diese Umstände sind einmal die Versklavung in einem gerechten Krieg, die für den Betroffenen, der ja eigentlich sein Leben verwirkt hätte, die angenehmere Lösung ist als der Tod. Freiheit zählt hier wieder ganz eindeutig zu den *bona fortunae*, den Vermögens- oder Glücksgütern, deren man gegebenenfalls verlustig gehen kann. Ein weiterer Rechtsgrund für die Versklavung ist der Selbstverkauf. Dieser ist möglich, weil die Freiheit – im Unterschied zum Leben, dessen Aufgabe eine Todsünde wider Gott bedeutete[30] – in das *dominium* eines Menschen fällt. Weitere Gründe sind individuelle Not und Geburt als Kind einer Sklavin.[31] Am Ende einer langen, unter anderem auf Befragung der Sklavenhändler basierenden Disputation[32] betont er, so wie man gestohlene Güter zurückgeben müsse, habe man auch den zu Unrecht Versklavten und ihren Kindern die Freiheit zurückzugeben. Nachdem er die von ihm erarbeiteten Rechtstitel möglicher Versklavung mit der Wirklichkeit des Sklavenhandels verglichen hat, hält er es für wahrscheinlich, dass die Sklavenhändler eine Todsünde begehen und der ewigen Verdammnis sicher sind.[33] Wichtig ist, dass Molina den Sklaven, also den Untersten auf der sozialen Leiter, zumindest indirekt, gemäß seiner Definition von (subjektivem) Recht, ein Recht auf Leben und körperliche Unversehrtheit zugesteht, da ein Zuwiderhandeln ein Unrecht ihnen gegenüber darstellt.[34] Außerdem taucht wohl erstmals die Rede von einem „Recht als Mensch", *ius qua homo*, auf, welches der Sklave etwa auf erhaltene Geschenke haben kann.[35]

Gemeinsam ist den hier skizzierten Autoren, dass sie als Theologen einen auf sehr grundsätzliche Argumente aufgebauten naturrechtlichen Diskurs bewusst über die religiösen und, wie man heute sagen würde, kulturellen Grenzen hinweg ausdehnen. Im Unterschied zu diesen – anachronistisch formuliert – global denkenden Autoren, sind die im Umfeld der Reformation vorgetragenen Forderungen nach Freiheit eher lokaler Natur, könnten indessen durchaus gewisse Relevanz für die Entwicklung des Menschenrechtsdiskurses besitzen.

Inwieweit die Reformatoren selbst zur Herausbildung der Menschenrechte beigetragen haben, scheint schwer zu beantworten.[36] Wie Peter Blickle zeigt, radikalisierten sich die Proteste der deutschen Bauern gegen die seit dem 14. Jahrhundert zunehmende Tendenz der Herrschaften, allen voran der Klöster, sie in Leibeigene zu verwandeln und ihnen dabei wesentliche Persönlichkeitsrechte zu nehmen, gerade während der Reformationszeit zur Forderung nach Freiheit, die der Leibeigenschaft gegenüber gestellt wurde.[37] Die „Zwölf Artikel der oberschwäbischen Bauern" vom März 1525 begründeten diese Forderung erstens damit, dass Jesus für alle Menschen am Kreuz gestorben sei, zweitens damit, dass die Schöpfungsordnung die Menschen unter Gebote, nicht aber menschliche Willkür gesetzt habe, drittens durch einen Appell an das Gebot der Nächstenliebe.[38] Dafür bedurfte es nicht der Reformatoren. Doch lieferten die Reformatoren möglicherweise zusätzliches Vokabular für die Argumentation und trugen dazu bei, dass aus der Forderung nach Freiheit als Beseitigung der Unterdrückung einer Gruppe ein gesamtgesellschaftlicher Diskurs wurde.[39] Die Freiheit, für welche die Bauern in dieser Auseinandersetzung letztlich vergeblich stritten, bei der es gegen Frondienste, Abgabepflichten, Erbbeteiligung der Herrschaft (Todfall), für die Freiheit der Abwanderung und die freie Heirat ging, hat mit den später unter die Menschenrechte gezählten Schutz- oder Partizipationsrechten vielleicht eher wenig zu tun. Dennoch ist Freiheit damit schon einmal zu einem Politikum gemacht worden. Relevant könnte zudem eine andere Entwicklung des 16. Jahrhunderts sein, nämlich von Seiten der Herrschaft nicht mehr Freie von „Eigenleuten" zu unterscheiden, sondern alle als „Untertanen" zu betrachten, auch wenn dies zunächst die Bürger der freien deutschen Städte ausschloss.[40] Die theoretische Formulierung dieser in der Praxis seit der Reformation sich verstärkenden Tendenz findet sich bei Thomas Hobbes, der explizit keinen Unterschied zwischen Sklaven und Bürgern mehr macht.

3.1.3 Naturrecht und politische Philosophie im 17. und 18. Jahrhundert: die Entdeckung der Freiheit

Ein entscheidender Schritt bei der Herausbildung der Menschenrechte erfolgte in Reaktion auf die dem Absolutismus innewohnende Tendenz, die Differenz zwischen Freien und Leibeigenen zu nivellieren. Dieser Anspruch absolutistischer Herrschaft konnte in der Praxis nie vollständig durchgesetzt, gleichwohl in der Theorie mit Engagement und Präzision von Thomas Hobbes ausformuliert werden, der damit allerdings als Nebenwirkung die Gleichheit der Bürger vor dem Souverän und auf diese Weise die bis dahin keineswegs selbstverständliche Gleichheit vor dem Gesetz begründet.

Die politische Theorie des Thomas Hobbes ist wohlbekannt, in ihren Grundzügen sei die Konstruktion jedoch kurz in Erinnerung gerufen, um ihre Rolle bzw. die Rolle der politischen Entwicklung, die sie in paradigmatischer Weise formuliert, bei der Herausbildung der Menschenrechte diskutieren zu können:

Um dem durch die Gefährlichkeit der Menschen bedingten, bei Hobbes nur hypothetisch entworfenen Naturzustand eines Krieges aller gegen alle zu entrinnen, unterwerfen sich die Menschen in einem wechselseitigen Unterwerfungsvertrag einem Souverän[41], der damit – in heutiger Redeweise – das Gewaltmonopol, bei Hobbes sogar die unbeschränkte Herrschaftsgewalt über alle seine Untertanen erhält. Die diesem Gedankengang korrespondierende juristische Konstruktion ist in etwa die folgende: Staatliches Recht *resultiert* im Grunde genommen aus dem subjektiven Recht auf Selbsterhaltung, das jedem Menschen als solchem zukommt. Gemäß ihrer Gleichheit und Bedrohtheit haben die Menschen ein natürliches Recht – ein *ius naturale* – auf alles, inklusive aller dazu erforderlichen Mittel.[42] Da es nicht gegen die rechte Vernunft (recta ratio) gehandelt ist, wenn der einzelne sich um seine Erhaltung bemüht, besitzt er auch ein Recht dazu.[43] Allerdings nützt dem einzelnen dieses Recht im Naturzustand nichts, da alle anderen dasselbe Recht haben[44], im staatlichen Zustand, wo er es nicht effizient einklagen kann, nicht viel mehr.

Angesichts der Bedrohung im Naturzustand lehren den Menschen die natürlichen Gesetze, die *leges naturales*, die „Gebote der rechten Vernunft in Bezug auf das, was zur Erhaltung des Lebens und der Glieder zu tun und zu lassen ist", wie er aus dieser unvorteilhaften Lage entrinnen kann.[45] Das erste davon lautet, dass man den Frieden suchen soll, solange dies möglich ist, ansonsten aber sich nach Hilfe für den Krieg umsehen muss. Direkt aus ihm wird ein anderes abgeleitet, demzufolge man das natürliche Recht in einem Unterwerfungsvertrag mit den anderen künftigen Untertanen zugunsten eines Souveräns aufgibt, der seinerseits als Begünstigter kein Vertragspartner ist, sondern sein natürliches Recht auf alles behält. Das objektive staatliche Recht ist demnach das aus dem Naturzustand bewahrte subjektive Recht des Souveräns auf Alles. Dabei ist zunächst nebensächlich, ob es sich bei dem Souverän um eine Einzelperson, eine Versammlung oder um die Gesamtheit der Bürger handelt. Für Hobbes kann es jedoch keinen gültigen Vertrag geben, in welchem jemand auf sein Lebensrecht verzichtet. Da Selbsterhaltung die Grundlage des Rechts ist, wäre ein solcher Vertrag schlicht sinnlos.

Diese Konstruktion stellt – mit einigen Modifikationen – nach wie vor den Grundgedanken einer liberalen Staatstheorie dar, nicht zuletzt aufgrund der Entdeckung, dass die Herrschaft von Menschen über Menschen, die Ausübung von Zwang gegen das Individuum an und für sich legitimationsbedürftig ist. Immerhin schafft Hobbes eine Konstruktion, in welcher es ein solches, *unverzichtbares Recht aller Menschen und zwar aller Individuen gegenüber dem Staat* gibt. Dieses Recht gibt es gegenüber jedem Staat, egal wie dieser organisiert sein mag. Es ist nicht nur ein Recht der Stände gegen den König oder den Tyrannen. Mit seiner wohl ersten säkularen Begründung für die Gleichheit der Menschen, die darauf beruht, dass jeder jeden töten kann, formuliert Hobbes zudem die neuzeitliche Intuition der natürlichen Gleichheit der Menschen mit besonderer Klarheit. Seine Legitimation menschlicher Herrschaft führt er letztlich unter Rekurs auf das wohlverstandene Eigeninteresse des Individuums durch. Das individuelle Recht auf Leben als normative Grundeinheit bleibt konstant erhalten. Hobbes schafft jedoch primär eine einerseits besonders prägnante, andererseits im Vokabular moderner Wissenschaft vorgetragene Formulierung für die bereits von Hugo Grotius[46] vorgenommene Analogisierung der freiwilligen Selbstversklavung eines Menschen mit der Unterwerfung eines Volkes unter den Willen des Herrschers. Luis de Molina, mit dessen Namen die freiwillige Selbstversklavung in ihrer theoretischen Ausformulierung manchmal verknüpft wird,[47] unterscheidet streng das *dominium proprietatis* vom *dominium iurisdictionis* und macht das Widerstandsrecht gegenüber einem tyrannischen Herrscher stark.[48] Samuel Pufendorf greift wiederum die von Grotius vertretene Position auf.⁴⁹ Nicht zuletzt der Umstand, dass damit der Unterschied zwischen den Bürgern und den Sklaven im Verhältnis zum Souverän weitgehend eliminiert wird, könnte den Anlass für Überlegungen geliefert haben, dass ein solcher Vertrag grundsätzlich unannehmbar sei, weil er von Menschen die Aufgabe unverzichtbarer Rechte, insbesondere des Rechtes auf Freiheit fordert.

Die erste Formulierung eines einklagbaren Freiheitsrechts findet sich jedoch in einem auf den ersten Blick von diesem sehr verschiedenen Diskurs, in Baruch Spinozas *Tractatus Theologico-Politicus*. Spinoza hebt hervor, dass eine Demokratie, die für ihn allemal die stabilste, weil legitimste Herrschaftsform darstellt, durch die Ausübung des freien Rechtes auf Meinungsäußerung nicht etwa gefährdet, sondern im Gegenteil stabilisiert werde, weil so auf nutzlose Gesetze hingewiesen werden könne.⁵⁰ Zuvor hatte er bereits festgehalten, dass ein Mensch gar nicht auf das Recht, frei von Furcht zu sein, seine Emotionalität zu leben und seine Urteile zu haben, verzichten könne, weshalb die Macht der höchsten Gewalt nicht unbegrenzt sein könne, dass vielmehr den Untertanen im Interesse des Gemeinwohls diese Rechte eingeräumt werden müssten.⁵¹

> Wenn freilich die Menschen so ihres natürlichen Rechtes beraubt werden könnten, dass sie fortan nichts gegen den Willen derer vermöchten, die das höchste Recht sich vorbehalten haben, dann dürften diese in der Tat ungestraft ihren Untertanen gegenüber in der gewalttätigsten Weise regieren, was doch wohl niemandem in den Sinn kommen wird. Man muss darum zugeben, dass jeder sich vieles von seinem Rechte zurückbehält und dass dieses daher bloß von seinem Willen abhängt und nicht von dem eines anderen.⁵²

Bei Verstößen gegen diese Grundsätze muss sich die höchste Gewalt vor ihren Bürgern fürchten. Zuvor hatte Spinoza das Privatrecht als vom Oberherrn garantierten Bereich bestimmt⁵³ und sich gegen die Annahme verwahrt, durch seine Ermächtigung des demokratischen Oberherrn würden die Menschen versklavt: Im Gegenteil würden sie frei, weil vernünftig über sie entschieden werde, und nicht zu Sklaven ihrer Leidenschaften.⁵⁴

John Locke vertritt 1689 die Ansicht, es könne niemand das Recht haben, sich als Sklave zu verkaufen, da seine Freiheit nicht sein Eigentum, sondern das Eigentum Gottes sei.⁵⁵ Pufendorf hatte nur wenige Jahre zuvor erklärt, dieses Argument werde in diesem Kontext wie in dem der Staatsgründung „unkundigerweise"⁵⁶ herangezogen; sein Übersetzer Barbeyrac schlug sich interessanterweise hier auf die Seite Lockes. In der immer noch andauernden scholastischen Diskussion seiner Zeit vertritt Locke damit eine eher den Dominikanern, als den „radikalliberalen" Jesuiten nahestehende Auffassung.⁵⁷ Doch ist es nach seiner Überzeugung durchaus möglich, dass jemand, der in einem gerechten Krieg besiegt wurde, sich als Sklave verdingt, um das eigene Leben zu retten.⁵⁸ Locke legt ferner Wert darauf, dass das Eigentum, „property", dem Zugriff des Staats entzogen bleibt, wobei er unter dem Terminus „property" die drei Bestandteile „life, liberty and estate" fasst.[59] Diese Verbindung von Freiheit und Besitz, zusammen mit dem von Locke vertretenen Widerstandsrecht gegen einen Herrscher, der beides unrechtmäßig antastet, könnte einer der Gründe dafür sein, dass von verschiedener Seite die Forderung nach Wahrung der Menschenrechte als Ausdruck bourgeoiser Furcht um den Besitzstand interpretiert wurde. Zwar findet sich die Verbindung von Freiheit und Besitz wie gesagt bereits zu Beginn des 15. Jahrhunderts bei Jean Gerson, doch gibt es zu Lockes Zeit wohl erstmals eine mit ökonomischer und politischer Macht ausgestattete Gruppierung, die den Schutz beider zu ihrem Anliegen macht, eben das Bürgertum.

Für Rousseau gibt es keinerlei Möglichkeit mehr, dass Menschen rechtmäßig in die Sklaverei gelangen. An seinen Argumenten sieht man, wie präsent die Debatte um die Rechtfertigung der Sklaverei aus der Zeit der Spanischen Scholastik, natürlich durch die Vermittlung von Grotius, Pufendorf und anderen nach wie vor ist. Ein Vertrag, in dem sich jemand als Sklave verkauft, kann laut Rousseau erstens nicht bei gesundem Verstand abgeschlossen werden. Wenn jemand einen derart unvorteilhaften Handel abschließt, so scheint das Argument zu lauten, so gibt es triftigen Grund, an seiner Vertragsfähigkeit zu zweifeln. Zweitens ist niemand berechtigt, auf das Menschsein zu verzichten, das für Rousseau mit der Fähigkeit zur freien Entscheidung verknüpft ist und untrennbar verknüpft bleibt. Drittens, dies ist das wichtigste Argument, würde er mit seinem Verzicht die Verantwortung für künftige Handlungen ablehnen, wozu niemand berechtigt ist, so lange er ein zurechnungsfähiger Mensch ist. Auch im Krieg, hier weicht Rousseau nicht nur in der Begründung, sondern auch in der Position von Locke ab, kann man niemanden rechtmäßig zum Sklaven machen, weil ein Krieg nun einmal eine Beziehung zwischen Staaten, zwischen abstrakten Entitäten also, keine zwischen konkreten Einzelpersonen ist. Das Argument findet sich etwas ausführlicher bei Montesquieu, der klagt, aus der falschen Prämisse, ein Staat dürfe einen andren bei der Eroberung auslöschen, werde auch noch zu Unrecht die falsche Konklusion gezogen, dass der Eroberer den Besiegten töten dürfe. Doch sei der zerstörte Staat eine Vereinigung von Menschen, nicht die Menschen selbst. Außerdem gebe es, wenn kein Grund zur Selbstverteidigung mehr da sei, keinerlei Recht, im Krieg zu töten, also auch nicht, die Gefangenen zu versklaven.[60] Rousseau verknappt dieses Argument und kommt zum Schluss: „Ces mots *esclavage*, et, *droit* sont contradictoires; ils s'excluent mutuellement".[61]

Auch für Kant ist jede Versklavung eines Menschen, auch die Selbstversklavung, mit der Würde des Menschen unvereinbar.[62] Generell kann man bei ihm die enge Verknüpfung der Menschenrechte mit dem Gedanken der Menschenwürde in der bis dahin wohl klarsten Form beobachten. Für Kant ist „das angeborne

Recht [...] nur ein einziges. Freiheit (Unabhängigkeit von eines Anderen nöthigender Willkür), sofern sie mit jedes Anderen Freiheit nach einem allgemeinen Gesetz zusammen bestehen kann, ist dieses einzige, ursprüngliche, jedem Menschen kraft seiner Menschheit zustehende Recht." Alle anderen Rechte, insbesondere auch die angeborene Gleichheit und das Recht, sich anderen mitzuteilen, seien darin bereits enthalten.[63]

Gegen die Versklavung der in einem gerechten Krieg Gefangenen bringt Kant, ohne ernsthaft darauf einzugehen, ein anderes Argument vor, das eine gegenüber der Spanischen Scholastik deutlich geänderte Kriegsauffassung verrät: „Kein Krieg unabhängiger Staaten gegeneinander kann ein Strafkrieg (bellum punitivum) sein", daher hat auch niemand Anspruch auf Erstattung der Kriegskosten, die früher häufig in Form versklavter Untertanen erhoben worden waren.[64]

Es sind ferner Rousseau und Kant die Autoren, bei denen in bis dahin noch nicht gekannter Klarheit ein anderer Aspekt der heutigen Menschenrechte zum Tragen kommt: Das Recht, seine Selbstbestimmung dadurch zu bewahren, dass man institutionell an der politischen Entscheidungsfindung beteiligt wird. Rousseau legt etwa Wert darauf, dass erst dann, wenn im politischen Gemeinwesen gemäß dem allgemeinen Willen verfahren wird, der Staatsbürger wirklich frei ist. Parallel dazu gesteht Kant nach dem Grundsatz *volenti non fit iniuria* dem Staatsbürger seines Staates in der Idee das Recht zu, „keinem anderen Gesetz zu gehorchen, als zu welchem er seine Beistimmung gegeben hat".[65]

Die Auffassung, Freiheit als Bewahrung der Entscheidungsfreiheit sei ein allgemeines, gleiches Recht, bildet sich in der Diskussion des beginnenden 18. Jahrhunderts allmählich heraus, während die Freiheit im 17. Jahrhundert zumeist noch als Gruppenprivileg angesehen wird, Spinoza scheint daher eine Ausnahme, obwohl man eine natürliche Freiheit der Menschen allgemein annimmt. Wie groß der Einfluss der Theoretiker aus dem 17. und 18. Jahrhundert auf die politischen Umwälzungen am Ende des 18. Jahrhunderts tatsächlich ist, lässt sich wohl nicht genau festlegen. Während man beispielsweise für einige Zeit die Bewunderung von John Wise, einem der frühen Väter der amerikanischen Unabhängigkeit, für Samuel Pufendorf betonte,[66] geht man heute eher davon aus, dass der Einfluss von Wise auf den Unabhängigkeitskampf und die Verfassungsbildung relevanten Texte eher gering blieb.[67] Auch die Rolle Rousseaus als unmittelbarer Vater der französischen Revolution ist wohl eher zurückhaltend einzuschätzen. Blickle bleibt generell skeptisch in Bezug auf den Einfluss philosophischer Ideen auf politische Entwicklungen. Allerdings wäre es ja möglich, dass die philosophischen Texte eine verdichtete sprachliche Widerspiegelung in Gang befindlicher sozialer Prozesse darstellen.

3.1.4 Erste Institutionalisierungen der Menschenrechte: Die Deklarationen und Verfassungen des 18. Jahrhunderts und ihre Grenzen

Zwei für die Entwicklung des Menschenrechtsgedankens als sehr wichtig angesehene Elemente entstammen jedoch offensichtlich mehr der juristischen und politischen Praxis als unmittelbar der philosophischen Reflexion: Das erste ist das aus dem Artikel 39 der *Magna Charta Libertatum* von 1215 in die englische *Petition of Rights* aus dem Jahr 1628 übernommene *habeas corpus* Prinzip, also der Schutz vor willkürlicher Verhaftung, das erstmals in der vom englischen Parlament erkämpften *habeas corpus-Akte* aus dem Jahr 1679 allgemein garantiert wurde.[68] Das von manchen Historikern und Juristen als Wurzel aller Menschenrechte angesehene Recht auf Religionsfreiheit wurde dagegen auch in den amerikanischen Kolonien eher als eine Duldung denn als eine Garantie angesehen. Selbst in den endgültigen Text der *Virginia Bill of Rights* vom 12. Juni 1776, der ersten eigenen Verfassung auf amerikanischem Boden, kommt sie angeblich erst sehr spät[69] und als § 16, lange nach den für alle gleichen Rechten auf Leben und Freiheit[70], der demokratischen Staatsordnung[71], der Gewaltenteilung[72], der Pressefreiheit[73] etc.

Es ist ferner umstritten und nicht ganz unabhängig von der Nationalität und den individuellen persönlichen Zuneigungen, inwieweit die verschiedenen amerikanischen Erklärungen und Verfassungen Vorbild der französischen *Déclaration des droits de l'Homme et du citoyen* vom 26. August 1789 waren. Deren Name, erstmals eine ausdrückliche Erklärung der Menschenrechte, könnte indessen auf den Titel eines der für das 18. Jahrhundert wichtigsten Naturrechtslehrbücher zurückgehen: Samuel Pufendorfs *De officio hominis et civis* aus dem Jahr 1684. Den Pflichten setzten die Revolutionäre programmatisch die Rechte entgegen.

Bei aller Bedeutung dieser historischen Dokumente muss man sich stets darüber im Klaren bleiben, dass es sich in keinem davon tatsächlich um die Rechte aller Menschen handelte. In vielen amerikanischen Staaten blieb trotz aller Erklärungen der Besitz von Sklaven bis nach dem amerikanischen Bürgerkrieg erlaubt. In Massachusetts allerdings wurde er bereits 1783 nach einem Gerichtsurteil abgeschafft.[74]

Unberücksichtigt blieben auch bis ins 20. Jahrhundert die Rechte der Frau. Die von Olympe de Gouges im Jahr 1791 publizierte *Déclaration des droits de la femme et de la citoyenne* erzielte keinerlei Wirkung, nicht nur, weil die Autorin wegen ihrer Parteinahme für die Girondisten 1793 unter der Guillotine starb. In der erneuerten Menschenrechtserklärung von 1795 wird betont, nur der könne ein guter Bürger sein, der auch ein guter Gatte und Vater sei, von Bürgerinnen ist nicht die Rede. Auch bei Immanuel Kant nimmt die Bindung des Bürgerrechts an die „Selbständigkeit", also die soziale Unabhängigkeit, über den Ausschluss der

Frauen hinaus kuriose Formen an, wenn er den „Perrückenmacher" als Bürger anerkennen will, den im Haushalt angestellten „Friseur" hingegen nicht.[75] In Deutschland wurde die Unterordnung der Frau unter den Mann erst nach 1950 endgültig aus den Gesetzbüchern verbannt.[76]

Zumindest größeren publizistischen Erfolg als Olympe de Gouges erzielte Mary Wollstonecraft mit ihrer *Vindication of the Rights of Woman* von 1792,[77] die sogleich ins Französische und Deutsche übersetzt wurde. Besonderes Aufsehen erregte die 1832 von der brasilianischen Autorin Nísia Floresta Brasileira Augusta, eigentlich Dionísia Goncalves Pinto unter dem Titel *Direitos das Mulheres e Injustica dos Homens* vorgenommene „Übersetzung" ins Portugiesische, die im gerade unabhängig gewordenen Brasilien enorme, polarisierende Reaktionen auslöste. Wie sich vor einigen Jahren herausstellte, übersetzte Nísia Floresta jedoch nicht den Text von Wollstonecraft, sondern bediente sich lediglich des bekannten Namens, um die nochmals radikalisierte Übersetzung eines in seinen Positionen deutlich radikaleren Büchleins aus dem Jahre 1739 zu publizieren, das mit dem Titel *Women not inferior to men* unter dem Pseudonym *Sophia, a Person of Quality*, erschienen war und seinerseits eine Übersetzung des Werkes *De l'ègalité des deux sexes* des Cartesianers Francois Poulain de la Barre von 1673 darstellte. Nísia Florestas Hoffnung in dem neuen südamerikanischen Staat eine gesellschaftliche Umwälzung auf diesem Gebiet in Gang setzen zu können, erfüllte sich offenbar nicht im ersehnten Ausmaß.[78] Gleichwohl zeigen die Forschungen der letzten Jahre, dass das Programm einer Gleichstellung der Geschlechter keineswegs erst dem 19. Jahrhundert entsprang, sich jedoch einer enorm hartnäckigen Ablehnung gegenüber sah.

3.1.5 19. Jahrhundert: soziale Frage und marxistische Kritik der Menschenrechte

Über die Nichtberücksichtigung weiter Teile der Bevölkerung hinaus fällt in diesen Erklärungen nach heutigen Maßstäben auf, dass der Umgang mit der sozialen Frage keine Rolle spielt, weder mit den durch die Industrialisierung verursachten sozialen Problemen, insbesondere der Verelendung breiter Schichten in den schnell wachsenden Städten, noch mit der bereits im vorindustriellen Frankreich von Rousseau und anderen beschriebenen Not. Als Reaktion auf diese Missstände und ihre rechtliche Vernachlässigung entsteht auf der einen Seite die in der späteren Entwicklung eher sozialdemokratische Forderung nach sozialen Rechten, wozu die Freiheit gewerkschaftlicher Betätigung, Kranken- und Altersvorsorge, Unfallschutz am Arbeitsplatz, Verbot der Kinderarbeit, aber auch schlicht die Versorgung mit dem Lebensnotwendigen für alle gehört. Ein Reflex dieser Forderungen findet sich im § 13 der französischen Verfassung von 1848.

Auf der anderen Seite entwickeln sich theoretische Positionen, nach denen solche Veränderungen eine völlig falsche Zugangsweise zur Verbesserung des menschlichen Zusammenlebens darstellen, weil sie helfen, einen von Grund auf untragbaren Zustand der Entfremdung der Menschen von sich, voneinander und von ihrer Arbeit zu zementieren. Mit Erbitterung klagt etwa Karl Marx in seiner Schrift „Zur Judenfrage" über die französische Erklärung der Menschenrechte, durch die „der citoyen zum Diener des egoistischen homme erklärt, die Sphäre, in welcher der Mensch sich als Gemeinwesen verhält, unter die Sphäre, in welcher er sich als Teilwesen verhält, degradiert, endlich nicht der Mensch als citoyen, sondern der Mensch als bourgeois für den *eigentlichen* und *wahren* Menschen genommen wird".[79] Menschenrechte, generell Rechte sind für ihn etwas, das die Menschen „als isolierte, auf sich bezogene Monaden" nebeneinander stellt: „Aber das Menschenrecht der Freiheit basiert nicht auf der Verbindung des Menschen mit dem Menschen, sondern vielmehr auf der Absonderung des Menschen von dem Menschen. Es ist das *Recht* dieser Absonderung, das Recht des *beschränkten*, auf sich beschränkten Individuums."[80] Marx führt den Gedanken weiter, indem er eine Verengung des Rechts auf Freiheit in das „Menschenrecht des Privateigentums" vornimmt, die er als „praktische Nutzanwendung des Menschenrechtes der Freiheit" bezeichnet. Dies belegt angeblich der *Article 16* der *Constitution de de l'an I* von 1793,[81] wo allerdings lediglich ein Recht auf Eigentum für jeden Bürger, ohne Unterstellung einer Kausalbeziehung zur Freiheit, behauptet wird. Marx benötigt jedoch genau diese Verbindung, um den von Grund auf egoistischen Charakter der Menschenrechte nachzuweisen: „Jene individuelle Freiheit, wie diese Nutzanwendung derselben, bilden die Grundlage der bürgerlichen Gesellschaft. Sie lässt jeden Menschen im andern Menschen nicht die Verwirklichung, sondern vielmehr die Schranke seiner Freiheit finden."[82] Um den Punkt auch ganz festzumachen, wird gleich nochmals behauptet, es gehe vor allem um das „Menschenrecht" auf Genuss seines Eigentums.[83] Ich werde im nächsten Kapitel gegen die Annahme argumentieren, es lasse sich ein über das Lebensnotwendige hinausgehendes Menschenrecht auf Eigentum verteidigen. In der Annahme eines solchen Rechtes gibt es einen kuriosen Konsens zwischen besitzindividualistischen Varianten des Liberalismus und marxistischen, teilweise auch anarchistischen Autoren: Die einen sind tatsächlich bestrebt, das Privateigentum dem Zugriff des Staats zu entziehen, während die anderen jegliche Form individueller Rechte, insbesondere die Menschenrechte als Instrument des moralisch verwerflichen Egoismus brandmarken wollen.

Diese letztere Behauptung sei hier mit gebotener Kürze in Zweifel gezogen. Der Hinweis auf die enorme Gewalttätigkeit, mit der Marx die Texte der verschiedenen Deklarationen und Verfassungen manipuliert, um sein rhetorisches Ziel zu erreichen, beweist dabei zwar nicht die Falschheit seiner These, wohl aber die Unzulänglichkeit seiner Begründung derselben. Ein erstes Zeichen liegt darin, dass kurz nach dem von Marx voller Entrüstung wiederholten, den Autoren der Verfassung aber offenbar nicht allzu wichtigen Artikel 16 im Artikel 19 ausdrücklich die Möglichkeit der Enteignung im Falle, dass „la nécessité publique légalement constatée l'exige" (wenn es [...] die gesetzlich festgestellte öffentliche Notwendigkeit erfordert)[84] eingeräumt wird.

Deutlicher wird die marxsche Methodik, wenn er seine These, zu jedem Zeitpunkt der bürgerlichen Revolution werde „das politische Leben für ein bloßes Mittel, dessen Zweck das Leben der bürgerlichen Gesellschaft ist", anhand des ersten Artikels der Deklaration von 1793 erläutert: „Le gouvernement est institué pour garantir à l'homme la jouissance de ses droits naturels et imprescriptibles" („Die Regierung ist eingesetzt, um dem Menschen den Genuss seiner natürlichen und unverläußlichen Rechte zu verbürgen."): Marx lässt den ersten Satz des ersten Artikels, nämlich „Le but de la société est le bonheur commun" („Das Ziel der Gesellschaft ist das allgemeine Glück"), wohlweislich beiseite und setzt statt dessen einen Satz aus dem Artikel 2 der Deklaration der Menschenrechte vom 26.8.1789 ein: „Le but de toute association politique est la conservation des droits naturels et imprescriptibles de l'homme" („Das Ziel jeder politischen Vereinigung ist die Erhaltung der natürlichen und unveräußerlichen Menschenrechte."), der wieder in sein Schema passt.

Da indessen nicht die Unredlichkeit in Marx' Argumentation, sondern die Intention seiner Kritik an den Menschenrechten Hauptgegenstand dieses Teils der Untersuchung ist, sei in seinen eigenen Worten die Situation geschildert, in der jeder Mensch im anderen die Verwirklichung seiner Freiheit erkennt und das gesellschaftliche Leben Zweck an sich selbst wird:

> Erst wenn der wirkliche individuelle Mensch den abstrakten Staatsbürger in sich zurücknimmt und als individueller Mensch in seinem empirischen Leben, in seiner individuellen Arbeit, in seinen individuellen Verhältnissen, *Gattungswesen* geworden ist, erst wenn der Mensch seine „forces propres" als *gesellschaftliche* Kräfte erkannt und organisiert hat und daher die gesellschaftliche Kraft nicht mehr in der Gestalt der *politischen* Kraft von sich trennt, erst dann ist die menschliche Emanzipation vollbracht.[85]

Dies mag zutreffen. Bis jedoch der Mensch zum Gattungswesen im Marxschen Sinne geworden ist, welches das „ensemble der gesellschaftlichen Verhältnisse"[86] in sich zu vereinigen vermag, dürfte, so es denn je eintritt, noch geraume Zeit vergehen. Ob es eine Zeit geben wird, in der kein Mensch und keine Gruppe von Menschen je zur Bedrohung eines anderen werden kann, so dass der Gedanke, den einen vor den anderen zu schützen, abwegig wäre, ist noch offen für Hoffnungen und Spekulationen. Die Behauptung jedoch, bis dahin sei es ein Zeichen des bloßen Egoismus, Menschen vor den Nachteilen zu schützen, die ihnen andere, mächtigere zufügen könnten, fällt in den Bereich verspäteter politischer Romantik.

Die von Marx erhobene Kritik an den Menschenrechten ist somit unzutreffend: Es ist nicht einzusehen, warum Menschen – im vorläufig unvermeidlichen Zustand der Unvollkommenheit – nicht mehr verbunden sein können und einander nicht als Verwirklichung der Freiheit erfahren können, wenn man sie davor schützt, einander zu schaden, wenn man insbesondere versucht, sie unter allen Umständen vor denen zu schützen, die Macht innehaben, und auch solche wird es geben, solange der Zustand der Gleichheit (noch) nicht erreicht ist. Die Intuition, die den Menschenrechten zugrunde liegt, war außerdem nicht, wie von Marx suggeriert, dass Grundstückseignern ihr Territorium erhalten bleibe, sondern dass Menschen in schwierigen Momenten vor der Polizei und den Richtern geschützt sind, dass es keine Möglichkeit mehr gibt, sie zu Sklaven zu machen.[87] Trotz ihrer Unzulänglichkeit wurde diese Kritik von einigen Anarchisten, darunter Bakunin übernommen.[88]

3.1.6 20. Jahrhundert: Kritik der öffentlichen Meinung

Der Umgang mit den Menschenrechten, insbesondere dem Recht auf Freiheit und der Forderung nach Demokratie, war in den Jahren nach dem Ersten Weltkrieg durch unterschiedliche Entwicklungen gekennzeichnet. Einerseits führte die Propaganda, die im ersten Weltkrieg vom in England eigens gegründeten *Ministry of Information* und in Amerika von dem durch Woodrow Wilson ins Leben gerufenen *Committee on Public Information*, der sogenannten *Creel Commission* verbreitetet wurde, dazu, dass etwa eine zunächst eher pazifistische amerikanische Bevölkerung mit Begeisterung in den Krieg gegen Deutschland zog, um Demokratie und Freiheit zu verteidigen, als man Behauptungen wie die verbreitete, deutsche Soldaten würden belgischen Frauen die Brüste und belgischen Kindern die Arme abschneiden, wofür sich auch nach dem Krieg keine Beweise fanden.[89] Amerikanische Kriegsanleihen wurden als *Liberty Loan* und nationale Pflicht bezeichnet. Zwei Hauptprotagonisten dieser Kommission, Walter Lippmann und Edward Bernays, gelten als Väter der Technik der *public relations* und deuteten die moderne Demokratie als *manufacture of consent* oder *engineering of consent* durch eine kleine intelligente Elite.[90] In den USA war die *Creel commission* allerdings nach dem Krieg derart unbeliebt, dass keine Mittel für die Archivierung ihrer Materialien bereitgestellt wurden. In manchen Ländern Europas, etwa in Deutschland, wurde über die Kritik der fragwürdigen Techniken hinaus[91] von Autoren wie Carl Schmitt, in seinem Plädoyer für eine „zäsaristische" Demokratie, auf dem „unüberwindlichen Gegensatz von liberalem Einzelmenschbewusstsein und demokratischer Homogenität" bestanden.[92] Für ihn waren die Menschenrechte typisch liberale „Hemmungen des Staats", die er mehr oder minder offen als unmoralisch, weil egoistisch denunzierte. Es scheint häufiger vorzukommen, dass die Menschenrechte in Misskredit geraten, weil ihre Verteidiger sich fragwürdig verhalten.

Andererseits begann bereits nach dem Ersten Weltkrieg, zunächst vor allem in Indien, bei den Intellektuellen der Kolonien, die z. T. mit in den Krieg gegen die Diktatur gezogen waren, die Forderung nach Unabhängigkeit und Entkolonialisierung hervorzutreten, die sich nach dem Zweiten Weltkrieg dann als unausweichlich erwiesen, da Kolonialismus und Freiheitsrechte kaum kompatibel sind.

Insbesondere als Reaktion auf die Verbrechen und humanitären Katastrophen des Zweiten Weltkriegs und der diversen Terrorregime, vor allem natürlich des Nationalsozialismus in Deutschland, kam es zur Menschenrechtscharta der Vereinten Nationen. Der Zweite Weltkrieg und insbesondere die von den Nationalsozialisten verübten Verbrechen ließen die von Schmitt und anderen geäußerten Abwertungen der Menschenrechte endgültig als abwegig erscheinen. Drei Jahre nach Gründung der UNO wurde am 10. Dezember 1948 daher die „Allgemeine Erklärung der Menschenrechte" verabschiedet, einen Tag nach der „Konvention über die Verhütung und Bestrafung des Völkermords". Inzwischen gibt es eine Vielzahl weiterer Abkommen, die teils weltweit für soziale Rechte und gegen rassistische und sexistische Diskriminierung und Folter Stellung beziehen, teils regionale Konventionen darstellen, wie etwa die Europäische Konvention zum Schutz der Menschenrechte und Grundfreiheiten vom 4. 11.1950. Wie wir wissen ist die Wirkung dieser Konventionen angesichts nach wie vor stattfindender Folter und Unterdrückung begrenzt. Dennoch lässt sich ebenfalls beobachten, dass man diese Konventionen benutzen kann, um den Machtmissbrauch von Herrschenden in den verschiedensten Ländern, ob reich oder arm, zumindest zu benennen, zu kritisieren und manchmal sogar zu beseitigen.

Obwohl die Geschichte der Menschenrechte auch nach den fünfziger Jahren des zwanzigsten Jahrhunderts noch mancherlei Wechselfälle aufweist, wurden diese Aspekte in die hier folgende systematische Diskussion aufgenommen.

3.2 Status, Struktur und Begründung der Menschenrechte

3.2.1 Arten und Generationen von Menschenrechten

Wie eben erläutert, scheint es sehr früh sowohl die weitere Verwendung von *ius* als aus irgendeinem Regelsystem abgeleitete Verfügungsgewalt *(ius in re,* etwa des Eigentümers) oder als Anspruch *(ius ad rem,* etwa des Arbeiters auf den Lohn) gegeben zu haben, als auch einen spezielleren Gebrauch von *ius* im Sinne eines allen Menschen als Menschen zustehenden *natürlichen* Anspruchs auf Lebensunterhalt und auf Freiheit von unnötiger Bevormundung.

Es ist wichtig, diesen engeren von dem weiteren Gebrauch von *ius,* in heutiger Terminologie die Rede von *Menschenrechten* von der Rede von *subjektiven Rechten im Allgemeinen,* auch systematisch genau zu unterscheiden, weil die Beanspruchung von Menschenrechten oft als antidemokratisch und egoistischunmoralisch kritisiert wurde. Der semantisch korrekten Verwendung der Rede von subjektiven Rechten widerspricht es zunächst nicht, wenn man ein Recht auf Sklavenhaltung für alle Weißen und ein Recht auf Herrschaft der Familienväter über Frauen, Kinder und Gesinde behauptet, also einen Anspruch auf extreme Gruppen- und Statusprivilegierung erhebt. Man hat solche Ansprüche sogar für „natürlich" erklärt.

Wenn dagegen von Menschenrechten die Rede ist, so legt es der Begriff nahe, dass sie erstens dem Menschen, insofern er ohne jede weitere Qualifikation Mensch ist, und zwar *jedem* Menschen ohne Rücksicht auf Geschlecht, Hautfarbe, Rasse, Stand zustehen, dass sie zweitens nicht willkürlich aufgegeben werden können und unverzichtbar sind. Man hat sie, weil man Mensch ist und solange man Mensch ist. Jeder Vertrag, bei dem jemand sein Leben oder seine Freiheit aufgibt, ist von vorneherein nichtig. Nach dem von Locke[93] und vor ihm wohl von Dominikanern vertretenen Argument kann man sich auch nicht als Sklave verkaufen, weil die individuelle Freiheit nicht dem Menschen, sondern Gott gehört. Rousseaus säkulares Argument lautete, erstens könne jemand, der einen solchen Vertrag akzeptiere, nicht bei Verstand sein, zweitens habe man nicht das Recht, sich für die Zukunft der Freiheit, damit des Menschseins und der Verantwortung für seine Handlungen zu entledigen. Ein derartiger Vertrag ist null und nichtig, *weil* eine Partei sich mit ihm von der Freiheit und damit von der Verantwortung losgesagt hat, ihn einzuhalten.[94]

Während sich zwei Bedeutungen von ius, einmal im Sinne eines irgendwie gearteten Rechtsanspruchs, das andre Mal in dem eines allen gleichermaßen zukommenden Menschenrechtes nebeneinander her entwickelten, teilweise miteinander verquickt, teilweise gegeneinander ausgespielt, vollzog die Freiheit einen drastischen Bedeutungswandel vom Gruppenprivileg der Nicht-Hörigen zum unverzichtbaren gleichen Recht aller Menschen. Innerhalb Europas und Nordamerikas kann man diesen Wandel des Freiheitsbegriffs im siebzehnten und vor allem im achtzehnten Jahrhundert feststellen. Marx und Engels zitieren jedoch noch die Beschwerde eines Amerikaners, der es in England als Freiheitsbeschneidung ansieht, dass er seinen schwarzen Sklaven nicht schlagen darf.[95]

Die elementaren Rechte, auf die ein Mensch deshalb nicht verzichten kann, weil sie das Menschsein ausmachen, sind zunächst das Recht auf Existenz, auf Leben, und – nach dem Wandel des Freiheitsbegriffs – das Recht auf die typischmenschliche Fähigkeit, sich selbst zu bestimmen,[96] solange man damit niemandem schadet.[97] Die Besonderheit dieser Art von Rechten liegt darin, dass mit der Behauptung ihrer Existenz die Bereitschaft verbunden ist, positive Rechtsordnungen zu kritisieren, zu ändern, im Extremfall zu bekämpfen. Dagegen sind subjektive Rechte im weiteren Sinn gerade durch diese positiven Rechtsordnungen oder durch das von ihnen geduldete, in sie integrierte Gewohnheitsrecht legitimiert. Menschenrechte können ebenfalls von positiven Rechtsstatuten formuliert werden, doch hängt ihre Geltung nach der hier vertretenen Auffassung nicht davon ab.

Selbstverständlich gibt es zahlreiche Möglichkeiten, subjektive Rechte zu ordnen und zu differenzieren. Die für unseren Kontext wichtigste besteht eben darin, solche Ansprüche, die prinzipiell allen Menschen oder auch allen Bürgern zugesprochen werden, von solchen zu unterscheiden, die ihrem Wesen nach Privilegierungen enthalten. Allemal wurde das mitunter für subjektive Rechte genannte Merkmal *effektiver* Einklagbarkeit fallen gelassen, auch wenn man davon ausgeht, dass inzwischen sämtliche Menschenrechte „ihrem Wesen nach [...] einklagbar" sind, dass in jedem Fall ihre Justiziabilität ein wesentliches Ziel internationaler Politik sein sollte.[98]

Bereits die kontingente geschichtliche Entwicklung der Menschenrechte, wie sie bisher anhand markanter Punkte nachgezeichnet wurde, zeigt, dass hier unterschiedliche Typen von Ansprüchen zusammenkommen. Nach den über Jahrhunderte geführten Diskussionen, welche Rechte einem Menschen von Natur zukommen und gegenüber wem er sie geltend machen kann, findet bei Hobbes insofern eine Zäsur statt, als er gewissermaßen als Nebeneffekt seiner Begründung für die absolute Macht des Souveräns den Individuen ein unverzichtbares Recht auf Leben *gegenüber jedem* Staat zugesteht. Bei Locke wurde dies erweitert um das Recht auf Freiheit und Eigentum, während Rousseau und Kant die Bewahrung der Selbstbestimmung durch Beteiligung an der Entscheidungsfindung in den Mittelpunkt rückten. Wir finden an dieser Stelle also bereits die Unterscheidung von *Schutzrechten* und *Partizipationsrechten*, die in der Menschenrechtsdiskussion bis heute erkennbar ist. Allerdings zeigt bereits ein Blick auf die verschiedenen Menschenrechts- und Rechtsdeklarationen des 18. Jahrhunderts in Amerika und Frankreich, dass diese Rechte keineswegs voneinander getrennt, sondern stets gemeinsam behauptet und gefordert wurden[99], auch wenn als Vorläufer oder Ursprung das Schutzrecht des *habeas corpus* Prinzips, also des Schutzes vor willkürlicher Verhaftung genannt wird. Die Verbindung aus Schutz- und Partizipationsrechten kann auch als *erste Generation der Menschenrechte* bezeichnet werden. Dabei kann man als Teil der Schutzrechte im Anschluss an Hobbes durchaus den Anspruch auf Erhalt des zum Überleben erforderlichen Minimums an Versorgung rechnen.

Davon werden diejenigen unterschieden, die man *soziale Rechte* nennt und die als Reaktion auf die soziale Frage, also die katastrophalen Folgen der industriellen Revolution erkämpft wurden. Man spricht dabei häufig von der *zweiten Generation* der Menschenrechte.[100] Im Unterschied zu den Rechten der ersten Generation hängt ihre Realisierbarkeit in gewissem Ausmaß von den zur Verfügung stehenden Mitteln ab, solange das Existenzminimum garantiert bleibt, über das es keine Abwägungen und Verhandlungen geben kann. Fast in allen Situationen wäre es jedoch zumindest bei weltweiter Solidarität möglich, das Menschenrecht auf würdigen Lebenserhalt zu gewährleisten. Es gab und gibt erbitterte Diskussionen darüber, ob nicht diese Rechte, die insbesondere in den §§ 23-25 der *Allgemeinen Erklärung der Menschenrechte* formuliert sind, in Zeiten großer Not den Vorrang vor der ersten Generation der Menschenrechte bekommen sollten. Allerdings wird mit Recht eingewandt, dass die Vernachlässigung der ersten Generation der Menschenrechte zur angeblich besseren Versorgung der Mehrheit sehr schnell zum Vorwand benutzt wird, um die Kritik an neuen und ebenfalls korrupten Eliten zu unterbinden, während die Bevölkerung wenig Vorteile davon hat. Amartya Sen hat immer wieder darauf hingewiesen, wie wichtig demokratische Öffentlichkeit für den Kampf gegen den Hunger ist.[101] Das inzwischen allgemein anerkannte Recht auf ökologische Unversehrtheit wird häufig als Ergänzung dieser zweiten Generation von Menschenrechten, manchmal bereits als Element der dritten Generation, mitunter auch als eigenständiger Anspruch gedeutet. Allemal tauchen die bisher genannten Formen der Menschenrechte in unterschiedlichen Systematisierungen mit großer Regelmäßigkeit auf.[102]

Unter dem Titel *dritte Generation* der Menschenrechte erfasst man mitunter das Recht auf kulturelle Identität und die damit verbundenen Ansprüche. Hier wird häufig versucht, die angebliche besondere kulturelle Beschaffenheit einer Gemeinschaft gegen die individuelle Inanspruchnahme von Rechten der ersten und zweiten Generation durch einzelne Gruppenmitglieder auszuspielen. Das kontinuierlich bemühte Paradebeispiel ist die angeblich kulturbedingte Verletzung von Frauenrechten. Allzu oft ist die Inkompatibilität der Menschenrechte mit einer ganzen Kultur – dass sie einzelnen Traditionen zuwiderlaufen ist unbestritten – eine Schutzbehauptung von Eliten, um die eigene Macht zu sichern, wie für sämtliche Kulturräume von kritischen Vertreterinnen und Vertrern der dortigen Intelligenz bestätigt wird.[103]

Eine weitere, ebenso wichtige wie traditionelle Unterscheidung ist die von Bürgerrechten, deren Beachtung ein Staat allen seinen Bürgern, aber eben nur seinen Bürgern schuldet, und Menschenrechten, die er tatsächlich allen Menschen gegenüber zu bewahren hat. Zu den ersten gehören etwa das Wahlrecht, zu den letzteren der unmittelbare Schutz des Lebens und der Schutz vor willkürlicher Inhaftierung. Abwehrrechte sind zunächst Menschenrechte, Partizipationsrechte überwiegend Bürgerrechte und Rechte auf Rücksichtnahme stehen teils allen Menschen zu, besonders, wenn es um die Existenzsicherung derer geht, die sich auf dem Territorium eines Landes befinden, das diese Existenzsicherung zu gewährleisten vermag, zum Teil sind sie aber auch an ein bestimmtes System von Beitragszahlungen geknüpft, das bei ungebremster Ausweitung zusammenbräche, wie etwa die Rentenversicherung. Spätestens durch die Vielzahl internationaler Abkommen, generell jedoch, weil jeder Staat de facto daran beteiligt ist, ein bestimmtes globales Rechtssystem aufrecht zu erhalten, ist eine saubere Trennung von Menschenrechten und Bürgerrechten nicht immer sinnvoll. Seit dem Vertrag von Maastricht besitzen z. B. EU-Bürger gemäß Art. 22 Abs. 1 des Vertrags zur Arbeitsweise der Europäischen Union ein Kommunales Wahlrecht an ihrem ersten Wohnsitz. In einigen Ländern gilt dies auch für Nicht-EU-Bürger, die sich längere Zeit dort aufgehalten haben.

3.2.2 Zwischen Recht, Natur, Religion und Moral: Begründungsmöglichkeiten und Seinsweisen

Eine mittlerweile schon traditionelle theoretische Schwierigkeit im Umgang mit den Menschenrechten besteht in der Frage, wie man ihren universellen Geltungsanspruch begründen kann, wenn sich doch beobachten lässt, dass die Rede von Menschenrechten noch relativ jung und, wie eben deutlich wurde, sogar der subjektive Gebrauch von „Recht" nicht gerade von ewiger Dauer ist.

Ein Begründungsansatz wie der von Vitoria, de Soto und Las Casas gegebene, dass nämlich alle Menschen ihre Gotteskindschaft und ihre Gottesebenbildlichkeit gar nicht verlieren können, war historisch sehr bedeutsam. Dass die erste Begründung menschlicher Würde, unabhängig von Religion, Herkunft und kultureller Bildung gerade auf dieses Argument zurückgeht, besitzt im Kontext der Diskussion um Autoren wie Peter Singer, die eine Bevorzugung des Menschen gegenüber Tieren deshalb für unbegründet halten, weil sie nur auf die Gottesebenbildlichkeit des Menschen aufgebaut sei, eine gewisse ironische Komponente. Heute verliert diese Form der Begründung durch die Bindung an theologische

Prämissen, die von maximal einem Viertel der Weltbevölkerung geteilt werden, ihren Universalitätsanspruch.[104] So werden beispielsweise von einigen Autoren ein islamisches Verständnis und eine islamische Begründung der Menschenrechte eingeklagt.[105] Trotz der enormen Vielfalt von Reaktionen der muslimischen Welt auf die Menschenrechte lässt sich sicher festhalten, dass zumindest in der traditionalistischen und der fundamentalistischen Lesart islamische Sichtweisen sich vom – in sich keineswegs homogenen – christlichen Verständnis und beide wiederum möglicherweise von den in die entsprechenden UNO-Deklarationen aufgenommenen Forderungen unterscheiden. Durch ihre Begrenztheit auf die Glaubensangehörigen scheiden Religionen heutzutage als alleinige Begründungsinstanz für universelle Rechte aus, was nicht bedeutet, dass eine religiös geprägte Ausformulierung derselben für die jeweiligen Glaubensangehörigen grundsätzlich abzulehnen wäre.

Schwierig wird es heutzutage auch, die Menschenrechte aus einem natürlichen und überall gültigen, inhaltlich bestimmten Naturrecht ableiten zu wollen, das von Autoren wie Francisco Suárez oder Christian Wolff noch selbstverständlich angenommen wurde, da es keinen triftigen Grund für die Existenz eines solchen in einem unabhängig von uns bestehenden „Ideenhimmel" angesiedelten Rechtssystems gibt. Umgekehrt bedeutet dies natürlich nicht, dass die Rede von Rechten, die Menschen auch ohne positivrechtliche Verankerung zugesprochen werden, sinnlos wäre.[106] Dies wurde in Kap. 1. bereits dargelegt, wird im Text kontinuierlich angenommen und wird im hier Folgenden weiter erläutert.

Doch gelangen wir auf diese Weise, noch bevor geklärt werden kann, wer in diesem Kontext was zu begründen hat, zu der Frage, in welcher Weise es denn Menschenrechte geben soll, wenn wir beobachten können, dass sie allenthalben verletzt werden und wenn wir kein System natürlicher Normen annehmen, aus dem sie abgeleitet werden. In welchem Sinne kann man dann die Existenz „natürlicher", d. h. überstaatlicher Rechte annehmen? Gibt es sie so wie Adler oder wie Motorboote, oder so, wie es Bakterien gab, bevor man sie nachweisen konnte, oder doch eher in der Weise von Einhörnern, wie MacIntyre behauptet?[107] Die Frage, ob es natürliche subjektive Rechte gibt, die allen Menschen als Menschen zukommen, lässt sich gewiss nicht in dem Sinne beantworten wie die Frage, ob es weiße Tiger gibt, oder wie die, ob es Sicherheit bei Atomkraftwerken gibt. Rechte werden nicht gesucht und eventuell irgendwann einmal vorgefunden, auch nicht durch statistische oder andere Rechnungen ermittelt. Genauso wenig lässt sich die Existenz dieser Rechte mit vergleichbaren Methoden begründen wie die Existenz unendlich vieler Primzahlen. Die Annahme, es gebe sie nicht, führt nicht in für jedermann evident nachweisbare Widersprüche. Doch lässt sich die enorme Bedeutung, die sie in den letzten Jahrhunderten, insbesondere den letzten Jahrzehnten erhalten haben, teilweise damit erklären, dass sie in den unterschiedlichsten Kulturen vorhandene Intuitionen zu bündeln vermögen: Sie enthalten in besonders prägnanter Form die normative Behauptung, es sei gerechtfertigt, jeden auf der Welt, der andere zu beherrschen beansprucht, insbesondere natürlich die im eigenen Lande Herrschenden, zu bestimmten Leistungen und Rücksichten gegenüber denen, die gehorchen sollen, zu verpflichten, ganz gleich, wie die positive Rechtslage im Einzelfall sei, und es sei ferner gerechtfertigt, sie dann, wenn sie diese Rücksichten nicht einhalten, in angemessener Weise zu kritisieren, eventuell sogar zu bekämpfen, wenn sie z. B. das Leben der Beherrschten nicht schützen, sondern gefährden. Die Ansicht, dass jede Art von Herrschaftsanspruch rechtfertigungspflichtig ist, scheint in Europa eher eine Entwicklung der Neuzeit zu sein, insbesondere, wenn es mit der Begründung geschieht, dass mit dem Gehorsam, den man verlangt, eine partielle Aufgabe ihrer Autonomie verbunden ist, die man seit Rousseau und Kant für unverzichtbar für das menschliche Leben hält.

Doch gab und gibt es überall da, wo man beginnt über Herrschaft zu reflektieren auch Kriterien, wie man gute und schlechte Herrschaft voneinander unterscheidet, Kriterien, die zumeist mit dem Wohl der Beherrschten verknüpft sind. Die Ansprüche auf Rücksichtnahme, welche man gegenüber den Herrschenden einklagt, kann man als natürliche Rechte, Menschenrechte oder Bürgerrechte bezeichnen. Sie bieten eine Möglichkeit, mit bis dato noch nicht bekannter Präzision die Unzulänglichkeiten konkreter politischer Systeme zu benennen. Insbesondere gelten sie auch gegenüber der Herrschaft der Mehrheit, so dass sich nicht Grausamkeit, Ausbeutung und Unterdrückung dadurch hinwegdefinieren lassen, dass man sie als Ausdruck des Volkswillens bezeichnet, wie es besonders im 20. Jahrhundert häufig geschah. Die Existenzweise von Menschenrechten ist daher nicht die von Einhörnern, Hexen, Flussgeistern oder Phlogiston, also von Fabelwesen oder überflüssig gewordenen theoretischen Konstruktionen. Es handelt sich bei den im letzten Abschnitt formulierten Rechten um normative Kriterien, um die Legitimitätsbedingungen, mit denen man politische Systeme konfrontieren kann und muss. Gewisse Parallelen dieser Sichtweise zu kontraktualistischen Begründungen der Menschenrechte[108] sind offenkundig, nur wird hier die Ansicht vertreten, dass Herrschaft, nämlich der Anspruch auf Gehorsam, sich zu rechtfertigen hat, nicht die Menschenrechte derer, die gehorchen sollen. Menschenrechte sind also Teil der Legitimitätsanforderungen für jede Form von Herrschaft. Auf diese Weise bestehen sie gewissermaßen parallel zu den verschiedenen Rechtssystemen, ihre legitimierende Rolle folgt eigenen Gesetzmäßigkeiten. Das Einklagen von Menschenrechten, ob am Ende erfolgreich oder nicht, geschieht oft, aber keineswegs nur dann, wenn die positiven Rechte verweigert werden.[109]

In der allgemeinen Erklärung der Menschenrechte der UNO werden die Menschenrechte als Ansprüche formuliert, die jedes Individuum auf eine Weltordnung hat, die ihm diese Rechte garantiert. Damit kann man besser erläutern, warum es für jeden Menschen gegenüber jedem Staat ein Recht auf das Lebensnotwendige gibt, weil nämlich beide Bestandteil dieser Weltordnung sind, gleich, ob man diese nun als Bundesstaat oder als Staatenbund interpretieren will. Der Nachteil dieser Interpretation besteht in der gegenwärtigen Lage der Weltgemeinschaft darin, dass man (noch) keinen direkten Adressaten für die Forderungen hat, keine Instanz, die man aufgrund ihrer Versäumnisse oder gar Verbrechen anklagen kann, sondern so etwas wie eine eher diffus organisierte Weltöffentlichkeit. Man kann jedoch beide Interpretationen – die Menschenrechte als Legitimitätsbedingungen und als Anspruch auf eine Weltordnung, die ein gewisses Minimum garantiert – so zusammenbringen, dass man als Weltordnung das bezeichnet, was von den bestehenden Staaten mit ihren Machtapparaten mitsamt ihren internationalen Verflechtungen aufrechterhalten wird und was man gegen einzelne Staaten sollte einklagen können, wenn auch nicht immer erfolgreich. Eine solche Interpretation der Menschenrechte wird in etwa auch von Thomas Pogge vertreten.[110] Als Formulierung von Ansprüchen und Legitimitätskriterien, die nicht selten in das Konstatieren von Legitimitätsdefiziten umschlägt, besitzen die Menschenrechte naturgemäß eine in hohem Maße kritische Funktion. Allerdings braucht man sie nicht allein auf kontrafaktische Forderungen zu reduzieren, als letztes Refugium derer, die keine anderen Möglichkeiten mehr haben, zu ihrem Recht zu kommen.[111] Sie können auch eine Kontrollfunktion in relativ gut funktionierenden Staaten haben, etwa um der generellen Tendenz der Exekutive zur Machtausdehnung entgegenzutreten. Damit bleiben aber allemal zwei Fragen offen: Wer kontrolliert und warum soll man sie zugestehen?

Zur Kontrolle der Wahrung der Menschrechte eignet sich als Problemindikator in erster Linie die Zivilgesellschaft, das bedeutet: eine freie Presse, verschiedene Arten von NGOs und dergleichen. Für die politische Korrektur festgestellter Mängel in einem konkreten Staat bedarf es mitunter jedoch auch des Drucks der Staatengemeinschaft. Leider ist dieser erstens oftmals schwer zu organisieren, zweitens keineswegs immer erfolgreich. Die Zivilgesellschaft stellt in diesem Fall so etwas dar wie die in der je konkreten Situation mögliche politische Realisierung einer moralischen Diskursgemeinschaft, durch welche die Menschenrechte als Anspruch einer jeden auf faire Berücksichtigung gewährleistet werden.[112] Diese Deutung der Zivilgesellschaft stellt gewissermaßen eine Teiladaption der von Carlos Santiago Nino gegebenen transzendentalpragmatischen Begründung der Menschenrechte dar.[113]

Die zwischen Ernst Tugendhat und Jürgen Habermas geführte Kontroverse über die Frage, ob Menschenrechte eher moralischen oder juridischen Charakter besitzen,[114] verliert damit etwas an Konturen. Die genannten Legitimitätsbedingungen stehen auf der einen Seite in engstem Zusammenhang mit dem für die Aufklärungsmoralität zentralen Grundsatz, wonach jeder Mensch auch Zweck an sich selbst ist, ein Grundsatz, der seinerseits den Versuchen entspringt, die letzten Prinzipien des Naturrechts zu finden. Die rechtsstaatlichen Rechtssysteme enthalten andererseits formale Grundsätze wie die Forderungen nach Öffentlichkeit, Allgemeinheit und Unparteilichkeit gesetzlicher Regelungen, die zusammen mit der Annahme der Gleichheit der Menschen eine Moralisierung des Rechts von außen zur Folge haben. In ganz oder teilweise illegitimen politischen Organisationen müssen die Menschenrechte allemal erst erkämpft werden, ob sie moralischer oder rechtlicher Natur genannt werden. Will man indessen etwa die Folterschergen einer Diktatur nach deren Ende sicher bestrafen können, so geschieht dies vermutlich leichter und erscheint weniger als willkürliche „Siegerjustiz", wenn man unterstellt, sie hätten gegen immer schon gültige rechtliche Regeln verstoßen.

3.2.3 Menschenrechte und Menschenwürde

Durch die Verbindung der Menschenrechte zum moralischen Prinzip der Selbstzweckhaftigkeit des Menschen rückt zugleich ihre enge Verknüpfung mit dem Gedanken der Menschenwürde ins Blickfeld. Menschenrechte und Menschenwürde sind in der öffentlichen wie der fachlichen Diskussion auf das Engste verknüpft. Häufig lässt sich, wenn Verletzungen der Menschenwürde beklagt werden, feststellen, dass jemandes Menschenrechte missachtet wurden. Man kann die Menschenwürde sogar als unspezifischen Anspruch auf den elementaren Kern der Menschenrechte der ersten und zweiten Generation oder auch aller Menschenrechte zu fassen versuchen.[115] So kann man speziell in der bundesdeutschen Debatte die Menschenrechte als „Teilmomente jenes praktischen Selbstverhältnisses, das den Menschen als solchen auszeichnet" und als „Entfaltungen des Prinzips der ‚Unverletzlichkeit' der Menschenwürde" *interpretieren*.[116] Die Versuche einen der Begriffe auf den anderen reduzieren zu wollen scheinen indessen verfehlt, wie im Folgenden deutlich werden sollte.[117] Während jedoch die Menschenrechte trotz permanenter Verletzung, trotz aller Kritik und aller noch offenen Interpretationsfragen in vielfacher Hinsicht fest institutionalisiert sind, ging die Kritik am Begriff der Menschenwürde trotz seiner Verankerung im ersten Artikel des deutschen Grundgesetzes („Die Würde des Menschen ist unantastbar") bis hin zu dem Vorschlag, den ersten Paragraphen des Grundgesetzes der Bundesrepublik Deutschland zu streichen. Dies waren allerdings eher heftige individuelle Reaktionen auf die häufige, nicht immer unmittelbar nachvollziehbare Verwendung in der deutschen Rechtsprechung. Der Begriff der Menschenwürde gibt uns aber gerade durch eine gewisse Vagheit die Möglichkeit und zeigt uns die Notwendigkeit, unseren Umgang mit Menschenrechten den konkreten Umständen anzupassen, die durch die Besonderheiten der betroffenen Personen und der Situation in der sie sich befinden, gegeben sind. Er ruft uns stets zu neuer öffentlicher und privater Überprüfung unserer Positionen auf. Wir müssen etwa sehen, ob evtl. individuelle Rechte mit der Forderung nach Wahrung der Menschenwürde in Konflikt geraten können. Heftig umstritten war eine Entscheidung des Verwaltungsgerichts Neustadt an der Weinstraße, welches eine in einer Diskothek geplante Veranstaltung mit sog. Zwergenweitwurf unter Berufung auf die Menschenwürde und entsprechende Äußerungen des europäischen Parlaments untersagte.[118] Kritiker bemängelten, dass auf diese Weise einem kleinwüchsigen Menschen der Broterwerb gegen seinen erklärten Willen genommen werde, Verteidiger des Urteils verwiesen auf die Würde aller kleinwüchsigen Menschen, die durch solch ein Spektakel gefährdet sei. Das Beispiel ist insofern interessant, als es sich auf der Grenze dessen bewegt, wo dem Begriff der Würde durch das vorgeschaltete „Menschen-" eine spezifische Bedeutung zuwächst:

Wenn man von Menschenwürde spricht, so meint man eine jedem Menschen als solchem inhärente Würde, die ihm ohne weitere biologische, soziale oder auch moralische Qualifikation zukommt. Damit unterscheidet sie sich von verschiedenen Formen *kontingenter* Würde: Man spricht etwa von *sozialer* Würde bei den Trägern politischer oder klerikaler Ämter, von *expressiver* Würde, wenn uns die Aura eines weisen Menschen Ehrfurcht einflößt,[119] andererseits vom würdelosen Verhalten mancher Betrunkener. Diese Begriffe sind zu unterscheiden, jedoch keineswegs völlig voneinander getrennt: 2012 gab es zum Beispiel eine intensive öffentliche Diskussion darüber, ob das Verhalten des damaligen deutschen Bundespräsidenten geeignet sei, die Würde des Amtes zu beschädigen. Von kontingenter Würde ist deshalb die Rede, weil sie eben manchen Menschen empirisch zugeschrieben wird, anderen nicht.

Dagegen handelt es sich bei der Menschenwürde um ein normatives Konzept, das jeden Menschen davor schützen soll, von anderen Menschen als bloßes Mittel, sozusagen als bloßes Material zur Verfolgung ihrer Ziele behandelt zu werden. Dazu gehört, dass man jeden Menschen so behandelt, als sei ihm ein gewisses Maß an kontingenter Würde zu eigen, dass man ihn vor Erniedrigung zu schützen versucht. Dieser Schutz impliziert im Normalfall den Schutz vor Tötung, insbesondere vor absichtlicher Tötung, vor absichtlicher Verletzung oder Verstümmelung, vor willkürlicher Gewalt und willkürlichem Zwang, aber auch ein gewisses Minimum an Fürsorge. Dass es hier nicht um Ämter oder würdiges Auftreten geht, erkennt man spätestens an der Ernsthaftigkeit, mit der diskutiert wird, ob nun befruchteten Eizellen, generell Frühembryonen Menschenwürde zugesprochen werden sollte oder nicht. Menschenwürde kann man umgekehrt auch nicht durch noch so schlimmes Verhalten verlieren. Damit, dass man diese Art der Würde jedem Menschen zuspricht, ist in keiner Weise darüber entschieden, ob die Menschenwürde ihrerseits notwendigen Charakter hat, weil sie allen Menschen aufgrund einer ihnen zuzusprechenden „metaphysischen" Eigenschaft zukommt, oder ob man sie in dem Sinne „kontingent" nennt, dass es Menschen sind, die sie allen Menschen zuerkennen wollen.[120]

Gewissermaßen einen Zwischenstatus nehmen die Fälle ein, in denen von Menschen oder für Menschen *als Menschen* ein Anspruch auf bestimmte Formen expressiver Würde erhoben wird. Dies tritt ein, wenn man ein Recht auf assistierten Suizid oder auf Sterbehilfe einklagt, um nicht „würdelos", als hilfloser Teil einer Maschinerie sterben zu müssen, oder wenn man ein angemessenes Verhalten gegenüber Toten einfordert. Peter Bieri wählt in seinem Werk „Eine Art zu leben. Über die Vielfalt menschlicher Würde" einen Ansatz, der beides integrieren soll. Es geht ihm um eine bestimmte Haltung gegenüber dem Leben: „Die Lebensform der Würde ist deshalb nicht irgendeine Lebensform, sondern die existenzielle Antwort auf die existenzielle Erfahrung der Gefährdung."[121] Er übernimmt als eines der Grundelemente der Würde den Anspruch, als Subjekt nicht bloßes Mittel, sondern Zweck an sich selbst zu sein und definiert dann: „Würde ist das Recht nicht gedemütigt zu werden."[122] Er diskutiert auf diese Weise die meisten der Themen aus den aktuellen und den länger andauernden Debatten und kommt zu plausiblen Ergebnissen, doch bleibt es m. E. problematisch, die Differenz zwischen einem Bereich, worin man für die Achtung vor der Würde eines Menschen einen höflichen, respektvollen Umgang seiner Umgebung einfordern muss, und dem, wo es auf den Schutz der Würde im Prinzip einen Rechtsanspruch gibt, beiseite zu lassen.

Die Einschränkung, dass der genannte Schutz nur „im Normalfall" gilt, zeigt eines der problematischen Elemente des Konzeptes der Menschenwürde auf. Sie wird erforderlich, weil mitunter Menschen getötet, verletzt, gezwungen werden, ohne dass man ihnen deshalb die Menschenwürde abspräche. Den Umstand, dass auch in manchen Ländern, die behaupten, für die Menschenwürde einzutreten, die Todesstrafe existiert, mögen Menschen, welche die Todesstrafe generell für eine Verletzung der Menschenwürde halten, wofür es gute Gründe gibt, als kollektiven Irrtum oder Schlimmeres einstufen. Doch selbst in diesem Fall war es der Gedanke der Menschenwürde, der vielen Opfern der Todesstrafe zumindest zusätzliche Folter und Erniedrigung ersparte. So fordert es Kant in seinem Votum für die Todesstrafe „als durch den am Täter gerichtlich vollzogenen, doch von aller Misshandlung, welche die Menschheit in der leidenden Person zum Scheusal machen könnte, befreiten Tod"[123], so bestätigt Foucault die Entwicklung der Strafgerichtsbarkeit im späten 18. und der ersten Hälfte des 19. Jahrhunderts.[124]

In den letzten Jahren gab es jedoch in vielen westlichen Ländern Fälle von Folter und intensive Diskussionen um ihre mögliche Berechtigung unter besonderen Umständen, ohne dass etwa in Deutschland einer der Befürworter der Folter den ersten Artikel des Grundgesetzes hätte abschaffen wollen. Ferner wird die Tötung von bewaffneten Feinden innerhalb eines Krieges, unter Umständen auch die Tötung eines Angreifers in einer Notwehrsituation nicht als Verbrechen angesehen, obwohl den Getöteten keineswegs die Menschenwürde abgesprochen wird. Bei kriegerischen Handlungen ist man sogar bereit, den Tod von Unschuldigen als so genannte Kollateralschäden in Kauf zu nehmen, ohne deshalb das Konzept der Menschenwürde für obsolet oder untauglich zu halten.[125] Menschen, die sich im Gefängnis befinden, werden in ihrer Autonomie massiv eingeschränkt, doch gilt dies nicht als willkürlicher, sondern als gesetzmäßiger Zwang, damit nicht als Verletzung ihrer Würde, solange die der Inhaftierung zugrunde liegenden Gesetze nicht ihrerseits diskriminierenden Charakter besitzen. In jedem Fall ist im Rechtsstaat auch die Menschenwürde des Strafgefangenen, unabhängig von der Verwerflichkeit seiner Taten, zu achten. Ein Staat und mit ihm die Staatengemeinschaft verletzen aber die Menschenwürde, wenn sie Menschen in Not verhungern lassen, ohne sich um Hilfe zu bemühen. Dies ist mit der These gemeint, die Menschenwürde sei der unspezifische Anspruch auf den elementaren Kern der Menschenrechte.[126] Die genannten Beispiele zeigen die Vorteile und Nachteile des Begriffs der Menschenwürde prägnant auf: Einerseits erfasst man einen essentiellen Bereich menschlicher Existenz, den es zu schützen gilt, ohne dass man in Gefahr gerät, sich in einer uferlosen Aufzählung von einzelnen Rechten zu verlieren. Andererseits bleibt der Begriff offen für sehr verschiedene, manchmal auch kuriose Interpretationen. Auch hier hilft ein kurzer Blick in die Geschichte der Wortverwendung um den Begriff etwas deutlicher werden zu lassen.

Der Gedanke, dass dem Menschen gegenüber den Tieren eine besondere Würde und herausragende Stellung zukommt (in natura excellentia et dignitas), weil er durch seinen lernfähigen Geist nicht nur zu körperlichen, sondern auch zu geistigen Vergnügen fähig und durch seine Vernunft sich moralisch verhalten kann, erscheint wohl erstmals bei Cicero.[127] Doch entsteht daraus eher eine Norm für menschliches Verhalten als für den Umgang mit Menschen, „denn einige sind Menschen nur dem Namen, nicht der Sache nach" (sunt enim quidam homines non re, sed nomine). Auch bei Seneca wird nicht deutlich, ob die Würde, die dem moralisch Guten zu eigen ist, sich in allen menschlichen Seelen als möglichen Trägern findet oder nur in einigen. Deutlich näher am späteren Gebrauch liegt bereits eine Passage bei Thomas von Aquin: Da es „von großer Würde ist, in einer vernünftigen Natur zu subsistieren, wird jedes Individuum einer vernünftigen Natur Person genannt"[128], Personen wiederum kommt eine besondere Stellung innerhalb der Schöpfung zu. Bei Pico della Mirandola (1463-1494) wird die Würde des Menschen zum Synonym seiner gottgegebenen Fähigkeit, sich seine Natur gemäß seinem freien Willen selbst zu bestimmen, die Fähigkeit zur Selbsterschaffung. Kant formuliert klar die heutige Konzeption der Menschenwürde, wenn er der Person einen Wert, aber keinen Preis beimisst und die dritte Formel des kategorischen Imperativs lauten lässt: „Handle so, dass du die Menschheit sowohl in deiner Person, als in der Person eines jeden andern jederzeit zugleich als Zweck, niemals bloß als Mittel brauchst."[129]

Der Gebrauch von Menschen als bloßes Mittel dürfte zu einem der Synonyme für Verletzungen der Menschenwürde geworden und bis heute geblieben sein, Verletzungen, die man etwa bestimmten Formen des Kapitalismus, aber auch manchem Umgang mit den Möglichkeiten der Gentechnik vorwirft, Verletzungen, die sicher zu konstatieren sind, wenn man Menschen foltert, um Informationen von ihnen zu erhalten. Zu beachten bleibt hier allerdings, dass Kant von „der Menschheit sowohl in deiner Person, als in der Person eines jeden andern" spricht, dass es also erstens um Personen geht, zweitens um die „vernünftige Natur" in diesen Personen.[130] Der Begriff der Menschheit auch in der eigenen Person ist insofern wichtig, als uns die Achtung vor ihr am Suizid hindern soll, an der Selbstverstümmelung[131], aber auch daran, uns selbst als Sklaven zu verkaufen[132] oder uns „kriecherisch" zu verhalten.[133] Der Terminus „Menschheit in der Person", den es bei sich selbst und anderen nicht als bloßes Mittel zu gebrauchen gelte, steht in der Nachfolge der Auffassung, der Mensch dürfe angesichts seiner Gotteskindschaft und Gottesebenbildlichkeit sowie als Gottes Besitz nicht Hand an sich legen und sich nicht verkaufen. Für eine Zeit, in der die Annahme von Pflichten gegen sich selbst von vielen Ethikern eher skeptisch beurteilt wird, ist diese Position Kants sicher ungewöhnlich, wenngleich keineswegs per se unplausibel.[134] In jedem Fall wird ein Großteil der von Kant aufgrund dieser Formel abgelehnten Verhaltensweisen heute entweder als Zeichen psychischer Erkrankung oder als rechtlich unakzeptabel angesehen, ein Selbstverkauf etwa wäre nach deutschem Recht „sittenwidrig" und daher ungültig. Besitzt also die von Wetz und anderen geäußerte Kritik, die Zweckformel, ja die Rede von Menschenwürde selbst sei „kryptotheologisch", historisch eine gewisse Berechtigung, so folgt doch daraus nicht, dass sie inhaltsleer, beliebig und Verwirrung stiftend, nur zur rhetorischen Emphase geeignet ist.[135]

Auch Martha Nussbaum zieht eine enge Verbindung zwischen der Menschenwürde und den Menschenrechten, macht jedoch die Menschenwürde nicht an dem einen Kriterium des Zwecks an sich selbst fest, sondern anhand einer offenen Liste von – keineswegs nur auf die Vernunft bezogenen – Fähigkeiten (capabilities), die dem Menschen zukommen und deren Ausübung ihm ermöglicht sein muss, damit man von einem menschenwürdigen Leben sprechen kann. Dazu gehören außer der praktischen Vernunft, und den „Fähigkeiten" unverletzt, gesund und am Leben zu bleiben, auch Imagination, Emotion, Spiel, das Leben mit Anderen und die Selbstachtung. Trotz ihres an Aristoteles ausgerichteten Ansatzes gelangt sie, wie sie selbst sagt, bei den Menschenrechten zu durchaus ähnlichen Ergebnissen wie der allgemein als Neokantianer eingestufte John Rawls. Daher würde es für unsere Zwecke einen unverhältnismäßig hohen Aufwand bedeuten, die in den theoretischen Zugangsweisen liegenden Differenzen zu untersuchen.[136]

Fundamentale und einflussreiche Kritik am Konzept der Menschenwürde übte Friedrich Nietzsche, die hier in äußerster Verknappung wiedergegeben sei: Das Konzept beruht demnach erstens auf dem Irrtum, dass dem Menschen an sich eine unwandelbare Vernunft innewohne, während wir doch ein durchaus irrtumsfähiges, den Kausalgesetzen unterworfenes, uns zur Kommunikation untereinander und zum Umgang mit der Welt befähigendes Bewusstsein im Laufe der Evolution entwickelt haben. Mehr nicht. Zweitens gehe die Menschenwürde auf „erdichtete" Eigenschaften wie den freien Willen zurück, ein in sich widersprüchliches Konzept, das die Bedeutung des Instinkts leugne, entwickelt von Priestern, um Menschen strafen zu können und die Sklaven den Herren gleichzustellen. Drittens sei sie Resultat der irrigen Positionierung des Menschen als Krone der Schöpfung über den Tieren, viertens der Annahme ewiger und unbedingter „Gütertafeln", deren Genealogie sich in Wahrheit aufzeigen lasse. Zusammenfassend lässt sich festhalten, dass der Irrtum in der Annahme metaphysischer, allen Menschen eigener Eigenschaften beruht.[137]

Nun gilt für die Menschenwürde wie für die Menschenrechte, dass religiöse Begründungen in einer Welt, in der verschiedene, einander ausschließende Offenbarungen und atheistische oder auch agnostische Haltungen nebeneinander stehen, nicht mehr universell tragfähig sind. Auch metaphysische Setzungen wie die Annahme einer universellen, jedem Menschen gleichermaßen innewohnenden Vernunft und eines auf sie gegründeten freien Willens, können keine universelle Akzeptanz beanspruchen. Allerdings ist der Begriff der Menschenwürde auf derartige Präsuppositionen und die anderen von Nietzsche gegeißelten Prämissen nicht angewiesen. Es genügt, dass sich menschliches Verhalten unter der Annahme, dass Menschen auf Argumente reagieren können, bislang besser erklären lässt als ohne sie, dass Menschen eher als andere Wesen in der Lage sind, sich und ihre Lebensform zu thematisieren, in Frage zu stellen, neu zu erfinden etc. Wenn zudem die Herrenmenschen auf Dauer unfähig waren, sich der Sklaven und deren Moral zu erwehren, so haben sie sich eben als evolutionär schwach erwiesen. Ferner gibt es zunächst keinen Grund, die Würde der Menschen gegen die Tiere auszuspielen. Wir können sehr wohl auch zur Achtung vor der Würde der Tiere aufrufen, verbieten, sie zu quälen, unnötig zu töten etc.

Will man zu einem metaphysisch weniger kontroversen Bezugsrahmen für die Menschenwürde gelangen, so kann man sich an die polemische Konnotation des Begriffs halten, die im Verlauf der Emanzipation von verschiedenen Formen der Diskriminierung den Anspruch erhob, eine derartige Würde mit den zugehörigen Schutzansprüchen jedem Menschen, unabhängig von seinem Stand, seiner Konfession, seiner Hautfarbe und seinem Geschlecht zuzusprechen. Man geht also zunächst davon aus, dass diese Würde als der Verrechenbarkeit entzogener Wert zumindest einigen Menschen zukommt und beseitigt für diesen moralischen Wert irrelevante Ausschlusskriterien. Merkmale wie die Standeszugehörigkeit, Geschlecht und Rasse rechtfertigen insofern keine moralische Zurücksetzung oder Bevorzugung, als die in dieser Hinsicht verschiedenen Menschen sich weder hinsichtlich ihrer Verletzlichkeit, noch in ihren Fähigkeiten zu argumentativer Beratung über das Nützliche und Schädliche wesentlich unterscheiden. Moralisch relevant sind demnach die Bedürfnisse oder die Fähigkeiten – und die mit diesen Fähigkeiten verbundenen Bedürfnisse – eines Wesens, aufgrund deren es das Verhalten anderer als Bedrohung oder als Unterstützung erleben kann. Da wir eine dieser moralisch relevanten Eigenschaften, nämlich die Verletzlichkeit und Leidensfähigkeit, mit den Tieren teilen, kommt als spezifisch menschliche Kapazität eher die Vernunftfähigkeit in Frage, die Fähigkeit eben, die man Personen zuschreibt, die absoluten Tötungsschutz genießen.[138]

Weniger klar ist, was unter einer Person zu verstehen sei.[139] Es gibt Philosophinnen und Philosophen, für welche die Begriffe „Mensch" und „Person" nicht bloß der Intension, sondern auch der Extension nach verschieden sind. Menschliche Wesen sind demnach nicht unbedingt Personen, andererseits kann es Personen geben, die keine Menschen sind. Manchmal werden etwa Primaten oder auch andere höhere Säugetiere als Personen akzeptiert, manchmal verweist man auf *science fiction*-Beispiele, auf die Möglichkeit, in fernen Welten auf nichtmenschliche Personen zu stoßen. Peter Singer, John Harris, Norbert Hoerster u. a. bezeichnen, das Festhalten an der qualitativen Identität von Mensch und Person als Speziesismus, der – ähnlich verwerflich wie Rassismus und Sexismus – Wesen aufgrund ihrer moralisch irrelevanten biologischen Artzugehörigkeit qualifiziert. Ferner legen sie Wert darauf, dass als Person nur zählt, wer die dafür relevanten Fähigkeiten tatsächlich und aktual besitzt. Singer benutzt als Kriterium die von Locke im § 9 des Kap. XXVII des zweiten Buches seines *Essay Concerning Human Understanding* gegebene Definition: „Meines Erachtens bezeichnet dieses Wort [Person, M.K.] ein denkendes, intelligentes Wesen, das Vernunft und Überlegung besitzt und sich als sich selbst erfassen kann, d. h. als dasselbe Ding, das zu verschiedenen Zeiten und an verschiedenen Orten denkt."[140] Diese für eine Person typischen Fähigkeiten kommen *aktual* weder Säuglingen noch Embryonen, weder Menschen im Koma, noch, wenn man es genau nimmt, Menschen im Schlaf zu.

Wenn man Termini wie „Denken", „Vernunft" und „Überlegung" extrem großzügig fasst, fallen dafür Primaten und möglicherweise andere höhere Säugetieren unter einen solchen Personbegriff. Dieses Vorgehen wurde von verschiedenen Seiten heftig kritisiert und der Personstatus und die damit verbundene Würde des Menschen für alle menschlichen Wesen ab der Verschmelzung der Zellkerne bei der Befruchtung behauptet.[141]

Eine eher an Kant ausgerichtete Zugangsweise verweist als entscheidendes Kriterium auf die „Möglichkeit der Freiheit".[142] Kant spricht von einem „mit Freiheit begabten Wesen", welches durch den „Akt der Zeugung [...] eigenmächtig" in die Welt gesetzt wurde, was eine „in *praktischer Hinsicht* richtige und notwendige Idee" sei.[143] Da aus dem Kontext der Passage deutlich wird, dass Kant mit dieser „richtigen und notwendigen Idee" primär die Fürsorgepflicht *beider* Eltern für ihre *Kinder* zu begründen versucht, ist theoretisch nicht evident, ob der Vorgang der Zeugung *unmittelbar* ein Wesen mit Freiheit begabt.

Nach welchen Kriterien soll also der Kreis der Anspruchsberechtigten über die Menschen, welche die relevanten Eigenschaften aktual besitzen, hinaus erweitert werden? Eine gewisse Hilfe könnte folgende Überlegung bieten: Da ein zentrales Anliegen beim Verweis auf Personalität und Menschenwürde darin besteht, die zu moralischem Verhalten Verpflichteten auch zu Berechtigten zu erklären, andererseits die Verpflichtung wesentlich an der Zurechnungsfähigkeit, grob gesagt der Fähigkeit zur autonomen Entscheidung festmacht, scheint es erstens angemessener, unter Personalität die Fähigkeit zu verstehen, auch bewusst moralisch relevante Entscheidungen zu treffen und sich an Beratungen über Nützliches und Schädliches zu beteiligen, als rudimentäre Fähigkeiten des Spracherwerbs für ausreichend zu halten. Zweitens sind sowohl der Verlust dieser weiter entwickelten Fähigkeit durch einen individuellen Unglücksfall, als auch der Noch-nicht-Besitz aufgrund zu geringen Alters oder auch aufgrund eines individuellen genetischen Schadens prima facie bloße kontingente Fakten und zunächst nicht als moralisch relevante Gründe anzusehen, die mit dem Personenstatus verknüpften moralischen Rechte vollständig zu verlieren. Es erschiene als unbillige Härte, derartige unverschuldete Benachteiligungen noch durch das Absprechen der Menschenwürde zu verschärfen.

Selbst wenn wir bei der Zuerkennung bestimmter Rechte diese in Relation zu der empirisch zu erwartenden Fähigkeit setzen müssen, sie wahrzunehmen und den rechtlichen Fixierungen stets ein Element des Willkürlichen anhaftet, wie etwa der Bestimmung des Alters, ab dem wir Menschen das Wahlrecht zugestehen, nehmen wir doch an, dass diejenigen, die diese Fähigkeiten noch nicht besitzen, zumindest das selbe Recht auf Schutz, Fürsorge und Pflege genießen wie diejenigen, die sie nicht mehr oder für gewisse Zeit nicht besitzen. Wenn wir ferner unsere moralische Verpflichtung gegenüber zukünftigen Generationen und deren Rechte auf unsere Rücksichtnahme diskutieren,[144] wäre es unverständlich, wenn wir bereits existierende Lebewesen aus diesen Generationen für moralisch völlig irrelevant erklären würden. Dennoch bedeutet es nicht notwendigerweise eine Verletzung der Menschenwürde, wenn man Frauen, die sich durch eine Schwangerschaft in eine existenzielle Notlage versetzt sehen und deswegen ihr Kind abtreiben, Straffreiheit gewährt. Dass eine ungewollte Schwangerschaft als derartige Notlage erlebt werden kann, zeigt sich an der Konstanz, mit der Abtreibungsverbote selbst unter Risiko für das eigene Leben umgangen wurden. Angesichts der oben erwähnten Akzeptanz von Beeinträchtigungen und sogar Tötungen von Menschen trotz Insistierens auf der Menschenwürde bedeutet es keine Abwertung menschlichen Lebens, wenn man in der Zeit, in der ein Embryo oder Fötus noch vollständig vom Mutterleib abhängt und die Wahrnehmungsfähigkeit sich noch in der Entwicklung befindet, die soziale und emotionale Lage der werdenden Mutter in besonderem Ausmaß berücksichtigt. Ebenso wenig verstößt eine Verwendung überzähliger Frühembryonen aus einer in-vitro-Fertilisation, die man ohnehin nicht zu einem personalen Leben führen kann, für die Gewinnung von Stammzellen durch therapeutisches Klonen gegen die Würde des Menschen.[145]

Im Umgang mit der sog. Sterbehilfe wird auf der einen Seite der Wert von Selbstbestimmung und Schmerzfreiheit betont und hervorgehoben, dass ein Tod, der von schwersten Schmerzen begleitet ist und den Menschen zum Teil einer größeren Apparatur mache, ihm die Würde nehme. Die Gegenseite sieht eine Bedrohung der Menschenwürde darin, dass menschliches Leben in den Bereich des Verfügbaren einbezogen wird, was unter Umständen dazu führen könne, dass am Ende die Freiwilligkeit der Sterbehilfe nur noch dem Schein nach besteht oder gar die Äußerungen der Betroffenen keine Rolle mehr spielen. Dass dabei auf die furchtbaren Morde im Rahmen des nationalsozialistischen „Euthanasie-Programms" verwiesen wurde, macht vielleicht eine gewisse Scheu gegenüber der aktiven Sterbehilfe in Deutschland verständlich, trägt in der gegenwärtigen Diskussion, wenn in Belgien, den Niederlanden und der Schweiz Sterbehilfe unter bestimmten Bedingungen legal ist, jedoch argumentativ nichts aus.[146] Gleichwohl ist verständlich, wenn in einer alternden Gesellschaft, in der in absehbarer Zeit eine hohe Prozentzahl an Demenzkranken zu erwarten ist,[147] in diesem Punkt ein hohes Maß an Zurückhaltung und Umsicht angemahnt wird.

3.2.4 Menschenrechte und moderner Staat

3.2.4.1 Menschenrechte und Demokratie

Da es in der politischen Theorie eine kontinuierliche Tendenz gibt, Freiheit und Gleichheit und in der Konkretisierung dazu (individualistische) Menschenrechte und (kollektivistische) Demokratie gegeneinander auszuspielen, sei in Kürze erläutert, warum diese Gegenüberstellung meiner Ansicht nach irreführend ist. Diese Irreführung betrifft beide Seiten:

Wenn die Rede von Rechten, der Verweis auf Rechtsansprüche vermutlich häufiger und effizienter zum Geltendmachen von Individual- oder Gruppenprivilegien als zur Formulierung universell gleicher Menschenrechte benutzt wird, ändert dies nichts daran, dass das wesentliche Unterscheidungsmerkmal für die *Menschen*rechte eben diese Gleichheit ist. Auf der Gegenseite ist die angeblich so demokratische republikanische Tradition zunächst alles andere als egalitär. Dies gilt für die antiken Sklavenhalterdemokratien, aber auch für den manchmal zum ersten Vertreter der Volkssouveränität erklärten Marsilius von Padua, für den jeder gemäß seiner sozialen Stellung, *secundum suum gradum* an der Entscheidungsfindung des Volkes beteiligt sein soll[148], und für Machiavelli, dessen Republikanismus problemlos mit der Unterdrückung möglichst vieler anderer Republiken durch die eigene vereinbar ist.[149] Erst wenn der Gedanke der Rechtsgleichheit und die Annahme, es gebe für alle Menschen gleiche Rechte mit der republikanischen Tradition und der Konzeption subjektiver Rechte in Verbindung kommt, beginnt eine Entwicklung in Richtung der Demokratie im heutigen Sinne. Dies geschieht bei Spinoza[150], bei Rousseau mit Blick auf die Mitglieder des *corps politique*.[151] Bei Kant zeigt sich der Sinn für die Problematik anhand seiner unglücklichen Trennung zwischen der Gleichheit der Staatsbürger, von der „alles Frauenzimmer" ausgeschlossen ist und darüber hinaus „jedermann, der nicht nach eigenem Betrieb, sondern nach der Verfügung Anderer (außer des Staats) genöthigt ist, seine Existenz (Nahrung und Schutz) zu erhalten", und der „Gleichheit derselben als Menschen", die davon angeblich nicht betroffen ist.[152] Eine modernen Maßstäben genügende Lösung scheint wie gezeigt letztlich eine Entwicklung des zwanzigsten Jahrhunderts zu sein.

Es ist durchaus hilfreich, die Verbindung der Demokratie zu den einzelnen Typen von Rechten genauer zu untersuchen, auch im Hinblick darauf, ob möglicherweise Autokratien eher geeignet wären, sie zu gewährleisten: Partizipationsrechte für alle sind, wenn überhaupt, dann nur in einer Demokratie möglich. Man unterstellt heute umgekehrt auch, dass in einer Demokratie zumindest mittelbar *alle* unter einem Herrschaftsbereich lebenden Menschen an der Herrschaft beteiligt sein und bleiben müssen. Eben darin weicht der heutige Sprachgebrauch von den etymologisch vorgegebenen historischen Parallelen –

insbesondere der antiken Lesart der Demokratie als Herrschaft des Demos, der unteren Volksschichten also, aber auch der einst real existierenden attischen Demokratie – schon allein aufgrund anderer soziologischer, ökonomischer und juristischer Vorgaben ab. Die oft als demokratisch bezeichnete Gedankentradition aus Mittelalter und früher Neuzeit – inklusive der USA in der Zeit der Sklavenhaltung – ist nach heutigen Maßstäben eher republikanisch als demokratisch zu nennen, da im gegenwärtigen Sprachgebrauch das Bedeutungselement zumindest der durch Wahlen vermittelten Beteiligung *aller* unverzichtbar ist. Diese Unverzichtbarkeit resultiert einesteils aus der für die Neuzeit typischen Annahme, dass die Menschen prima facie gleich sind, dass sie jedenfalls in den für die Beteiligung an der politischen Beratung und Entscheidung relevanten Fähigkeiten nicht soweit verschieden sind, dass man bestimmte Gruppen dauerhaft von der Herrschaft ausschließen oder anderen einen privilegierten Zugang ermöglichen müsste. Ferner resultiert die notwendige Beteiligung aller an der Herrschaft direkt aus der Grundlage der spezifisch demokratischen Legitimität, also auf dem Gedanken, dass die Gesetze, zu denen ich in irgendeiner Form zustimmen oder die ich ablehnen konnte, zu Recht auf mich angewandt werden. Diese Grundlage ist im Unterschied zu einer rein funktionalen, den Frieden und die Versorgung ins Zentrum stellenden Legitimitätsvorstellung die Zustimmung der von einer Entscheidung Betroffenen, der zum Volk Gehörigen.

Auch bei Abwehrrechten gegen den Staat besitzt eine Demokratie klare Vorzüge. Eine Einzel- oder Minderheitenherrschaft, die nicht demokratisch kontrollierbar ist, kann ihren Untertanen diese Schutzrechte zwar gewähren, bei angeblich „schlechtem Benehmen" jedoch auch stets wieder verweigern, so dass sie keinen Rechts- sondern nur noch Gnadencharakter besäßen. Nur eine Demokratie bleibt als Herrschaftsform unverändert bestehen, wenn Kontrollmechanismen und Gewaltenbalancen eingeführt werden. Eine Autokratie muss, um überhaupt eine solche zu sein, zumindest in Ausnahmesituationen alle verfassungsmäßigen Kontrollmechanismen außer Kraft setzen können. Mit garantierten Abwehrrechten kann ein solches System also nur sehr schwer oder gar nicht zurechtkommen.

Hinsichtlich der Rechte auf soziale Rücksichtnahme sind die Vorzüge der Demokratie weniger eindeutig. In Einzelfällen waren sogar autokratische Herrschaftsformen effizienter in der Versorgung der großen Bevölkerungsmehrheit mit dem Lebensnotwendigen als Staaten, die sich als Demokratien verstanden. Dazu muss man jedoch erstens festhalten, dass ein gewisses Maß an sozialer Fürsorge schlicht zu dem Minimum gehört, auf das jeder Mensch einen unveräußerlichen Anspruch hat, wie es im Anschluss an die mittelalterliche Tradition bereits von Hobbes und Locke vertreten wurde, gegenüber welcher Herrschaftsform auch immer.[153] Die Sicherung des Friedens und des Lebens aller Bewohner des von ihr beherrschten Territoriums ist die elementare Funktion jeder politischen Herrschaft, ist die fundamentale Legitimitätsbedingung, die zunächst unabhängig von der Organisation der politischen Entscheidungsfindung erfüllt sein muss. Eine Mehrheitsherrschaft, bei der die Versorgung mit dem Lebensnotwendigen für alle nicht zumindest prinzipiell als Recht akzeptiert ist, kann nach der hier vorgeschlagenen Sprachregelung nicht sinnvoll als Demokratie bezeichnet werden.

Nun kann es sein, dass unter besonderen Umständen Diktaturen es leichter haben, die gesamte Bevölkerung mit dem Lebensnotwendigen zu versorgen, wenn sie sich denn darum bemühen, da sie keine Rücksicht auf Widerstände nehmen. Dies setzt erstens voraus, dass die herrschende Elite sich um das Wohlergehen der Bevölkerung sorgt, zweitens, dass die erforderlichen Informationen über Notsituationen und vorhandene Ressourcen ausgetauscht werden können. Beides ist in Diktaturen schwerer zu gewährleisten als in Demokratien, worauf Amartya Sen immer wieder hinweist.[154] Zudem bietet eine Demokratie auch auf dem ökonomischen Sektor die Möglichkeit, durch das Medium der öffentlichen Diskussion, die in Autokratien sehr viel weniger unbehindert ablaufen kann, eine Vermittlungsmöglichkeit zwischen sozialen Ansprüchen und den wirtschaftlichen Leistungsmöglichkeiten der staatlichen Gemeinschaft zu schaffen. Damit wird die Chance erhöht, dass wünschenswerte und notwendige soziale Maßnahmen weder von der einen Seite verhindert, noch von der anderen Seite in ökonomisch ruinöser Weise durchgesetzt werden. Gerade auf dem Sektor der Besteuerung und der Kontrolle über die Verwendung der Steuern ist die Volkssouveränität daher sehr wichtig, selbst wenn noch immer nicht klar ist, wie sich die Staatsausgaben in angemessener Weise begrenzen lassen.

Die Forderung nach Wahrung der Menschenrechte bringt daher gängigen Vorurteilen entgegen gerade ein Element unveränderbarer Gleichheit in die politische und rechtliche Diskussion und enthält die Forderung nach Kontrolle über die Herrschenden. Es ist mittlerweile selbstverständlich, dass sowohl die Beteiligung an der politischen Willensbildung, als auch die Garantie von erträglichen Lebensbedingungen und Freiheit für alle einigermaßen gewährleistet sein müssen, wenn wir eine politische Herrschaft als legitim anerkennen sollen.

Ich habe mich in der Argumentation dieses Abschnitts der Selbstverständlichkeit bedient, mit der man heute unter Demokratie einen demokratischen Verfassungsstaat nach „westlichem" Vorbild versteht. Für die Hypothese von der Zusammengehörigkeit von Demokratie und Menschenrechten gilt es jedoch, gerade dies zu begründen. Gegenüber dem Vorwurf, dies sei ein „ahistorischer" oder gar „kulturimperialistischer" Anspruch, muss man fragen, welche Alternativen sich stellen. Damit soll nicht bezweifelt werden, dass Demokratie im Sinne öffentlichen Vernunftgebrauchs globale Wurzeln besitzt, die z. T. deutlich älter sind als ihr europäisches Pendant, wie z. B. Amartya Sen nachdrücklich betont.[155] Die derzeit verbreitete parlamentarische Demokratie ist ein Ansatz zur Institutionalisierung dieses öffentlichen Vernunftgebrauchs, der durch eine relativ lange und diversifizierte Geschichte von *trial and error* die Chance bietet, sich auf die jeweils konkreten sozialen und historischen Gegebenheiten einzustellen oder auch erforderliche Korrekturen vorzunehmen. Die von faschistischen und „volksdemokratischen", d. h. stalinistischen Ideologen vorgenommenen Rechtfertigungen von Diktaturen als „wahrhaft" demokratisch lassen sich mittlerweile an ihren Wirkungen wie an ihrer theoretischen Begründung als mehr oder minder schlecht verhohlener Zynismus erkennen. Damit blieben als demokratische Alternative zum demokratischen Verfassungsstaat – dessen Organisationsform im Einzelnen eine erhebliche Bandbreite zulässt, solange den Bürgern bestimmte Garantien gegeben werden – das Konsensprinzip oder die in ihrer Wirkung unbegrenzte Mehrheitsentscheidung aller Betroffenen. Nun lehrt die Erfahrung, dass Organisationen, in welchen das Konsensprinzip nicht nur formale Fassade autoritärer Machtausübung, sondern der Sache nach in Geltung ist, ab einer gewissen Mitgliederzahl kaum manövrierfähig sind. Warum ein demokratischer Verfassungsstaat gegenüber einer unbegrenzten Herrschaft der Mehrheit, die so gut wie jeden bedroht, da sich jeder in der Minderheit befinden kann, als weniger demokratisch zu bewerten sei, ist nicht einzusehen. Gewisse elementare Rechte wie das Recht auf Leben, auf Freizügigkeit, auf eine eigene Meinung und andere elementare Rechte würden wir schließlich auch keiner noch so großen Mehrheit zur Disposition stellen. Dies ist nicht etwa ein Symptom des egoistischen Individualismus, wie von verschiedener Seite unterstellt, sondern nur ein Reflex der Einsicht, dass Rousseaus Bedingung für die Übereinstimmung der *volonté générale* mit der *volonté de tous*, dass nämlich alle über allgemeine Regelungen entscheiden, die alle in ungefähr gleicher Weise betreffen, in der modernen Massendemokratie nicht realisiert und in absehbarer Zeit auch nicht realisierbar ist. Ebenso wichtig ist die vielfältige Erfahrung, dass Gesellschaften, welche soziale Vielfalt zulassen, langfristig besser geeignet sind, Wege für den Umgang mit neuen Herausforderungen zu finden als künstlich „homogenisierte" Strukturen. Daher sind Minderheitenrechte gerade ein substanzieller Bestandteil moderner Demokratie (vgl. 3.2.5).

3.2.4.2 Menschenrechte und Gemeinwohl

In der Publizistik wird mitunter eine Konfrontation zwischen dem Gedanken des Gemeinwohls und dem der Menschenrechte behauptet und nicht selten zur kulturellen Konfrontation deklariert, zur Konfrontation zwischen der auf die individuellen Rechte und damit angeblich auf Egoismus, Luxus und Zügellosigkeit ausgerichteten „westlichen" Kultur und anderen Kulturen, in denen die Gemeinschaft – zunächst und vor allem die Familie – und die guten Sitten den Menschen noch etwas bedeuten. Das ebenso konfliktbereite Gegenstück dieser Interpretation will Freiheit und Menschenrechte überall und mit allen Mitteln gegen Tyrannei und kulturelle Rückständigkeit durchsetzen. Vergleichbare konfliktträchtige Konstellationen finden sich jedoch auch innerhalb verschiedener „westlicher" und „nicht-westlicher" Kulturen, wenn Freiheit und Rechte angeblich in Widerstreit mit echten, klaren Werten, in Wahrheit zumeist mit angestammten Traditionen geraten oder der Restauration solcher Traditionen im Wege stehen. Die von Marx und anderen am angeblichen Egoismus der Menschenrechte geübte Kritik wurde bereits angesprochen. Doch geriet auch die Rede vom Gemeinwohl, in anderer Diktion als „Staatsräson" bezeichnet, in den Generalverdacht, nur einen Vorwand zur Rechtsbeugung im Interesse der Mächtigen zu liefern. Kant äußert sich in seiner Schrift „Zum ewigen Frieden" sehr kritisch über die „Praxis, deren sich staatskluge Männer rühmen"[156] und ihre „Schlangenwendungen einer unmoralischen Klugheitslehre"[157], die um des angeblichen Gemeinwohls willen das Recht beugt.

Versteht man, wie hier vorgeschlagen, Menschenrechte als Legitimitätsbedingungen, so ergeben sich Zweifel daran, warum die Wahrung des Gemeinwohls gerade in der Verletzung der Gleichheitsbedingung für Schutz- und Partizipationsmöglichkeiten liegen sollte. Von wenigen extremen Ausnahmefällen abgesehen gibt es keinen Grund zu der Annahme, die elementaren Menschen- und Bürgerrechte wie das Recht auf das zum Leben Erforderliche, das Recht auf Freiheit oder auch das auf politische Partizipation stünden im Widerspruch zum Gemeinwohl. Im Gegenteil sind Menschenrechtsverletzungen paradigmatische Fälle von Verletzungen des Gemeinwohls. Das Wohl einer Gemeinschaft kann nicht ernsthaft gegen die elementaren Rechte der Mitglieder gerichtet sein. Diese Zusammengehörigkeit von Recht und Gemeinwohl ist keineswegs neu: Thomas von Aquin erklärt in der IaIIae seiner Summa Theologiae das Gesetz als ein der Vernunft entspringendes Maß der menschlichen Handlungen,[158] welches dem allgemeinen Wohl und damit dem der einzelnen als Teilen der wohlgeordneten Gemeinschaft dient.[159]

In der rechtstheoretischen Diskussion verliert das Gemeinwohl durch die neuzeitliche Interpretation des staatlichen Rechts als Befehl des Souveräns etwas an Bedeutung. Die traditionelle Unterscheidung zwischen Monarchie und Tyrannei, die sich daran festmachte, dass es dem Tyrannen nicht um das Gemeinwohl, sondern um den Eigennutz geht, wird etwa bei Hobbes konsequenterweise hinfällig.[160] Die Berufung auf das Gemeinwohl wäre für ihn nur ein Vorwand für die Anzettelung von Aufruhr. In der Praxis des Absolutismus beanspruchte der Monarch selbstverständlich, das Gemeinwohl zu befördern.

Die Sorge um das ökonomische Gemeinwohl übernahmen im Auftrag des Monarchen die Merkantilisten und Physiokraten, gegen deren Ansätze Adam Smith gerade seine Lehre von der *invisible hand* entwickelte, mit der These, die individuelle, autonome und selbständige Jagd eines Jeden nach dem Profit schaffe an den persönlichen Absichten der Handelnden vorbei den größten Wohlstand aller. Seine Kritik im vierten Buch des „Wohlstand der Nationen" richtet sich primär gegen das gebräuchliche Instrumentarium der Ökonomen seiner Zeit, die mit ihren Maßnahmen stets wichtige Faktoren außer Acht lassen. Kein Individuum, kein Wirtschaftsfachmann und kein Staatslenker kann nach Smith das Gemeinwohl definieren, kennen oder festlegen. Deshalb kann er es auch unmöglich zum Maßstab seiner individuellen oder politischen Maßnahmen machen.[161] Diese Auffassung der Lehre Adam Smiths setzte sich als Leitfaden der ökonomischen Praxis zu keiner Zeit vollständig durch. Wenn es um die unmittelbare Existenzvorsorge für alle geht, ist sie zudem unplausibel und wurde für diese Fälle auch von Smith selbst relativiert. In jedem Fall erfuhr durch diese Theorie, aber auch durch eine Vielzahl anderer Rahmenbedingungen[162] der Begriff des Gemeinwohls erstens eine Einengung auf das Gebiet der politischen Ökonomie, zweitens verlor er den Status einer halbwegs zuverlässig bestimmbaren Größe. Die Frage nach der richtigen Wirtschaftspolitik wird „dem Markt" als „Ort der Wahrheit", als „Instanz der Veridiktion" übertragen, dem die Politik den geeigneten Rahmen zu bieten hat.[163]

Parallel dazu wuchsen, als der absolutistische Machtanspruch ins Wanken geriet, Zweifel daran, dass es *eine* Instanz gebe, die im Sinne Thomas von Aquins die Sorge um die Gemeinschaft trägt und ein Monopol für die Bestimmung dessen besitzt, was unter dem Gemeinwohl zu verstehen sei, die außerdem dann, wenn es für das Gemeinwohl erforderlich ist, gegen die eigene Gesetzlichkeit verstoßen oder diese abändern kann.[164] Wichtig war für diese Entwicklung die Theorie von der öffentlichen Meinung als Korrektiv für staatliche Maßnahmen, schließlich der Öffentlichkeit als Medium für die diskursive Herausbildung dessen, was es in den relevanten Fragen der Zeit zu tun gibt. Das Gemeinwohl ist nicht mehr Gegenstand der rechtlichen Entscheidungen eines Herrschers und seiner Berater, sondern wird dem diskursiven, nach Möglichkeit demokratischen Ausgleich der Interessen überantwortet. Der juristische Begriff des Gemeinwohls wird dem politischen Begriff der Öffentlichkeit eingegliedert.[165] Damit dürfte noch deutlicher werden, wie wichtig gerade die Partizipationsrechte für den Erhalt des Gemeinwohls sind und diesem keinesfalls zuwiderlaufen.

Die beschriebene Entwicklung war weitgehend das Werk des politischen Liberalismus. Es liegt in der Konsequenz dieses Denkens, wenn wichtige Vertreter des etatistischen Positivismus die Klärung dessen, was im politischen Bereich zu tun sei, der demokratischen Diskussion überlassen wollten und die Frage nach der Richtigkeit des Gesetzes durch die nach dem richtigen Gesetzgeber ersetzten. Nachdem jedoch klar war, dass man diesen legitimen Gesetzgeber in Gestalt einer repräsentativen Herrschaft des Volkes mehr oder minder gefunden hatte, stellte sich die Frage nach der Richtigkeit des Gesetzes aufs Neue. Zwar wurde sie diesmal primär innerhalb der politischen Diskussion gestellt. Doch wurde mit der Zeit deutlich, dass die versuchte Trennung von Recht und Politik, sowie von Recht und Moral in der Weise, wie es etwa ein Hans Kelsen vorgehabt hatte,[166] nicht durchzuführen war. Rechtliche Regelungen enthalten auch die politischen Zielsetzungen einer Gemeinschaft unter Berücksichtigung der elementaren Rechte ihrer Mitglieder, Entscheidungen über neue Gesetze sind sehr oft auch Entscheidungen darüber, wie das Wohl der Gemeinschaft in den nächsten Jahren verstanden werden soll.

Seit den achtziger Jahren des zwanzigsten Jahrhunderts erfolgte aus verschiedenen Richtungen eine Neubelebung des Gemeinwohlgedankens, zunächst von Seiten der Kommunitarier, welche die konstitutive Rolle der Gemeinschaft für das Selbstverständnis und die Identität der Menschen hervorhoben,[167] später setzte man dem Liberalismus einen neuen Republikanismus entgegen[168] oder versuchte, die politische Philosophie wieder stärker an der Tugend der Bürgerinnen und Bürger auszurichten.[169] Die Kritik, „der Liberalismus" habe die Individuen den politischen Gemeinschaften entfremdet, besitzt insofern eine gewisse Berechtigung, als seit Thomas Hobbes diskutiert wurde, wie Gesellschaften vertragsmäßig zustande kommen, wie ein legitimer Gesellschaftsvertrag aussehen muss, der die Bürger zum Gehorsam verpflichtet, wie *ein* Staat überhaupt geordnet sein sollte, wie die Bürger in *einem* Staat positioniert sein sollten. Doch wurde weniger thematisiert, warum man zu *diesem* Staat, zu *diesem* Volk, zu *dieser* politischen Gemeinschaft, in die man zufällig hineingeboren wurde und durch die man in seiner charakterlichen Entwicklung geprägt ist, sich loyal verhalten solle. Doch blieben die Kommunitarier, Pettit und Eisenberg zumindest dem eigenen Anspruch nach insofern im liberalen Umfeld, als sie die Geltung der genannten Menschenrechte nicht in Zweifel ziehen. Es ist auch zunächst schwer einzusehen, wie die Beförderung wünschenswerter Eigenschaften und Verhaltensweisen wie Solidarität, Hilfsbereitschaft und Gemeinschaftssinn den Menschenrechten zuwiderlaufen sollten und warum diese daher dem Gemeinwohl untergeordnet werden müssten.

Bei den subjektiven Rechten im Allgemeinen kann es dagegen vorkommen, dass rechtlich begründete individuelle Ansprüche dem Gemeinwohl, verstanden als diskursiv und rechtmäßig zustande gekommene politische Entscheidung, im Wege stehen. Die Konfrontation von Gemeinwohl und subjektiven Rechten kann zum Beispiel beinhalten, dass institutionelle Garantien wie Beamtenrechte bei drohendem Staatsbankrott beschnitten und Gehälter gekürzt werden müssen.

Die heute in Deutschland übliche Lehre von den institutionellen Rechtsgarantien verdankt ihre Entstehung diesem Kontext, in welchem sie von Carl Schmitt den „vorstaatlichen" Freiheitsrechten gegenübergestellt wurden, um zu zeigen, dass sie als *staatliche* Einrichtung auch nach der Logik des bürgerlichen Rechtsstaats staatlicher Veränderung unterworfen werden können.[170]

Eine andere Variante der Kollision von Gemeinwohl und Individualrechten ist die bekannte Situation, dass Konsens über die Notwendigkeit einer Straße oder Eisenbahntrasse besteht, aber jeder der Meinung ist, sie sei am besten ein paar Kilometer weiter weg platziert. Man hat für dieses verbreitete gesellschaftliche Syndrom die Abkürzung NIMBY gefunden (= Not In My Back Yard).[171] Derartige Konfrontationen von individuellen und gemeinschaftlichen Ansprüchen sind in einem jeden Rechtssystem von der Größe eines modernen Staats ebenso unvermeidbar wie unerfreulich. Sie sorgen möglicherweise für erhebliche politische Unruhe, stellen für sich jedoch kaum eine existenzielle Bedrohung des Rechtssystems dar.

Theoretische Schwierigkeiten entstehen erstens dadurch, dass positive subjektive Rechtsansprüche mit Grundrechten verwechselt werden. Der Inhaber eines positiven subjektiven Rechts hat einen vorpositiven Anspruch darauf, als ein Gleicher behandelt zu werden, wie Ronald Dworkin es ausdrückt.[172] Dies bedeutet, er hat den Anspruch, dass seine Angelegenheit fair geprüft wird und ihm für den Fall, dass er sich ungerecht behandelt fühlt, Klagemöglichkeiten offen stehen, ferner darauf, dass er keinen existenziellen Belastungen ausgesetzt wird und dass er für eventuelle Nachteile von der Gemeinschaft entschädigt wird. Er hat jedoch keinen überpositiven Anspruch auf ein bestimmtes Rechtsgut wie ein bestimmtes Stück Land.

Probleme für den modernen Staat entstehen ferner aus der Gefährdung des Bewusstseins dafür, dass zur Bewahrung subjektiver Rechte auch Pflichten gehören. Dieses Bewusstsein zu stärken ist allerdings eher eine Sache des politischen Ethos, das zu erzeugen in einem demokratischen Verfassungsstaat schwierig, eher eine Sache der Zivilgesellschaft ist. Einem solchen Ethos *Rechts*verbindlichkeit verleihen zu wollen wäre ein Rückschritt hinter die Errungenschaften der Aufklärung, die durch die Unterscheidung von Moralität und Legalität das Individuum von der inquisitorischen Bevormundung durch die Obrigkeit befreit hat.

Die Thematik, bei der es in der gegenwärtigen politischen und rechtlichen Diskussion zu bitteren Kontroversen kommt, ist die Anwendung staatlicher Folter. Trotz des Entsetzens über die von 2004 bis 2006 aufgetauchten Bilder aus dem irakischen Gefängnis Abu Ghraib wird das Gefangenenlager Guantanamo, in dem soweit bekannt ist gefoltert wird, weiterhin von einer Regierung unterhalten, die für die Menschenrechte Krieg zu führen behauptet. Auch in Europa gibt es immer wieder Fälle von Folter. In Italien gab es heftige Kritik am Vorgehen der Polizei beim G8 Gipfel in Genua im Jahr 2001, in dessen Zusammenhang Globalisierungsgegner im Bolzaneto-Gefängnis erniedrigt und gefoltert wurden. Im Dezember 2004 wurde der Frankfurter Vize-Polizeichef Daschner verurteilt, der einem Kindesentführer, welcher das Versteck seiner Geisel nicht preisgeben wollte, „Schmerzen, wie er sie noch nie erlebt hat", hatte androhen lassen und auf die öffentliche Kritik hin betonte, er würde jederzeit wieder so handeln.[173] In der öffentlichen Diskussion fand Daschner einige Unterstützung von z. T. einflussreicher, durchaus auch juristischer und philosophischer Seite.[174]

Bereits einige Jahre zuvor hatte der Heidelberger Staatsrechtslehrer Winfried Brugger zu zeigen versucht, dass in einer vergleichbaren Situation – ein Terrorist verschweigt das Versteck einer chemischen Bombe, die in wenigen Stunden die Einwohner einer Stadt einem qualvollen Tod aussetzen wird – eine positiv-rechtliche Konstruktion möglich wäre, welche die Folter rechtfertigt, ja am Ende sogar gebietet. Er gesteht zu, dass nach § 35 I des baden-württembergischen Polizeigesetzes die Polizei „bei Vernehmungen zur Herbeiführung einer Aussage keinen Zwang anwenden" darf, und dass dies unmissverständlich von der Regelung im Art. 104 I 2 des Grundgesetzes und den Artikeln 3 und 15 der Europäischen Menschenrechtskonvention bekräftigt wird. Andererseits sieht er die Tatbestandsvoraussetzungen für den finalen Rettungsschuss gemäß § 54 II des baden-württembergischen Polizeigesetzes gegeben und findet insofern eine „Wertungslücke", ja einen „Wertungswiderspruch" im Polizeigesetz, als die potentiellen Opfer, die durch Folter gerettet werden könnten, zu Unrecht schlechter gestellt werden als die, welche durch die Tötung des Täters gerettet werden. Diese Wertungslücke gelte es gegen den Wortsinn des § 35 des baden-württembergischen Polizeigesetzes, doch „gemäß der immanenten Teleologie des Gesetzes" (Karl Larenz) zu schließen. Mit dem Grundgesetz lässt sich dieses Eingreifen laut Brugger aufgrund der Schutzpflicht des Staates gegenüber seinen Bürgern vereinbaren und mit der Europäischen Menschenrechtskonvention gemäß Art. 2 Abs. 2, der die Verteidigung gegen rechtswidrige Angriffe erlaubt.

In der öffentlichen Diskussion sieht das Rechtfertigungsmuster derjenigen, die Folter in besonderen Situationen für erlaubt halten, in einer ersten Näherung so aus, dass man sich über als richtig und unumstößlich anerkannte Rechtsprinzipien hinwegsetzt, weil man ein noch höheres, moralisches und rechtliches Gut schützen möchte. Das Gegenargument beruht im Wesentlichen auf einem Argument der schiefen Ebene: Wenn man einmal die Einschränkungen in rechtsstaatliche Prinzipien wie das absolute Verbot staatlicher Folter zugelassen habe, sei eine substanzielle Bewahrung des Rechtsstaats mit der Garantie der Schutzrechte nicht mehr möglich. Anschuldigungen von der einen Seite, hier dominierten Instinkte und Rachegelüste, um eine Folter gegenüber Missetätern zu ermöglichen, mögen in konkreten Fällen zutreffen, sind jedoch für die theoretische Diskussion ebenso irrelevant wie Behauptungen der Gegenseite, wer derartige Rechtsverstöße oder juristische Zusatzkonstruktionen kategorisch ablehnt, etwa um die Rechtssicherheit nicht zu gefährden, sei ein für menschliches Leid unempfänglicher Prinzipienreiter.

In der Sache gibt es, in der hier gebotenen Kürze, zwei zentrale Aspekte zu berücksichtigen:

Auf der einen Seite kann man die Nöte von Polizeibeamten nicht übergehen, die Geiseln aus der Hand fanatischer oder anderweitig unzugänglicher Straftäter zu retten versuchen und im Stress zu unerlaubten Mitteln greifen. Hier kann man bei der späteren rechtlichen Beurteilung diese besondere Situation berücksichtigen und die betreffenden Beamten teilweise oder ganz entschuldigen, solange allen Beteiligten klar bleibt, dass ein Rechtsbruch vorliegt.

Es scheint jedoch nicht vorstellbar, dass Folter ein fester Bestandteil der rechtsstaatlichen Ordnung wird. Erstens weiß man seit Jahrhunderten, dass die dabei erzielten Ergebnisse unzuverlässig sind, da man, wie bereits Thomas Hobbes festhält, „unter der Folter alles sagen" darf, weil man sich wieder im Naturzustand befindet.[175] Zudem schweigen viele Menschen auch unter grausamen Qualen. So verriet Francois Damiens bei seiner Hinrichtung auf der Place Grêve in Paris im Jahre 1757 auch dann nicht die Hintermänner seines Attentats auf Ludwig XV., als man ihm die Brustwarzen mit einer Zange herausriss und in die Wunden sowie die aufgeschlitzten Arme und Beine flüssiges Blei goss. Zweitens und vor allem wäre es nicht akzeptabel, wenn eine rechtsstaatliche Straf- und Polizeiordnung umfangreiche Regelwerke über das ordnungsgemäße Foltern enthielte. Solche wären jedoch unerlässlich, sobald man derartige Maßnahmen auch nur „im Prinzip" oder „in Ausnahmefällen" als rechtmäßig akzeptiert. Es müsste genau geklärt werden, ab wann ein Folterer die Verhältnismäßigkeit der Mittel überschreitet, ob er etwa Daumenschrauben (mit oder ohne Draufschlagen?) gleichzeitig mit Elektroschocks (an den Fingern? an den Gliedmaßen? der Zunge? den Geschlechtsteilen?) anwenden darf oder nur nacheinander. Vielleicht hätte ja die nächste Stufe an Schmerz zum Geständnis geführt. Wer derartige Praktiken auch nur in Sonderfällen als legal zulässt, sollte nicht mehr ernsthaft versuchen, Rechtsstaaten von anderen Weisen der Machtausübung zu unterscheiden. Das im Fall Daschner vorgebrachte Argument, es sei ja ohnehin nie geplant gewesen, Folter anzuwenden,[176] kann im konkreten Fall vielleicht das Urteil gegen Daschner und seine Helfer mildern, verallgemeinert führt es nur dazu, dass doch nicht gefoltert wird und werden darf, womit auch die Drohung überflüssig ist.

3.2.5 Minderheitenrechte, Toleranz und Integration

Es wurde bereits angesprochen, dass für die Legitimität einer modernen Demokratie der Schutz der Minderheiten von essenzieller Bedeutung ist. Dies liegt zunächst daran, dass nach einem der Legitimationsprinzipien des modernen Staates, dass man nämlich den Gesetzen gehorchen sollte, zu denen man, wie es bei Kant heißt, seine Zustimmung gegeben hat oder bei denen man zumindest um seine Zustimmung gefragt wurde, was heute durch ein garantiertes Partizipationsrecht abzudecken versucht wird, aus pragmatischen Gründen nicht immer Konsens bei allen wesentlichen Entscheidungen erwartet werden kann. Gleichwohl muss auch denen, die bei einigen oder auch bei vielen Abstimmungen unterliegen, das Leben in der politischen Gemeinschaft annehmbar gestaltet werden, damit sie der Existenz dieser Gemeinschaft, deren Gesetze sie befolgen sollen, als Ganzes zustimmen können. Neben diesem prinzipiellen Argument gibt es ein sehr praktisches, dass nämlich eine Vielzahl der Kriege und Bürgerkriege des 20. Jahrhunderts durch die Verfolgung angeblich privilegierter oder aber durch den – oft gewaltsamen – Protest benachteiligter oder gar gefährdeter Minderheiten verursacht wurden.

Lange hielt man „traditionelle" Grundsätze aus der politischen Philosophie der Neuzeit wie das Prinzip der Toleranz gegenüber Andersdenkenden und das Bemühen um die Integration von Minderheiten für ausreichend. Doch regte sich, besonders in traditionell multikulturellen Gesellschaften wie der kanadischen, bereits in den achtziger Jahren Protest gegen die vermeintlichen oder tatsächlichen Unzulänglichkeiten dieser Konzeptionen und des ihnen zugrunde liegenden Liberalismus. Seit einiger Zeit hat dieser Protest Europa erreicht: Just in den auf ihre tolerante Tradition so stolzen Niederlanden formiert sich Widerstand gegen eine „Kultur der Toleranz". Man identifiziert sie mit einer verfehlten, weil inkonsistenten Einwanderungspolitik, mit einer Indifferenz gegenüber den „ernsten, möglicherweise gar explosiven kulturellen und religiösen Differenzen zwischen ethnischen Gruppen, religiösen, postreligiösen und antireligiösen Verbindlichkeiten, die gemeinsam das Flickwerk der holländischen Gesellschaft ausmachen."[177]

Zugleich gibt es in Frankreich mit seiner starken republikanischen Tradition Tendenzen zur „Überwindung des Konzeptes der Integration"[178], welches zu einem Mythos geworden sei. Der grundlegende Gedanke republikanischer Gleichheit für alle werde zur Ausschlussfalle, da sich einige Immigranten gerade dadurch diskriminiert fühlen, dass man sie nicht in ihrer kulturellen Besonderheit berücksichtigt und achtet. „Der logische Fehler im französischen republikanischen Integrationskonzept" liegt nach dieser Auffassung darin, dass „eine Zwangsnivellierung der Kulturtraditionen zugunsten einer konstruierten ethnischen nationalen Kultur" in der nun einmal nicht kulturell homogenen sozialen Wirklichkeit leicht zu einer de facto-Diskriminierung bestimmter Gruppen werde.[179]

Wie lässt sich also ein geeigneter Umgang mit Rechten formulieren, der sowohl die Integrität der politischen Gemeinschaft als auch das Wohlergehen ihrer *unterschiedlichen* Mitglieder in angemessener Weise berücksichtigt?

Mit der Forderung nach Integration kann von der Ermahnung zur Achtung der staatlichen Gesetze des Gastlandes durch Minderheiten oder vorübergehend Anwesende bis zum Ansinnen völliger kultureller Assimilation sehr Unterschiedliches gemeint sein. Bei der Achtung vor dem Gesetz gibt es, solange die Einheit des Rechts gewahrt werden kann, keine ernsthaften Kompromissmöglichkeiten. Wer glaubt aus religiösen oder aus moralischen Gründen gegen das Gesetz verstoßen zu müssen, hat auch die rechtliche Strafe auf sich zu nehmen. Natürlich kann sie oder er dies mit der Absicht tun, durch zivilen Ungehorsam die rechtliche Lage der Immigranten oder einer bestimmten Gruppe durch eine Gesetzesänderung zu verbessern. Sollte de facto bereits ein rechtlicher Pluralismus bestehen, so wurde in Kapitel 1 dafür plädiert, die Konflikte so lange wie möglich durch Aushandlung statt durch Gewalt zu lösen.

In jedem Fall gibt es gegenüber Migrantengruppen wie gegenüber anderen, bereits ansässigen Minderheiten gute Gründe, deren Wunsch nach Wertschätzung ernst zu nehmen. Verunsicherte junge Menschen sind seit jeher leicht zu von Verblendung begleiteten, übersteigerten Gegenreaktionen zu verleiten, die sogar mit Lust zur Selbstaufopferung verbunden sein können. Derartiges reicht von den diversen Befreiungskriegen oder auch den deutschen Kriegen gegen Napoleon[180] bis zur aktiven Sympathie für den islamistischen Terrorismus bei Jugendlichen in den EU-Ländern.

Vermeintliche oder tatsächliche Zurücksetzung aufgrund einer Gruppenzugehörigkeit, sei es „nur" durch das Gefühl, gegenüber gleichaltrigen Angehörigen der Mehrheitskultur geringere Achtung zu genießen, ruft bei Jugendlichen aus Minoritäten nicht selten eine Identitätssuche durch übertriebene Gruppenidentifikation anstelle einer Identifikation mit der politischen Gemeinschaft hervor. Dabei spielt es eher eine Nebenrolle, ob die Identifikation nationalistischen[181] oder ethnischen oder religiösen Mustern folgt, entscheidend ist ihre psychisch stabilisierende Funktion. Ein reiner Republikanismus in jakobinischer Tradition, welcher die faktisch vorhandenen sozialen Heterogenitäten und daraus resultierenden Spannungen ignoriert, wäre daher für das republikanische Gemeinwohl kontraproduktiv. Zu fragen bleibt, welche Art von gruppenspezifischer Berücksichtigung, eventuell durch Gruppenrechte, solch zentrifugales Verhalten in Grenzen halten kann.

In den letzten Jahrzehnten ging man, zunächst von kommunitarischer Seite, dazu über, mögliche Weisen gruppenspezifischer Berücksichtigung durch einen erweiterten, emphatischen Toleranzbegriff zu formulieren, oder auch,[182] indem man der Toleranz die Anerkennung entgegenstellte. Allemal führte die anschließende Diskussion zu einer Differenzierung des Toleranzbegriffs, die naturgemäß einige Parallelen zu den Formen der Integration aufweist. Michael Walzer etwa bestimmt Toleranz als das Akzeptieren der Differenz, wobei er es für weniger wichtig erachtet, ob es sich nun um „eine resignierte Duldung der Differenz um des Friedens willen" oder um eine „enthusiastische Bejahung der Differenz" handle.[183] Ihm geht es um die diversen politischen Strukturen, innerhalb deren Toleranz zum Tragen kommen kann. Z. B. ist die Lage von Minderheiten, die ja relativ häufig Toleranz in Anspruch nehmen müssen, in einem Nationalstaat mit relativ homogener Bevölkerung anders als in einem „klassischen" Einwanderungsland, in dem seit jeher unterschiedliche Gruppen zusammenfinden müssen.[184] Bei Walzer lässt sich eine weitere Wortverwendung, die etwa auch reines Erdulden aus Schwäche einerseits, aktive Förderung andererseits als sinnvollen Gebrauch des Wortes „Toleranz" akzeptiert, erkennen. Zu einer Toleranz im engeren Sinn des Wortes, wie sie etwa von Rainer Forst definiert wird, gehört neben der unbestreitbar vorhandenen „Akzeptanz-Komponente" stets auch eine „Ablehnungs-Komponente", die lediglich von der Akzeptanzseite überwogen wird, solange die „Grenzen der Toleranz" noch nicht erreicht sind. Ferner legt Forst Wert darauf, dass Toleranz freiwillig ausgeübt werde.[185] Für unseren Kontext ist es wichtig, mit Forst eine *Erlaubnis-Auffassung*, bei der ein Fürst oder eine in ihrer Dominanz ungefährdete Mehrheit einer Minderheit Toleranz gewähren, von der *Koexistenz-Form* mehr oder minder gleichstarker Gruppierungen zu unterscheiden, die einander wechselseitig hinnehmen, zunächst vielleicht zur Konfliktvermeidung aus Kostengründen, um dann zu partieller oder auch weitgehender Kooperation fortzuschreiten.

Der beschriebene Konflikt lässt sich demnach dadurch charakterisieren, dass von Seiten der „autochthonen", schon länger ansässigen Bevölkerung gegenüber Migranten, auch der zweiten und dritten Generation, mehr oder minder selbstverständlich eine Erlaubnis-Version der Toleranz unterstellt wird, für welche die Mehrheit in Form der völligen Assimilation belohnt zu werden beansprucht, während auf der anderen Seite die Forderung nach Akzeptanz erhoben wird, nicht selten in der emphatischen Wertschätzungs-Variante.

Grundsätzlich sind alle zum Respekt vor der Autonomie der anderen Person, also als einer Form der Akzeptanz verpflichtet und ist niemand befugt, sich gegenüber anderen Menschen in die Rolle dessen zu begeben, der ihnen die persönliche Sphäre der Entscheidungsfreiheit per Erlaubnis oder Verbot erweitert oder einengt, weil er zur Mehrheit und die andere Person zur Minderheit gehört.

Insofern die Haltung der Duldung eine unangemessene Hierarchisierung impliziert, kann Toleranz bei Gruppen heute nur als Koexistenz gedeutet werden. Gegenüber aggressiven und intoleranten Minderheiten beschränken sich die Eingriffsmöglichkeiten des Rechtsstaats auf das Sanktionieren rechtswidrigen Verhaltens und gegebenenfalls den Entzug finanzieller Zuwendungen für kulturelle Aktivitäten.

Gegen die als bloße Assimilation an die Mehrheit gedeutete Integration wurde der Gedanke einer Toleranz im emphatischen, über die bloße Duldung weit hinausgehenden Sinne der Anerkennung einer Minderheit als Trägerin einer eigenen, schützenswerten Kultur hervorgehoben. Die Diskussion um ein angebliches Recht auf kulturelle Identität und um Rechte, die angeblich aus dieser kulturellen Identität erwachsen, wird in Abschnitt 3.3.3. nochmals angesprochen. Hier geht es erst einmal um verschiedene Formen von Toleranz, Akzeptanz und Integration. Charles Taylor betont „den dialogischen Charakter menschlicher Existenz"[186] und die daraus resultierende „Wichtigkeit der Anerkennung",[187] insbesondere der Anerkennung der unverwechselbaren Identität. Diese „unverwechselbare Identität eines Individuums oder einer Gruppe anzuerkennen" verlange eine „Politik der Differenz",[188] mit der die Identität verteidigt wird, damit sie „niemals verloren geht?".[189] Der „differenz-blinde" universalistische Liberalismus, mit dem häufig die für Alle gleiche Achtung von Menschenrechten verknüpft wird,[190] diskriminiere die Angehörigen von minoritären Kulturen dadurch, dass sie gezwungen würden, sich den ihnen fremden Formen und Kriterien der Hegemonialkultur anzupassen und zu unterwerfen.[191] Hier haben wir also wieder eine mögliche Wurzel der angesprochenen Unterlegenheitsgefühle.

In der Politik der Differenz können dann zwar nicht elementare Grundrechte, wohl aber „Vor- und Sonderrechte" aus „sehr triftigen" politischen Gründen beschnitten werden. Ferner impliziert diese Politik der Differenz laut Taylor die Anerkennung der möglichen Gleichwertigkeit verschiedener Kulturen, da jeder Mensch das Recht haben müsse, seine traditionelle Kultur als wertvoll anzusehen.[192] Dies bedeute nicht die Akzeptanz aller „Hervorbringungen" einer jeden Kultur, wohl aber die Bereitschaft, sich unvoreingenommen auf sie einzulassen.[193] Will man jedoch die von beiden Seiten geforderte Differenzierung vornehmen, die Toleranz da verweigern, wo sie zu Gewalttaten missbraucht wird, dafür Gruppen fördern, um unverschuldete Benachteiligungen auszugleichen etc., wird man gerade bei unvoreingenommener Prüfung eines Kriteriums für die Beurteilung bedürfen. Hierfür eignet sich gewissermaßen naturgemäß die auf Unparteilichkeit und Unvoreingenommenheit basierende universalistische Moralität, die zugleich als ethische Grundlage der Menschenrechte fungiert. Aus dieser Sicht ergibt sich z. B., dass körperliche Verstümmelungen, auch wenn sie kulturell vorgegeben sind und evtl. sogar mit Einwilligung der geschädigten Person vollzogen werden, aufgrund der Unverzichtbarkeit des Rechts auf körperliche Unversehrtheit nicht durch das Gebot der Toleranz und auch nicht durch das Recht auf Differenz abgedeckt sind.

Deutlich schwieriger wird die Beurteilung durch Traditionen geprägter zwischenmenschlicher Beziehungen. Probleme entstehen nicht zuletzt daraus, dass Angehörige kultureller Minoritäten die Kritik an bestimmten, ihnen aus Tradition selbstverständlichen Verhaltensweisen als Kritik an ihrem gesamten geprägten Lebensentwurf und damit als Behinderung der autonomen Entwicklung deuten. Als Beurteilungskriterium dafür, ob ein derartiger Vorwurf gegenüber der Mehrheit berechtigt ist, dient neben der Frage nach der Konformität der fraglichen Bräuche mit den allgemein anerkannten Menschenrechten die Behandlung ähnlich gelagerter Fälle bei Mitgliedern der Mehrheitskultur. Um aus Gründen der Fairness den Nachteil auszugleichen, dem Migranten in einer fremden Umgebung, generell Minderheiten zunächst unterliegen, aber auch, um bei den Angehörigen von Minderheiten die erwähnten Unterlegenheitsgefühle zu vermeiden – selbst wenn diese oftmals durch gezielte Verdächtigungen suggeriert und dann als Waffe gegen die Majorität gewendet werden – erscheint es, auch im Interesse des sozialen Friedens, ratsam, den Minoritäten einen etwas größeren Spielraum in diesen Dingen einzuräumen. Dieses Entgegenkommen hat seine Grenzen bei Grundrechtsverletzungen von Beteiligten sowie bei eklatanter Benachteiligung anderer Gruppen und lässt sich ansonsten eher als politisch wünschenswerte Haltung von Seiten der Offiziellen und der Mehrheitsbevölkerung denn als Rechtsanspruch der Minderheiten verstehen.

Seit Jahren wird in verschiedenen europäischen Staaten der Streit um das tatsächliche oder vermeintliche Recht islamischer Frauen und Mädchen, in bestimmten Teilen der Öffentlichkeit ein Kopftuch zu tragen, mit wechselnder Intensität ausgetragen. Umstritten ist insbesondere, inwieweit der Staat berechtigt sein kann, in öffentlichen Räumen, speziell innerhalb der Schule, das Tragen des Kopftuchs durch Schülerinnen oder Lehrerinnen zu untersagen. Während der französische Staat ein Gesetz verabschiedete, welches den Schülerinnen das Zeigen jeglicher religiöser Symbole verbot, beschlossen nach einem entsprechenden Urteil des Bundesverfassungsgerichts diverse deutsche Länderparlamente Regelungen, die speziell muslimischen Lehrerinnen das Tragen des Kopftuchs untersagen. Mitunter wird explizit versucht, christliche, aber auch jüdische Symbole von diesem Verbot auszunehmen, etwa die Ordenstracht unterrichtender Nonnen, ein Versuch, den das Bundesverwaltungsgericht für Baden-Württemberg für unzulässig erklärt hat. In Frankreich und Belgien gilt seit 2011 ein Burkaverbot, das vom Europäischen Gerichtshof für Menschenrechte 2014 für rechtens erklärt wurde, weil der Ganzkörperschleier eine Barriere zwischen Trägerin und Umwelt errichte, somit das Zusammenleben in der Gesellschaft erschwere.

Martha Nussbaum sieht in diesem Verbot ein Zeichen religiöser Intoleranz und nennt für einige der gängigen Argumente mehr oder minder gute Gegengründe, die zumeist auf die Inkonsequenz staatlichen Verhaltens angesichts paralleler Sachverhalte ohne muslimischen Hintergrund verweisen, hinsichtlich der Barriere etwa auf winterlich dick vermummte Menschen.[194] Letzteres mag als Beispiel für begrenzte Wirksamkeit ihrer Argumente dienen, da ein vorübergehender Schutz vor der Kälte doch deutlich verschieden ist vom andauernden Schutz vor dem Gesehenwerden durch andere Menschen.

Die Gründe für und gegen das sogenannte Kopftuchverbot sind bekannt und überschaubar: Auf der einen Seite führt man die Religionsfreiheit, den Respekt vor der Achtung religiöser Gebote durch Menschen eines Minderheitenglaubens, die Suche muslimischer Frauen nach eigener Identität und die weltanschauliche Neutralität des liberalen Staats selbst gegenüber ungewöhnlichen und extremen religiösen Positionen an, solange diese weder andere Menschen noch die öffentliche Ordnung gefährden. Genau letzteres wird jedoch von denen, die ein Verbot durchsetzen wollen, als wesentliches Argument angeführt: Es handle sich, da es kein vom Koran zwingend vorgeschriebenes und/oder von allen muslimischen Frauen anerkanntes Gebot zum Kopftuchtragen gebe, gerade um eine radikale und bewusste Wendung gegen die demokratische politische Ordnung im Namen radikaler Religiosität. Ferner sei das Kopftuch ein Symbol der Geschlechterhierarchie und der sexistischen Unterdrückung, die mit den Grundsätzen des liberalen Staats unvereinbar sei.[195]

Demgegenüber lässt sich, wiederum in Anwendung der Grundsätze liberalen Rechtsdenkens einwenden, kaum allen muslimischen Kopftuchträgerinnen oder auch ihren Ehemännern, Vätern, Brüdern könne man radikale und demokratiefeindliche Gesinnung unterstellen. Ferner hat, wer ein bestimmtes Kleidungsstück trägt, erstens zunächst die Vermutung für sich, dass sie dies freiwillig tut, zweitens gilt, da bestimmte Formen der religiösen Gesinnung offenbar (zu Recht) als gesellschaftsbedrohend angesehen werden, auch hier erst einmal die Unschuldsvermutung, d. h. nicht Staatszerstörung, sondern Traditionsbewusstsein und vielleicht Identitätssuche bilden den persönlichen Hintergrund für das Tragen eines Kleidungsstücks. Solange wir nicht wissen, ob sexistischer Zwang oder eine Suche nach Halt in den als eigen angesehenen – auch religiösen – Traditionen das Motiv für dieses Verhalten ist, sollte die Gesellschaft einerseits diesen Halt nicht verwehren und andererseits weniger das (mögliche) Symbol der Unterdrückung als die Unterdrückung selbst zur Zielscheibe von Kritik und Gegenmaßnahmen machen. Zu diesem Zweck kann es gerade hilfreich sein, wenn die muslimischen Frauen und Mädchen von eventuellen Streitigkeiten um derartige Äußerlichkeiten entlastet werden und die Möglichkeit erhalten, sich auf grundlegendere Probleme zu konzentrieren.

Gegenüber der Forderung nach dem *Recht* einer Gruppe auf das Verfolgen eines „kollektiven Ziels", auch gegen die Rechte der betroffenen Individuen, lässt sich auf ein Argument von Jürgen Habermas zurückgreifen, nämlich dass es angesichts der Vielzahl von „Kämpfen um Anerkennung" mit je verschiedener Wirkung auf die beteiligten Kulturen „differenzblind" wäre, ihnen allen ähnliche Kollektivrechte einzuräumen.[196]

Der Erhalt einer Vielfalt von Minderheitenkulturen, ob nun von Migranten oder von „Alteingesessenen", kann in einer modernen offenen Gesellschaft durchaus als erstrebenswert angesehen und durch verschiedene Maßnahmen unterstützt werden. Mehr und mehr setzt sich die Überzeugung durch, dass die Identität und der Wert einer modernen Gesellschaft nicht in der Exklusion, sondern in Vielfalt und Variantenreichtum liegt.

Wie wir davon ausgehen, dass zur Bewahrung unserer kulturellen Identität der Erhalt von Baudenkmälern gehört, so sollte uns auch daran gelegen sein, den Erhalt besonderer Sprachen wie des Sorbischen in der Lausitz und des Saterländischen bei Friesoythe, aber auch das Brauchtum der Alteingesessenen und der Zugewanderten, ob dies nun Heimatvertriebene oder Griechen, Sizilianer oder Türken sind, zu fördern. Über finanzielle Sonderzuwendungen hinaus werden in besonderen Fällen für Minderheiten begrenzte Autonomieregelungen eingeräumt, in Westeuropa etwa für Südtirol oder das Baskenland. In Mazedonien etablierte man im Herbst 2001 gewisse Minderheitenrechte für die albanische Bevölkerung, in der Hoffnung, dadurch den Bestand der Republik als Ganzes zu bewahren. Selbstverständlich gelten innerhalb dieser autonomen Regionen dieselben individuellen Rechte wie anderswo.

Differenzierungen kollektiver Rechte bzw. von Gruppenrechten beziehen sich erstens auf die Struktur der in Frage kommenden Rechte, zweitens auf die Arten von Gruppen, die dadurch begünstigt werden. Thomas Pogge gibt eine nützliche Einteilung:

- „Kollektivrechte, nämlich positive Rechte, die eine Gruppe als Gruppe hat und, sofern es sich um aktive Rechte handelt, auch kollektiv als Gruppe ausübt." So könnten etwa die Ausländer innerhalb einer deutschen Stadt oder eines Bundeslandes das Recht haben, einen fünf-, zehn-, oder auch zwanzigköpfigen Ausländerbeirat zum Stadtrat oder Landtag zu bestimmen.
- „Gruppenspezifische Individualrechte, nämlich positive Individualrechte, die nur den Mitgliedern einer Gruppe zukommen." Dies wäre etwa das Recht aller erwachsenen ortsansässigen Ausländer, sich an der Wahl des Ausländerbeirats zu beteiligen.
- „Gruppenstatistische Rechte, nämlich positive Rechte, die den Status einer Gruppe schützen sollen." Damit sind oft gewisse Quotierungen gemeint, etwa der Anspruch der dänischen Minderheit, nicht von der Fünf-Prozent-

Hürde in Schleswig-Holstein betroffen zu sein, der Anspruch der Afro-Amerikaner auf eine bestimmte Quote von Studienanfängern; in Deutschland wird die Frauenquote, sowohl im öffentlichen Dienst wie in der Industrie, heftig diskutiert.[197]

Gruppenstatistische Rechte wie etwa Quotierungen sind dann denkbar, wenn sich eine umgrenzte Gruppe ausmachen lässt, bei der man hofft, historisch bedingte Ungerechtigkeiten ausgleichen zu können. Das sicherlich wichtigste Beispiel sind Frauenquoten im öffentlichen Dienst, der Politik, den Vorstandsetagen der Wirtschaft. In anderen Fällen geht es darum, nationale, religiöse, ethnische Minderheiten oder Randgruppen dadurch besser in die Gesamtgesellschaft zu integrieren, dass man ihren Mitgliedern in begrenztem Maße den Weg zu Einrichtungen wie Hochschulen – etwa durch niedrigeren NC – erleichtert um bislang faktisch vorhandene Nachteile auszugleichen. Neue Probleme entstehen, wenn dadurch vergleichbare Gruppierungen ins Hintertreffen geraten, auch die Zuweisung von Kontingenten nach möglichst gerechten Kriterien birgt Konfliktstoff. Als *spezifisches Recht*, das genau den Mitgliedern einer Minderheit zukommt, käme etwa das Recht auf barrierefreien Zugang zu öffentlichen Gebäuden für körperlich Behinderte in Frage, der Anspruch auf Zweisprachigkeit und entsprechenden Unterricht für bestimmte Minderheiten oder auch ein Recht auf doppelte Staatsbürgerschaft für Kinder von Migranten, die in einem Land geboren wurden oder als Kleinkinder dorthin kamen. Es wurde immer wieder gefordert, den Dschungel der gesetzlichen Regelung des Aufenthalts, der beispielsweise in Deutschland durch Aufenthaltserlaubnis (§ 15 Ausländergesetz), Aufenthaltsberechtigung (§ 27), Aufenthaltsbewilligung (§§ 28 ff.) und Aufenthaltsbefugnis (§§ 30 ff) mit jeweils zahlreichen Sonderbestimmungen geregelt wurde, etwas zu ordnen.[198] Ob dies mit dem Aufenthaltsgesetz von 2004 (Vollzitat: „Aufenthaltsgesetz in der Fassung der Bekanntmachung vom 25. Februar 2008 (BGBl. I S. 162), das durch Artikel 1 des Gesetzes vom 27. Juli 2015 (BGBl. I S. 1386) geändert worden ist") gelungen ist, kann hier nicht entschieden werden.

Innerhalb einer *res publica*, einem politischen Gemeinwesen mit einer in wesentlichen Teilen gemeinsamen Öffentlichkeit, können sogar bestimmte *Kollektivrechte* einzelner Gruppen legitim und zweckmäßig sein, die der Identitätsfindung und Stabilisierung der Gruppenmitglieder dienlich sind, die ihnen die Furcht vor der Unterdrückung durch die Mehrheit nehmen und das Gefühl der Akzeptanz ermöglichen, solange sie die Autonomie der Angehörigen der Minderheit einerseits und das Gemeinwohl andererseits nicht beeinträchtigen. Um die Möglichkeit des Verfolgens gemeinsamer Ziele in der politischen Gemeinschaft zu bewahren und sie nicht dem naturgemäß irgendwann konfligierenden Gruppeninteresse zu opfern, scheint es jedoch ratsam mit dem Zugeständnis von Kollektivrechten sehr vorsichtig umzugehen.

Generell sollte die Faustregel gelten, dass rechtliche Regelungen, die bestimmten Gruppen einen Sonderstatus einräumen, im Interesse der Gleichheit der Staatsbürgerinnen eher die Ausnahme, wenn nicht sogar der letzte Ausweg zur Vermeidung gewaltsamer Konflikte sein sollten. Normalerweise sollten alle Gruppen innerhalb eines Staates oder z. B. auch innerhalb der Europäischen Union dazu ermutigt werden, sich um Einflussnahme auf die politische Willensbildung, auch mittels nicht-staatlicher, jedenfalls nicht durch die Regierung gelenkter Organisationen zu bemühen.

3.3 Kulturabhängigkeit vs. Transkulturalität der Menschenrechte

3.3.1 Der Ideologie- und Imperialismusvorwurf

Es gibt eine lange und nach wie vor aktuelle Tradition der Ablehnung der Menschenrechte als staats- und gemeinschaftsschädigend, die sie als einen historisch-kontingenten Irrweg der westlichen Kultur begreift, obendrein als neues Instrument des westlichen Imperialismus, mit dem Kulturen und Traditionen, die nicht mit den Grundsätzen kapitalistischer Produktionsweise homogenisierbar sind, unterdrückt und ausgemerzt werden sollen. Wesentliche Punkte der marxistischen Kritik wurden in Abschnitt 3.1.5. bereits diskutiert. Hier sei in Kürze überlegt, ob theoretische Resultate und normative Grundsätze einer sich universalistisch gebenden Vernunft dadurch als nur begrenzt gültig, als widerlegt bzw. überwunden nachgewiesen werden können, dass man ihre kontingente Entstehung nachzeichnet und ihre (teilweise) Kongruenz mit partikulären Interessen, etwa den Interessen der westlichen Bourgeoisie, nachweist. Für die Menschenrechte stellt sich die Frage, inwieweit die im ersten Abschnitt dieses Kapitels nachgezeichnete historische Kontingenz der Entstehung ihre Gültigkeit zu beeinträchtigen vermag.

Ein früher und noch immer viel diskutierter Versuch, den „westlichen" Ursprung der Menschenrechte sowie der ihnen zugrunde liegenden universalistischen Moral- und Rationalitätsprinzipien und daraus folgend ihre Relativität nachzuweisen, stammt von Carl Schmitt. Er entwickelt die „Erkenntnis der heutigen technisch-industriellen Welt" aus der Hinwendung Englands zur „maritimen Existenz" in expliziter Konkurrenz zum Marxismus.[199] Dabei hält Schmitt sein Geschichtsmodell für noch grundlegender, da er damit auch die Entstehung der Nationalökonomie, ihre Weiterführung durch den Marxismus und dessen Funktion für die Überwindung der „industriell-technischen Wehrlosigkeit" der klassischen Landmacht Russland erklären könne.²⁰⁰ Sein geschichtsphilosophischer Kerngedanke führt die industrielle Revolution, Entwicklung des naturwissenschaftlichen Denkens, Nationalökonomie und die universalistische humanitäre Moral mitsamt ihrer Auswirkung auf das moderne Völkerrecht auf die Hinwendung Englands zur maritimen Existenz zurück.²⁰¹ Während die anderen Seefahrernationen und Kolonialmächte in ihrem Denken auf die Mutterländer fixiert blieben, so Schmitt, verlegte England seine gesamte Existenz auf die Seefahrt, erlangte im Laufe der Jahrhunderte die Herrschaft über die Weltmeere und errichtete ein über alle Kontinente verstreutes, nicht mehr auf Europa konzentriertes Weltreich. Dies brachte eine tiefgreifende Veränderung des Denkens mit sich: Wer sein Leben wesentlich auf einem Schiff zubringt, einem Gerät also, das zum Beherrschen eines stets feindlichen Elements, des Meeres geschaffen wurde, der wird jede technische Neuerung, die ihm ein weiteres Stück zur Beherrschung der Natur verhilft, viel eher als eo ipso sinnvoll begrüßen als einer, dem sein Boden Zuflucht bietet, aber auch durch den Wechsel der Jahreszeiten etc. eine Ordnung vorgibt, in die neue Erfahrungen selbstverständlich eingeordnet werden.²⁰² Auch die Einstellung gegenüber den bestehenden Kulturen änderte sich, denn „die englische Welt dachte in Stützpunkten und Verkehrslinien. Was für die anderen Völker Boden und Heimat war, erschien ihr als bloßes Hinterland."²⁰³ Entsprechend wurden auch die Beurteilungen moralischer und rechtlicher Vorgänge, losgelöst von den konkreten Verhältnissen, nach den Kriterien einer universell gültigen, humanitären Moral durchgeführt. „Am erstaunlichsten ist, daß andere Völker solche englischen Begriffe als klassische Wahrheiten übernahmen [...], ohne die Urtatsache, die britische Seenahme und ihre Zeitgebundenheit im Auge zu behalten."²⁰⁴

Indem er die kausale Abhängigkeit von Technizismus und Moralität von dem kontingenten Faktum der Hinwendung Englands zur maritimen Existenz nachweist, will er sie in ihrer historischen Relativität bloßstellen und damit überwinden. Hatte er im Jahre 1933 die Fähigkeit zum richtigen Verstehen noch an die Rasse gebunden,²⁰⁵ so erklärt er sie ab den vierziger Jahren²⁰⁶ durch die Bindung an einen bestimmten Lebensraum, welcher im Falle der angelsächsischen Seemächte eben der Ozean ist. Ein solcher Raum schaffe eine je eigene „Ikonographie", welche die selbstverständlich für richtig gehaltenen Überzeugungen bestimmt, über die letztlich nicht mehr diskutiert werden könne.

Dass die industrielle Revolution ihren Ausgang in England nahm ist ebenso unbestritten wie ihre negativen Begleiterscheinungen. Ferner scheint auch eine kausale Relation zwischen Englands geographischer Lage und seiner führenden Rolle während der industriellen Revolution keineswegs unplausibel. Inwieweit eine irgendwann abgelaufene bewusste Wahl des Meeres als Lebenselement die hinreichende und notwendige Bedingung dieser Entwicklung war, lässt sich jedoch kaum ermitteln. Schwieriger noch wird eine nachprüfbare „Erklärung" der universalistischen Moralität aus dieser Wahl des Lebenselementes, falls sie denn stattgefunden hat. Es seien hier daher nur Bedenken gegen die Grundvoraussetzung des ganzen Unternehmens angemeldet: gegen die Annahme, man habe ein moralisches Urteil dadurch widerlegt, dass man seine Entstehungsgeschichte nachweist. Dies wäre höchstens dann der Fall, wenn die Allgemeingültigkeit eines moralischen Urteils daran gebunden wäre, dass es allen Menschen zu jeder Zeit bekannt war. So wenig indessen die Kontingenzen in der Biographie von Friedrich Gauß seine mathematischen Entdeckungen zweifelhaft werden lassen, werden die moralphilosophischen Reflexionen von Kant, Bentham oder Mill dadurch falsch, dass man über die Zufälle bei ihrer Entstehung und eventuelle charakterliche Unzulänglichkeiten ihrer Autoren, beispielsweise über rassistische Äußerungen Mills und rassistische und sexistische Äußerungen Kants, Bescheid weiß.

Möglichkeiten, ein moralisches Urteil zu widerlegen, seine Ungültigkeit nachzuweisen, bestehen darin, seine Inkonsistenz (niemand kann z. B. widersprüchliche Forderungen erfüllen) aufzuzeigen, seine Unerfüllbarkeit (ultra posse nemo obligatur), seine Unvereinbarkeit mit einem allgemein anerkannten Kriterium, seine Ableitung aus nicht anerkennbaren Prämissen usw. An dieser Stelle lässt sich einwenden, gerade die Annahme, man wisse, was allgemein anerkennbare Prämissen sind, sei untrüglich der Einstieg in den ethnozentrischen Imperialismus. Seyla Benhabib begegnet einem solchen Einwand, indem sie zwischen einem substitutiven Universalismus, wie bei Kant und Rawls, und einem interaktiven Universalismus differenziert. Während ersterer von homunculi wie den Menschen hinter dem Schleier des Nichtwissens als zu berücksichtigenden Individuen ausgehe, nehme letzterer die konkrete Identität der tatsächlichen Gesprächspartner ernst.[207] Allerdings stehen sämtliche Versuche, moralische Kriterien in anwendbarer Weise zu formulieren, vor dem Problem, einerseits bestimmte Handlungen, Verhaltensweisen, Einstellungen als unakzeptabel kennzeichnen zu müssen, was mitunter massive Maßnahmen gegen die Akteure impliziert, andererseits eine möglichst große Unvoreingenommenheit gegenüber möglicherweise berechtigten Einwänden gegen diese Kriterien und die aus ihnen resultierenden moralischen Forderungen zu bewahren. Es scheint nahe liegend, dass in der politischen Wirklichkeit immer wieder Verstöße gegen diese schwer vereinbaren Ansprüche zu verzeichnen sind.

Wer jedoch nachweist, dass eine moralische Forderung der Gruppe, die sie in Umlauf bringt, Vorteile auf Kosten anderer verschafft und aus diesem Grunde ihre Geltung anzweifelt, beruft sich darauf, dass sie gegen das Prinzip der Unparteilichkeit, auch gegen das der Aufrichtigkeit verstößt. Dabei wird man sehen müssen, ob der zu dieser Forderung gehörende Grundsatz gegen eines dieser Prinzipien verstößt oder ob er nur in falscher Weise angewandt wurde. Jedenfalls bleibt das universell-moralische Prinzip der Unparteilichkeit dabei in Geltung. So ist Carl Schmitts Protest gegen die moralisierenden Begründungen, mit denen der westliche Imperialismus verbrämt wurde und wird, völlig berechtigt, doch nur auf der Basis der universalistischen Moralität von argumentativer Relevanz. Ihre Kraft beruht nicht auf der moralischen Integrität einer bestimmten Instanz, sondern auf der Offenheit der Diskussion. Der Versuch, diese Moralität in ihrer Geltung dadurch zu bezweifeln, dass man sie mit regionalem Brauchtum oder auf höhere Wahrheiten rekurrierenden religiösen Überzeugungen parallelisiert, ist deshalb unplausibel, weil sie gerade jenes Element an Minimalmoral darstellt, das sich in so gut wie allen Moralsystemen findet. Gegenüber der Anklage, die Menschenrechte seien lediglich eine neue Variante des westlichen Imperialismus zur ideologischen Unterdrückung anderer Kulturen kann man zunächst nur aufs Neue bestätigen, dass sich die Menschenrechte im Prinzip so wie die meisten anderen Theorien und Normensysteme auch zu ideologischen Zwecken zugunsten bestimmter Gruppen und Mächte instrumentalisieren lassen. Dasselbe gilt freilich für die Kritik an ihnen: Es fällt auf, wie sich die Formulierungen, deren sich heute manche asiatischen und afrikanischen Potentaten oder deren Ideologen bedienen, bis in die Wortwahl hinein mit denen decken, durch die man Kritik an Menschenrechtsverletzungen vor achtzig Jahren als „nicht-arisch" und noch vor fünfzig bzw. vierzig Jahren etwa als unpassend für die Menschen der iberischen Halbinsel und Südamerikas abgelehnt hat. Auch im „Westen", was immer man dazu zählen möchte, sind die Menschenrechte alles andere als althergebrachtes Kulturgut; sie wurden, soweit sie bisher geachtet werden, mühevoll erkämpft und müssen permanent verteidigt werden.

Vielleicht lässt sich der Beitrag des Westens, wenn es denn überhaupt so etwas wie „den Westen" geben sollte, dadurch kennzeichnen, dass erstens durch die genannten Entwicklungen ein besonders hilfreiches, griffiges und leicht operationalisierbares Vokabular für die in allen Kulturen vorhandenen Ansätze gefunden wurde, gute von schlechten Herrschaften zu unterscheiden: Man kann mittels der Rede über Menschenrechte leichter als mit anderen Methoden feststellen, ob ein Staat seine Aufgaben vernachlässigt. Zweitens gab es in einem der „plastischen", also für raschen sozialen Wandel offenen Phasen der europäischen Entwicklung eine *pressure group*, ein mit erheblicher sozialer Macht versehenes Interessenkartell, für welches diese Ideen eine gute Waffe im politischen Kampf waren. Dies war tatsächlich das Bürgertum im Verbund mit Teilen der anderen Stände, die sich gegen die absolutistischen Übergriffe erst ideologisch, dann auch politisch so erfolgreich zur Wehr setzten, dass der Ständestaat de facto gleich mit verschwand. Das Besondere an den Menschenrechten ist allerdings, dass sie sich stets gegen den wenden, der sie nur zum persönlichen Vorteil missbrauchen will, wie das Bürgertum nach dem Sieg über Monarchie und Adel merken musste, die demokratischen Kolonialmächte nach dem Sieg über die Diktaturen im Ersten Weltkrieg.

Zwei der üblichen Argumente gegen die Menschenrechte seien noch einmal erwähnt: Insbesondere gegen die Abwehrrechte wird ihre angebliche Gemeinschaftsschädlichkeit geltend gemacht. Ohne bestreiten zu wollen, dass Individualinteressen und Gemeinschaftsinteressen divergieren können, wurde bereits festgehalten, dass damit in den seltensten Fällen die elementaren Menschenrechte betroffen sind. Zudem bleibt fraglich, ob wir eine Gemeinschaft wollen, der wir ohne Rechtsschutz geopfert werden können. Nochmals sei auch darauf hingewiesen, dass eine der wichtigsten Schriften zur Verteidigung der individuellen Freiheit – John Stuart Mills „On liberty" durchgängig mit den Vorteilen argumentiert, welche der Gemeinschaft durch Redefreiheit, Gedankenfreiheit und individuelle Freiheit der Lebensgestaltung erwächst. Gegen die von verschiedener religiöser Seite erhobene Behauptung, Menschenrechte richteten sich gegen das wahre, göttliche Recht kann man festhalten, dass in beiden Fällen menschliches Recht zur Diskussion steht, nur dass in einem Fall einige Menschen das von ihnen vertretene Recht als von Gott gegeben behaupten, wofür es eben keinen allgemein anerkannten Beweis gibt.

3.3.2 Menschenrechte und kulturbedingte Grenzen des Verstehens

Aus unterschiedlicher Richtung werden immer Zweifel daran geäußert, dass man über kulturelle Grenzen hinweg moralische und rechtliche Prinzipien und Kriterien überhaupt verstehen könne. Es dürfte inzwischen kaum noch umstritten sein, dass die Gesamtheit dessen, was in einer Kultur mehr oder minder selbstverständlich für richtig gehalten wird, was die Denkweise der Angehörigen dieser Kultur prägt, je nach Lebensraum, Religion, Sozialisierungsform usw. kontingenten Einflüssen unterworfen ist. Wer in einer Diskussion die Gesprächspartner durch die Rückführung der eigenen Position auf gemeinsam geteilte Grundannahmen überzeugen will, sollte in Rechnung stellen, dass die Fundamente unserer jeweiligen Rationalitätsvorstellungen oft nicht mehr begründet, sondern durch Einübung erlernt, somit auch von kontingenten Faktoren geographischer oder anderer Art abhängig sind. Unsere Kultur schafft eine Vielzahl von Selbstverständlichkeiten, auf deren Basis wir überhaupt erst urteilen, ein „Weltbild", von dessen Richtigkeit der Einzelne sich nie überzeugt hat, dass er einfach voraussetzt und voraussetzen muss.[208]

Es gibt allerdings nicht *einen* gegen jede Veränderung immunen Grund unseres Denkens, woraus sämtliche Überzeugungen abgeleitet werden – weder, wenn wir ihn für alle Menschen gleich konzipieren wollen, noch, wenn wir diesen Grund für jede Kultur verschieden ansetzen. Das Netz unserer moralischen und anderweitigen Überzeugungen ist kein monolithischer und unveränderbarer Block, der anderen Monolithen gegenüber steht. Es besteht vielmehr aus einer Vielzahl miteinander verknüpfter teils mehr, teils weniger grundlegender Glaubensinhalte, von denen keiner von aller Kritik ferngehalten werden kann.

In der Realität interkultureller Kontakte kommt meist eine Vielzahl von Sprachverwendern über längere Zeit auf einem begrenzten Gebiet, etwa dem des Handels, miteinander in Berührung und erreicht dort anhand einer großen Anzahl von „Experimenten" recht genaue Annäherungen der Sprachsysteme. Anstelle einer in der Tat kaum überschaubaren und beherrschbaren Konfrontation zwischen kompletten Weltbildern gibt es in der realen Begegnung zwischen Völkern, Staaten, Kulturen „Aushandlungszonen", in denen relativ konkrete Fragen zur Diskussion stehen, die natürlich mit den Kernüberzeugungen im jeweiligen „web of belief" verknüpft bleiben.[209] Dabei können sich die zur Erklärung von Beobachtungen und zur Rechtfertigung von Behauptungen und Forderungen postulierten, von der „Peripherie" weit entfernten Entitäten und Überzeugungen, seien dies Atome, Viren, Dämonen, Hexen oder Götter sehr deutlich unterscheiden und möglicherweise erhebliches Beharrungsvermögen aufweisen. Keines dieser Theoriestücke entzieht sich einer Übersetzung, dem Verstehen völlig doch ist es wohl nicht möglich, das gesamte „Weltbild", „Begriffsschema", die gesamte Ikonographie eines Volkes, einer Kultur auf einmal zu erfassen, da dies wesentlich über das tägliche Erleben vermittelt wird. Dies hindert jedoch nicht daran, über sämtliche anfallenden Fragen und Probleme in diskursive Auseinandersetzung zu treten, wie Menschen mit demselben kulturellen Hindergrund und unterschiedlichen Ansichten es im günstigen Fall auch tun.

Wendet man diese Überlegungen auf Probleme der Verstehbarkeit und Übersetzbarkeit diverser Rechtssysteme an, so wird man zunächst fragen müssen, *was* es denn zu verstehen gilt. Geht es um die Nachvollziehbarkeit individueller Erfahrung, so sind unsere Möglichkeiten in der Tat begrenzt, jedoch nicht erst beim Umgang mit fremden Kulturen.[210] Die Frage ist, ob Rechtsregeln und ganze Rechtssysteme durch regionale, religiöse und weltanschauliche Besonderheiten derart determiniert sein können, dass Kritik daran von mangelndem Verstehen zeugt und deshalb gegenstandslos ist.

Nun hat ein mit Machtbefugnissen ausgestattetes Rechtssystem – und nur solchen gegenüber macht es Sinn, die Einhaltung der Menschenrechte einzuklagen – eine Reihe bestimmter Leistungen zu erbringen, um als legitim gelten zu können. Komplexere Rechtssysteme tauchen historisch gesehen generell dann auf, wenn nicht alle Betroffenen in ihren Ansichten über Recht und Unrecht übereinstimmen und keine unbezweifelte Autorität mehr existiert. Von da an scheint es keinen Teil im gesellschaftlichen Netzwerk der Überzeugungen zu Rechtsfragen zu geben, der logisch so fest an ethnische, soziologische oder religiöse Determinanten geknüpft ist, dass eine Änderung oder zumindest Relativierung der Auffassung logisch unmöglich wäre. In jedem Fall ist das System der normativen Überzeugungen und die Gesamtheit der Rechtspraxis in einer Population spätestens dann kein monolithisches Gebilde mehr, wenn diese Population den Status völlig isolierter Stammesgesellschaften verlassen hat. Dies ist indessen in sämtlichen Staaten, deren Menschenrechtspolitik heute kritisiert wird, selbstverständlich der Fall. Es waren gerade rechtsethnologische Forschungen der letzten Jahrzehnte, welche die These des Rechtspluralismus gestützt haben, wie in Kap. 1.4 gezeigt wurde: Es gibt in den meisten Rechtsystemen, insbesondere in postkolonialen Gesellschaften, keine in sich geschlossene und homogene Struktur, sondern es stehen nationales Recht, internationales Recht, transnationale Rechtsbeziehungen zu staatlichen und zivilgesellschaftlichen Akteuren neben traditionellen, religiösen und gewohnheitsmäßigen Rechtsauffassungen, die oftmals ebenfalls nicht an Staatsgrenzen halt machen. Diese Vielfalt wird durch die Globalisierung einerseits verstärkt, die andererseits in manchen Bereichen gerade eine verstärkte Regionalisierung hervorruft, was zu der Rede von „Glocalization" führte.[211] Wenn daher die Forderung nach Einhaltung der Menschenrechte an gegenwärtige Staaten und andere politisch relevante Strukturen gerichtet wird, so ist dies in keiner Weise als Konfrontation einer homogenen Tradition mit einem von außen herangetragenen Katalog fremder Forderungen zu deuten, wie dies von Seiten regionaler Machthaber gerne behauptet wird. Da die Menschenrechte jenes Minimum an Bedingungen zu formulieren versuchen, welches auf lange Sicht ein friedliches Zusammenleben der Menschen ermöglicht, gibt es für die internationale Gemeinschaft höchstenfalls taktische oder pragmatische Gründe, vorübergehend auf ihre Durchsetzung zu verzichten, etwa wenn diese mehr Leid verursachen würde als sie zu vermeiden hilft (vgl. unten Kap. 5).

3.3.3 Ein Recht auf kulturelle Identität?

Bereits in Abschnitt 3.2.5 wurde die so genannte dritte Generation der Menschenrechte, angesprochen, als die man die kulturellen Rechte bezeichnet hat, ebenso Charles Taylors nahezu klassisch gewordene Attacke auf den „differenz-blinden" universalistischen Liberalismus, seine Betonung des „dialogischen Charakters menschlicher Existenz"[212], die daraus resultierende „Wichtigkeit der Anerkennung" in der je „unverwechselbaren Identität eines Individuums oder einer

Gruppe"²¹³ und die Forderung nach einer „Politik der Differenz"²¹⁴, damit die Identität „niemals verloren geht?".²¹⁵

Vieldiskutierte Beispiele sind die Bewahrung der französischen Identität in Quebec, die *First Nations*, also die indigenen „Nationen" Kanadas, ferner Migrantengruppen in Nordamerika und Europa. Jedoch gibt es auf sämtlichen Kontinenten Bevölkerungsgruppen, die sich gegen Kritik an ihren Traditionen verwahren, die mit dem Hinweis auf die Menschenrechte begründet wird. Es lässt sich nicht bestreiten, dass zum Recht auf Entfaltung der Persönlichkeit und auf Suche nach dem persönlichen Glück das Recht gehört, seine persönliche Identität in vielerlei Belangen zu finden und zu entwickeln. Dazu gehört, dass niemand aufgrund der Zugehörigkeit zu ethnischen oder religiösen Minderheiten Benachteiligungen ausgesetzt werden darf und jeder und jede die Freiheit erhalten sollte, sich innerhalb der Traditionen der Gruppe, der man sich zugehörig fühlt, zu bilden und sich in der Gemeinschaft aufgehoben zu fühlen.²¹⁶

Umstritten ist, inwieweit man kulturellen Minderheiten, d. h. Persönlichkeiten, die darin Autorität in Anspruch nehmen, Entscheidungsbefugnis über ihre Mitglieder einräumt. An Taylor wurde mit einigem Recht kritisiert, wenn er einer Minderheit ihr kollektives Ziel nicht nur ermöglichen, sondern im Zweifelsfall auch gegen die erklärten Wünsche und Rechte der Individuen sichern wolle, verlasse er trotz aller gegenteiligen Beteuerungen den liberalen Konsens, sei es nur durch unerwünschte Konsequenzen seiner Auffassung.²¹⁷ Bei moderater Deutung lässt sich festhalten, dass kulturelle Rechte stets solche des Individuums als Subjekt sind, die den Anspruch auf Teilhabe an verschiedenen Formen gemeinschaftlicher Tätigkeit religiöser, traditioneller und anderer Art implizieren.²¹⁸ Von allen, die liberale Prinzipien mit kulturellen Rechten verbinden wollen, wird die Freiwilligkeit der Zugehörigkeit und die Notwendigkeit der Förderung für die in manchen Minoritäten Benachteiligten – zumeist die Frauen – betont,²¹⁹ zugleich aber zugestanden, dass einige religiöse und ethnische Gruppierungen dies als unannehmbare Bedingungen ansehen.

Wie problematisch die Ansprüche werden können, die mit der Forderung nach Wahrung kultureller Identität verbunden sind, zeigt sich am deutlichsten im Strafrecht und im Familienrecht. Benhabib listet einige spektakuläre Fälle von *cultural defense* auf, wie Doriane Lambelet Coleman bereits 1996 das Phänomen bezeichnet hatte, dass wegen schwerer Straftaten Angeklagte sich darauf berufen, sie hätten aufgrund ihrer kulturellen Herkunft und Einbindung gar nicht anders handeln können.²²⁰ Eine zumindest zeitweilige Offenheit der Strafjustiz gegenüber derartigen Argumenten führte zu einer gewissen Stabilisierung dieser Tendenz. Die rechtliche und politische Diskussion hält auch in Europa nach wie vor an. Im August 2007 nahm der Bundesgerichtshof in Leipzig den Revisionsantrag der Staatsanwaltschaft gegen ein Urteil des Landgerichts Berlin vom

April 2006 im Falle der Ermordung der 23-jährigen Türkin Hatun Sürücü an, die sich nach einer Zwangsheirat von ihrem Mann getrennt und in Berlin eine Lehre angefangen hatte. Die Familie hatte es nach Angaben des jüngsten, zur Tatzeit minderjährigen der drei Brüder des Opfers, der die tödlichen Schüsse abgegeben hatte und dafür etwas mehr als neun Jahre Jugendstrafe erhielt, als Kränkung der Familienehre angesehen, dass die junge Frau wie eine Deutsche lebte. Gegen die beiden älteren Brüder, deren Mittäterschaft das Landgericht Berlin für unzulänglich bewiesen hielt und die sich noch vor der Revision in die Türkei abgesetzt hatten, wurde dort im März 2015 Mordanklage erhoben.[221] Anfang August 2007 gab es in Italien heftigen Streit um ein Urteil der Corte di Cassazione, das muslimische Eltern freisprach, die ihre erwachsene Tochter wegen deren Beziehung zu einem Nicht-Muslim geschlagen hatten: „Zu dritt – Mutter, Vater und Bruder islamischen Glaubens und magrebbinischer Herkunft – schlugen die junge Tochter Fatima R. und hielten sie fest um sie zu strafen weil sie einen Freund besuchte und allgemeiner für ihren Lebensstil, der nicht ihrer Kultur entsprach"[222].

Der andere rechtliche Schwerpunkt, in dem die kulturelle Identität behauptet und verteidigt wird, ist das Familienrecht. Ayelet Shachar (vgl. oben 1.4.3.) schlägt vor, in diesem Bereich die Zuständigkeiten und rechtlichen Befugnisse zwischen den staatlichen Stellen und den traditionellen Autoritäten aufzuteilen. Sie hofft dadurch einerseits einem „reactive culturalism", also dem Rückzug von Migrantengruppen auf vermeintliche oder tatsächliche Traditionen und eine damit verbundene Abschließung nach außen,[223] vorbeugen und andererseits zur Transformation traditioneller hierachischer Strukturen beitragen zu können,[224] wobei sie auf den wandelbaren Charakter rechtlicher wie kultureller Inhalte Wert legt[225]: Beides kann aufeinander zu bewegt werden, etwa wenn es um Fragen der Ehescheidung, der Vererbung etc. geht. Daran wurde kritisiert, dass auf diese Weise die Suggestion klarer Grenzen zwischen den Kulturen aufrechterhalten bleibe, dass eine „Refeudalisierung des Rechts" befördert werde und „eine Art multikultureller kalter Krieg"[226] ausgelöst werden könne.

Dem Begriff der Kultur[227] wird dabei also die Funktion zugewiesen, neben oder sogar gegen die staatliche Organisation die Identität einer Gruppe zu sichern, damit sie ihre Ansprüche gegen den Staat, gegen die „Mehrheitskultur", oder auch schlicht gegen „Kulturen" oder „Zivilisationen" verteidigen, von denen man sich bedroht sieht.[228] Zeitweilig, insbesondere in der deutschen Tradition war Kultur das, was ein Volk zu einer Nation machte und damit die wesenhafte Voraussetzung der Staatlichkeit, wobei man sich nicht selten auf Herder als den Begründer dieses Kulturbegriffs berief.[229] Wesentlich für die Kultur ist dabei ihre Einmaligkeit und Unverwechselbarkeit mit anderen Kulturen,[230] in der gegenwärtigen, stark ethnologisch beeinflussten Debatte wird darüber hinaus ihre Gleichwertigkeit hervorgehoben. „Much contemporary cultural politics today is an odd mixture of the anthropological view of the democratic equality of all cultural forms of expression and the Romantic, Herderian emphasis on each form's irreducible uniqueness".[231]

Seit längerem wird bezweifelt, dass die soziale Welt sich in säuberlich getrennte Kulturen aufteilen lässt.[232] Mehr noch, falls es innerhalb einer Gesellschaft gelingen sollte, derartige Trennungen ins Werk zu setzen, so wäre dies höchstens ein Zeichen pathologischer Entwicklung. Angesichts der unsicheren, oft umstrittenen Zugehörigkeitskriterien ist obendrein keineswegs klar, wer sich erlauben darf im Namen einer Kultur, oder auch nur im Namen einer bestimmten kulturellen Minderheit zu sprechen. Die Personen, die von den staatlichen Behörden oder in den Medien, etwa in Talkshows, als Sprecher derartiger Minderheiten akzeptiert werden, besitzen oftmals keine demokratische Legitimation; speziell mediale Auswahlkriterien sind eher exotische Ausstrahlung, Bestätigung verbreiteter Vorstellungen von bestimmten Minderheiten etc. Eine Kultur ist eine viel zu unbestimmte Identität, um zur Abgrenzung individueller oder kollektiver Identität tauglich zu sein. Benhabib weist darauf hin, dass die Diskussionen zwischen den Konservativen, die Wert auf die Trennung der Kulturen legen, und einem Multikulturalismus, der die Kulturen nach dem Modell eines Mosaiks nebeneinander stellt, auf derart irrigen, von beiden Seiten geteilten falschen Voraussetzungen beruhen.[233] Nicht selten wird innerhalb von Minderheiten ein erheblicher sozialer Druck, bis hin zum Drohpotential und zur Gewalt aufgebaut, um eine derartige Abgrenzung künstlich aufrecht zu erhalten und damit Privilegien einzelner exponierter Vertreter oder von Statusgruppen, nicht selten sind dies die männlichen Gruppenmitglieder, zu sichern.

Viele, wenn nicht die meisten Menschen gehören jedoch zugleich mehreren Kulturen an, sei es ethnischer, religiöser, sozialer, klassengebundener, regionaler, intellektueller oder sonst welcher Art. Und normalerweise gibt es keine eindeutige Präferenzordnung, wie sie vor einigen Jahren ein Krieger aus Kandahar äußerte, der meinte, er sei seit hundert Jahren Afghane, seit dreizehnhundert Jahren Muslim und seit dreitausend Jahren Paschtune. Anders könnte sich etwa eine liberale französische Feministin jüdischen Glaubens eher als Jüdin denn als Französin fühlen, wenn es um die Unterstützung für Israel geht, eher als Französin, wenn ihr Land von anderen Feministinnen nach ihrer Meinung ungerecht kritisiert wird, aber dann doch eher als Feministin, wenn sie meint, auch jüdische Frauen vor dem Machismo ihrer Ehemänner schützen zu müssen. Nicht selten wird sie, oder werden Menschen in vergleichbaren Situationen auch in innere Konflikte geraten. Ein ähnliches Beispiel wird von Amartya Sen gegeben.[234]

Will Kymlicka versucht, diesem Problem durch eine Differenzierung zwischen verschiedenen Arten von Kulturen zu entgehen. Er sieht seine Argumentation für Minderheitenrechte in Form kultureller Rechte bzw. Gruppenrechte durch den Status der Kultur als Grundgut im Sinne von Rawls fundiert. Rechte der Gruppe als Ganzes, die sich durchaus gegen einzelne Mitglieder derselben wenden können, gesteht er den indigenen Kulturen Kanadas, nicht aber Migrantengruppen zu und rechtfertigt ihre angebliche Notwendigkeit mit dem Schutz jener besonderen, „sozietalen" oder „Gesellschaftskulturen: [...] Die Teilhabe an derartigen gesellschaftlichen Kulturen erschließt ein Repertoire sinnhafter Lebensmuster, die den gesamten Bereich menschlicher Tätigkeiten abdecken."[235] Sheyla Benhabib bezweifelt demgegenüber, dass es überhaupt „Gesellschaftskulturen" gibt. Kymlicka nimmt ihrer Ansicht nach zudem eine voreilige Identifikation von „Gesellschaftskulturen" und Nationen vor.[236] Daniel Weinstock kritisiert die unterschiedlichen Weisen der Behandlung von nationalen und anderen Minoritäten, zumal die von Kymlicka auch geforderte Entwicklung zur autonomen Persönlichkeit möglicherweise bei einigen kanadischen Einwanderergruppen eher gefördert werde als bei manchen indigenen Kulturen.[237]

Die genannten Unklarheiten führten zu einer Tendenz, den Begriff der Kultur ganz aus der wissenschaftlichen und politischen und rechtlichen Rede entfernen zu wollen, als unklaren, inhaltsleeren Begriff. Andererseits haben wir durchaus gelernt, das Wort „Kultur" trotz seiner Vagheit in sehr unterschiedlichen Kontexten zu verwenden und wissen recht genau, dass es sich um etwas sehr Verschiedenes handelt, je nachdem, ob wir von den präkolumbianischen Kulturen Mittelamerikas sprechen und oder von der türkischen Gegenwartskultur oder von der Schwulenkultur, die es vielleicht in Russland oder im Iran nicht gibt, oder der Weinkultur in der Campagna. Wir können notfalls in vager Weise auch von der westlichen, der mediterranen und der islamischen Kultur, der Kultur der Paschtunen, der Azande oder der Nuer sprechen, wenn wir uns klar sind, dass es sich dabei nicht generell um einander ausschließende, festgefügte Gebilde mit eindeutiger Zuordnung handelt.

Wir können darüber hinaus berücksichtigen, dass Migranten oder andere Minderheiten in einer für sie fremden Welt das Verlangen haben, auch mit ihren andersartigen Gewohnheiten, deren Summe gleichfalls als Kultur bezeichnet werden mag, respektiert und angenommen zu werden, dass sie ferner das Bedürfnis haben, wesentliche Teile ihrer Überzeugungen aufrecht zu erhalten. Es mag sogar akzeptabel sein, angesichts der Vielfalt von Minoritätenproblemen überall auf der Welt eine die anderen Menschenrechte ergänzende, dritte Generation von Menschenrechten auf der Suche nach dem guten Leben in Übereinstimmung mit kulturellen Traditionen anzunehmen, so lange die anderen Rechte davon nicht beschädigt werden. Gegenüber Gruppenrechten wurden bereits Vorbehalte angemeldet.

Probleme tauchen auf, wenn man saubere Inklusionen und Exklusionen zwischen den Angehörigen verschiedener Kulturen unterstellt und regionale oder globale Konfrontationsszenarien daraus ableitet. Aus dem Versuch, diese angebliche Konfrontation für sich zu entscheiden, entsteht dann tatsächlich eine Bedrohung. Es gibt bei vielen Menschen das Verlangen, sich angesichts einer als bedrohlich empfundenen Wirklichkeit als Mitglied einer großen, mächtigen Gruppe zu fühlen, in der man seine Identität sucht. Damit ist oft das Verlangen nach einer klareren, einfacheren Welt verbunden. Doch dieses Verlangen lässt sich mit und ohne den Begriff der Kultur nicht zufrieden stellen.

4 Die Kernbegriffe des modernen Rechts

Unbestritten ist eine der grundlegenden Funktionen des Rechts die Sorge für die Sicherheit der von ihm regierten Individuen. In Kapitel 2 war einem Staat, der diese zu gewährleisten vermag, funktionale Legitimität bescheinigt worden. Unter Sicherheit wird in der philosophischen, rechtlichen und politischen Tradition dabei Verschiedenes verstanden. Wilhelm von Humboldt will die „Wirksamkeit des Staats" ausschließlich auf die „Sorgfalt" beim Schutz der Bürger voreinander und vor äußeren gewaltsamen Bedrohungen beschränken.[1] Hingegen enthalten die „Sicherheitstechnologien", deren Geschichte z. B. Michel Foucault untersuchen will,[2] über den Schutz vor Verbrechen hinaus auch die Eindämmung von Seuchen, Vermeidung von Hungersnöten etc. Ähnliches gilt, wenn heute in Teilen Afrikas, wo dem postkolonialen Nationalstaat die Ressourcen zur Sicherung und Versorgung der Bevölkerung fehlen, unter dem Schlagwort *human security* unterschiedliche Nicht-Regierungs-Organisationen oder auch der IWF z. B. für Malaria-Impfungen oder andere medizinische oder ökonomische Maßnahmen zur Lebenserhaltung sorgen (4.1.).

Wenn die staatliche Gewährleistung der Sicherheit im Sinne des Schutzes, als *freedom from fear*, zum politischen Programm erhoben wird, so führt dies spätestens seit der zweiten Hälfte des 20. Jahrhunderts in tagespolitischen Debatten zu permanenter Konfrontation mit der Sorge um die bürgerlichen Freiheiten. Über diese eher kontingente Beziehung hinaus ist die Freiheit in gewissem Sinne notwendig durch das (staatliche) Recht eingeschränkt, das, wie Kant es ausgedrückt hatte, „mit der Befugnis zu zwingen verbunden" ist. Gleich im nächsten Satz bezeichnet Kant diesen rechtlichen Zwang gerade als „Verhinderung eines Hindernisses der Freiheit"[3], generell das Recht seinerseits als „Inbegriff der Bedingungen, unter denen die Willkür des einen mit der Willkür des andern nach einem allgemeinen Gesetze der Freiheit zusammen vereinigt werden kann"[4]. Dies deutet an, dass hinsichtlich der Art der Verhinderung von Hindernissen der Freiheit begrifflicher Differenzierungsbedarf besteht, sowohl im Bezug auf das, was zu den Hindernissen zählen kann, denen entgegenzuwirken Aufgabe rechtlicher Obrigkeit ist, als auch hinsichtlich der dabei anzuwendenden Methoden (4.2.).

In dem einzigen „jedem Menschen kraft seiner Menschheit zustehende(n) Recht", nämlich der Freiheit im Sinne der „Unabhängigkeit von eines Anderen nöthigender Willkür", solange sie gesetzeskonform ist, ist wiederum laut Kant ihrerseits die „angeborne Gleichheit" enthalten und „wirklich von ihr nicht [...] unterschieden".[5] Damit ist eine weitere seit Langem andauernde Debatte der politischen Philosophie und Rechtsphilosophie angesprochen, nämlich das Verhältnis von Freiheit und Gleichheit. Einer häufig wiederholten These zufolge sind Freiheit und Gleichheit im politisch-rechtlichen Rahmen einander ausschließende Gegensätze, die allenfalls temporär durch Kompromisse zu versöhnen sind, von anderer Seite wird betont, dass ohne Gleichheit gar keine Freiheit möglich sei. Da ferner die Fragen, ob die Menschen faktisch gleich sind, ob sie vor dem Gesetz gleich sein sollen und ob sie alle gleich viel haben sollen in diese Debatte einfließen, ist eine genaue Analyse dieser Aspekte unvermeidlich (4.3.).

Laut Kant wird durch dieses angeborne Recht auf Freiheit das „innere Mein und Dein" geregelt.[6] Angesichts der engen begrifflichen Verbindung, die es in der europäischen Tradition sowohl seitens der Gleichheit, als auch der Freiheit zum Eigentum gibt, wird die Beschäftigung der Rechtslehre mit der Frage des „äußeren Mein und Dein", also mit Besitz und Eigentum, unvermeidlich. Insbesondere wird zu untersuchen sein, inwieweit sich so etwas wie ein angeborenes Recht auf Eigentum, vergleichbar dem Recht auf Freiheit findet, wie verschiedentlich angenommen wurde, und in welcher Weise eine gerechte Verteilung des Eigentums sich an der Gleichheit zu orientieren hat. Bekanntlich haben diese Fragen nicht selten zu blutigen Auseinandersetzungen geführt (4.4.).

Auch wenn Kant, auf den nun mehrfach Bezug genommen wurde, sich diesem Thema angesichts „der Unbestimmtheit in Ansehung der Quantität sowohl als der Qualität" in der publizierten Version der Rechtslehre ausdrücklich nicht widmen mag[7], wird sich die Frage nach der Gerechtigkeit bei der Verteilung von Eigentum nicht ganz übergehen lassen (4.5.). Die Gerechtigkeit nämlich, die laut Aristoteles[8] darin besteht, Gleiches gleich und Ungleiches ungleich zu behandeln, „hat ein Kriterienproblem. Ihr muss eine Kritik der Gleichheit vorangehen, die die Grenze zwischen den Gleichen und den Ungleichen zieht".[9] Es wurde auch immer wieder hervorgehoben, dass es ohne Gerechtigkeit keine Freiheit geben könne – und umgekehrt, Ähnliches gilt für die Sicherheit.

In stark schematisierender Form kann man hinsichtlich dieser eng in einander verwobenen Themen zwei in sich kohärente Positionen gegenüber stellen: Für Libertarianer besteht Sicherheit im (staatlichen) Schutz vor Übergriffen auf Leib und Eigentum, Freiheit in der Nicht-Einmischung des Staates in die Privatsphäre und in den Bereich des Ökonomischen, ist Gleichheit zu verstehen als Gleichheit vor dem Gesetz, gibt es ein unantastbares Recht auf Privateigentum und Gerechtigkeit bedeutet, dass dieses garantiert wird, ebenso das, was sich jemand durch seine Leistung erworben hat. Kommunitarier hingegen wollen unter Sicherheit auch die Sicherung der Grundversorgung für die Menschen verstanden wissen, unter Freiheit auch die zur Partizipation an staatlichen Entscheidungen und zur abgesicherten Gestaltung individuellen Lebens; Gleichheit muss wesentliche Momente materialer Gleichheit enthalten, Eigentum ist eine Sache sozialer, auf gemeinsamem Beschluss beruhender Konvention und Gerechtigkeit nimmt als Ausgangsidee die (materiale) Gleichheit, wovon es unter bestimmten Bedingungen Abweichungen geben mag. Bereits die eingefügten Bezugnahmen auf Kant sollten als Hinweis dienen, dass sich die Möglichkeiten der Positionierung in den unterschiedlichen Feldern nicht auf diese beiden Alternativen beschränken. Dies wird in den nächsten Abschnitten weiter erläutert.

4.1 Recht und menschliche Sicherheit

In Kap. 2.1 wurde die Herstellung von Sicherheit für die betroffenen Menschen als ein erstes grundlegendes Legitimitätskriterium für Staaten und die von ihnen verkündeten und/oder verteidigten Rechtsordnungen charakterisiert. Eben habe ich festgehalten, dass unter Sicherheit Verschiedenes verstanden werden kann und verstanden wurde. Um dies zu charakterisieren, sei hier zunächst in Kürze ein „klassisches" Plädoyer für einen Staat vorgestellt, der sich so weit wie möglich zurücknimmt. Sodann folgen knappe Hinweise auf Foucaults Konzepte der Gouvernementalität und des Sicherheitsdispositivs. Foucault bietet sich hier deshalb an, weil er erstens in seiner historischen Analyse einige der Maßnahmen beschreibt, auf die sich Humboldt bezieht, weil sie für ihn gerade nicht zu den Aufgaben des Staates gehören, weil Foucault zweitens mit dem Begriff der Gouvernementalität ein Instrument an die Hand gibt, wie man die Sorge um menschliche Sicherheit – in welchem Umfang auch immer – auch dort beschreiben kann, wo der Nationalstaat seine Funktion oder jedenfalls seine herausragende Bedeutung für diese Aufgabe eingebüßt hat.

Wilhelm von Humboldts „Ideen zu einem Versuch, die Grenzen der Wirksamkeit des Staates zu bestimmen" wurden 1792 verfasst, zu geringen Teilen im selben Jahr in der *Berlinischen Monatsschrift*, als Ganzes (mit gewissen Lücken) jedoch erst 1851, also nach seinem Tode gedruckt. Humboldt streitet vehement gegen alle staatlichen Versuche, „den positiven Wohlstand des Staats zu erhöhen", dazu gehören Armenanstalten ebenso wie Wirtschaftsförderung, Ein- und Ausfuhrverbote und „Verhütung [...] von Beschädigungen durch die Natur", wohl durch Deiche etc.[10] Er begründet dies primär mit einigen Variationen des Arguments, dass dies sowohl die betroffenen Individuen, als auch den Staat als Ganzen schwächen würde. Den Menschen würden durch eine staatliche Fürsorge das Interesse, die Energie und die Fähigkeit zum eigenständigen, originellen Handeln genommen, der Staat verlöre damit die Vielgestaltigkeit der individuellen Initiativen, somit an Reichtum und Fähigkeiten. Außerdem nähme man den Menschen die Freude am Erfolg der eigenen Arbeit, wie etwa dem Landbau treibenden Volke: „Die Arbeit, welche es dem Boden widmet und die Ernte, womit es derselbe belohnt, fesseln es süß an seinen Acker und seinen Herd"[11]. Ferner würden derart einheitliche Maßnahmen auf die einzelnen „nur mit beträchtlichen Fehlern passen"[12] und führten zu unberechenbaren Folgen und – in heutiger Diktion – einem Anwachsen der Bürokratie.[13] Immer wieder hebt er in etwas variierter Form seinen Grundsatz hervor, „dass die Erhaltung der Sicherheit, sowohl gegen äußere Feinde als innerliche Zwistigkeiten den Zweck des Staats ausmachen und seine Wirksamkeit beschäftigen muss."[14] Nachdem er sich gegen öffentliche Erziehung und Einmischung in die Religion gewandt hat, definiert er, was er unter „sicher" und „Sicherheit" versteht: „*Sicher* nenne ich die Bürger in einem Staat, wenn sie in der Ausübung der ihnen zustehenden Rechte [...] nicht gestört werden; *Sicherheit* folglich [...] *Gewissheit der gesetzmäßigen Freiheit.*"[15] Unbeschadet der romantischen Wendungen und Äußerungen, wonach in der Wahlmonarchie die Freiheit am Größten sei,[16] hat Humboldt einige Prinzipien formuliert, an denen bestimmte Varianten des Liberalismus bis heute eisern festhalten. Wie Humboldt auf den Einwand reagieren würde, dass Hirnschäden infolge von Mangelernährung, wie sie bei erheblichen Teilen der Weltbevölkerung auftreten, wenig zu individueller oder kollektiver Energie und Kreativität beitragen, scheint nicht sicher. Zwar gesteht er zu, der Staat müsse für diejenigen, die „noch nicht das Alter der Reife erlangt haben oder welche Verrücktheit oder Blödsinn des Gebrauchs ihrer Kräfte beraubt", Sorge tragen.[17] Inwieweit jedoch Bemühungen dazu gehören, solche Schädigungen insoweit möglich im Vorfeld zu verhindern, ist nicht klar.

Demgegenüber gilt es festzuhalten, dass die Sicherheit der Individuen in einer menschlichen Gesellschaft ab einer gewissen Größe nicht mehr durch die Verbindung aus Privatinitiative und Schutz vor Kriminalität, wie sie Humboldt vorschwebt, zu gewährleisten ist. Michel Foucault bezieht sich entsprechend in seinem Werk „Sicherheit, Territorium, Bevölkerung", das er als „eine Art Geschichte der Sicherheitstechnologien" beschreibt, nicht nur auf „Mechanismen der sozialen Kontrolle wie im Fall der Strafe", sondern auch auf solche, „deren Funktion darin besteht, etwas am biologischen Schicksal der Art zu modifizieren".[18] Dazu gehören in Mittelalter und Neuzeit die Maßnahmen gegen Lepra, Pest und Pocken, aber auch die Abwendung von Hungersnöten, wobei Foucault auch darauf hinweist, dass Überregulierung, wie z. B. die merkantilistische Senkung des Lebensmittelpreises gerade in die „Heimsuchung [...], die es abzuwenden galt" führen kann.[19] Es geht also bei dieser Entwicklung der Sicherheitstechnologien nicht um die Maximierung der Kontrolle, wie oft unterstellt, sondern das Ziel politischen Handelns muss eine Optimierung der Sicherheit in den verschiedenen Bereichen des menschlichen Lebens unter möglichst weitgehender Begrenzung der Kontrolle sein. Kontrolle um der Kontrolle willen, da hat sich Humboldts Auffassung in weiten Teilen der Welt durchgesetzt, lässt sich kaum noch rechtfertigen.

Obwohl nun der Nationalstaat trotz der im Kontext des Rechtspluralismus eingeräumten Entwicklungen nach wie vor eine besondere Rolle bei der Umsetzung des Rechts, damit auch für die Garantie der Sicherheit besitzt, erweist es sich heute in verschiedenen Kontexten als nützlich, die Sorge um menschliche Sicherheit nicht strikt an ihn zu binden, so etwa in weiten Teilen Afrikas, wo die Staaten nicht in der Lage sind, für die Sicherheit der Menschen zu sorgen.[20] Allerdings hatte Foucault bereits in den siebziger Jahren darauf hingewiesen, dass man „den Staat" auch als „Typus der Gouvernementalität" deuten könne.[21] Unter „Gouvernementalität" versteht er dabei „die aus den Institutionen, den Vorgängen, Analysen und Reflexionen, den Berechnungen und den Taktiken gebildete Gesamtheit, welche es erlauben, diese recht spezifische, wenn auch recht komplexe Form der Macht auszuüben, die als Hauptzielscheibe die Bevölkerung, als wichtigste Wissensform die politische Ökonomie und als wesentliches technisches Instrument die Sicherheitsdispositive hat." Er sieht ferner eine Tendenz zugunsten eines auf Regierung und Verwaltungsapparat gestützten Typus der Macht und spricht von einer „Gouvernementalisierung des Staates". Dabei deutet er allerdings mittelalterliche Herrschaftsstrukturen auch als Staaten, so dass man vermuten könnte, es handle sich nur um eine alternative Terminologie für die Herausbildung des modernen Territorialstaats.[22] Der Vorteil der Vorgehensweise Foucaults besteht jedoch in der Möglichkeit, das Ineinandergreifen von Institutionen, Ideologien und Programmen beschreiben zu können, ohne sie an ein metaphorisch als Person gedeutetes, handelndes Abstraktum namens Staat binden zu müssen. Das Besondere an den als Instrument der Gouvernementalität angesprochenen Sicherheitsdispositiven ist dabei, dass sie nicht die direkte Beziehung von Herr und Untertan oder Souverän und Volk im Sinne einer politisch organisierten Gruppe zum Gegenstand machen, sondern eher statistisch begründet bestimmte Maßnahmen ergreifen, um Effekte zu erzielen oder Entwicklungen zu unterbinden, Wirkungen auf „die Bevölkerung" zu erzielen. Foucault nennt außer Disziplinierungsmaßnahmen als Beispiele etwa den Städtebau, inklusive der Abwasserentsorgung, den Kampf gegen die Pocken durch allgemeine Impfungen und den Rückgriff auf Marktmechanismen zur Bekämpfung von Hungersnöten.[23]

Diese Begrifflichkeit ist nützlich, um diverse neuere Entwicklungen zu beschreiben. So wurden im Zuge der durch Migration im Rahmen der Globalisierung, durch Flüchtlingsströme, aber auch durch den anwachsenden Terrorismus unter Verweis auf die Sicherheit der Bevölkerung Überwachungs- und Disziplinierungsmaßnahmen ergriffen, die Foucault vermutlich noch nicht für möglich gehalten hätte. Dabei setzen sich einige Akteure auch ohne Bedenken über die ehemals als unverletzlich angesehenen Staatsgrenzen gelassen hinweg. Die Problematik von Maßnahmen wie der Erklärung des Ausnahmezustandes, aber auch der Folter wurde bereits angesprochen. Eine weitere Verletzung elementarer Rechte wird heute im kontinuierlichen Eingriff in die Privatsphäre durch Datenerfassung im Internet und andere Kontrollmechanismen gesehen, die nicht allein von Staaten, sondern häufig auch von weltweit operierenden Unternehmen durchgeführt und seit der Entwicklung des Internets heftig kritisiert werden. Während der Einsatz von Sicherheitsdispositiven also steigt, wird die Identifizierung derer, die sie einsetzen, diffuser.

Dies gilt noch mehr, wenn man die bereits angesprochene Situation in den Gegenden in Betracht zieht, wo der meist postkoloniale Staat die Sicherheitsdispositive, sei es im Hinblick auf soziale Kontrolle, Gesundheitsfürsorge oder auch ökonomische Sicherung, nicht oder nicht in ausreichendem Maß zur Verfügung stellen kann. Die Hoffnung, die dadurch entstehenden Regelungs- und Sicherheitslücken, sowohl im Bezug auf *freedom from fear* als auch auf *freedom from want* durch Schutz vor Bedrohung und Schutz vor Not, durch Einbindung in das Konzept der *global governance* handhabbar zu machen, wird inzwischen aufgrund deutlicher Defizite der dabei entstehenden Regulierungsverfahren im Hinblick auf demokratische Transparenz eher kritisch gesehen.[24] Natürlich sind auch die Versuche, neben oder möglicherweise gegen den Staat menschliche Sicherheit zu etablieren, stets mit dem Problem möglicherweise fehlender demokratischer Legitimität behaftet. Außerdem ist angesichts der Heterogenität der involvierten Akteure, von der UN, diversen NGOs über den IWF und die Weltbank bis hin zu global operierenden Unternehmen, keineswegs gewiss, dass alle Beteiligten „Sicherheit" in auch nur annähernd gleicher Weise verstehen.[25] So muss die Sicherheit investierten Kapitals keineswegs koinzidieren mit der Sicherheit der betroffenen Menschen vor Not oder vor gesundheitsschädigender Belastung ihres Lebensraumes. Ferner kann des Einen Sicherheit gerade zum Risiko für den Anderen werden. Neben der bereits erwähnten Bedrohung von Bürger- und Freiheitsrechten durch angeblich unvermeidliche Sicherheitsvorkehrungen[26] stellt die Auslagerung gesundheitlicher Risiken bei biomedizinischen und biotechnischen Experimenten an die „Ränder der Weltgesellschaft" eine der ethisch wie rechtlich bedenklichen Entwicklungen der letzten Jahrzehnte dar.[27] Die Bilder der katastrophalen Verschmutzung des Niger-Deltas durch Erdöl und einiger Teile westafrikanischer Städte durch das Ausschlachten und Recyceln europäischen und amerikanischen Elektroschrotts sind inzwischen allgemein bekannt, aber beileibe nicht die einzigen in vergleichbaren Gegenden verursachten Umweltschäden. Aus diesem Grund ist es essentiell, durch ein hohes Maß an Transparenz möglichst viele Foren der öffentlichen Debatte offen zu halten, Amartya Sens mit Bezug auf Rawls formuliertes Konzept der Demokratie als öffentlichen Gebrauch der Vernunft mit Leben zu erfüllen, woran die Staaten im günstigen Fall beteiligt sind, das aber nicht auf sie beschränkt bleibt.[28] Ein wesentlicher Faktor sowohl bei der Identifikation von Sicherheitsproblemen, als auch bei der Verbesserung der Sicherheitslage ist und bleibt auch die Selbstinterpretation der

Beteiligten entsprechend ihren religiösen und anderweitigen Überzeugungen und ihrem sozialen Status, z. B. der Genderzugehörigkeit.[29]

4.2 Formen politischer und rechtlicher Freiheit

Freiheit galt zumindest in der republikanischen Tradition über Jahrtausende hinweg zwar als edel und erstrebenswert. Sie wurde jedoch keineswegs als Recht für Alle angesehen. Dies gilt nicht nur für die antiken Sklavenhaltergesellschaften – seien sie demokratisch, aristokratisch oder monarchisch organisiert gewesen – oder für auf Leibeigenschaft basierende mittelalterliche Feudalstrukturen, sondern reicht bis weit in die Neuzeit. In Westeuropa war die Leibeigenschaft zwar bis Ende des 16. Jahrhunderts abgeschafft, doch blieb sie in Mittel- und Osteuropa bis ins 19. Jahrhundert hinein bestehen, trotz der bekannten Aufstände um der Freiheit willen wie dem deutschen Bauernkrieg.[30] Zudem begann in den überseeischen, zunächst spanischen und portugiesischen, bald aber auch englischen und französischen Kolonien die Versklavung der regionalen Bevölkerung und entwickelte sich der transatlantische Sklavenhandel zu einem globalen, mit hochmoderner, marktorientierter Rationalität betriebenen Wirtschaftszweig.[31] Luis de Molina zählt 1593 in seiner rechtlichen, ethischen und historischen Analyse des portugiesischen Sklavenhandels die Freiheit zu den *bona fortunae*, den Glücksgütern, deren Verschwendung zwar sündhaft, aber nicht widerrechtlich, auch nicht im Sinne des Naturrechts, ist.[32] Trotz aller Polemik gegen die „Jesuitae" folgt ihm Christian Thomasius hundert Jahre später darin und erklärt, in Ansehung der natürlichen Gleichheit der Menschen seien äußerliche Ehre, Reichtum und Freunde ähnlich wie Freiheit „nicht so nothwendig" wie Gesundheit, Weisheit und Tugend.[33]

Erst in der zweiten Hälfte des achtzehnten Jahrhunderts wird die Freiheit allmählich zum für alle Menschen geforderten, unveräußerlichen Recht. Die Sklaverei wird in den Vereinigten Staaten bekanntlich erst nach dem Bürgerkrieg, in Brasilien noch mehr als zwanzig Jahre später am 13. Mai 1888 abgeschafft.

„Unter all den ethischen Werten, die in der modernen Gesellschaft zur Herrschaft gelangt sind und seither um die Vormachtstellung konkurrieren, war nur ein einziger dazu angetan, deren institutionelle Ordnung auch tatsächlich nachhaltig zu prägen: die Freiheit im Sinne der Autonomie des einzelnen."[34] Allerdings lässt sie auch dann noch mehrere Deutungen zu und laufen die historisch vorgeschlagenen und je für sich durchaus auch erhellenden Unterscheidungsversuche keineswegs parallel zueinander. Es gilt also, die diversen Realisierungsansätze zu sichten, auf ihre Kompatibilitäten oder Idiosynkrasien zu prüfen.

Für die Untersuchung der Frage nach der Vereinbarkeit oder Konfliktträchtigkeit unterschiedlicher Freiheitskonzeptionen kommt man nicht umhin, wenigstens einige der gängigen Differenzierungen vorzustellen. Begonnen sei mit der Unterscheidung zwischen positiver und negativer Freiheit: Bei der positiven Freiheit steht die Freiheit *zur* Selbstbestimmung im rechtlich-politischen Bereich, d. h. die Teilhabe an der Entscheidungsfindung im Mittelpunkt, bei der negativen Freiheit die Freiheit *von* unnötiger Bevormundung, die Gewährung eines Bereiches, aus welchem der Staat sich heraushält. Beide dieser Variationen der Freiheit lassen sich in sehr unterschiedlicher Weise interpretieren. Der Autor, der sie während des Kalten Krieges in die neuere politische Diskussion brachte, Isaiah Berlin,[35] war der Ansicht, dass nur die negative Freiheit von staatlicher Bevormundung mit dem liberalen Staat vereinbar sei, während die positive Freiheit dazu tendiere, zur totalitären Demokratie, zum Stalinismus mit seinem Archipel Gulag – ein Terminus, den Berlin noch nicht kannte, aber mit diversen Formulierungen beschwor – umgedeutet zu werden. Zwar könne es durchaus sein, dass Selbstregierung aufs Ganze gesehen eine bessere Garantie der Bürgerfreiheiten geben könne, doch „liberty in this sense is not incompatible with some kinds of autocracy" und „there's no necessary connexion between individual liberty and democratic rule".[36]

Es gab also aus unterschiedlichen ideologischen Richtungen die Tendenz, hier einen unversöhnlichen Gegensatz zu konstruieren. Für die militanten Liberalen war es der Gegensatz zwischen dem Schutz der konkreten Individuen auf der einen und totalitärer Vereinnahmung über den angeblichen Gemeinwillen auf der anderen Seite. Für die rousseauistische Seite stand die Freiheit des citoyen zur Gestaltung seiner Republik der Freiheit des Bourgeois zur Bewahrung seiner Privilegien gegenüber. Entgegen dieser ideologisch bedingten Tendenz wird hier die These verteidigt, dass beide Konzepte sich im demokratischen Verfassungsstaat ergänzen müssen, um zur vollen Entfaltung gelangen zu können. In den wesentlichen Deklarationen des späteren 18. Jahrhunderts, wie der *Virginia Declaration of Rights* (12. Juni 1776) und der *Constitution de l'an I* mit beigefügter *Déclaration des droits de l'homme et du citoyen* (1793) findet sich auch beides. Die *Virginia Declaration of Rights*, die erste Grundrechtserklärung im engeren Sinn, räumt dem gleichen Recht auf Leben und Freiheit (§ 1), der demokratischen Staatsordnung (§§ 2,3) und der Gewaltenteilung (§ 5) einen zentralen Platz ein. Die Pressefreiheit (§ 12) und die Religionsfreiheit (§ 16) sind abgeleitete Umsetzungen der allgemeinen Prinzipien. Ähnliche Artikel formulieren in Frankreich die Erklärung der Menschenrechte von 1789 und die detaillierten Verfassungen von 1791 bzw. 1793.

Doch kann dieses Begriffspaar keineswegs als erschöpfend für die in der Diskussion befindlichen Freiheitskonzeptionen gelten. Auch ohne die „zweihundert

Bedeutungen", von denen schon Berlin spricht, minuziös auseinanderdividieren zu wollen, werden sich gewisse Binnendifferenzierungen der beiden genannten Verwendungsweisen ebenso als nützlich erweisen wie Philip Pettits Begriff der republikanischen Freiheit und diverse Deutungen der sozialen Freiheit.

4.2.1 Freiheit zur Selbstbestimmung – positive Freiheit

Wer die positive Freiheit verteidigt, sieht individuelle Autonomie als einen auch in der Sphäre des Politischen zu verteidigenden Wert an. Diese Annahme ist angesichts der Intensität, mit der ganze Völker und Volksgruppen, aber auch bestimmte Verwaltungsorgane, in anderem Kontext Patienten für ihre Autonomie streiten, wenig verwunderlich. Allerdings scheint der Umstand, dass dies keineswegs immer selbstverständlich war, noch überall als selbstverständlich angesehen wird, ebenso übersehen zu werden wie die Unklarheit darüber, was mit diesem so beliebten Begriff genau gemeint ist. Selbst wenn man nicht der trivialisierenden Identifikation der Autonomie mit der Möglichkeit folgt, das zu tun, was einem gerade einfällt, bleibt z. B. die Spannung zwischen dem eher auf Selbstbestimmung gerichteten Verständnis der aktuellen politischen Theorie[37] und Kants „Prinzip der Autonomie [...]: nicht anders zu wählen, als so, daß die Maximen seiner Wahl in demselben Wollen zugleich als allgemeines Gesetz mit begriffen sein [kann]."[38] Kant, der dem Begriff der Autonomie seine zentrale Bedeutung verliehen, ihn nach kompetenter Meinung „erfunden" hat,[39] will ihn also eher als Selbstgesetzgebung gedeutet wissen, so dass „jedes vernünftige Wesen, als Zweck an sich selbst, sich in Ansehung aller Gesetze, denen es nur immer unterworfen sein mag, zugleich als allgemein gesetzgebend müsse ansehen können, weil eben diese Schicklichkeit seiner Maximen zur allgemeinen Gesetzgebung es als Zweck an sich selbst auszeichnet"[40]. Es ist dieser Gedanke einer egalitären, alle Menschen einschließenden, alle schützenden Selbstgesetzgebung, durch den der Begriff der Autonomie seine besondere Kraft erhält, sei es oft auch nur mittelbar. Ferner erkennt man unmittelbar die Nähe zur politischen Philosophie Rousseaus, an die sich Kant hier offenkundig anlehnt.

Bei Rousseau stellt sich die Frage, wie sich die Selbstbestimmung des Einzelnen mit der Tatsache vereinbaren lasse, dass es in einem staatlichen Rechtssystem nun einmal Zwangsgesetze gibt. Damit das Individuum Grund dazu haben kann, die Entscheidungen der Gemeinschaft, denen es unterworfen ist, als die eigenen anzusehen, so lautet seine Antwort, wird es an der Entstehung der Gesetze, denen es unterworfen ist, beteiligt. Dies führt zur klassischen Formulierung dieser Deutung der positiven Freiheit im Kapitel IV.2. des Contrat social:

> Man wird jedoch die Frage aufwerfen: Wie kann ein Mensch frei sein und doch gezwungen sein, sich Willensmeinungen zu fügen, welches nicht die seinigen sind? [...]
> Ich antworte darauf, dass die Frage schlecht gestellt ist. Der Staatsbürger gibt zu allen Gesetzen seine Einwilligung, sogar zu denen, die wider seinen Willen gefasst werden, ja er nimmt auch die an, die ihn strafen, falls er es wagen sollte, eines derselben zu übertreten. Der beständig in Kraft bleibende Wille aller Staatsglieder ist der allgemeine Wille; durch ihn sind sie erst Staatsbürger und frei.[41]

Immanuel Kant wird von Isaiah Berlin als zweiter Urheber dieses positiven Freiheitsbegriffs identifiziert.[42] Dies kann man als Indikator werten, dass gegenüber einer Einordnung Kants als Verfechter einer bloß „privaten" Autonomie Vorsicht angebracht scheint. Zugleich gibt es auch Zweifel daran, dass sich die Rede von positiver und negativer Freiheit überhaupt in der hier skizzierten Weise auf Kant anwenden lasse.[43] Daran ist nicht nur richtig, dass er die beiden Termini „positiv" und „negativ" nie in dieser Form gebraucht, sondern es wird sich auch gleich zeigen, dass sein rechtlicher Freiheitsbegriff deutlich differenzierter ist. Und dennoch: Kant billigt nach dem Grundsatz *volenti non fit iniuria* dem Staatsbürger seines Staates in der Idee das Recht zu, „keinem anderen Gesetz zu gehorchen, als zu welchem er seine Beistimmung gegeben hat".[44] Dabei betont er, dass der Staatsbürger nicht einen Teil seiner angeborenen Freiheit opfere, sondern die „wilde, gesetzlose Freiheit" ganz verlasse, um sie im gesetzlichen Zustand unvermindert wiederzufinden.[45] Dies ist bei Kant die staatsbürgerliche Freiheit, die nicht per se identisch ist mit der Freiheit als einzigem „angebornen Recht", nämlich der „Unabhängigkeit von eines anderen nöthigender Willkür".[46]

Für Kant und für Rousseau kann es entsprechend keinen Bereich geben, der auch einem demokratischen Souverän, wie wir es heute nennen würden, prinzipiell entzogen bleibt. Der Gesellschaftsvertrag enthält nach Rousseau die stillschweigende Übereinkunft, „dass jeder, der dem allgemeinen Willen den Gehorsam verweigert, von dem ganzen Körper dazu gezwungen werden soll; das hat keine andere Bedeutung, als dass man ihn zwinge, frei zu sein."[47] Die Herrschaft des Gesetzes, welcher alle in gleicher Weise unterworfen sind, so dass man in seinem Lebensvollzug frei ist von den Launen und der Willkür anderer Menschen – sogar von den eigenen Begierden und Neigungen – ist für ihn wie für Kant der Inbegriff von Freiheit schlechthin. Ähnlich wie die Autonomie des Subjektes und seine Unterwerfung unter das Sittengesetz nicht nur miteinander vereinbar, sondern geradezu gleichbedeutend sind, wäre jeder Vorbehalt gegen das Gesetz, jeder dem Individuum reservierte Bereich „wilder, gesetzloser Freiheit" ein Einfallstor für die Rückkehr der nötigenden Willkür und der Unfreiheit. Angesichts der (Selbst-)Gesetzgebung kann es keinen rechtsfreien Raum geben. Wenn in diesem Abschnitt ethische und rechtliche, rousseausche und kantsche Überlegungen ineinander gearbeitet sind, dann um die Intuition deutlich werden zu lassen, aus der heraus sich gegen diese positive Freiheit Widerstand geregt hat.

Einen Gegenentwurf zu dieser Sichtweise bietet Cesare Beccaria, für den das Individuum mit der Akzeptanz des Sozialvertrags nicht mehr von seiner Freiheit aufgibt als für den Erhalt der öffentlichen Ordnung erforderlich ist – was ein gewisses Maß an negativer Freiheit impliziert. Nicht die unwichtigste Folgerung aus dieser Freiheitsauffassung besteht darin, das Recht der Gemeinschaft auf Ausübung der Todesstrafe in Frage zu stellen, weil nämlich das Individuum dieses Recht niemandem, auch keiner Gemeinschaft rechtsgültig übertragen könne, was Kant zu einer hoch emotionalen Reaktion treibt.[48] Für die meisten Menschen dürfte es Bereiche des Lebens geben, die sie keiner noch so großen Mehrheit unterwerfen würden, so dass auch im rechtlichen Rahmen Zonen entstanden, in denen es nach derzeit herrschender Auffassung „unveräußerliche" Schutzrechte gibt.

Auch ohne diese Handlungsbereiche und die in ihnen geltenden Grenzen akzeptabler Einmischung näher bestimmen zu wollen spitzt sich die Diskussion um ein für die Belange eines demokratischen Rechtsstaats angemessenes Verständnis der positiven Freiheit auf die Frage zu, ob man eine Art „vorstaatlicher" Sphäre akzeptieren soll, in die auch dem demokratischen Gesetzgeber jedes Eindringen verwehrt ist, die dem Individuum vorbehalten bleibt. Dazu ist es sinnvoll, die ethische und die politisch-rechtliche Dimension zu trennen: Es ist eine eigene Frage, ob man im Bereich der Ethik Autonomie eher als Selbstgesetzgebung, also als rationales Berücksichtigen möglicher analoger Situationen, oder als Selbstbestimmung versteht, mit der Forderung, auch vermeintlich irrationale Entscheidungen möglicherweise irrationaler Akteure zu akzeptieren. Hingegen kann ein Recht auf positive Freiheit, auf Beteiligung an der Gesetzgebung und damit an der politischen Entscheidungsfindung nicht ohne die Gewährung eines Schutzraumes, in dem Individuen und Gruppen über geeignete Maßnahmen und richtige Gesetze nachdenken, als gewährleistet gelten, insofern das Individuum sich sonst über die Gesetze, die es mit beschließt, nicht in geeigneter Weise beraten und informieren kann.

Dies gilt erst recht in einer multikulturellen Welt, in der auch noch die Ansichten darüber, was als rationales Argument gelten sollte, beträchtlich differieren können und niemand einen privilegierten Zugang zum „An-Sich-Vernünftigen" zu beanspruchen vermag. Gerade deshalb ist es wichtig, den Diskussionsfreiraum zu sichern, in dem die Individuen ihre Urteile auf moralischer wie politischer Ebene allmählich bilden, natürlich nicht isoliert von kulturellen Vorgaben, doch auch nicht durch diese determiniert. Ohne diesen Freiraum ist es nicht angemessen, von einer Partizipation der Individuen, ihrer politischen Selbstbestimmung und ihrer positiven Freiheit zu sprechen. Anders formuliert: Auch wenn es sich hier um den öffentlichen Raum handelt, in dem Hannah Arendt die Freiheit des politisch Handelnden verortet,[49] so bedürfen die darin Agierenden doch des Schutzes vor öffentlicher wie privater Bevormundung, damit nicht aus der Demokratie eine „Urnokratie" werde, in der Menschen nach konsequenter Bearbeitung mit einseitiger Propaganda zur Abgabe der Stimmen geschickt werden.[50]

Allerdings scheint es keineswegs gesichert, dass Rousseau und Kant diese Sphäre der freien Diskussion abgelehnt hätten, im Gegenteil: Laut Rousseau kann das Recht, „bei jedem Akt der Souveränität abzustimmen [...] den Staatsbürgern durch nichts genommen werden", ähnlich wie das Recht, „seine Meinung zu sagen, Vorschläge zu machen, uneins zu sein, Dispute zu führen" (IV 1). Wortgefechte in öffentlichen Diskussionen sind also keine erfreuliche Erscheinung, doch muss das Recht auf sie erhalten bleiben. Kevin Inston betont hierzu, Rousseau nenne die von ihm in der Tat lobend beschriebene Form der Konsensdemokratie ein Ideal, wolle seinerseits jedoch nicht nur eine Theorie für Idealfälle bieten.[51]

Auch bei Kant bedeutet die Aufgabe der wilden, gesetzlosen Freiheit nicht per se eine Einschränkung der Freiheit im Sinne ungehinderter Bewegungsmöglichkeit. Für Kant ist bekanntermaßen „jede Handlung recht, die oder nach deren Maxime die Freiheit der Willkür eines jeden mit jedermanns Freiheit nach einem allgemeinen Gesetz zusammen bestehen kann".[52] Erst wer in die Freiheit eines Andren eingreifen will, muss daran gehindert werden, wie die bereits zitierte Rede von der „Verhinderung eines Hindernisses der Freiheit" besagt.[53] Zu behaupten, bei diesen Autoren würden Freiheit und Autorität in eins fallen und alle Menschen nur ein Ziel haben, welches von der allen gemeinsamen Vernunft vorgegeben sei,[54] erscheint daher eine gewisse Vereinseitigung.

Jedoch droht der positiven Freiheit, der Möglichkeit durch politische Partizipation die Geschicke des eigenen politischen Gemeinwesens mitzubestimmen, Gefahr von anderer Seite: Sie schwindet spätestens seitdem die Nationalstaaten an politischer Relevanz verlieren in für viele Menschen wahrnehmbarer Weise. Dass dies als alarmierend erlebt wird, zeigen die diversen Abwehrreaktionen gegen die EU, aber auch ein Teil der Ressentiments amerikanischer Politiker gegenüber den Vereinten Nationen dürfte so zu erklären sein. Man hat das Gefühl, den eigenen Politiker, der dieselbe Sprache spricht und auch wenn man ihn ablehnt doch noch im selben Erfahrungshorizont lebt, nicht mehr bestimmen oder abwählen zu dürfen. Unbestreitbar wird die Möglichkeit politischer Mitbestimmung bei immer größer werdenden politischen Organisationen immer indirekter und fiktiver, weshalb es andere Wege der Partizipation zu erforschen gilt. Doch muss man sich auch vor Augen führen, dass bereits der Nationalstaat alles andere als die substantielle Einheit darstellte, als welchen man ihn gerne darstellen will. Außerdem gibt es seit jeher völlig berechtigte Klagen über die geringen Partizipationsmöglichkeiten, die geringen Einflussmöglichkeiten auf die Politik etc. Man wird zugestehen müssen, dass dies in größeren politischen Einheiten zunächst einmal nicht besser wird. Doch lässt sich das Instrumentarium zur Verbesserung der innerstaatlichen Partizipation durchaus auch in größerem Rahmen verwenden. Man wird also nach einer möglichst umfassenden öffentlichen Diskussion relevanter und strittiger Fragen streben müssen. Dazu leisten NGOs einen unverzichtbaren Beitrag. Anders gesagt besteht die Gegenmaßnahme in der Stärkung der Zivilgesellschaft gegenüber den staatlichen Organen. Diese NGOs und generell die Zivilgesellschaft sind auch von großer Bedeutung beim Versuch, die Erosion bürgerlicher Freiheitsrechte gegen eine sich immer weiter ausdehnende, sich auf die Sicherheit der Bevölkerung berufende Tendenz zur totalen Kontrolle zu wehren. Durch gemeinsame, organisierte Aktionen, durch eine sich immer wieder rückbesinnende Presse, aber auch durch kontinuierliche Wachsamkeit der Einzelnen gegenüber mehr oder minder offenen Gleichschaltungsversuchen kann man hoffen, die bürgerlichen Freiheitsrechte in etwa verteidigen zu können.

4.2.2 Freiheit von Bevormundung – negative Freiheit

4.2.2.1 Reine negative Freiheit und Freiheit als Erlaubtheit

Als liberale Freiheit gilt traditionell die hier als negative Freiheit bezeichnete Freiheit von unnötiger Bevormundung, die Nichteinmischung – *non-interference* – des Staates, die Freiheit als „Schweigen der Gesetze", wie Hobbes es nannte.[55] Kants „Unabhängigkeit von eines Andern nöthigender Willkür" wird auf die Freiheit von der Einmischung des Staates und der Öffentlichkeit ausgedehnt. Diese Freiheitskonzeption findet sich in paradigmatischer Weise bei August Friedrich von Hayek. Für ihn ist ein „Zustand der Freiheit" ein solcher, „in dem Zwang auf einige seitens anderer Menschen so weit herabgemindert ist, als dies im Gesellschaftsleben möglich ist"[56] und in dem „Gleichheit der allgemeinen Gesetzes- und Verhaltensregeln [...] die einzige Art von Gleichheit [ist], die der Freiheit förderlich ist, und die einzige Gleichheit, die wir ohne Zerstörung der Freiheit sichern können."[57] Hayek hatte bereits 1944 Nationalsozialismus und Staatssozialismus gemeinsam als „Weg zur Knechtschaft" ‚enttarnt' und war beim Aufspüren der „sozialistischen Wurzel des Nationalsozialismus"[58] nicht allein geblieben. Für Ludwig von Mises, war „das demokratische und freiheitliche Element im Programm der sozialistischen Parteien" – darunter zählt er ausdrücklich auch die Sozialdemokratische Partei Deutschlands – „ein Mittel der Täuschung, eine Kriegslist, sonst nichts".[59] Einige Autoren aus dem Umfeld des deutschen Ordoliberalismus identifizierten zudem Keynessche Wirtschaftspolitik und Roosevelts New Deal mit Stalinismus und Nationalsozialismus, zumindest insoweit man das zu erkennen glaubt, was Foucault später als „antiliberale Invariante" charakterisiert hat.[60] Darin, als Kern liberaler Freiheit den freien Waren- und Kapitalverkehr, damit den Schutz der Produktionsmittel vor dem Proletariat zu identifizieren, stimmte man mit dem kommunistischen Gegner überein, der diese nur anders bewertete und allein die „Ausnutzung" der Freiheit „für den proletarischen Kampf, um dem Sozialismus zu dienen" forderte, da jeder andere Umgang mit der Freiheit nur der Bourgeoisie bei der Unterdrückung des Proletariats helfe.[61] Andernorts identifizierte man negative Freiheit mit sexueller Freizügigkeit und der angeblich durch sie verursachten Verrohung der Bevölkerung. Insofern scheint auch hier ein Bedarf nach begrifflicher Klärung zu bestehen.

Ein Weg zu einer solchen Klärung besteht darin, eine *Freiheit als Erlaubtheit* – die nicht mehr bedeutet, als dass die betreffende Handlung durch die gerade geltenden Gesetze nicht verboten ist – und eine *Freiheit als Unabhängigkeit* zu unterscheiden. Letztere soll uns die grundlegenden Rechte sichern, wie Versammlungsfreiheit, Meinungsfreiheit, Pressefreiheit etc., unter deren Ausnutzung wir überhaupt erst die Möglichkeit zu einer reflektierten politischen Teilhabe bekommen.

Bei der Freiheit als Erlaubtheit drehten sich einige Diskussionen darum, ob man nur dann von Freiheitsbegrenzungen sprechen kann, wenn man das, woran man gehindert wird, auch hätte tun wollen und wenn die Begrenzung unberechtigt ist. Hillel Steiner hat dafür argumentiert, das Frei-Sein nicht mit dem Sich-frei-Fühlen zu verwechseln und die Beschreibung einer Freiheitsbegrenzung von ihrer Rechtfertigung zu trennen, somit die Überlegungen mit dem Konzept einer reinen negativen Freiheit zu beginnen, gleich wie die späteren Einschränkungen sein werden.[62]

Gemäß der „Natur der Sache", um mit der Rechtfertigung zu beginnen, kann es die Freiheit zum Mord, Betrug, Diebstahl etc. in einem Rechtssystem nicht geben, da es die Aufgabe hat, die Menschen zu schützen. Derartige Verbote sind also berechtigt, gleichwohl in einem bloß deskriptiven Sinne Einschränkungen der Freiheit. Nicht immer ist die Rechtfertigung für die Einschränkung derart eindeutig. Es gab oder gibt in einigen Rechtssystemen Bräuche, Verträge oder auch Gesetze, die bestimmten Personen Freiheiten erlauben, die wir für nicht akzeptabel halten. Die Erlaubtheit der Sklavenhaltung etwa oder die Erlaubtheit der Polygamie. Zumindest das erste verstößt gegen die grundlegende Annahme eines elementaren Freiheitsrechtes im Sinne der gleichen Freiheit von nötigender Willkür für alle und lässt sich im modernen demokratischen Verfassungsstaat nicht vertreten.

Darüber hinaus wird es indessen schwierig, apriorische Grenzen in die eine oder andere Richtung anzugeben. Es gibt anscheinend nicht allzu viele Verhaltensweisen, die notwendigerweise verboten sind. Dies belegen die sich immer wieder ändernden Regelungen rund um das Rotlichtmilieu oder um die Verbreitung anzüglicher Schrift-, Ton- und Filmwerke, wenn man einmal von den konstanten Fällen wie erwiesener Zuhälterei oder der Herstellung von Produkten mit sadistischen Praktiken absieht. Insbesondere geht man seit einiger Zeit verschärft gegen Kindsmissbrauch und Kinderpornographie vor.

Andererseits gibt es auch keine den konkreten rechtlichen Regelungen voraus- oder zugrunde liegenden moralischen oder naturrechtlichen Ansprüche auf Gewährung von Freiheiten zur Verbreitung pornographischer Werke, zum Drogenkonsum, zum Fahren ohne Tempolimit. Es gibt einen generellen Vorbehalt zugunsten der Erlaubtheit, wonach diejenige, die jemandem etwas verbieten möchte, begründen muss, warum dies zum Schutz oder für das Wohlergehen anderer Menschen erforderlich ist, nicht die von einem Verbot Betroffene, warum sie in Ruhe gelassen werden möchte.[63] Von der allgemeinen Vermutung zugunsten der Freiheit abgesehen, sind die Dinge, die unter diese Freiheit als Erlaubtheit fallen, also moralisch zumindest soweit irrelevant, dass es nicht offenkundig erforderlich ist, sie als überstaatlich-schützenswert einzustufen, dass ebenso wenig evidente Notwendigkeit besteht, zu ihrer Verhinderung mit gesetzlichen Mitteln einzugreifen.

Zu den Freiheiten dieser Art gehört, wie schon John Stuart Mill betonte, die Freiheit des Handels, allgemein der ökonomischen Sphäre. Man lässt hier ein großes Maß an Freiheiten, da sich dieses in den letzten zwei Jahrhunderten als langfristig vorteilhaft für alle Beteiligten erwiesen hat. Ein Menschenrecht auf Handel gibt es so wenig wie in den anderen genannten Gebieten, sofern sie nicht unmittelbar zum Schutz der Privatsphäre zählen. Diesen Schutz der Privatsphäre, der bereits in der Diskussion um die positive Freiheit anklang, sollte man freilich nicht als Schutz patriarchalischer oder ökonomischer Strukturen verstehen, in denen ein Tyrann dann nach Belieben agieren kann, sondern eben als Schutz jedes Individuums.

Die in den europäischen Ländern, in Amerika und manchen anderen Gegenden der Welt gegenüber früheren Zeiten größere Liberalität auf sexuellem Gebiet beruht auf der Überzeugung, dass sie normalerweise weder individuelle noch gesamtgesellschaftliche Schäden verursacht.[64] Bekanntlich gibt es Theoretiker, die sogar von ihrer segensreichen Wirkung überzeugt sind.[65] Ein Grundrecht auf Verbreitung oder Konsum pornographischer Darstellungen wird man gleichwohl nicht behaupten, es sei denn, bestimmte Verbote würden als Verstoß gegen die Pressefreiheit, Freiheit der Kunst, Eingriff in die Privatsphäre etc. angesehen. Im Normalfall tritt diese Freiheit im Sinne der Erlaubtheit inklusive der Handelsfreiheit hinter die Ansprüche des Gemeinwohls zurück, sofern es zum Konflikt kommt. In diesem ersten Sinne bedeutet die negative Freiheit im rechtlichen Rahmen also nicht mehr, als dass die betreffende Handlung durch die Gesetze nicht verboten ist. Eine positive moralische Qualifikation ist damit nicht verbunden.

4.2.2.2 Die Freiheit als Unabhängigkeit und die republikanische Freiheit

Ganz anders verhält es sich mit jenen Freiheiten, die man auch als Abwehrrechte oder als erste Generation der Menschenrechte bezeichnet, wie Pressefreiheit, Rede- und Meinungsfreiheit, Religionsfreiheit, Versammlungsfreiheit, Freizügigkeit etc.[66] Sie sollen das sichern, was den Menschen in seinem Wesen ausmacht, nämlich ein *zoon logon echon* zu sein, das seine Vernunft gebrauchen kann und sich mit anderen in argumentierender oder erzählender Weise zu verständigen vermag, um seinen persönlichen Weg des Glücks, aber auch das für die politische Gemeinschaft Richtige zu suchen. Hierzu zählt auch das bereits angesprochene Recht auf Schutz der Privatsphäre.

Diese Freiheiten sind daher in keiner Weise moralisch indifferent; sie sind „unverbrüchliche" Rechte der Einzelnen, deren Wahrung als ein Prüfstein für die Legitimität eines Regimes gelten kann, da nur dort, wo sie gesichert sind, die Frage nach der Legitimität durch Zustimmung ernsthaft gestellt werden kann. Das klassische Instrument zur Sicherung dieser Freiheitsrechte ist das habeas-corpus-Prinzip, der Schutz vor willkürlicher Verhaftung.[67] Da sie jedem Individuum in gleicher Weise zugestanden werden, erfordert ihre Realisierung auch die politische und rechtliche Gleichheit. Nur so kann man sie tatsächlich als Menschen- und Bürgerrecht und nicht nur als Gruppenprivileg ansehen. Damit sie als einklagbares Recht innerhalb eines politischen Systems realisiert werden können, nicht nur als Gnade von einem Monarchen oder einer herrschenden Minderheit gewährt werden, müssen sie ferner mit positiven Freiheitsrechten der empirischen Individuen, mit Rechten auf Beeinflussung der politischen Entscheidungen also, verknüpft sein. Insofern stehen die liberalen Freiheitsrechte weder mit der Gleichheit der Bürger noch mit deren positiver Freiheit im Widerspruch.

Indem man eine Privatsphäre, eine Zone der Autonomie beansprucht, überlässt man dem Individuum die Auswahl dessen, was es von der Allgemeinheit respektiert haben möchte. Daher kann man diese Art von Recht nicht mehr auf einen überschaubaren Katalog von Pflichten für die anderen reduzieren. Es ist also sinnvoll, auch solche moralischen Rechte bzw. Menschenrechte anzunehmen, die sich nicht durch eine knappe Liste von Verboten darstellen lassen. Damit soll in etwa das ermöglicht und gesichert werden, was Martha Nussbaum in Verbindung mit dem „starken Getrenntsein" als menschlicher Grundbefindlichkeit als etwas angesehen hatte, das die Gesellschaft dem Individuum zu gewähren hat (vgl. 1.1.2.).

Eine Grenze findet die private Autonomiezone, der man durchaus den Status eines wenn auch schwer eingrenzbaren Menschenrechtes zusprechen kann, logischerweise bei jenen Handlungen, die bei allgemeiner gleicher Erlaubtheit miteinander unvereinbar wären. Der Übergang zwischen den Einschränkungen der privaten Autonomiezone, die zur Erhaltung der Gesellschaft erforderlich sind, und der begründeten Verweigerung einer bloßen Erlaubtheit ist fließend. Gerade deshalb ist es wichtig, jenen nochmals engeren Bereich von Grundfreiheiten festzuhalten, auf deren Schutz das Individuum einen derartigen Rechtsanspruch besitzt, so dass ihre Verletzung eine Unrechtshandlung oder ein Versäumnis des Staates darstellt und gar nicht erst in den eben angedeuteten Abwägungsprozess aufgenommen werden darf.

Ein gewisses Maß an Freigestelltheit im Sinne der Erlaubtheit ist allerdings erforderlich, damit diese Autonomiezone auch als solche erfahren werden kann. Auch durch eine Fülle von Regulierungen des Alltagslebens auf offizieller oder halboffizieller Ebene, die je einzeln durchaus vernünftig sind und keineswegs unmittelbar Freiheitsrechte verletzen, kann man eine Atmosphäre der Enge und Beklemmung erzeugen, worin die Bewahrung effektiver Freiheitsrechte kaum noch Lebensqualität zu verschaffen vermag. Einschränkungen der Meinungsfreiheit sollten zwar sehr viel vorsichtiger behandelt werden als Geschwindigkeitsbegrenzungen, Drogenverbote oder Gaststättenöffnungszeiten. Doch droht eine Überregulierung in jenen anderen Bereichen auch die Lebensqualität zu vermindern. Ferner kann man nicht völlig außer Acht lassen, dass die faktische Freiheit, sein Leben gemäß dem eigenen Entwurf zu gestalten, nicht nur formale Freiheitsrechte und Erlaubtheiten erfordert, sondern auch ein gewisses Maß an materialer Grundausstattung, die überhaupt erst den durch die formalen Freiheiten angedeuteten Handlungsspielraum eröffnet. Dazu kommen wir im nächsten Abschnitt.

Es geht jedoch nicht allein um den Schutz der Individuen vor der Gemeinschaft, wie man dem Liberalismus gerne vorwirft. Mills Plädoyer für die Freiheit beruft sich generell auf deren gesellschaftlichen Nutzen. Es gibt Bereiche, die aus diesem Grunde nochmals besonderen Rechtsschutz genießen, wie die Freiheit der Wissenschaft und die Freiheit der Kunst. Es sind diese Bereiche, welche die Fähigkeit einer Gesellschaft, sich zu verbessern, sich zu entwickeln, sich neuen Gegebenheiten anzupassen auf ihre je eigene Art sichern sollen. Auch hier wird man nicht per se jede Handlung zulassen. Man denke an die Debatten um Wissenschaftsfreiheit und Embryonenschutz oder auch um die Freiheit der Forschung gegen die Versuche von Tierschützern, Tierversuche zu verhindern. Dass man überhaupt Ausnahmen von den normalen Regeln im Umgang mit Tieren in Erwägung zieht, zeigt, wie wichtig dieser Bereich unseres Lebens genommen wird. Vergleichbare Fragen tauchen immer wieder bei der Freiheit der Kunst auf.

Dies war lange Zeit dominiert durch die Auseinandersetzungen mit Menschen, die sich um die Erhaltung von Zucht und Ordnung im sexuellen Bereich sorgten und von Beschützern des Glaubens, heute wird letzteres zur Verletzung religiöser Gefühle individualisiert, auf die der Künstler nach Ansicht mancher Kritiker Rücksicht zu nehmen hat. Derartige Debatten müssen stets aufs Neue geführt werden, können nicht vorab entschieden werden, denn dies wäre auch das Ende der innovativen Rolle der Kunst. Ohne einen garantierten Schutzraum kann sich diese indessen auch nicht entfalten, können keine neuen, bisher noch nicht für denk- oder wahrnehmbar erachteten Kreationen entstehen.

Negative Freiheit als Unabhängigkeit sollte also über die unveräußerlichen Schutzrechte hinaus auch die Teile der Gesellschaft protegieren, die für diese Gesellschaft die Suche nach Wahrheit und neuen, erfolgversprechenden Reaktionsweisen auf die Herausforderungen der Zukunft gewährleisten und negative Freiheit in diesem Sinne ist wegen ihrer Bedeutung für das Gemeinwohl auch vor dessen vermeintlichen Ansprüchen zu schützen. Freiheit als Unabhängigkeit unterscheidet sich damit deutlich von der Deutung liberaler Freiheit, die sich im Anschluss an Hegel und Marx (vgl. dessen Kritik an den Menschenrechten in 3.1.) bei Axel Honneth findet. Für ihn besteht diese – auch oder gerade wenn man die gleich zu diskutierenden sozialen Teilhaberechte hinzunimmt –

> in der Chance [...], sich aus dem öffentlichen Raum wechselseitiger Verpflichtungen auf eine Position der rein privaten Selbstvergewisserung zurückzuziehen: Wie ein Schutzwall legen sich diese Rechte um das einzelne Subjekt, um ihm einen nach außen hin abgesicherten Freiraum zu schaffen, den es für die ungestörte Befragung und Überprüfung seiner eigenen Lebensziele nutzen kann.[68]

Es sollte inzwischen deutlich geworden sein, dass dies eine etwas einseitige Sicht auf liberale Freiheit ist.

Mit der Freiheit als Unabhängigkeit im Sinne einer Garantie der für die politische Willensbildung essentiellen Rechte kompatibel, aber konzeptuell etwas anders gelagert ist die wohl von Jean-Fabien Spitz[69] und Philip Pettit[70] in die neuere Diskussion gebrachte typisch republikanische Freiheit als Nicht-Unterwerfung (non-domination). Sie fällt weder mit einer bloß als Maximierung staatlicher Nicht-Einmischung (non-interference) verstandenen negativen Freiheit, die wir hier als Freiheit als Erlaubtheit bezeichnet haben, noch mit der positiven Freiheit zusammen, sondern besteht einerseits in dem, was bereits Kant als „Unabhängigkeit von eines andern nöthigender Willkür"[71] bezeichnet hatte: Es ging historisch darum, dass niemand *dominium*, hier im Sinne von *Eigentum* eines anderen sein, ihm nicht gehören durfte, weil ihn dies dessen Willkür unterwerfen würde. Freiheitsbeschränkungen dürfen in diesem Sinne nur wechselseitig und nach allgemeinem Gesetz vorkommen. Auch hier findet sich die Nähe zu Kant, diesmal zur Definition des Rechts im strikten Sinne selbst, nämlich wechselseitiger Zwang nach allgemeinen Gesetzen, in anderer Formulierung geht es um die Herrschaft der Gesetze, nicht von Menschen.[72] Da man annehmen kann, dass die Beschränkung der unter die Freiheit als Unabhängigkeit fallenden Grundsätze nicht Gegenstand einer solchen Gesetzgebung sein kann, kommen sich diese Formen des Umganges mit der Freiheit relativ nahe. Der hier gewählte Ansatz trifft allerdings einige inhaltliche Festlegungen, den Schutz der Meinungsfreiheit, der Freizügigkeit, der Pressefreiheit etc., für die es der Freiheit als Nicht-Unterwerfung bedarf, die aber noch nicht darin impliziert sind, für die also Ähnliches gilt wie für das Ideal der Selbstbestimmung.[73] Die stärkere Spezifizierung und die Bindung an bestimmte menschliche Fähigkeiten bringt eine gewisse Nähe zum bereits diskutierten *capability approach* mit sich, der davon ausgeht, dass eine angemessene Form von Freiheit den Menschen ermöglichen muss, ein Leben gemäß der ihnen eigenen Fähigkeiten, unabhängig von ihren zufälligen Startbedingungen sozialer oder natürlicher Art zu führen. Dafür, so lautet Amartya Sens Kritik an Pettit,[74] ist die Freiheit als Nicht-Unterwerfung notwendig, aber nicht hinreichend. Ein gewisser Unterschied zu diesem Vorgehen besteht darin, dass nach der hier vertretenen Position die zur Freiheit als (politische) Unabhängigkeit gehörenden Fähigkeiten noch unbedingterer Unterstützung durch die Gesellschaft bedürfen als die anderen Formen menschlicher Lebensäußerungen, die gleich unter dem Begriff der sozialen Freiheit angesprochen werden.

Keineswegs zufällig sind die Ähnlichkeiten von Pettits republikanischer Position mit Kants Rede von der Freiheit von eines anderen nötigender Willkür als einzigem angeborenen Recht, zusammen mit der Bestimmung des strikten Rechts als gesetzmäßigem und wechselseitigem Zwang.[75] Damit ist man freilich bei einem der angeblich traditionellen Vertreter der positiven Freiheit angekommen, obwohl sich Pettit von der seiner Ansicht nach irreführenden Unterscheidung positive/negative Freiheit gerade distanzieren wollte. Allerdings ist es tatsächlich irreführend und überflüssig, Kant in dieser Weise zu rubrizieren, wie bereits angesprochen wurde.

4.2.3 Was nützt die Freiheit? – Soziale Freiheit

Damit die Menschen nun ihre Rechte auf Wahrung der Persönlichkeit innerhalb eines modernen Staates wahrnehmen können, muss man ihnen, so sieht dies etwa Mill, auch ein gewisses materielles Auskommen sichern, so dass sie tatsächlich die Möglichkeit haben, ihre Freiheit auszuüben. Auch viele andere Autoren des neunzehnten Jahrhunderts, wie etwa Max Stirner oder Marx und Engels, vor ihnen bereits Rousseau, wiesen darauf hin, dass formale Bürgerfreiheiten unter

Bedingungen sozialer Not und Abhängigkeit den in Bedürftigkeit Lebenden wenig nützen. Es geht also um die Freiheit von materieller Not und von Furcht vor einem Fall ins soziale Nichts, sowie um die Freiheit von sogenannten sozialen Zwängen. Man spricht daher auch von „sozialer Freiheit",[76] Axel Honneth spricht in dieser Beziehung manchmal von sozialer Freiheit, manchmal auch nur von „sozialen Teilhaberechten", die für das, was ihm als soziale Freiheit vorschwebt, offenbar noch nicht ausreichen.[77]

Anders als bei den eben angeführten Grundrechten spielt hier allerdings auch die wirtschaftliche Machbarkeit eine erhebliche Rolle. Rawls meint daher, man solle nicht von einer besonderen Art der Freiheit sprechen, sondern vom Wert, den die Freiheit für die einzelnen je nach sozialer Situation besitzt.[78] Damit stellt die Forderung nach allgemeiner sozialer Freiheit durchaus ein wichtiges politisches Programm dar, muss jedoch mit ebenso wichtigen politischen Forderungen wie der nach Sicherung der Lebensbedingungen für die Nachfolgegenerationen abgewogen werden. So sollte man um der möglichst vollständigen materiellen Absicherung aller im Staat lebenden Menschen willen weder die Vernichtung der natürlichen Ressourcen noch eine nicht mehr in den Griff zu bekommende Staatsverschuldung in Kauf nehmen. Umstritten bleiben dabei seit Längerem Fragen wie die, ob Maßnahmen des sozialen Ausgleichs zur Verringerung der ökonomischen Ungleichheit sich tatsächlich langfristig als schädlich für die Ökonomie erweisen, wie von einigen Theoretikern und Theoretikerinnen nachdrücklich und hartnäckig hervorgehoben wird, und ob künftige Generationen eher durch hohe Staatsschulden oder durch mangelnde Investitionen in die Verbesserung oder Erneuerung der Infrastruktur geschädigt werden.

Axel Honneth schwebt allerdings eine deutlich anspruchsvollere Lesart sozialer Freiheit vor: Im Unterschied zu den „Praktiken der individuellen Freiheit", die lediglich „Möglichkeiten der Freiheit" darstellen und einen „staatlich geschützten Spielraum der egozentrischen Distanznahme" garantieren, gilt es für ihn, die anderen Menschen nicht als Grenzen, sondern als „Erfüllungsbedingung" der eigenen Handlungen zu sehen, insofern die Realisierung der eigenen Absichten „innerhalb der sozialen Wirklichkeit von anderen erwünscht oder erstrebt wird."[79] Frei in diesem Sinne bin ich also, wenn die anderen, das was ich tue, als Moment der Verwirklichung ihrer Freiheit begrüßen. Die Verwirklichung der Freiheit kann demnach nur im Zusammenwirken mit anderen Menschen, in „relationalen Handlungssystemen" gelingen und zwar dann, „wenn die sie konstituierenden Rollenverpflichtungen von den Subjekten auch tatsächlich als reflexiv zustimmungsfähig aufgefasst werden". In ihnen, zitiert Honneth den § 7 aus Hegels Rechtsphilosophie, beschränke man „sich gern in Beziehung auf ein Anderes […] weiß sich aber in dieser Beschränkung bei sich selbst."[80]

In lockerer, der heutigen Gesellschaft angepasster Anlehnung an die Struktur von Hegels „Grundlinien der Philosophie des Rechts" untersucht Honneth daher die „freiheitsverbürgenden Handlungssphären gegenwärtiger Gesellschaften", indem er sich das „‚Wir' persönlicher Beziehungen", das „‚Wir' des marktwirtschaftlichen Handelns" und das „‚Wir' der demokratischen Willensbildung" vornimmt und soziale und institutionelle Bedingungen für das Gelingen sozialer Freiheit hervorarbeitet. So bestimmt er die Elemente, die für Familien erforderlich wären, „um ihr Potential an solidarischer Bewältigung von existenziellen Lebensrisiken zu entfalten"[81], konstatiert mit einigem Recht eine Fehlentwicklung in der Deutung des Marktes, weg von „wechselseitiger Interessenbefriedigung", hin zu „individueller Vorteilsvermehrung"[82] und stellt fünf Bedingungen für das Gelingen sozialer Freiheit bei der demokratischen Willensbildung, darunter die „Existenz eines schichtübergreifenden Kommunikationsraums" und die Bereitschaft der an der Willensbildung beteiligten Staatsbürger sich unentgeltlich an „Veranstaltungen der Meinungspräsentation" zu beteiligen.[83]

Unbestreitbar enthält das Werk eindrucksvolle Analysen – unabhängig davon, ob man jedem Detail zustimmt oder nicht. Doch bleibt fraglich, ob sich jenseits der Hervorhebung der Rolle rechtlicher und anderer Institutionen bei der Realisierung menschlicher Freiheit, generell der Rahmenbedingungen für den Menschen als soziales Wesen die Frontstellung gegenüber „dem Liberalismus" nicht auf die optimistische These reduziert, man könne diese Institutionen so schaffen, dass die Individuen Beschränkungen stets als Selbstbestätigung verstehen.

4.3 Über die Gleichheit und die Gleichen

4.3.1 Wie gleich sind die Menschen und was folgt daraus?

Zu Beginn dieses Kapitels wurde bereits darauf hingewiesen, dass für die Diskussion der Gerechtigkeit eine Klärung der Frage nach der Gleichheit der Menschen unerlässlich ist, nicht nur, weil die formale Gerechtigkeit bereits bei Aristoteles dadurch bestimmt wird, dass man Gleiches gleich und Ungleiches ungleich behandelt.[84] Offenkundig gab und gibt es im Hinblick auf die Frage, wer als gleich und wer als ungleich anzusehen ist, in unterschiedlichen Bereichen dramatisch verschiedene Ansichten. Dabei haben sich die Akzente deutlich verschoben: Zumindest in der politischen Theorie herrscht heute weitgehende Einigkeit darüber, dass wir die Menschen gegenüber dem Recht und hinsichtlich ihrer politischen Mitspracherechte als gleich anzusehen haben, dass höchstens für manche Altersgruppen und Personen, die offenkundig nicht in der Lage sind sich zu äußern, vorübergehend oder dauerhaft Ausnahmen gemacht werden. Dies war nicht immer so und auch heute gilt dieser Konsens nicht für den ökonomischen Bereich. Inwieweit Forderungen nach materialer Gleichheit berechtigt sind, soll im Kontext der Diskussion um die Gerechtigkeit geklärt werden. Hier werden wir uns weitgehend auf rechtliche und politische Folgerungen beschränken.

Zunächst gilt es, einige begriffliche und ontologische Grundlagen festzuhalten, da gerade in der Diskussion um Gleichheit – und daran angeschlossen um Gerechtigkeit – immer wieder banale Feststellungen als tiefe Einsichten verkauft werden. Einmal kann mit Gleichheit bzw. Identität die numerische Identität eines Dinges mit sich selbst gemeint sein, im anderen Fall sind Gegenstände gleich im Hinblick auf eine Eigenschaft, die ihnen in gleicher Weise zukommt. Allerdings ist auch keineswegs unumstritten, was die Rede von der Identität eines Dinges mit sich selbst besagt. Ein mittelalterlicher Begriffsrealist geht – mit etwas unterschiedlichen Nuancen – davon aus, dass die Universalien, in unserem Fall Allgemeinbegriffe real sind und steht vor dem Individuationsproblem, d. h. er muss dann erklären, warum und wie sich ein Einzelding vom anderen unterscheidet, die unter denselben Begriff fallen. Für einen Nominalisten hingegen sind die vorzufindenden Gegenstände, etwa die körperlichen Einzeldinge bzw. in der aristotelischen Tradition die ersten Substanzen, per se vorhanden und werden von den Menschen anhand von Ähnlichkeiten und Differenzen geordnet. Eine Parallele dazu entsteht, wenn in der analytischen Ontologie von Russell über Carnap und Quine zu Goodman Gegenstände als Bündel von Eigenschaften identifiziert werden. Demgegenüber hat Saul Kripke in *Naming and Necessity* gezeigt, dass man auf einen Gegenstand auch Bezug nehmen kann, indem man ihn in einer sog. „Taufsituation" benennt und dann seine Geschichte, v. a. seine raumzeitliche Kontinuität verfolgt.[85] So kann man auf Manuel Neuer sicher Bezug nehmen, indem man ihn als „Torwart der deutschen Weltmeistermannschaft von 2014" charakterisiert. Doch wäre er auch Manuel Neuer geblieben, wenn seine Mannschaft eines der entscheidenden Spiele verloren hätte.

Wenn nun Rousseau eine Abhandlung schreibt, in welcher er den Ursprung der Ungleichheit unter den Menschen zu erklären versucht, wenn Hobbes die Menschen als von Natur gleich konstatiert, wenn die Forderung nach Gleichheit ein Kernbestand vieler politischer Programme war, so sollte Einigkeit darüber bestehen, dass es sich jeweils nicht um die numerische Identität der einzelnen Menschen mit sich selbst im nominalistischen Sinne handelt, sondern um Aspekte, Eigenschaften, Qualitäten, in Bezug auf die die Menschen gleich oder ungleich sind, weshalb sie Gleich- oder Ungleichbehandlung verdienen oder eben nicht verdienen. Ferner sollte klar sein, dass in Bezug auf diese Eigenschaften die Menschen einander nicht gleichen wie die genetischen Codes eineiiger Zwillinge oder zwei Kopien desselben Computer-Programms, sondern, dass hier eine erhebliche Toleranzspanne anzusetzen ist. Jede Anwendung eines generellen Begriffs ignoriert sämtliche nicht von ihm erfassten Unterschiede der darunter fallenden Gegenstände. Daran ändert auch alle Rhetorik vom angeblich konkreten Denken nichts, welches man der bloßen Abstraktion entgegenzusetzen versucht.

Da in unserem Kontext als Fluchtpunkt der Untersuchung der Gleichheit die Gerechtigkeit fungiert, die nach Aristoteles[86] eine Art der Gleichheit ist und gemäß dem bereits angesprochenen formalen Grundsatz darin besteht, Gleiches gleich und Ungleiches ungleich zu behandeln, entsteht ein enger Bezug zur Forderung nach Unparteilichkeit.

Interessant ist entsprechend die Frage, wer als gleich und wer als ungleich anzusehen ist, welche Gemeinsamkeiten und welche Unterschiede von Menschen als rechtlich, politisch und ökonomisch relevant angesehen werden. In Bezug auf die Gleichheit vor dem Gesetz, speziell im Blick auf die Strafgerechtigkeit, die Talion, findet eine allmähliche, allerdings nicht vollständige Abstraktion von den sozialen Rollen statt. Luis de Molina (1535-1600) etwa beruft sich auf Aristoteles, wenn er hervorhebt, ein Untergebener, der einen König schlage, müsse sehr viel härter bestraft werden als ein König, der einen Untergebenen ungerechterweise schlage.[87] Kant macht sich noch Gedanken darüber, wie man bei Beleidigungen eines Niederen durch einen Adligen einen der Talion angemessenen Ausgleich herstellen könnte.[88] Abgesehen davon, dass man inzwischen keine Gleichheit der Strafe mit der Tat mehr annimmt, sondern eher eine Proportionalität der Strafe zur Schwere der Schuld, abgesehen davon, dass z. B. Volksvertreterinnen und Volksvertreter in Amtsausübung prima facie Immunität vor Strafverfolgung genießen, erwartet man heute, dass gleiche Vergehen gleich bestraft werden und werden immer wieder auftretende Abweichungen von dieser Regel heftig kritisiert.

Bei der Frage, welche Gleichheiten und Ungleichheiten im Rahmen des Politischen relevant sind, wird man sich an Fähigkeiten und Eigenschaften halten, welche die Einführung eines Rechtssystems, insbesondere eines demokratischen Rechtssystems erforderlich und möglich machen. Ferner gilt es zu überlegen, welches Maß an Toleranz, an Abweichungen wir aus welchen Gründen akzeptieren wollen – einerseits im Hinblick auf die relevanten Eigenschaften, andererseits im Hinblick auf die daraus folgende Berücksichtigung.

Für die erste grundlegende Aufgabe eines Rechtssystems, die Friedenssicherung, ist die bereits im Zusammenhang der Anthropologie angesprochene banale Feststellung relevant, dass alle Menschen im Prinzip verletzbar sind, und dass so gut wie alle die Möglichkeit haben, andere zu verletzen. Alle sind daher schutzbedürftig und vor so gut wie allen müssen andere geschützt werden, so dass in diesem Punkt eine Ungleichbehandlung willkürlich und nicht zu rechtfertigen wäre. Sie sind, wie es Thomas Hobbes in markanter Weise ausgedrückt hat[89], trotz aller Unterschiede im Aussehen, in der Körperkraft und der Geschicklichkeit gleich, weil im Prinzip jeder jeden töten kann, sei es durch Koalition mit anderen oder durch List, auch wenn dies aufgrund zufälliger sozialer Konstellationen konkret nicht möglich sein sollte. Die Verletzlichkeit selbst der mächtigsten Menschen erkennt man leicht an dem enormen Aufwand, der zu ihrer Sicherung betrieben werden muss – und der mitunter versagt. Es haben daher alle Menschen den Anspruch auf Schutz ihres Lebens und sind umgekehrt alle verpflichtet, sich an die rechtliche Ordnung zu halten.

Wie steht es dann mit den menschlichen Wesen, die die Bedingung, anderen schaden zu können, noch nicht oder infolge von Krankheit oder ähnlicher Gebrechen prinzipiell nicht erfüllen? Offenbar ist bei ihnen die zweite rechtlich relevante Eigenschaft, nämlich des Schutzes zu bedürfen, in besonderem Maße vorhanden. Ebenso, wie man zu der ursprünglichen Gleichheit derer gelangt, die einander schaden können, indem man von der konkreten sozialen Position abstrahiert, kann man vom konkreten Zeitpunkt und vom individuell gezogenen Los in der sozialen und natürlichen Lotterie, welcher die Menschen unterworfen sind, abstrahieren. Dann weiß man, dass womöglich diejenigen, die heute schutzbedürftig sind, später die anderen zu beschützen haben, und, dass es eben auch Zufall ist, wer gesund und im Wohlstand und wer mit schwersten Behinderungen oder in Not geboren wird. In christlicher Tradition argumentiert man zudem mit Barmherzigkeit und damit, dass jedes Wesen mit Menschenantlitz als Geschöpf und als Ebenbild Gottes ein Recht auf Nichtverletzung hat. Martha Nussbaums Vorschlag, den Hinweis auf empirisch feststellbare Eigenschaften der Menschen beiseite zu lassen und sich nur auf eine moralische Gleichheit, auch bei großer faktischer Ungleichheit zurückzuziehen,[90] setzt die allgemeine Akzeptanz einer egalitären Moral voraus, eine Akzeptanz, die es nie universell gegeben hat. Insofern scheint es wichtig, der moralischen Forderung nach Gleichheit ein *fundamentum in re* beizufügen, dessen Verifizierung nur eine einfache Beobachtung und einen nicht allzu schwierigen Abstraktionsschritt erfordert.

Der Schutz, auf den damit alle Menschen den gleichen Anspruch haben, geht jedoch noch weiter: So gut wie alle Menschen haben eine, wenn auch oft genug vage Vorstellung eines vernünftigen Lebensplans. Da u. a. im Kontext der Freiheit als Erlaubtheit festgehalten wurde, es sei der Zwang, der begründet werden müsse, nicht das In-Ruhe-gelassen-werden, haben sie *prima facie* den Anspruch, damit ernst genommen zu werden und ihren Lebensplan innerhalb der in der Freiheitsdiskussion angedeuteten Grenzen zu vollziehen. Dies scheint der ernsthafte Hintergrund für Hobbes' ironische Bemerkung, jeder halte sich und seine engsten Freunde für die Klügsten[91], daher seien die Menschen geistig ebenfalls gleich. Auch Hobbes bestreitet nämlich keineswegs, dass die Menschen sich in ihrer Fähigkeit zu wissenschaftlicher Erkenntnis sehr deutlich unterscheiden.

Damit ist bereits die Eigenschaft angeführt, die bei der Frage nach der politischen Mitbestimmung zum Maßstab der Gleichbehandlung dient. Gemäß den hier vorgestellten Prinzipien ist das entscheidende Kriterium für den Anspruch auf Mitbestimmung, den man in der Geschichte häufig bestimmten Gruppen in privilegierter Weise zugestanden, anderen abgesprochen hat, die prinzipielle Fähigkeit, in rationaler Weise über die Zukunft eines politischen Gemeinwesens zu beraten und zu entscheiden. Als geeignetes Indiz dafür, dass jemand diese Fähigkeit besitzt, kann man hier die Fähigkeit ansehen, zunächst über das eigene Geschick in rationaler und verantwortlicher Weise zu entscheiden. Diese Fähigkeit jedoch kann vernünftigerweise nur kleinen Kindern und geistig Schwerbehinderten abgesprochen werden. Alle anderen Behauptungen, wonach Menschen mit bestimmter Geschlechts-, Rassen- oder Schichtenzugehörigkeit dieser Fähigkeiten entbehren, erwiesen sich als nicht haltbar.

Ebenso wenig war es möglich, Privilegierungen durch allgemeine Merkmale wie Familien-, Rassen- oder Klassenzugehörigkeit oder durch die Mitgliedschaft in Parteien oder ähnlichem zu rechtfertigen. Selbst wenn die durchschnittliche Intelligenz der Mitglieder bestimmter Gruppen nachweislich höher liegen sollte als die von anderen, so ist dies keine Legitimation einer Privilegierung. Erstens gibt es bei Durchschnittswerten eine erhebliche Streuung, so dass die Gruppenprivilegierung in einer erheblichen Zahl von Einzelfällen ungerecht wäre. Zweitens kann man das schlechtere Abschneiden der Mitglieder einer Gruppe eher als Grund für besondere Förderung ansehen denn als Grund zur Schlechterbehandlung.[92] Drittens gewährt die Intelligenz selbst keineswegs eine Garantie dafür, dass sich jemand besonders weise verhält, wie sich an der gar nicht seltenen Bereitschaft hochintelligenter Menschen zur Unterwerfung unter Sektengurus oder zweifelhafte politische Führer erkennen lässt. Der einzig mögliche *normative* Schluss bleibt damit auch hier die gleiche Zuerkennung politischer Rechte wie des aktiven und passiven Wahlrechtes, natürlich auch eine gleiche Verteilung der politischen Pflichten, generell, die Gleichheit vor dem Gesetz.

Auch wenn man nicht bestreiten will und kann, dass Menschen in ihren Verhaltensweisen und ihren Anlagen sehr verschieden sind und auch verschieden sein sollen, wenn man ferner nicht bestreiten kann, dass Menschen hinsichtlich ihrer Körperkraft und ebenso in ihren mentalen Fähigkeiten drastisch verschieden sein können, lässt sich weder ein Verweigern rechtlichen Schutzes rechtfertigen, noch, solange die Fähigkeit zur Lebensführung angenommen werden kann, der Ausschluss von der politischen Willensbildung. Die Annahme der Gleichheit ist hier also mit einer erheblichen Variationsbreite verbunden. Die darin implizierte Abstraktion von den konkreten Einzelnen mag etwas größer sein als die, wenn man eine große Anzahl von Schattierungen unter den Begriff „Grautöne" fasst, völlig verschieden ist der Abstraktionsvorgang nicht.

Bislang wird allerdings aus der Gleichheit nur ein Anspruch auf formale Rechtsgleichheit im privaten und öffentlichen Rahmen abgeleitet, die keine Rücksicht nimmt auf soziale und ökonomische Bedingungen der Beteiligten. Während sich in diesem Punkt in den letzten Jahrzehnten ein relativ hohes Maß an Konsens eingestellt hat, ist es bemerkenswert, dass der Umstand, dass hinsichtlich der elementaren Lebensbedürfnisse der meisten Menschen ebenfalls ein hohes Maß an Ähnlichkeit besteht, während ihre Fähigkeiten beim Erwerb materieller Güter doch deutlich verschieden zu sein scheinen, nach wie vor erbitterte Auseinandersetzungen über den richtigen, gerechten Umgang mit diesen Gütern zur Folge hat. Ob der demokratische Rechtsstaat seinen Bürgerinnen und Bürgern tatsächlich nur ein Leben ermöglicht, „unter der majestätischen Gleichheit des Gesetzes, das Reichen wie Armen verbietet, unter Brücken zu schlafen, auf den Straßen zu betteln und Brot zu stehlen",[93] lässt sich hier nicht ausführlich kären, doch scheinen Zweifel angebracht: Nach der hier erarbeiteten Systematik weist ein Staat, der seine Bürger verhungern lässt, seiner Verpflichtung zum Schutz des Lebens also nicht nachkommt, Legitimitätsdefizite auf und hat erhebliche Schwierigkeiten, die Friedenspflicht der Unterversorgten zu rechtfertigen. Eine Versorgung mit dem zum Lebenserhalt Erforderlichen dient also dem Fortbestand des Staates.

Ferner ist es trivial, dass große ökonomische Unterschiede auch die Einflussmöglichkeiten auf politische Entscheidungen beeinflussen. Neben der Forderung, diese Einflussmöglichkeiten aus Gerechtigkeitsgründen auszugleichen, gibt es seit jeher auch die Forderung, soziale Unterschiede aus politischem Kalkül nicht zu groß werden zu lassen, um den Bestand des politischen Gemeinwesens nicht zu gefährden. Rousseau formulierte das Kriterium, keiner dürfe so reich sein, dass er einen anderen kaufen kann, keiner so arm, dass er sich verkaufen muss.[94] Für den Verkauf in die Knechtschaft trifft dies sicherlich zu. Kauf und Verkauf der Arbeitskraft ließe sich in einer modernen Gesellschaft nur mit diktatorischen Mitteln abschaffen, die nicht nur rechtlich und moralisch verwerflich sind, sondern sich obendrein als ökonomisch und politisch ineffizient erwiesen haben, gerade auch für die zuvor Schlechtergestellten. Gleichwohl liegt ein ökonomischer Ausgleich im Interesse der Stabilität des Staates.

4.3.2 Wer sind die Gleichen?

Hier sei kurz nochmals Martha Nussbaums im ersten Kapitel bereits angesprochene Kritik an Rawls' Kontraktualismus herangezogen, da sie für eine gewisse Interpretation – oder auch Missverständnis – der skizzierten liberalen Gleichheitskonzeption und der ihr zugrunde liegenden Ontologie charakteristisch ist. Andererseits treibt sie gerade hier die Kritik weiter, hin zu Rawls' philosophischen Gewährsleuten, nämlich Hume und Kant. Die Kritik konzentriert sich darauf, dass man mit dem Vertragsmodell, bei dem es um das optimale Verfahren gehe, nicht wie bei ihrem *capability approach* um das optimale Ergebnis,[95] drei unlösbaren oder jedenfalls schwer lösbaren Problemen gegenüberstehe, nämlich der Nicht-Berücksichtigung der Behinderten, insbesondere der geistig Behinderten, der Unmöglichkeit, nationale Grenzen in der angemessenen Form zu überspringen und der Nicht-Berücksichtigung der Tiere.[96] Die Problematik globaler Gerechtigkeit und die Schwierigkeit in Rawls' Umgang damit wird im nächsten Kapitel behandelt, die Rolle der Tiere ist für unseren Kontext eher weniger relevant. Wichtig bleibt im Moment die Frage, inwieweit die eben skizzierten Gleichheitsgrundsätze in ihrer Grundkonzeption zur Exklusion benachteiligter Menschen führen.

Laut Nussbaum hat Rawls diese Problematik quasi von seinen Gewährsleuten Hume und Kant geerbt. Ihr erster Kritikpunkt lässt sich durch die These zusammenfassen, die liberale Annahme, Gerechtigkeit bestehe zum gegenseitigen Nutzen Freier, Gleicher und Unabhängiger, die Rawls mehr oder minder klar von Hume übernommen habe, benachteilige diejenigen, die nicht gleich und unabhängig sind und daher vermeintlich keinen Nutzen einbringen können. Dies gelte jedenfalls, solange die Gleichheit an natürlichen Befähigungen festgemacht, nicht allein als moralische Norm beachtet werde und der wechselseitige Nutzen, aber auch die Situation der am stärksten Benachteiligten in primär ökonomischen Termini gemessen werde.[97] Hier sei erstens daran erinnert, dass für Rawls „die Selbstachtung vielleicht das wichtigste Grundgut ist",[98] also keineswegs Einkommen oder andere materielle Maßstäbe. Zweitens folgt daraus, dass man die Grundkonzeption einer politischen Theorie an der ungefähren Gleichheit der meisten Menschen festmacht, an ihrer Schwäche einerseits, an ihrem Schädigungspotential andererseits, um die Ablehnung sexistischer, rassistischer und anderer Diskriminierung nicht allein als Credo einer relativ jungen moralischen Position, die mitunter auch als „Aufklärungsmoral" bezeichnet wird, im Raum stehen zu lassen, sondern ihr ein *fundamentum in re* zu geben, wie soeben festgehalten, keineswegs, dass man diejenigen, die durch einen unglücklichen Zufall dieser Gleichheit nicht teilhaftig sind, aus der Betrachtung ausschließt. Dies würde wohl sämtlichen Fairnessvorstellungen widersprechen. Es bedeutet lediglich, dass man ihre Berücksichtigung argumentativ in einen anderen Zusammenhang stellt, wie oben versucht wurde.

Der zweite Vorwurf Nussbaums lautet ungefähr so: Die einseitige Bezugnahme Kants auf die Vernunft als Kriterium der Moralität, da Vernunftwesen autonome Gesetzgeber im Reich der Zwecke sind, zugleich auch die Verpflichteten und die Berücksichtigungsfähigen, schließt diejenigen aus der moralischen

Berücksichtigung aus, denen die entsprechende Fähigkeit fehlt, also auch die geistig Behinderten und sogar die noch nicht vernünftigen Kinder. Geschützt wird einzig das Vernünftige im Menschen. Nussbaum schließt dies daraus, dass Kant die Tiere nicht direkt in die Berücksichtigung aufnimmt, was bedeute, dass auch solche menschliche Wesen, die in ihren Fähigkeiten nicht weiter entwickelt seien als Tiere, nicht zu den moralisch relevanten Wesen zählten.[99]

Hier scheint ein tiefergehendes Missverständnis vorzuliegen: Wer die moralische Berücksichtigung auf Vernunftwesen beschränkt, hat damit in der Tat zunächst die Tiere ausgeschlossen, muss sich indessen keineswegs auf diejenigen beschränken, die sich *aktual* im Besitz der Vernunftfähigkeit befinden. Diese Deutung geht wohl auf das Personenverständnis des englischen Empirismus zurück, möglicherweise auch auf verkürzende Interpretationen desselben, wie sie sich in der erwähnten Debatte zur medizinischen Ethik etwa bei Peter Singer finden.[100] Doch wurde bereits deutlich vor Locke geltend gemacht, dass etwa der Ausschluss von Kindern und geistig Behinderten von Besitzrechten auch dazu führen müsste, Schlafende auszuschließen,[101] ein Argument, welches auch gegen Singer vorgebracht wurde. Es geht somit nicht um die Frage, ob die einzelne Person gerade vernunftfähig ist, sondern ob sie zum Kreis der Wesen gehört, denen dies normalerweise zukommt, auch wenn sie diese Fähigkeit noch nicht, nicht mehr oder aufgrund eines kontingenten Ereignisses gar nicht bzw. nur sehr eingeschränkt ausüben kann. Für Kant haben etwa „Kinder als Personen [...] ein ursprünglich-angeborenes [...] Recht auf ihre Versorgung durch die Eltern", welches er mit dem „Act der Zeugung" beginnen lässt.[102] Somit ist es das Eine, den – grundsätzlichen – Besitz von Vernunftfähigkeit zum Kriterium besonderer moralischer Berücksichtigung zu machen – etwa im Vergleich zu Tieren. Es ist etwas Anderes zu fragen, welche Ansprüche der Betroffenen damit verbunden sind, und dies ist natürlich nicht nur der Schutz der Vernunft, sondern eine Optimierung der gesamten Lebensbedingungen, um die entsprechende Entwicklung der Fähigkeiten zu ermöglichen.

Wenn Nussbaum eine generelle moralische Gleichheit der Menschen behauptet, die sie für die geistig Behinderten einklagt und nicht an politischen Grenzen halt machen lassen will, so bewegt sie sich sehr eindeutig in liberaler Tradition und weniger im Gefolge des Aristoteles und des Aristotelismus. In der Antike kommen eher stoische und epikuräische Wurzeln in Frage, in der Neuzeit kann man auf Hobbes verweisen, auf Rousseau – und auf Kant.

Wichtig scheint hingegen der methodologische Hinweis auf die Gefahr, dass man durch eine Reifizierung der aus der oben genannten Abstraktion hervorgegangenen Gleichheit die moralische und zumindest auf Umwegen auch rechtliche und politische Bedeutung des Menschen nicht mehr in der Gesamtheit seines Erlebens und Handelns sieht, sondern mittels einer Reduktion auf einen irgendwie wollenden und handelnden Homunculus. Dies beginnt bei Kants gutem Willen, bekanntlich das Einzige zu denken Mögliche, „was ohne Einschränkung für gut könnte gehalten werden",[103] wo Kant größten Wert darauf legt, dass er frei von jeder Neigung zu sein habe. Bei sämtlichen Menschen indessen, die sich pflichtgemäß verhalten „stößt man allenthalben auf das liebe Selbst".[104] Ferner hebt er hervor, dass im Hinblick auf den kategorischen Imperativ „es durch kein Beispiel mithin empirisch, auszumachen sei, ob es überall irgend einen dergleichen Imperativ gebe".[105] Entweder es handelt sich also um meinen Willen, der wie der Wille aller anderen Menschen stets irgendwie „pathologisch-afficirt"[106] ist, oder es handelt sich um einen guten Willen, der zur Autonomie des Vernunftwesens gehört. Zwischen dem Leben mit Liebe, Freundschaft, aber auch Zorn und Antipathie, welches wir führen und der Sphäre unserer autonomen Vernunft klafft somit ein unüberwindbarer Hiatus. Nicht zuletzt von feministischer Seite gab es Kritik an dieser Art Ethik.[107] Ob dies die einzige mögliche Deutung der kantischen Ethik ist, muss hier nicht entschieden werden.[108]

Ohne hier in die intensive und teilweise erbitterte Debatte darüber eingreifen zu können, inwieweit Kants Ethik und Rechtslehre miteinander verknüpft oder voneinander zu trennen sind, lässt sich doch festhalten, dass Kant die gesamte Metaphysik der Sitten a priori abzuhandeln gedenkt.[109] Insofern ist auch das Unbehagen nachvollziehbar, wenn Kommentatorinnen und Kommentatoren den Eindruck gewinnen, es werde in diesem Kontext die Ansicht oder die Vielzahl der Ansichten aus unterschiedlichen sozialen Strukturen und Umgebungen zugunsten einer einsam in der Gelehrtenstube gewonnenen Auffassung über den Inhalt der Vernunft in den Hintergrund gedrängt. Ähnlich entsteht, so lautet zumindest ein wiederholt geäußerter Verdacht, Rawls' Auffassung darüber, was die Menschen hinter dem Schleier des Nichtwissens entscheiden würden. Das Unbehagen über den Rückgriff auf „Schattenmenschen" hinter dem Schleier des Nichtwissens, welcher auch einige unserer Intuitionen zu Gleichheit und Gerechtigkeit ausblendet, findet sich auch bei diversen Autorinnen und Autoren, die dafür plädieren, die widersprüchlichen menschlichen Intuitionen so einzubeziehen, dass die entstehenden Gerechtigkeitsprinzipien für die tatsächlich lebenden Menschen akzeptabel sind.[110]

Wenn man die hier angesprochenen Abstraktionsschritte unternimmt, um von der prima facie Gleichheit der Menschen zu sprechen, wenn man also von ihrer zufälligen sozialen Situation ebenso absieht wie von ihren aktual vorhandenen individuellen Fähigkeiten, so bedeutet dies nicht notwendig, dass man einen Gegenstand namens „Standardmensch", „rationales Subjekt" oder dergleichen erzeugt, der zur unbedingten Norm für alle Zuweisungen von Rechten und Pflichten wird. Erst recht nicht werden Menschen, die den Standards eines Vertragsbeteiligten nicht in allen Punkten entsprechen, damit von Rechten ausgeschlossen. Menschen als Gleiche behandeln heißt, dass besondere Maßnahmen nicht willkürlich, sondern begründet vorgenommen werden. Etwa werden barrierefreie Zugänge zu öffentlichen Gebäuden geschaffen, weil man annimmt, dass körperbehinderte Menschen wie alle Anderen Zugang zu diesen Gebäuden wünschen und somit ein Recht darauf haben. Wohl verstandene Gleichheit heißt in diesem Kontext also nicht, dass man einen Einheitsmenschen mit Einheitsvernunft und Einheitsbedürfnissen voraussetzt, sondern dass man niemanden ausschließt, dass man eines jeden Menschen Bedürfnisse berücksichtigt und jede Stellungnahme prima facie ernst nimmt, auch wenn sie dann einer kritischen Überprüfung nicht standhalten sollte. Offensichtlich ist diese Deutung der Gleichheit stark moralisch imprägniert, indessen nicht völlig abgelöst von der Beobachtung menschlichen Verhaltens.

4.4 Gibt es ein Menschenrecht auf Eigentum?

Eine frühe Form der Verteidigung eines natürlichen Rechtes auf Eigentum entstammt dem Armutsstreit zwischen Teilen des Franziskanerordens und der Kurie, der sich vom späten dreizehnten bis weit ins vierzehnte Jahrhundert hinzog. Papst Johannes XXII. behauptete auf dem Höhepunkt der Auseinandersetzung in der Bulle *Quia vir reprobus* (1329), da Adam vor der Erschaffung Evas das alleinige *dominium* über die irdischen Dinge ausübte, auf welches sich aller heutige Besitz über die Generationen hinweg ableiten lasse, gehöre Eigentum nach Gottes Gesetz unvermeidlich zur Natur des Menschen. Das Wort *dominium* variiert in seinen Verwendungsweisen zwischen „ausgeübter Herrschaft" und „Eigentum", was in den Argumentationen entsprechend ausgenutzt wird,[111] später differenzierte man zwischen einem *dominium proprietatis*, welches das Eigentum bezeichnete und einem *dominium iurisdictionis*, womit die Herrschaft der Regenten über Freie benannt wurde, während Sklaven eben zum privaten Eigentum gehörten.[112]

In seiner Antwort auf Johannes lässt Wilhelm von Ockham als *dominium* im Sinne von Eigentum nur das gelten, was vor einem irdischen Gericht als solches eingeklagt werden kann, macht Eigentum damit zu einer Sache menschlicher Konvention.[113] Tatsächlich besaßen laut Ockham die Ureltern im Paradies eine Art *dominium* über die Tiere und Pflanzen, doch konnten sie dieses ohne deren Widerstand, also ohne Zwang ausüben, ähnlich der Art, wie die Engel in manchen Fällen uns Menschen führen.[114] Diese Art von *dominium* ist mit dem Rechtsinstitut des Eigentums nur durch Äquivokation verbunden, hat also nicht mehr als das Wort mit ihm gemeinsam, da nach dem Sündenfall ein *dominium* ohne Zwang nicht mehr in derselben Weise möglich ist. Dem Menschen mit seiner *natura corrupta* bleibt von seiner ursprünglichen Herrschaft lediglich eine *potestas appro-*

priandi[115], die Fähigkeit und das ursprüngliche Recht, sich das zum Leben Nötige anzueignen. Dies ist der einzige natürliche Anspruch des Menschen auf Besitz.

In heutiger Ausdrucksweise heißt dies, dass als Menschenrecht, als unbedingtes überstaatliches Eigentumsrecht nur der Anspruch auf das zum Überleben Notwendige gelten kann. Wie dieses Überlebensnotwendige zu bestimmen ist, lässt sich jenseits der elementarsten Grundbedingungen nicht a priori, sondern nur unter Berücksichtigung natürlicher, technischer, medizinischer, ökonomischer und sozialer Randbedingungen feststellen.

Soll es auf das Angeeignete ein Eigentumsrecht geben, so muss es erzwungen, d. h. vor einem menschlichen Gericht eingeklagt werden können. Ein Eigentumsrecht ist für Ockham, wie jedes subjektive Recht, eine *licita potestas*, eine erlaubte Macht. Die Verteilung des Eigentums ist ein Werk der Menschen[116], welches angesichts deren Schwäche und Uneinsichtigkeit durchaus seinen guten Sinn hat, jedoch wie alles menschliche Tun Unvollkommenheiten aufweist.

Der Annahme eines aus dem Menschsein folgenden Rechtes, eines Menschenrechtes also auf Eigentum über das Lebensnotwendige hinaus, über das, was jedem Menschen zusteht und das jeder Mensch dem Anderen zugestehen muss, steht bei systematischer Betrachtung im Wege, dass Menschenrechte nach den oben getroffenen Differenzierungen im Prinzip allen zukommen, während Besitzrechte per definitionem eine Asymmetrie enthalten, da sie den Besitzenden auf Kosten der anderen privilegieren. Wir können also festhalten, dass es unter Menschen aufgrund ihrer Schwäche eine Eigentumsordnung geben muss, dass dies jedoch noch keine Entscheidung impliziert, wie diese im Einzelnen auszusehen hat, ebenso wenig, dass die gegenwärtige Eigentumsverteilung als natürliche in besonderem Maße schützenswert sei.

In der Nachfolge des Armutsstreites entsteht auch eine Sicht auf das Verhältnis von Freiheit und Eigentum, die bis heute eine der dominanten Positionen beherrscht. Der Franziskaner Jean Gerson (1363-1429) verknüpft *dominium* und Freiheit, wenn er betont, dass auch nach dem Sündenfall ein noch so schlimmer Sünder nicht das *dominium libertatis* völlig verlieren kann.[117] Da er außerdem *dominium* als Macht, Dinge zu nehmen bezeichnet, entsteht die Verbindung von Freiheit und Eigentum. Eigentum am eigenen Körper wird zur intrinsischen Eigenschaft des Menschen. In Erweiterung des Besitzes an den eigenen Gliedern entwickelt sich eine andere Art der Rechtfertigung natürlichen Eigentums, interessanterweise wiederum im Widerstand gegen eine Theorie, welche die Rolle Adams hervorhebt. Sir Robert Filmer äußert sich in seiner Patriarcha zwar nicht allzu ausführlich über Eigentum, macht aber deutlich, dass Adam das Recht zustand, über das Eigentum seiner Söhne zu entscheiden, was dann auf die heutigen Fürsten überging. Locke will demgegenüber im zweiten seiner *Two Treatises on Government*[118] durch die Arbeitstheorie des Eigentums ein natürliches, vorstaatliches, der Konvention entzogenes und dennoch nicht von Adam an die Fürsten vererbtes Eigentum begründen.

Ursprünglich, so Locke, gehört der Boden (nach guter römischer Tradition) allen. Erst durch die investierte Arbeit macht ihn sich jemand zu eigen und hat auf ihn wie auf die geernteten Früchte einen Anspruch, allerdings nur auf das, was er verzehren kann, ohne dass es verdirbt. Interessant ist hier die Art, wie Locke sich in seiner Argumentation in kleinen Schritten vom traditionellen Konsens im Hinblick auf den ursprünglichen Gemeinbesitz des Bodens auf sein Ziel zu bewegt. Ein wichtiger Zwischenschritt ist das Recht auf das zum unmittelbaren Verzehr Bestimmte, wie den Apfel in meiner Hand oder die gerade unter dem Baum aufgelesenen Äpfel, das auch die pauperistischen Franziskaner zugestehen würden (V 28). Nächster Schritt ist die Besetzung und Bearbeitung eines Stückes Land, ein Vorgang, der reiche Früchte trägt, also allgemeinnützlich ist, und harmlos aussieht, solange genug für andere da ist, wie Locke ausdrücklich als Bedingung hervorhebt (V 32f.) und ohne dass die Früchte verderben. Um die Früchte des Fleißes zu perpetuieren und Akkumulation zu ermöglichen, entstand dann der Gebrauch des Geldes (V 46 ff.).

Zum anderen erreicht Locke über die Feststellung, Geld verderbe nicht, eine Rechtfertigung der Akkumulation, bis hin zum prinzipiell unbegrenzten Besitz. An dieser Stelle lässt er die erste Bedingung, dass noch genug für andere da zu sein habe, souverän beiseite. Für Locke besitzt der Mensch jedoch einen natürlichen, dem staatlichen Zugriff entzogenen Rechtsanspruch auf Eigentum.[119] Dies, zusammen mit dem Umstand, dass Locke die Dinge, worauf man unverbrüchliche Rechte besitzt: – *life liberty and estate* – unter dem Titel *property* zusammenfaßt (IX 123), war wohl einer der Gründe, warum die Naturrechtslehre in den Verruf geriet, als Instrument zur egoistischen Privilegiensicherung der Wohlhabenden zu dienen. Dass Locke den Mittellosen einen Anspruch auf das *surplus* der Reichen zugestanden hatte, welchen man ihnen *gerechterweise* nicht verwehren könne[120], dass es ihm also wohl eher um die Abwehr von monarchistischen Ansprüchen auf das Eigentum der Bürger ging, geriet demgegenüber bald in Vergessenheit.

Lockes Vorschlag Eigentum auf Arbeit zu gründen wird von Kant mit dem Argument kritisiert, dass die Bearbeitung stets nur die Akzidenzen des Bodens verändert, allenfalls ein Zeichen der ersten Besitznehmung ist. Wie die Besitznahme selbst ist ferner die Bearbeitung nur ein empirisches Faktum, welches für sich kein Recht erzeugt (Rechtslehre §15).[121] Eine weitere Schwierigkeit in Lockes Eigentumsbegründung besteht darin, dass zwischen dem zum Überleben Notwendigen, das außer den Franziskanern auch Thomas Hobbes[122] und Locke selbst garantiert wissen möchten, und möglicherweise extremem Reichtum, solange er nicht in verderblichen Gütern besteht, allenfalls en passant bei der

Aufzählung der Eigentumsbestandteile *life, liberty and estate* differenziert wird. Nun ist jedoch die Sicherung des Überlebens traditionellerweise etwas, das notfalls sogar zu Maßnahmen *gegen* die Rechtsordnung berechtigt, während bereits das als Ausdruck des Reichtums fungierende Geld in hohem Maße das *Produkt* der institutionalisierten Rechtsordnung ist.

Zumindest ist Lockes Vorschlag, das Eigentum auf Arbeit zu gründen, somit an eine bestimmte Wirtschaftsordnung geknüpft, daher eher ungeeignet, eine allgemeingültige Antwort auf die Frage nach einem natürlichen Recht auf Eigentum zu geben. Damit sind beide Begründungen für die Annahme vor- und überstaatlicher Eigentumsrechte, die über das Lebensnotwendige hinausgehen, unzulänglich.

Doch sind auch die Gefahren nicht unerheblich, die von der Annahme reiner Konventionalität jeglicher Eigentumsrechte, der Aufgabe jeder normativ relevanten Bindung an historische Fakten, an gewachsene Besitzverhältnisse, drohen können. Schließlich ist keineswegs evident und unkontrovers, wie eine neue, gerechtere Verteilung aussehen und wie sie umgesetzt werden soll. Die vermeintliche oder tatsächliche Unsicherheit des faktischen Eigentums führt leicht zu allgemeiner Rechtsunsicherheit.

Kants Lösung der Frage nach natürlichen Eigentumsrechten sieht den gegenwärtigen Besitz als provisorisch im Hinblick auf einen künftigen gerechten Rechtszustand an, allerdings auch als erforderlich für den Bestand des aktuellen Rechtssystems, ganz gleich wie er historisch zustande gekommen ist.

Kant unterscheidet *provisorischen Besitz* im Naturzustand und *peremtorischen Besitz* im Rechtszustand. Der endgültige, peremtorische, Besitz kann „allein auf einem Gesetz des allgemeinen Willens gegründet werden"[123], den Anspruch auf vorläufigen, provisorischen Besitz erhebt man in Erwartung eines solchen Gesetzes, allerdings mit einem prima facie Anspruch auf Respektierung dieses Besitzes, unabhängig von der Art seiner Entstehung.[124] Entsprechend beschränkt sich die Aneignung auf das, was mit einem solchen Gesetz vereinbar sein *kann*. Grundsätzlich ist das Recht auf Besitz für Kant stets eine Beziehung zwischen Menschen, „das Verhältniß einer Person zu Personen", nicht jedoch zwischen Menschen und Dingen, „obgleich der Gegenstand [...] ein Sinnenobject ist",[125] von daher also allemal eine Angelegenheit menschlichen Übereinkommens, wenn auch nicht menschlichen Beliebens.

Hier ergibt sich eine gravierende Differenz zu der bei Gerson präsentierten Auffassung, wonach ein Mensch Eigentümer seines Körpers und seiner Glieder ist, die heute u. a. von Hillel Steiner vertreten wird.[126] Kant betont nämlich, dass „Eigenthum (dominium)" als der äußere Gegenstand, den jemand als das Seine hat, „nur eine körperliche Sache [...] sein könne, daher der Mensch sein eigener Herr (sui iuris), aber nicht Eigenthümer von sich selbst (sui dominus) (über sich selbst nach Belieben disponieren), geschweige denn von anderen Menschen sein kann, weil er der Menschheit in seiner eigenen Person verantwortlich ist."[127] Kant verwendet die Rede von der Verantwortung gegenüber der Menschheit in der eigenen Person häufig dort, wo die Scholastiker vom Eigentum Gottes sprachen. Es ist heute unüblich, eine moralische oder rechtliche Pflicht gegen sich selbst anzunehmen. Es scheint jedoch nicht a priori abwegig, wenn man bedenkt, dass damit auch der Schutz der Integrität der Person verknüpft ist.[128]

Da sich die derzeit beobachtbaren Rechtssysteme in einem Bereich zwischen dem Naturzustand und einem echten Rechtszustand befinden, ist der durch sie garantierte Besitz im Grunde stets provisorischer Besitz. Peremtorisches Recht, damit auch peremtorischer Besitz entsteht erst im ewigen Frieden innerhalb eines Staatenbundes von Republiken. Eine gerechte globale Eigentumsverteilung setzt also ein weltumspannendes Netz legitimer Rechtssysteme voraus.[129]

Der gegenwärtige Staat, der rechtliche Zustand legitimiert sich in der Sicht Kants nicht zuletzt dadurch, dass er die Voraussetzung für die Entstehung eines gerechten Rechtszustandes darstellt. Ebenso besitzt der gegenwärtige, empirische Besitz seine Rechtfertigung vor allem dadurch, dass der durch ihn entstandene Rechtszustand zur Herstellung gerechter Besitzverhältnisse führt. Der gegenwärtig feststellbare Besitz beruht auf einer oftmals nicht mehr rekonstruierbaren, jedenfalls vorläufigen Aneignung, die jedoch letztlich das Motiv für eine rechtliche Regelung des Mein und Dein, somit auch für die Errichtung eines Rechtszustands lieferte. Um diesen Rechtszustand nicht zu gefährden, sollte normalerweise die bestehende Besitzordnung beibehalten und vorsichtig auf berechenbarem Weg zu einer gerechteren Ordnung hin verändert werden. Andererseits darf auch die Beibehaltung der Besitzverhältnisse nicht zur Gefährdung der Rechtssicherheit und des inneren Friedens führen, was geschehen kann, wenn durch sie Menschen in ihrem bloßen Überleben gefährdet werden.[130] Wir kommen also wieder an dem Punkt an, dass alle Menschen ein Recht auf das Lebensnotwendige haben, dass sich die Garantie darüber hinausgehenden Besitzes jedoch am Gemeinwohl orientiert. Dieses Gemeinwohl kann die institutionelle Garantie auch für erhebliche Reichtümer favorisieren, in anderen Fällen progressive Besteuerung oder gar Enteignungen erfordern.

4.5 Moralische Gleichheit und materiale Gerechtigkeit

Da Gleichheit und Gerechtigkeit traditionell verknüpft sind, gerade in Bezug auf die Einkommensverteilung keineswegs allseits identifiziert werden – soeben kam bereits der Gedanken des Gemeinwohls ins Spiel – gilt es zu sehen, wie genau die Begriffe miteinander verwoben sind. Primäres Objekt der Reflexion sind also in unserem Kontext nicht gerechte Handlungen, gerechte Menschen, gerechte Urteile, sondern gerechte soziale Verhältnisse. Gewiss ist Gerechtigkeit auch eine Tugend von Menschen – ob nun *die* Tugend als solche oder eine der vier Kardinaltugenden, neben Klugheit, Besonnenheit und Tapferkeit. In der hier relevanten engsten Bedeutung ist Gerechtigkeit nach Aristoteles eine Art der Gleichheit, gemäß dem formalen Grundsatz, sie bestehe darin, Gleiches gleich und Ungleiches ungleich zu behandeln, eher als richtige Proportion denn als Identität zu verstehen.

Aristoteles unterscheidet über die formale Bestimmung der Gerechtigkeit hinaus zwischen einer Ausgleichs- oder Tauschgerechtigkeit und einer distributiven oder Verteilungsgerechtigkeit. Letztere betrifft die „Zuteilung von Ehre, Geld und anderen Dingen, die unter die Mitglieder einer Gemeinschaft aufgeteilt werden können", die andere „ordnet den vertraglichen Verkehr".[131] Aristoteles trennt freiwillige Verkehrsformen wie Kauf, Verkauf, Darlehen, Miete von „unfreiwilligen" wie Diebstahl, Giftmischerei, Totschlag, Raub etc.[132] Das Gerechte besteht in der angemessenen, an der Mitte ausgerichteten Verteilung der Güter, Bemessung der Strafe etc. Die „Mitte" wird nach dieser Vorstellung durchaus im Sinne mathematischer Proportionalität ermittelt, bei der Verteilungsgerechtigkeit nach geometrischer, bei der Ausgleichsgerechtigkeit nach arithmetischer Proportionalität.

Als Medium der Tauschgerechtigkeit dient beim freiwilligen Verkehr, bei dem eben ursprünglich wieder die (Wert-)Gleichheit der getauschten Güter maßgeblich ist, das Geld. Als Modell der Tauschgerechtigkeit nehmen allerdings im Unterschied zu Aristoteles viele moderne Autoren nicht mehr den Austausch gleich großer Wertbestände an, da man die Existenz eines objektiven Wertes der Dinge bezweifelt, sondern den fairen und freiwilligen Tauschverkehr unter Bedingungen des idealen Marktes, manche sprechen auch schlicht vom „freien Markt".[133] Wenn rationale, freie und gleichberechtigte, mit einem gewissen Besitz ausgestattete Tauschpartner ohne Täuschung und ohne Zwang bei beiderseitig freier Auswahl aus einer hinreichend großen Zahl von Anbietern und Nachfragern zu einem Geschäft zum beiderseitigen Vorteil kommen, so gibt es keinen Grund zu der Annahme, eine der beiden Seiten sei übervorteilt worden. Grob gesagt tritt an die Stelle einer mathematischen Berechnung zur Bestimmung der Tauschgerechtigkeit so etwas wie eine Angabe prozeduraler Bedingungen, die einen idealisierten, fairen Markt umschreiben sollen, wovon die faktischen Gegebenheiten mehr oder weniger weit abweichen, was evtl. politische Eingriffe erforderlich macht.[134]

Im ökonomischen Sektor ist die Frage, was es heißt, Gleiches gleich und Ungleiches ungleich zu behandeln insofern kompliziert, als nach dem formalen Kriterium der Gerechtigkeit die offenkundige politische Gleichheit eine Egalisierung fordert, die beobachtbare Ungleichheit in den ökonomischen Fähigkeiten gegen diese zu sprechen scheint.[135] Nach Auffassung von Libertarians und Neoliberalen ist Ungleichverteilung von Eigentum immer gerechtfertigt, weil sie den Tüchtigen ein Motiv gibt, sich stärker anzustrengen, zum Wohle der Allgemeinheit. Dies wirft die Frage auf, ob man Menschen für den Besitz besonderer Begabungen belohnen soll. Rechtfertigen kann man es mit dem Argument, dass die Belohnung nicht für den Besitz der besonderen Begabung erfolgt, sondern dafür, dass jemand sie zum allgemeinen Wohl *aktiviert*.[136] Allerdings wird man das Gemeinwohl, wenn das Wort überhaupt eine Bedeutung haben soll, kaum mit der schrankenlosen Bereicherung Einiger auf Kosten der Verelendung Anderer identifizieren können. Gewisse Elemente der Gleichheit wird man also auch in dieses Element der Gerechtigkeit aufnehmen müssen. Zudem macht die Rede von Gemeinwohl dort keinen Sinn, wo es keine Garantie der Menschenrechte gibt, da sich das Gemeinwohl aus dem Wohlergehen der Individuen zusammensetzt. Zu den Menschenrechten ist jedoch auch die Versorgung mit dem Lebensnotwendigen zu rechnen.

Unter anderen hat John Rawls versucht, Gleichheit und Gemeinwohl zusammenzubringen und in *A Theory of Justice* daher zwei Prinzipien genannt, für die sich Menschen seiner Ansicht nach entscheiden würden, wenn sie hinter einem Schleier des Nichtwissens urteilen müssten, der ihre individuelle Position in der Gesellschaft unkenntlich macht. Das erste dieser Prinzipien fordert die größtmögliche Freiheit für alle, soweit sie mit der Freiheit der anderen vereinbar ist. Das zweite fordert die Akzeptanz sozialer Ungleichheit in dem Rahmen, in dem sie auch für die am schlechtesten Gestellten in absoluter Hinsicht besser ist als die völlige Gleichheit. Das Differenzprinzip wird also zu einer Art wenn-dann-Grundsatz gemacht und eine prima-facie Vermutung zugunsten der Gleichheit unterstellt. Abweichungen von der Gleichheit sind berechtigt und gerecht, *genau dann, wenn* sie den Schlechtestgestellten dienen.[137] Allemal und unabänderlich wird die gleiche Zugangsmöglichkeit zu allen öffentlichen Ämtern postuliert.

Durch das Differenzprinzip wird die Förderung des Gemeinwohls bei Rawls direkt in die Bestimmung der Gerechtigkeit aufgenommen. Es ist eine Übernahme des Gedankens, dass Ungleichbehandlung nur da gerechtfertigt ist, wo sie dem allgemeinen Wohl dient. Dieser findet sich im fünften Kapitel von John Stuart Mills *Utilitarianism*, ist aber auch bereits der Inhalt des ersten Artikels der französischen Erklärung der Menschenrechte von 1789.[138] Dabei wird mit dem ersten Prinzip ein Augenmerk auf die Interessen der Individuen gelegt, wie es bei Utilitaristen wie Mill vielleicht mitgedacht war, jedoch in der Formulierung utilitaristischer Grundsätze nicht deutlich wird. Nicht zufällig ist die Nähe dieses ersten Prinzips zu Kants Definition des Rechts, so dass zugleich eine Verknüpfung kantianischer und utilitaristischer Konzeptionen entsteht.

Solange er dem Gemeinwohl, konkret den Schlechtestgestellten nützt, ist der Ungleichheiten schaffende Wirtschaftsprozess also Teil des Gerechtigkeitskonzeptes. Allerdings kann man sich nicht mit bloßer Chancengleichheit zufriedengeben, also mit der Fiktion einer gemeinsamen Startlinie, von der aus sich jede Person gemäß ihren Fähigkeiten am ökonomischen Wettlauf beteiligt, bei dem die „Minderbegabten" eben auf der Strecke bleiben. Daran hatte bereits Marx im Zuge seines Kommentars zum Gothaer Programm der Sozialdemokratie kritisiert, dass dadurch vorgegebene Benachteiligungen festgeschrieben würden.[139] Entsprechend wird man, gemäß dem Grundsatz, niemand solle unter nichtverschuldeten Benachteiligungen zu leiden haben, im Sinne demokratischer Gleichheit, wie Rawls es genannt hat,[140] einen Ausgleich für soziale Benachteiligungen, aber auch solche aus der „Lotterie der Natur" anstreben. Derartige Überlegungen waren der Anlass für diverse Formen von *affirmative action*.

Die prima facie einleuchtende Bedingung des Differenzprinzips stößt insofern auf Schwierigkeiten bei ihrer Umsetzung, als nicht klar ist, innerhalb welchen zeitlichen Rahmens es den Schlechtestgestellten besser gehen soll als bei strikter Gleichverteilung. Fasst man diesen Rahmen zu eng, so gibt es *keine* Situation, in der man das Differenzprinzip anwenden kann. Fasst man den Zeitraum zu weit, so kann es sein, dass man erst mit dem Wohlergehen der übernächsten oder gar späterer Generation das Differenzprinzip „gerechtfertigt" hat, was ähnlich zynisch ist, wie die Vertröstung der an der stalinistischen Diktatur des Proletariats Leidenden auf einen eschatologischen Kommunismus. Ferner findet man die gedachte Ausgangssituation der demokratischen Gleichheit niemals vor, sondern diese ist wiederum erst ein politisches Ziel.

Das Differenzprinzip basiert auf der zusätzlichen Annahme, dass es für Menschen besser sei, selbst möglichst gute ökonomische Rahmenbedingungen zu einem geglückten Leben zur Verfügung zu haben, sogar wenn andere ungleich mehr besitzen, als mit geringeren ökonomischen Glücksmöglichkeiten in einer Gesellschaft zu leben, in der auch die anderen nichts haben. Dies dürfte einer der Gründe sein, warum Rawls die Situation seiner Menschen, die sich für die genannten Prinzipien entscheiden, insofern abstrahiert, als ihnen die anderen gleichgültig sind, sie insbesondere keinen Neid empfinden.

Amartya Sen wendet sich wiederholt gegen den angeblich „transzendentalen" Ansatz von John Rawls, wobei eines seiner zentralen Argumente lautet, es reiche nicht aus, sich auf die allgemeinen Prinzipien gesellschaftlicher Regelung und Entwicklung zu konzentrieren, auf nach apriorischen Idealvorstellungen konstruierte Institutionen, wenn man nicht das tatsächliche Verhalten der betroffenen Menschen berücksichtige.[141] Sens Kritik an Rawls verläuft in vieler Hinsicht parallel zu der, die Martha Nussbaum gegen Rawls, gegen Kant und „den Liberalismus" als Ganzen richtet.[142]

Wie bei Nussbaum findet sich eine Wendung gegen Rawls' Ausrichtung am „Rechten", also an universellen Verteilungsprinzipien, die nur sehr knappe und generelle Orientierungen im Bereich des „Guten", d. h. bezüglich der Auffassungen über ein richtig gelebtes menschliches Leben, zulässt. Gerechtigkeit kann sich demnach nicht primär an den Gütermengen ausrichten, die die Menschen erhalten, geschweige denn an Zahlenwerten wie dem Bruttosozialprodukt pro Kopf der Bevölkerung, sondern ausschließlich am Wohlergehen (flourishing) der Menschen, daran, dass es ihnen gut geht.[143]

Einer der Kernpunkte in Sens Kritik an Rawls besteht in dem Vorwurf, jener entwerfe abstrakte Institutionen unabhängig von der konkreten Situation der Menschen während es das tatsächliche Verhalten der Betroffenen zu beachten gelte.[144] Beim Umgang mit Ressourcen geht es nicht nur darum, Grundgüter in gerechter Verteilung zur Verfügung zu stellen, sondern auch um die „Fähigkeiten, Grundgüter in gutes Leben zu *konvertieren*".[145] Gerechtigkeit wird damit für Sen nicht primär zu einer Qualität von Institutionen, sondern zu einer Frage der menschlichen Verhaltensweisen, sowohl der politisch Mächtigen wie derer, die in den Genuss der diversen Zuwendungen kommen.

Mehrfach stellt Sen den „transzendentalen" Ansatz der kantischen Tradition, zu der Rawls gehört und der sich im abstrakten Entwerfen apriorischer Institutionenstrukturen ergehe, dem komparativen Vorgehen gegenüber, das er auf Adam Smith zurückführt und das mit dem Vergleich konkreter bzw. alternativ konzipierter Situationen arbeitet.[146] Wir brauchen, so Sen, nicht jedes Mal ein Idealbild, dem wir uns annähern, wenn wir zwischen konkreten Situationen in ihren unzähligen verschiedenen Aspekten entscheiden sollen. Zum einen lässt sich der Abstand zwischen konkreten, zur Wahl stehenden Szenarien und diesem Ideal schwerlich messen, zumal divergierende Präferenzen ins Spiel kommen können, was eher ein Abwägen als ein Messen erforderlich macht.[147] Zum anderen kann dieses Bild sich sogar schädlich auswirken, wenn etwa notwendige, aber unvollkommene Verbesserungen einzelner Elemente nicht vorgenommen werden, weil man auf die eine große Wandlung setzt.[148]

Gewiss trifft zu, dass die von Rawls vorgenommenen Idealisierungen die unmittelbare Anwendbarkeit seiner Theorie auf konkrete Situationen in hoch komplexen, oft genug multikulturellen Gesellschaften stark beeinträchtigen. Umgekehrt ist allerdings ebensowenig unmittelbar einsichtig, wie man einen Vergleich zwischen zwei möglicherweise sogar nur hypothetischen Situationen im Hinblick auf mehr oder weniger Gerechtigkeit, nicht nur bezogen auf individuelle Präferenzordnungen, wie sie etwa in den von Sen aufgegriffenen Arbeiten von Kenneth Arrow und verwandten Ansätzen zum Tragen kommen,[149] ohne jeden abstrahierenden Maßstab durchführen will. Man wird ferner bei den Bemühungen, gesellschaftliche Ideale zu realisieren ebenso wenig auf partielle Verbesserungen verzichten müssen, weil das Ideal nicht erreichbar ist, wie man aufhörte, Tische, Böden etc. glatt zu schleifen, als man wusste, dass man die ideale geometrische Ebene nie erreichen können würde.

Anstelle der Wahl von Prinzipien durch die am Sozialkontrakt Beteiligten hinter dem Schleier des Nichtwissens schlägt Sen zudem im Anschluss an Smith den Rückgriff auf einen unparteiischen und wohlwollenden Beobachter vor.[150] Er will damit vermeiden, dass man die Auswirkung der Entscheidungen der Gruppe auf die Außenstehenden übersieht, weil Unparteilichkeit nur innerhalb einer geschlossenen Gruppe relevant ist. Dies ist insbesondere im Kontext globaler Gerechtigkeit fatal. Ferner ist in vielen Fällen keineswegs klar, wer genau zur Gruppe der Entscheidenden gehört. Dagegen sei „Smiths ‚abstrakter, idealer Beobachter' […] ‚Zuschauer' und nicht ‚Partner' eines Gruppenvertrags".[151] Schließlich wird man, wenn nur die Ansichten innerhalb einer geschlossenen Gruppe berücksichtigt werden, leicht von Vorurteilen und Einseitigkeiten gelenkt, während „der unparteiische Zuschauer Gewinn aus der Ansicht Fernstehender wie Nahestehender ziehen könnte".[152] Generell ist man auf diese Weise also bei der Beurteilung sozialer Strukturen und Situationen nicht auf die Meinung der im engen Sinne Beteiligten eingeschränkt, sondern kann im Sinne offener Unparteilichkeit immer wieder die Perspektive von außen wählen. Den möglichen Ausweg, sämtliche Menschen hinter den Schleier des Nichtwissens zu holen, verschließt sich Rawls ausdrücklich selbst. Schließlich will er gerade keine Globalisierung seiner original position und stellt seinen „Law of peoples"-Ansatz dem kosmopolitischen Ansatz von Beitz und Pogge entgegen.[153] Insofern kann man die Konstruktion des unparteiischen Beobachters tatsächlich als Schutz vor Gruppenegoismus und vor einer Verengung des Blickwinkels begrüßen. Allerdings wird der *idealisierte* unparteiische Beobachter, um den es hier geht, gemeinsam mit Rawls die Menschen als frei und gleich voraussetzen müssen: Allzu leicht dürften sich „unparteiische" Beobachter aus vielen Teilen der Welt finden, die z. B. die Gleichberechtigung von Mann und Frau für unannehmbar erklären.

Sens Kritik an Rawls wird noch grundsätzlicher, wenn er bestreitet, dass es ein universell verbindliches Gerechtigkeitsprinzip oder auch nur einen „lexikographisch" klar geordneten Kanon derartiger Prinzipien geben kann. Freiheit etwa besitze nicht in allen Situationen unbedingten Vorrang, wie Rawls annehme. Hier würde ihm wohl für bestimmte Notfallsituationen niemand widersprechen, als Dauereinrichtung, etwa zur Beseitigung des Hungers, würde Sen selbst die Abschaffung der Freiheit nicht akzeptieren wollen, da er die Überlegenheit der Demokratie bei der Bekämpfung des Hungers hervorhebt. Allerdings behauptet er, es gebe wechselseitig irreduzible Gerechtigkeitsprinzipien, die jeweils gleichermaßen legitim sind und innerhalb deren unparteiisch geurteilt werden könne, während zwischen ihnen nur ein Abwägen möglich sei. Sein Lieblingsbeispiel ist das einer Flöte, die von drei Kindern beansprucht wird: Eines, weil es sie gemacht hat, eines weil es allein darauf spielen kann, eines, weil es bedürftig ist.[154] Auch hier lässt sich zugeben, dass die Prinzipien nicht wechselseitig aufeinander rückführbar sind. Allerdings bleibt es Sens Geheimnis, was daran irreduzibel „pluralistisch" sein soll: Wir diskutieren spätestens seit Lockes Arbeitstheorie des Eigentums, ob die Tatsache, dass man etwas gemacht hat, ein Recht darauf begründen könnte, was dafür, was dagegen spricht und welche Grenzen man im positiven Fall ziehen müsste,[155] spätestens seit dem Mittelalter, wann Bedürftigkeit ein Recht begründet – und wann nicht.[156] Die Auffassung, die Fähigkeit zum Gebrauch eines Dinges schaffe ein Recht auf dasselbe wird in Brechts „Kaukasischem Kreidekreis" verfochten: „dass da gehören soll, was da ist / Denen, die für es gut sind".[157] Hier ließe sich diskutieren, ob mit „gehören" nun Nießbrauch, Besitz oder Eigentum gemeint sein sollte. Es bleibt von Sens Paradebeispiel für die Pluralität der Werte also übrig, dass in solchen Fragen verschiedene Gesichtspunkte zu berücksichtigen sind, wobei man Rawls' Differenzprinzip als Vorschlag deuten kann, wie die genannten Ansprüche – also Arbeitstheorie vs. Bedürftigkeit oder auch der allgemeine Vorteil beim Nutzen der Dinge durch kompetente Leute im Vergleich zur Not der Unterprivilegierten – gegeneinander abzuwägen sind.

Während sich Rawls, Nussbaum, Sen, aber auch bereits Mill und natürlich Rousseau darüber einig sind, dass zur materialen Gerechtigkeit ein gewisses Maß an sozialem Ausgleich, eine Umverteilung zugunsten der Bedürftigen oder sogar der weniger Besitzenden gehört, gab es an derart egalitaristischen Ansätzen seit jeher Kritik in unterschiedlicher Radikalität und mit unterschiedlich tiefgreifenden Argumenten. Diese Kritik reicht von der Zurückweisung der allgemeinen materialen Gleichheit als legitimes Ziel der Politik über die Ablehnung der egalitären Prämissen bei Rawls oder auch Habermas und den daraus folgenden Gedanken einer Umverteilung über die unmittelbare Bedürftigkeit hinaus bis zur Polemik gegen jede Unterstützung bedürftiger Menschen.

Die wesentlichen Argumente dieser Kritik beruhen erstens auf der Annahme grundsätzlicher Legitimität faktischen Besitzes, die staatliche Eingriffe zum Zweck der Umverteilung als ungerechten Raub erscheinen lässt, zweitens auf der These, dass durch Gleichbehandlung von Ungleichem diejenigen, die talentiert und tüchtig sind, zugunsten der unfähigen Drückeberger benachteiligt werden und dass Menschen, die nicht mehr für ihr Wohlergehen verantwortlich sind, sondern nur noch von einer Behörde verwaltet werden, in Untätigkeit verfallen, drittens auf der Ansicht, dass die Ineffizienz des Sozialstaates am Ende Allen zum Schaden gereicht.

Diese Argumente werden in unterschiedlichen Kombinationen und verschiedener Intensität von den Gegnern vermeintlich oder tatsächlich egalitärer Politik vorgetragen. Laut Friedrich August von Hayek etwa wurde „in der westlichen Welt [...] eine gewisse Vorsorge für Menschen, die durch Umstände, die nicht in ihrer Macht liegen, von äußerster Armut oder Hunger bedroht sind, schon lange als Pflicht der Gemeinschaft anerkannt."[158] Er kritisiert jedoch die zu diesem Zweck geschaffene intransparente staatliche Monopolinstitution, deren Wirken die eigentlich karitative Aufgabe unter der Hand in ein Instrument der Umverteilung verwandelt habe, so „dass wir, während wir früher an sozialen Übeln krankten, jetzt an ihren Gegenmitteln kranken."[159] Hayeks Hauptanliegen besteht allerdings in der Sorge um die Selbstverantwortlichkeit, mit der die Menschen die „Verantwortung für die eigene Wohlfahrt" übernehmen, wenn man ihnen die Freiheit dazu einräumt und wenn wir sie „die Folgen ihrer Entscheidung tragen lassen".[160] Wenn man die Menschen bedingungslos unterstützt, lautet die Folgerung aus dieser Prämisse, verlieren sie den Sinn für ihre eigene Verantwortung und am Ende die Fähigkeit, diese wahrzunehmen.

Am vehementesten wendet er sich, bei aller Akzeptanz der Sorge für die Kranken und Schwachen, immer wieder gegen die Ansicht, wonach „jene, die nur in dem Sinn arm sind, daß es in der Gesellschaft solche gibt, die reicher sind, das Recht auf einen Anteil am Wohlstand dieser letzten haben".[161] An dieser Stelle bekommt er philosophisch tiefgreifende Unterstützung von Wolfgang Kersting, der für seinen liberalen Sozialstaat, in dem „die Bereitstellung des Rechtsguts Selbständigkeit auch eine [...] Surrogat- und Subsidiärversorgung in einem hinreichenden, exklusionsverhindernden Maße umfassen" muss,[162] im Unterschied zu Hayek durchaus auch eine progressive Besteuerung akzeptiert,[163] dem „Egalitarismus" jedoch „Selbstorganisation des Neides", „dunkle Metaphysik" und schlicht „Illiberalität" bescheinigt.[164] Er sieht darin eine Position, die sich nicht mit Chancengleichheit begnügt, sondern „sich der Herstellung weitestgehender materialer Gleichheit verschreibt", dazu einen „Etatismus leviathanischen Ausmaßes" benötigt.[165] Als fundamentalen Sündenfall erkennt er den oben als Konzept demokratischer Gleichheit vorgestellten Grundsatz, dass die Gesellschaft die sozialen und natürlichen Benachteiligungen von Menschen auszugleichen habe, bevor man sie dem allgemeinen Wettbewerb aussetzt. Dies sei nicht weniger als die „Zerstörung der Person", weil alle Zufälligkeiten natürlicher und sozialer Art, alle äußeren Glücksgüter, die nicht auf individuelles Verdienst zurückgehen, aus Gerechtigkeitsgründen zu nivellieren seien.[166] Dem fallen dann außer dem Reichtum auch noch Schönheit, Intelligenz, Lebenserwartung und Anderes mehr zum Opfer.[167] Diese Art der „Kontingenzimmunisierung" korrespondiere dem gegen jede Form des *moral luck* abgeschotteten reinen Willen Kants: „bei Kant eine der Sinnlichkeit entfremdete Moralität, [...] bei Rawls eine die Individuen enteignende Gerechtigkeit".[168] Wir sind also wieder – allerdings aus der Perspektive eines deutlich anderen politischen Programms als bei Sen und Nussbaum – bei dem im Kontext der Gleichheit angesprochenen Problem, dass die Ontologisierung einer abstrahierenden Zugangsweise zum Problembereich Moral und Gerechtigkeit merkwürdige homunculi entstehen lässt und damit möglicherweise zu seltsamen Resultaten führt.

Hier ist es hilfreich, sich das wesentliche Motiv für die genannten Abstraktionen und Ausgleichsmaßnahmen vor Augen zu führen: Über Jahrtausende beanspruchten Menschen Privilegien, Macht und Besitz, weil sie dem Adel entstammten, Männer waren, weiß waren, reichen Familien entstammten oder Ähnliches. Der mit dem Rückzug auf den abstrakten Personenstatus verbundene Schritt zur Gleichheit stellt eine der Errungenschaften der Neuzeit dar. Natürlich gilt es, bei der Egalisierung von Nachteilen durch Fördermaßnahmen Augenmaß zu bewahren, nicht etwa die längeren Lebenserwartungen der Frauen in den westlichen Ländern durch erhöhte medizinische Betreuung der Männer ausgleichen zu wollen – ein Beispiel, welches Kersting nennt.[169] Wohl aber kann man nach Ursachen der unterschiedlichen Lebenserwartung forschen.

Gleichwohl bleibt zu klären, nach welchen Gesichtspunkten Güter verteilt werden sollen und was zu den verteilbaren Gütern zählen soll. Bei der ersten Frage kann man vom angestrebten Ziel ausgehen, dem menschlichen Wohlergehen oder aber von einer Gütermenge, einer Art „Kuchen", die es nach einem bestimmten, fairen Verfahren zu verteilen gilt. Im ersten Fall wird sich der Schwerpunkt der Argumente mit dem befassen, was den betroffenen Menschen zustehen soll, im zweiten mit dem besten Verfahren der Bestimmung und Aufteilung der Gütermenge. Während Kersting eine „Surrogat- und Subsidiärversorgung" der Menschen propagiert fordern Nussbaum und Sen die Ermöglichung menschlichen Wohlergehens (flourishing) gemäß der menschlichen Fähigkeiten durch ein „nicht-residuelles Wohlfahrtssystem".

Sieht man sich einige Ansätze an, die sich mit einer gerechten Verteilung der Güter befassen, so will auch Rawls neben einer der Verteilung entzogenen öffentlichen Sphäre – zu der bei ihm nicht das Eigentum an Produktionsmitteln gehört – ein individuelles *social minimum* gewahrt wissen. Bei der Verteilung der Güter soll u. a. darauf geachtet werden, dass Reichtum bzw. die Konzentration desselben nicht die im ersten Prinzip garantierte Freiheit gefährdet. Erbschaften sollten so besteuert werden, dass auch die Schlechtestgestellten einen Vorteil davon haben, progressive Besteuerung jedoch nur in dem Maß eingeführt werden, wie es der fairen Gleichheit und Chance dient (§§ 41-43), Kerstings Sorge vor völliger Egalisierung scheint bei Rawls also unbegründet. Hillel Steiner hingegen nimmt ein gleiches ursprüngliches Recht Aller auf die anfangs nicht verteilten Dinge an. „We might call them rights to the ‚global average.' They are individual's rights to an equal portion of all such unowned things."[170] Dieser Durchschnittswert wird dann verglichen mit den faktischen Verteilungen und ermittelt, wer wem was schuldet, damit man sich dem durch die Gleichheit gegebenen Wert nähert, wobei sich Steiner natürlich des hypothetischen Charakters dieser Konzeption bewusst ist, angesichts der zahlreichen Parameter, die ein eventueller Verteiler zu berücksichtigen hätte. Ähnlich wie Rawls, aber auch Van Parijs nimmt er – da eine genaue Ermittlung der den einzelnen Menschen zustehenden Beträge kaum möglich ist, ein allgemeines Recht auf bedingungsloses Grundeinkommen an. Dieses hat gegenüber der subsidiären Zuwendung den Vorteil, die Menschen nicht erst nachträglich, sondern grundsätzlich als Gleiche anzusehen und zu würdigen.

Die Annahme, egalitaristische Positionen müssten jegliche Glücksgüter zu egalisieren trachten, stellt daher eine unnötige Vereinfachung dar:
- Es wurde bereits festgehalten, dass die Menschen nicht in jeder Hinsicht gleich *sind*, dass Forderungen nach Gleichheit solche nach prima facie gleichen Rechten sein sollen. Aus verschiedenster Richtung wurde völlig zu Recht betont, dass eine schlichte Gleichverteilung und Gleichbehandlung wenig geeignet sei, tatsächlich gerechte Zustände herbeizuführen, weil die Betroffenen in zu verschiedener Weise damit umzugehen wüssten.
- Glück und Pech sind unvermeidliche Begleiter menschlichen Lebens. Dies beginnt bei den Umständen der Geburt, zieht sich hin über die ökonomischen Ressourcen, die zur Verfügung stehen, den mehr oder weniger gelingenden Umgang mit den Menschen, die uns in unserem Leben begegnen, die Konfrontation mit Krankheiten und Unfällen bis zur Art unseres Todes. Es war bekanntlich ein wesentliches Merkmal hellenistischer Ethiken, den Menschen den Weg zu einem gelingenden Leben zu weisen, indem sie lehrten, diesen Wechselfällen des Lebens mit Gelassenheit, apatheia, ataraxia, zu begegnen. Und es war stets menschliches Bestreben, sich den Launen der Fortuna, die man in der Renaissance mit dem Rad zu porträtieren pflegte, das uns nach oben und unten schleudern kann, etwas zu entziehen. Dies konnte durch Präventivmaßnahmen geschehen, für die etwa Machiavelli plädiert oder durch allerlei Hilfsmittel wie Liebestränke und anderen Zauber, wie sich reichlich in Erzählungen aller Art finden. Eine rationale Form des Schutzes vor den Unbilden des Schicksals ist offenbar die Versicherung, deren Anfänge angeblich weit zurückgehen und wohl schon im vierzehnten Jahrhundert in den italienischen Städten eine der heutigen ähnliche vertragliche Form annahmen.[171]

Bei der zweiten Frage, was zur Verteilung offensteht, kommen nicht zuletzt zwei unterschiedliche (naturrechtliche) Interpretationen von Eigentum – als Relation zwischen Personen und als Relation einer Person zu Dingen – zum Tragen. Wenn Eigentum wesentlich eine Beziehung zwischen der Person und bestimmten

Dingen der Welt ist, gehört etwa der Körper eines Menschen zu seinem Eigentum, aber eben auch zu den Dingen, über die es vielleicht wechselnde Eigentumsrechte geben kann. Steiner stellt sich wie die anderen Libertarier, in seiner Terminologie die *right-wing-libertarians*, in Lockescher Tradition auf diese Seite.[172] Cecile Fabre hat diesen Ansatz konsequent ausbuchstabiert und in ihrem Werk *Whose body is it anyway*? für ein Recht der Menschen auf die überzähligen Organe der Anderen, nicht allein der Toten, argumentiert.[173] Der Grundgedanke ihrer Argumentation besteht in der Annahme, es gebe keinen signifikanten Unterschied zwischen dem Eigentumsrecht eines Menschen über den eigenen Köper und dem über andere Dinge – in Kantischer Diktion zwischen innerem und äußerem Mein und Dein. Wer für das eine eine gerechte Verteilung fordere, könne vor dem anderen nicht halt machen. Die wenig ersprießliche Vision, man müsse sich einem Tribunal stellen, welches entscheidet, ob man zwei Nieren behalten darf oder eine abgeben muss, mag ein zusätzlicher Grund dafür sein, dass es sinnvoller scheint, Eigentum als eine Beziehung zwischen Menschen bzw. menschlichen Institutionen und das Recht auf körperliche Unversehrtheit als unveräußerliches Menschenrecht anzusehen.

5 Völkerrecht, internationales Recht

5.1 Überstaatliches und zwischenstaatliches Recht

5.1.1 Anmerkungen zur Geschichte des europäischen Völkerrechts

Die Herausbildung eines eigenen Völkerrechts, das sich von der Bindung an das natürliche Recht so weit löst, dass bei manchen Autoren beide in Gegensatz zueinander treten können, fällt den üblichen Rechts- und Völkerrechtsgeschichten zufolge in die Zeit der spanischen Dominanz im Völkerrecht, also in ungefähr die Zeit kurz nach der Eroberung Amerikas bis ins frühe siebzehnte Jahrhundert.[1] Lange Zeit galten *ius naturale* und *ius gentium* als weitgehend gleichbedeutend, auch wenn die Ansichten über die normative Kraft des Natürlichen und somit darüber, welcher der beiden Termini als „Leitbegriff" anzusehen sei, gewissen Schwankungen unterlagen.[2]

Im ursprünglichen römischen Recht sind nach allgemeiner Einschätzung *ius naturale* und *ius gentium* vom Inhalt her in weiten Teilen deckungsgleich. Zwei wesentliche Differenzen werden immer wieder hervorgehoben:

Erstens gilt das natürliche Recht im Unterschied zum Völkerrecht für Menschen und Tiere gleichermaßen; zweitens sind die Menschen nach dem natürlichen Recht frei und gleich, während es nach dem Völkerrecht gerechtfertigt ist, die im (gerechten) Krieg gefangen Genommenen zu Sklaven zu machen, die dann nach dem *ius civile* nicht mehr als Personen gelten – *pro nullis habentur*. Vom natürlichen Recht wird dies erlaubt, jedenfalls nicht verboten.

Die Charakterisierung der für beide Rechtsarten unterschiedlichen Geltungsbereiche findet sich etwa bei Ulpian[3], der festhält: „Das Völkerrecht ist das, dessen sich die Völker bedienen. Es lässt sich leicht erkennen, dass es vom natürlichen Recht abweicht, weil jenes allen Lebewesen, dieses nur den Menschen gemeinsam ist."[4] Ulpian macht ferner die dramatische Differenz zwischen dem *ius civile* und dem natürlichen Recht mit aller Deutlichkeit klar, wenn er betont, im bürgerlichen Recht gälten die Sklaven als nichtige Entitäten, was im natürlichen Recht jedoch anders sei, weil, was jenes angeht, die Menschen alle gleich seien.[5]

Zu den meist zitierten Äußerungen Thomas von Aquins zur Thematik des Völkerrechts, auf die sich auch Vitoria und andere Vertreter der Spanischen Scholastik berufen, zählt der 4. Artikel in der quaestio 95 der IaIIae der theologischen Summe, wo es unter *ad primum* heißt, das *ius gentium* sei dem Menschen irgendwie natürlich, weil es in dem Maße vernünftig sei, wie es durch Schlussfolgerung aus dem natürlichen Gesetz abgeleitet werde. Doch unterscheide es sich, hier wiederholt er beinahe wörtlich Ulpian, vom natürlichen Recht vor allem dadurch, dass jenes allen Lebewesen gemeinsam sei.[6]

Als eine der Schlüsselgestalten in der Herausbildung des Völkerrechts wird immer wieder Francisco de Vitoria genannt, der bereits im Kontext der Menschenrechte genannt wurde und bei der Frage der Rechtfertigung von völkerrechtlicher Gewalt nochmals kurz zur Sprache kommen wird.[7]

Das vielleicht wichtigste Werk ist in diesem Kontext jedoch *De legibus ac Deo legislatore* (1612) des Francisco Suárez, das in besonderem Maß Einfluss auf Hugo Grotius und damit auf die Völkerrechtsauffassung der Neuzeit ausgeübt hat. Doch wird bereits in Luis de Molinas *De iustitia et iure* (1593)[8] das Völkerrecht als menschliches Recht, das bei fast allen Völkern gilt und die Grundlage der Güterverteilung darstellt, als positives menschliches Recht vom natürlichen Recht unterschieden und die Möglichkeit eingeräumt, dass beide einander widersprechen können.[9]

Francisco Suárez weist die von den römischen Juristen und von Thomas von Aquin vertretene Auffassung, das Naturrecht gelte für Menschen und Tiere, Völkerrecht sei hingegen jener Teil, der sich allein auf die Menschen beziehe[10], unter Berufung auf den Humanisten Lorenzo Valla und andere zurück.[11] Er stellt ihr eine Einteilung entgegen, wonach die Gebote des Naturrechts in die Herzen der Menschen geschrieben seien, während das Völkerrecht aus von Menschen getroffenen Vereinbarungen bestehe.[12] Das Völkerrecht hat mit dem Naturrecht gemein, dass es sich an alle Menschen richtet[13], das Völkerrecht allerdings an „fast alle" (fere) oder jedenfalls an den größten Teil[14], weshalb es auch nichts mit Notwendigkeit gebietet oder verbietet, wie dies beim Naturrecht der Fall ist.[15] Es gibt keine Pflicht, irgendwelche Verträge abzuschließen. Wenn man es aber getan hat, dann besteht eine vom Naturrecht gegebene Verpflichtung, sie einzuhalten.

Das Völkerrecht enthält sämtliche Wirkungen des Gesetzes, also insbesondere Gebote, Verbote und Erlaubnisse, darunter das Recht zum Krieg, in dem bereits die für das Völkerrecht charakteristische Form der vierten Rechtswirkung, also das Strafen für schwere Rechtsbrüche enthalten ist.[16] So gilt die Sklaverei als eine nicht vom Naturrecht, wohl aber vom Völkerrecht vorgesehene Form der Strafe für die in einem gerechten Krieg Besiegten[17], die aber zugleich eine Begrenzung der Strafe enthält: Ohne besonderen Grund dürfen die Sieger nach Ende des Krieges keine härtere Strafe verhängen.[18]

Diese rechtlichen Festlegungen gehören ebenso wie die Bestimmungen über den Handel zwischen den Völkern und die Diplomatie zum Völkerrecht im sozusagen eigentlichen Sinn, dem *ius inter gentes*, das Suárez sorgfältig und nach mancher Einschätzung als einer der ersten von jenem Teil des Rechts *innerhalb* der Staaten trennt (quod singulae civitates vel regna intra se observant), der aufgrund der Verbreitung ähnlicher Rechtsinhalte traditionell ebenso Völkerrecht genannt wird[19] und inhaltlich traditionell einige Nähe zum Naturrecht besitzt. Suárez lässt keinen Zweifel daran, dass nur ersteres wirklich den Namen *ius gentium* verdient und führt seinen Grund (ratio) auf eine Einheit des Menschengeschlechts zurück, die trotz aller Aufteilung in verschiedene Staaten verbleibt und nicht nur in der Spezieszugehörigkeit besteht, sondern auch politischer und moralischer Natur ist.[20] Der im Englischen nach wie vor übliche Begriff des *international law* stammt von Jeremy Bentham.[21]

Die zentrale Rolle bei der Vermittlung dieser Überlegungen in den überwiegend protestantischen Norden Europas spielte Hugo Grotius, dessen *De iure belli ac pacis* 1625, also nur wenige Jahre nach Suárez' monumentalem Opus erschien. Speziell von protestantischer Seite wird Grotius auch gerne als Vater des modernen Völkerrechts bezeichnet und den bisher genannten Autoren allenfalls eine Vorläuferrolle zugestanden. Dies beginnt spätestens mit Christian Thomasius' „Vorrede" zur ersten deutschen Ausgabe von 1707.[22] Doch scheinen die Ähnlichkeiten, besonders zu Suárez, für eine solche Interpretation zu umfangreich.[23] Auch Grotius unterscheidet mehrere Bedeutungen von *ius gentium*, je nachdem, ob es sich um die allgemeinen Regelungen innerhalb der Staaten oder um die Ordnung der Beziehungen zwischen diesen handelt. Eine Besonderheit für diese Phase der Herausbildung des Völkerrechts scheint das erhebliche Maß an privatrechtlichen Beziehungen zu sein, die Grotius als Teil des Völkerrechtes einbindet, bis dahin, dass der Krieg zwischen Privatleuten ein völkerrechtlich relevanter Zustand werden kann. Normalerweise wird er nach einer Staatsgründung nicht mehr auftreten, wohl aber dort, wo es keine Regierung gibt (si quis versetur in locis non occupatis).[24] Derartige Konzeptionen waren möglicherweise besonders für die englische (und niederländische) Form der Kolonialisierung in Amerika und anderen Orten geeignet, wo eben nicht der ganze spanische oder portugiesische Staat als Kolonialisierer auftrat, sondern einzelne Gruppen von Siedlern, also „Privatleuten".[25] Festzuhalten bleibt ferner, dass Grotius, wie vor ihm Vitoria, Molina und Suárez, das Völkerrecht sehr wohl „global" konzipiert, also auch außereuropäische und nicht-christliche Völker als Völkerrechtssubjekte akzeptiert, und dass er für völkerrechtliche Streitfälle einen Kongress nicht-beteiligter (christlicher) Staaten vorschlägt, die zur Vermeidung von Waffengewalt die strittigen Fragen im Sinne gerechter Gesetze lösen.[26] Der bei den katholischen Autoren gängige Rückgriff auf den Papst als völkerrechtlichen Schiedsrichter steht ihm nicht offen, er nennt als Vorbild lieber die entsprechende Rolle, die einst bei den Galliern die Druiden einnahmen. Inwieweit Grotius nun doch die Christenheit als „eigentliche" Gesamtheit der am Völkerrecht Beteiligten ansieht und ob ein solcher Kongress Aussicht auf Erfolg hat, wird nach wie vor kontrovers diskutiert.[27]

Dies wurde relativ ausführlich erläutert, weil das sog. klassische Völkerrecht der Neuzeit, das sich nach dem Westfälischen Frieden von 1648 entwickelte und nach verschiedenen Lehrbüchern bis etwa 1918 in Geltung war,[28] als *Jus Publicum Europaeum* bezeichnet wurde und ursprünglich eine spezifische Rechtsbeziehung zwischen souveränen *europäischen* Staaten darstellte, die sich allerdings befugt sahen, mehr oder minder die Welt untereinander aufzuteilen. Die Türkei wurde 1856 als souveräner europäischer Staat anerkannt; als Mächte wie Japan und Persien am Ende des 19. Jahrhunderts der Völkerrechtsgemeinschaft beitraten, behalf man sich mit der Sprachregelung „zivilisierte Mächte".[29] Die übrigen Territorien, aber z. T. auch Gebiete der als „zivilisiert" angesehenen Mitglieder der Völkerrechtsgemeinschaft, wie etwa China, sah man als Reservoir für die Erweiterung von Kolonialreichen, Einflusssphären etc. an. Eine Grenze wurde ab 1823 durch die Monroe-Doktrin gezogen, als sich die Vereinigten Staaten einer Wiedereroberung der spanischen Kolonien Südamerikas entgegenstellten, wenngleich sich dieses Eintreten als überflüssig erweisen und die Doktrin im Laufe der Jahre sehr unterschiedliche Formen annehmen sollte.[30] Das Meer galt seit Grotius' Zeiten außerhalb der 3-Meilen-Zone als freies Gebiet, als Eigentum aller, wobei im 19. Jahrhundert England dank seiner Flottenüberlegenheit eine Art Schutzfunktion für diese Freiheit der Meere zukam.[31]

Ein wesentliches Merkmal dieser Zeit des klassischen Völkerrechts ist, dass der Krieg eine der Formen ist, welche die zwischenstaatlichen Beziehungen annehmen können. Da sich die Staaten untereinander nach der faktisch geübten Rechtsauslegung mangels eines übergeordneten Souveräns in einer Art Hobbesschen Naturzustand befanden, war letztlich jede kriegerische Aggression gestattet. „Wohl bemühten sich die Herrscher noch immer, ihre Entscheidungen für einen Krieg mehr oder minder sorgfältig zu begründen, aber für die rechtliche Beurteilung dieser Entscheidung war dies belanglos".[32] Dementsprechend werden zwei der führenden Völkerrechtler des siebzehnten und achtzehnten Jahrhunderts, Samuel Pufendorf[33] und Elmer Vattel[34], in Kants Friedensschrift zusammen mit Grotius als „leidige Tröster" bezeichnet[35], weil sich noch kein Herrscher durch ihre Überlegungen vom Krieg abhalten ließ. In Friedenszeiten herrschte jedoch das Prinzip strikter wechselseitiger Nichteinmischung.

5.1.2 Zur Struktur des Völkerrechts

Im Völkerrecht wirken seit jeher naturrechtliche und positivrechtliche Strukturen zusammen. Man kann bei der Deutung des Völkerrechts als Recht zwischen Staaten die Unterschiede zum staatlichen Recht nivellieren und nach einer überstaatlichen gemeinsamen Rechtsordnung zwischen gleichen Staaten suchen, mit unterschiedlichen Verbindlichkeitsgraden, oder man kann sie herausstreichen und ein Beziehungsgeflecht zwischen wenigen Hegemonialmächten und von ihnen abhängigen Staaten konzipieren. Das zwischenstaatliche Völkerrecht mit dem Prinzip der Nichteinmischung und seinem „nichtdiskriminierenden Kriegsbegriff" wurde jedenfalls nach der Deutung Carl Schmitts durch den Aufstieg Englands zur führenden Weltmacht gefährdet und schließlich – im Verein mit den ebenfalls stärker see- als landorientierten und daher gleichfalls zum moralischen Universalismus neigenden USA – zerstört.[36] Es wurde angeblich durch ein moralisch aufgeladenes Völkerrechtsverständnis zurückgedrängt, welches den Krieg, insbesondere den Angriffskrieg „ächtet" und aus den dann noch geführten Kriegen den Kampf von Gut gegen Böse macht.[37] Ob dies wirklich ein Propagandaerfolg war oder ob das alte Völkerrecht schlicht versagte, wie die deutsche Besetzung des neutralen Belgiens im Ersten Weltkrieg samt der dort verübten Massaker an der Zivilbevölkerung nahelegt, ist hier nicht zu entscheiden: Es besteht jedenfalls generell Konsens darüber, dass die *rein zwischen*staatliche Form des Völkerrechts nach dem Ersten Weltkrieg an Boden verlor. Die Vorstellung eines Hobbesschen Naturzustandes wurde durch ein partielles Kriegsverbot in der Völkerbundsatzung, dann durch ein generelles Kriegsverbot im Briand-Kellogg-Pakt (27.8.1928) ersetzt, dem die meisten Mitglieder des Völkerbundes beitraten. Nach Auffassung vieler Völkerrechtler war daher das Verbot des Angriffskrieges bereits bei Ausbruch des Zweiten Weltkrieges fester Bestandteil des Völkerrechts.[38] Nach dem Zweiten Weltkrieg dehnte man das Kriegsverbot zum Gewaltverbot aus. Dies ist einerseits erforderlich, da viele gewalttätige Konflikte nicht mehr in Form erklärter Kriege stattfinden, andererseits ist es offenkundig von äußerst begrenzter Wirksamkeit, zumal es seit den neunziger Jahren des 20. Jahrhunderts immer wieder durch humanitäre Interventionen relativiert wurde (vgl. unten 5.4.). Der Gedanke einer Universalität des Völkerrechts ist auch keineswegs eine angelsächsische Erfindung, sondern wurde wie eben bemerkt schon von Hugo Grotius und vor ihm von Francisco de Vitoria[39] und anderen spanischen Autoren vertreten.

Erhalten blieb allerdings das Prinzip der Nichteinmischung, welches inzwischen jedoch für sämtliche Staaten gilt: Es gibt zumindest rechtlich keine Zentrierung des Völkerrechts auf Europa, oder auch nur auf die angeblich höher zivilisierten Mächte mehr, wer immer dies sein soll. Nach dem Ende des Kolonialzeitalters wird global das Prinzip der Staatengleichheit, zusammen mit einem generellen, wenn auch nicht mehr unbedingten (vgl. unten 5.4.) Interventionsverbot, angenommen.[40] Selbstverständlich ist die bereits von Kant geforderte Gleichheit der Staaten im Völkerrecht das Resultat einer rechtlichen Konstruktion, die jedoch aufgrund der Erfahrungen mit Eurozentrismus und Imperialismus und insbesondere zum Zweck der Friedenssicherung unvermeidlich wurde.

Im 20. Jh. entwickeln sich zwischenstaatliche und überstaatliche Völkerrechtsauffassungen neben- und gegeneinander. Die Entwicklung des Völkerrechts im 20. Jahrhundert war außer durch die genannte Einführung eines Kriegs- und Gewaltverbots charakterisiert durch eine Globalisierung und Entkolonialisierung sowie durch das Auftreten weiterer Völkerrechtssubjekte, außer den anerkannten Staaten zunächst das Internationale Komitee des Roten Kreuzes, später sogar NGOs, zudem überstaatliche Verbünde wie die EU, aber auch die UN hinzu. Da sich neben dem zwischenstaatlichen Völkerrecht zunehmend ein supranationales und ein transnationales (v. a. ökonomisches) Völkerrecht entwickeln,[41] stellt sich rechtsphilosophisch nicht mehr die lange dominierende Frage, ob man einem Dualismus von staatlichem und Völkerrecht das Wort reden oder einen Monismus anstreben solle, sondern vielmehr, wie man normativ und methodologisch mit dem Faktum des Rechtspluralismus umzugehen habe, wobei es nach wie vor auch Bemühungen gibt, den Grundsatz von der Einheit des Völkerrechts zu bewahren.[42]

Als theoretisches Paradigma einer überstaatlichen Völkerrechtskonzeption sei hier der entsprechende Teil von Kelsens Rechtslehre genannt.[43] In verkürzter Form stellt er sich etwa so dar: Gemäß Kelsens Verständnis des Rechts als Stufenbau hierarchisch geordneter Normen kann man zunächst die Grundnorm eines staatlichen Rechtssystems als die völkerrechtliche Norm auffassen, wonach derjenigen Regierung, welche die effektive Kontrolle über ein Territorium auszuüben vermag, die rechtmäßige Herrschaft zusteht. Geltungsgrund dieser Norm ist letztlich die Grundnorm des Völkerrechts.[44]

Für die staatliche Souveränität bedeutet dies eine klare Relativierung im Hinblick auf die Normen des Völkerrechts, da letztlich die staatliche Rechtsordnung ein Bestandteil der Völkerrechtsordnung ist.[45] „Die Souveränitätsvorstellung freilich muss radikal verdrängt werden",[46] bildet sie doch ein Hindernis für die „Weiterentwicklung der Völkerrechtsgemeinschaft aus ihrem Zustande der Primitivität zu einer civitas maxima".[47] Hier schließt sich Kelsen ausdrücklich an Christian Wolffs Gedanken einer *civitas maxima,* eines Weltstaats, an, der quasi das natürliche Ziel der völkerrechtlichen Entwicklung ist, da die Natur selbst die Rechtsgemeinschaft zwischen allen Menschen gestiftet hat.[48] Dabei ist die von Kant in seiner Schrift „Zum ewigen Frieden" als „Surrogat" angebotene Vision eines Völkerbundes, eines „Föderalism freier Staaten"[49], in der UNO ein Stück weit verwirklicht, obgleich es sich stets nur begrenzt um einen Bund aus *freien* Staaten – nach außen und innen – handelte.

An anderer Stelle ist die Entwicklung freilich weiter gegangen als Kelsen erwartet hätte: Kelsen begnügt sich mit der Fähigkeit zur effektiven Kontrolle als herrschaftslegitimierender Völkerrechtsnorm. Diese gilt zwar noch heute als das letztendlich bestimmende Kriterium, doch werden die Forderungen nach Achtung der Menschenrechte und demokratischer Herrschaftsorganisation immer wichtiger. Unter dem Eindruck dieser Forderungen kann man auch nur noch begrenzt von Souveränität nach innen hin sprechen, wie etwa die Sanktionen der UNO gegen Südafrika belegen, die zur Aufhebung der Apartheid-Politik beitrugen. Als völkerrechtlich konsensfähiges Ziel hat sich demnach das Bestreben entwickelt, den demokratischen Verfassungsstaat, dazu die Beseitigung rassistischer und anderer Diskriminierung zur normativen Legitimitätsanforderung zu erklären. Gegen eine gewaltsame Durchsetzung spricht allerdings das generelle Gewaltverbot. An dieser Stelle kollidieren zwischenstaatliches und überstaatliches Völkerrechtsverständnis miteinander, das Prinzip der Nichteinmischung mit der Forderung nach Demokratie und Achtung der Menschenrechte (vgl. unten: 5.4.).

5.2 Transnationales Recht und seine Akteure

Die nicht zuletzt im Kontext der Globalisierung enorm gewachsene Zahl internationaler politischer Akteure lässt auch das Völkerrecht nicht unberührt. Zwei der wichtigsten dieser Akteure gab es allerdings bereits vor der letzten Globalisierungswelle, nämlich die UN als internationale Organisation, sie „gelten als der *Prototyp der I.O.* schlechthin",[50] und die EU als supranationale Organisation, der von den Mitgliedern Hoheitsrechte und Gesetzgebungsbefugnisse übertragen wurden.[51] Seit dem am 1. Dezember 2009 in Kraft getretenen Vertrag von Lissabon besitzt die EU als Nachfolgerin der Europäischen Gemeinschaft den Status eines Völkerrechtssubjektes.[52] Generell hängt es vom Willen der Mitglieder ab, der sich im Gründungsvertrag zum Ausdruck bringt, ob eine Internationale Organisation als Völkerrechtssubjekt angesehen werden kann, ob sie völkerrechtlich handlungsfähig ist, z. B. bei Delikten als Opfer oder Täter auftreten kann.[53] Die Hoffnungen, die in derartige internationale und supranationale Organisationen gelegt werden, lassen sich durch Schlagworte wie wirtschaftliche und kulturelle Kooperation, Konfliktvermeidung oder –beilegung, Schutz der Menschenrechte, Hilfe für Flüchtlinge, Kampf gegen Hunger und Krankheiten charakterisieren. Die Erfolge sind bekanntlich begrenzt, immer wieder von bittersten Rückschlägen begleitet, aber doch vorhanden.

An dieser Stelle lohnt ein kurzer Rückblick auf die Bedingungen, die Kant in seiner programmatischen Schrift *Zum ewigen Frieden* stellt, damit das Projekt einer friedlichen Welt kein hoffnungsloses Unterfangen sei. Von den sechs *Präliminarartikeln*[54] kann man das an zweiter Stelle genannte Verbot, Staaten zu verschenken, zu vererben, zu verkaufen, a forteriori wohl auch, sie zu rauben, als weitgehend akzeptiert ansehen, insofern mittlerweile selbst Besetzungen fremden Territoriums als Form der Selbstbestimmung kaschiert wird – wenn auch in noch so kruder Weise, wie etwa bei der russischen Annexion der Krim im Jahr 2014. Auch das im fünften Präliminarartikel genannte Verbot der Einmischung in innere Angelegenheiten gilt als akzeptiert, mit Ausnahme der Fälle, in denen ein Staat einen Genozid an seiner Bevölkerung oder vergleichbare Verbrechen begeht. Die Forderung des ersten Artikels, Friedensverträge ohne geheime Absicht zu künftigen Kriegen abzuschließen besitzt normative Geltung, auch wenn man meist nicht weiß, ob die regelmäßigen Verletzungen von Friedensvereinbarungen von Beginn an geplant waren oder „spontan" erfolgen. Die Verbote stehender Heere und der Aufnahme von Kriegsanleihen (Artikel 3 und 4) konnten sich nicht durchsetzen und der Verzicht auf „ehrlose Stratagemen" wie Meuchelmörder, Giftmischer und Anstiftung zum Verrat (Artikel 6) wird, was den letzten Punkt angeht, offensichtlich als unrealisierbar angesehen, in den anderen beiden kommen gelegentlich fragwürdige Methoden diverser Mächte ans Licht der Öffentlichkeit. Kants Forderung nach Öffentlichkeit gilt pro forma als akzeptiert, wird indessen kontinuierlich verletzt.

Sind dies zumeist eher interessante Ausblicke auf die historische Entwicklung einiger Grundsätze, so sind die von Kant so genannten Definitivartikel ein immer noch probates Kriterium für die Beurteilung völkerrechtlicher Entwicklungen. Deren erster: „Die bürgerliche Verfassung in jedem Staate soll republikanisch sein"[55], formuliert neben dem prinzipiellen Gedanken der Legitimität eines Systems, das man heute wohl als demokratischen Verfassungsstaat bezeichnen würde, die Hoffnung, dass eine Beteiligung der Bürger an der Entscheidung über Krieg und Frieden die Kriegsbereitschaft deutlich herabsetzen dürfte. Auch wenn wir wissen, dass Demokratien nicht vor unsinnigen Kriegen gefeit sind, scheint doch die Empirie Kants Annahme auch nicht als völlig abwegig auszuweisen. Laut Doyle führen Demokratien zumindest bis in die achtziger Jahre des zwanzigsten Jahrhunderts deutlich weniger Kriege als autoritäre Systeme.[56] Kants zweiter Definitivartikel, „Das Völkerrecht soll auf einen Föderalism freier Staaten gegründet sein"[57], formuliert – insbesondere in Verbindung mit dem ersten – erstmals die Vision, die noch heute mit den Vereinten Nationen verbunden wird, dass man nämlich „alle Kriege auf immer zu endigen suchte".[58] Zwar musste der in den frühen neunziger Jahren entstandene Optimismus, man könne mittels einer Reform der UNO alsbald einen wesentlichen Schritt in diese Richtung tun,[59] seither einer deutlichen Ernüchterung weichen, da weder die Friedenssicherung erfolgreich war, noch von einem Bund freier Staaten die Rede sein kann, wenn im Gegenteil vielerorts der Demokratieabbau energisch vorangetrieben wird. Doch ist das Projekt damit auf lange Sicht keineswegs ad acta gelegt. Innerhalb der EU, die zwar sehr viel kleiner ist, aber immerhin ein Staatenbund, gab es jedenfalls die bei weitem längste Friedensperiode, die Europa je erlebt hat und mit gewissen Einschränkungen kann man von einem Bund freier Staaten sprechen. Auch der dritte Definitivartikel, „Das Weltbürgerrecht soll auf Bedingungen der allgemeinen Hospitalität eingeschränkt sein"[60], kann nach wie vor als aktuell gelten. Schließlich erkennt er, im Unterschied zu vielen zeitgenössischen Autoren, den Einzelnen als Völkerrechtssubjekt an, wie es inzwischen in gewissem Rahmen und unter Rücksicht darauf, dass immer noch Staaten primäre Völkerrechtssubjekte sind, auch im gegenwärtigen Völkerrecht geschieht. Durch die Beschränkung auf die Hospitalität, das Recht eines Fremden auf „die Möglichkeit, einen Verkehr mit den alten Einwohnern zu versuchen", die ihn ohne schuldhaftes Verhalten nicht feindlich behandeln, wohl aber abweisen dürfen, solange dies nicht seinen Untergang bedeutet, wird explizit die Berechtigung zur Kolonialisierung zurückgewiesen[61], wie sie sich in der Rechtfertigung Vitorias für den Krieg gegen die Indianer findet. Auch heute tritt der Einzelne als Rechtsträger primär im Kontext des Menschenrechtsschutzes in Erscheinung,[62] wenngleich sich zunehmend auch subjektive Rechte Einzelner im Völkerrecht ausmachen lassen, die keine Menschenrechte sind.[63] Wir gehen gleichfalls davon aus, dass es zwar keinen generellen Rechtsanspruch auf Aufenthalt in einem beliebigen Land gibt, wohl aber im Zusammenhang des Asylrechts einen Anspruch darauf, nicht ins Verderben geschickt, etwa Verfolgern ausgehändigt[64] oder dem Ertrinken ausgesetzt zu werden.

Der wichtigste Unterschied zu den Bedingungen zur Zeit Kants, mehr noch, eine der wichtigsten Entwicklungen im Völkerrecht der letzten Jahrzehnte ist der sprunghafte Anstieg in der Zahl nicht-staatlicher Akteure, zwischenstaatlicher Institutionen, Nicht-Regierungsorganisationen, aber auch transnational agierender Unternehmen. Zu den privaten Akteuren gehören "multi-national corporations, cartels, business associations, federations of trade unions, standardizing associations, learned societies, think tanks, the international media, religious orders, sporting organizations, environmental groups, etc."[65] Die *Union of International Associations* meldet 2015 allein für das 21. Jahrhundert Neugründungen von 4888 NGOs (Nicht-Regierungsorganisationen) und 597 IGOs (Zwischenstaatlichen Organisationen), für das 20. Jahrhundert 33315 NGOs und 5725 IGOs, ein Standardlehrbuch zählt 2007 an die 5600 aktive NGOs.[66] Davon sind die allerwenigsten als neue Völkerrechtssubjekte anerkannt, Ausnahmen sind seit jeher der Heilige Stuhl, sowie aus historischen Gründen der Souveräne Malteserorden und das Internationale Komitee vom Roten Kreuz (IKRK).

Gleichwohl ist in den öffentlichen, auch für das Völkerrecht relevanten Diskussionen das zunehmende Gewicht nichtstaatlicher internationaler Organisationen wie Amnesty International, Greenpeace, Oxfam, Transparency International etc. aufgrund ihrer erheblichen moralischen Autorität nicht zu übersehen. So können sie zwar nicht zu Vertragspartnern oder Ähnlichem werden, doch werden ihre Anregungen oftmals aufgegriffen, sei es nur in Verlautbarungen und

Absichtserklärungen, im sog. *soft law*, das zwar seinerseits keine unmittelbar bindende Wirkung besitzt, dessen Beachtung als Verhaltensmaßregel von den meisten Staaten indessen als ratsam angesehen wird und das auf diese Weise erheblichen Einfluss auf das internationale Gewohnheitsrecht nimmt. Als relativ frühes Beispiel für das *soft law* kann die KSZE-Schlussakte aus dem Jahre 1975 angesehen werden[67], aber trotz aller Misserfolge auch die Protokolle der diversen Klimakonferenzen, wie die sog. Kopenhagener Übereinkunft (Copenhagen accord) von 2009, worüber es allerdings weit divergierende Rechtsauffassungen gibt.[68]

Eine zentrale Rolle im Bereich des Völkerrechts spielt heutzutage das transnationale Wirtschaftsrecht.[69] Zwar sind die transnationalen Unternehmen keine Völkerrechtssubjekte, doch beeinflussen sie völkerrechtliche Entscheidungen oft sehr erheblich. Insbesondere in den Gegenden der Welt, in denen die Nationalstaaten relativ schwach sind, dies gilt speziell für einige Teile Afrikas, werden die rechtlichen Konditionen, die für die Menschen vor Ort von Bedeutung sind, mitunter zwischen diesen Konzernen, der WTO (World Trade Organisation), dem IWF (Internationalen Währungsfonds), der Weltbank und verschiedenen NGOs bei unterschiedlichem Einfluss der jeweiligen politischen Amtsträger ausgehandelt.[70] Offenkundig treffen divergierende Interessen frontal aufeinander, wenn eine Seite die Sicherheit ihres investierten Kapitals im Blick hat, die andere den Schutz der betroffenen Menschen vor Ausbeutung, ruinösen Arbeitsbedingungen und Verseuchung der Umwelt. Die Menschen aus dem globalen Süden sahen sich durch Weltbank, Währungsfonds und andere Organisationen unfair behandelt und extrem benachteiligt. So betonten zwei Sonderberichterstatter der *Sub-Commission on the Promotion and Protection of Human Rights* des *UN Economic and Social Council* im Jahr 2000: „The truth is [that] the assumptions on which the rules of WTO are based are grossly unfair and even prejudiced. Those rules also reflect an agenda that serves only to promote dominant corporatist interests that already monopolize the arena of international trade."[71] Auch die wissenschaftliche Beratung dieser Organisationen stand unter dem Verdacht ideologisch bedingter Einseitigkeit zugunsten neoliberaler Wirtschaftspolitik, wurde somit als Teil des Problems angesehen, das sie zu lösen vorgab.[72] Umgekehrt wurde Hilfsorganisationen vorgeworfen, ihre „Zielgruppe" nur als Masse hilfsbedürftiger Schwacher, generell Afrika als Kontinent von Korruption, Armut und Gewalt, ohne eigene Kapazitäten einzustufen und somit zu diskriminieren, wichtiger seien hingegen private Investitionen und Kooperation „auf Augenhöhe".[73] Inzwischen ist die über einige Zeit übliche schroffe Entgegensetzung von Wirtschaftsinteressen und Maßnahmen der Fürsorge für die Armen und Ärmsten einer differenzierteren Sicht gewichen. Dies ist angesichts der äußerst heterogenen Entwicklungen, allein schon in unterschiedlichen Teilen Afrikas, unvermeidlich.

Den bereits angesprochenen teilweise katastrophalen Nebenwirkungen großindustriellen Wirkens versucht man seit einiger Zeit unter Rückgriff auf die sog. *Corporate Social Responsibility* (CSR) zu begegnen, deren Deutung von Fall zu Fall, von Perspektive zu Perspektive, verschieden sein kann, von einer eher scheinheiligen PR-Maßnahme eines Großunternehmens bis hin zum echten Einsatz für soziale Verträglichkeit und nachhaltige Schonung der Umwelt. Damit dies nicht der Beliebigkeit unterliegt gibt es diverse Normierungsmaßnahmen seitens der OECD, der ILO (International Labour Association), Sozial- und Umweltgütesiegel wie den sog. ISO 14000 Standard.[74] Diese Maßnahmen sind natürlich nicht nur für den globalen Süden von Bedeutung, sondern ebenso für traditionelle Industrie-Staaten. Ähnliches gilt für das Instrument der *Public Private Partnerships*, die abwechselnd als Königsweg zur Lösung der Haushaltsdefizite öffentlicher Kassen gepriesen und als durch neoliberale Ideologie induzierter, programmierter Fehlschlag wegen überzogener Ansprüche der privaten Partner gescholten werden,[75] zu denen hier kaum mehr gesagt werden kann, als dass es die genannten Sichtweisen gibt und Genaueres vom Umgang mit dem Einzelfall abzuhängen scheint. Es geht im Moment primär um die Feststellung, dass die Vielzahl von offiziellen und halboffiziellen Beteiligten die Lage im Völkerrecht noch deutlich komplizierter macht als es Kants Gedanke eines Föderalism freier Staaten ahnen lässt.

Kants Hoffnung auf die Garantie des ewigen Friedens durch den hinter dem Rücken der Menschen agierenden Handelsgeist[76] lässt sich heute ebenfalls nicht mehr in dieser Allgemeinheit aufrechterhalten. Schließlich sind nicht nur private militärische Organisationen, „Sicherheitsfirmen" wie Aegis, Academi (vormals Blackwater), sondern auch zahlreiche andere Unternehmen am Fortbestand von Konflikten interessiert. Ferner büßt fast überall, an manchen Orten in fatalem Ausmaß, der Nationalstaat das Gewaltmonopol ein, werden Staaten außerdem nicht nach der Entscheidung ihrer Bürger, sondern nach Kriterien von Wirtschaftsunternehmen behandelt. Somit stellt sich die Frage, ob die Zivilgesellschaft für die Bewahrung der Menschenrechte und der lokalen Demokratie sorgen kann, oder ob wir einer globalen Demokratie bedürfen bzw. wie sich global wirksame Entscheidungen ansatzweise demokratisch gestalten lassen, wenn der Weltstaat nicht mehr ohne Weiteres attraktiv erscheint.[77] Angesichts der genannten Defizite der derzeitigen *global governance* ist umstritten, inwieweit man darauf verzichten oder eine gründliche Reform anstreben sollte.[78]

Wenngleich sich die Hoffnungen auf den Handelsgeist etwas relativiert haben, so hat doch ein anderes für Kant wichtiges Instrument zur (rechtlichen) Kontrolle politischer Akteure an Bedeutung gewonnen, nämlich die Öffentlichkeit, hier in Gestalt einer Weltöffentlichkeit. Diese wird nicht zuletzt durch die bereits genannten neuen zivilgesellschaftlichen Akteure geschaffen, die vieldiskutierten und auch schon viel kritisierten NGOs. Diese Organisationen, die zu großen Teilen auch international tätig sind, können in der Öffentlichkeit einzelner Staaten für vergessene Minderheiten sprechen oder auch auf die Sichtweise anderer Länder aufmerksam machen, somit Konfliktpotential verringern. Andererseits wurde darauf hingewiesen, dass viele dieser Organisationen ihrerseits nicht demokratisch organisiert sind und die Möglichkeiten des Austritts sowie der internen oder externen Kritik nicht geeignet sind, demokratische Partizipation zu ersetzen. Gleichwohl können diese Organisationen in ihrer Gesamtheit so etwas wie ein Substitut globaler politischer Partizipation bieten, die diversen Interessen und vorhandenen Überzeugungen besser abbilden als eine allein auf die Repräsentanten der Nationalstaaten ausgerichtete Entscheidungsstruktur.

Ferner kann man für alle an politischen Entscheidungsfindungen beteiligten Strukturen und Gruppierungen die Forderung nach transparenter und demokratischer Binnenorganisation erheben. Dies gilt nicht nur für die NGOs, sondern ebenso für transnationale Unternehmen, deren Entscheidungen unbestritten großen politischen Einfluss nehmen. Dies mag gegenwärtig nicht leicht umsetzbar erscheinen, könnte sich aber langfristig ebenso als Vorteil für die betreffenden Unternehmen erweisen wie eine ernstgenommene *Corporate Social Responsibility*. Wichtig wären hierfür einigermaßen stabile internationale Verhältnisse, in denen langfristige Überlegungen wieder eine Rolle spielen können.

In dieser unübersichtlichen Situation ist es besonders wichtig, auf das im ersten Kapitel angesprochene Verständnis von Recht als Prozess und Ergebnis von Aushandlung zurückzugreifen, da keine der beteiligten Parteien in der Lage scheint, Recht auf der Basis von Konsens zu *setzen* und alle Versuche, Derartiges zu tun, immer wieder in gewaltsamen und extrem blutigen Auseinandersetzungen enden. Die Hoffnung auf einen „sanktionsbewehrten" Schutz der Menschenrechte inklusive des Rechts auf ein Leben in Würde kann nur über die Herstellung eines möglichst breiten Konsenses erfolgen, selbst wenn in extremen Ausnahmefällen die Anwendung militärischer Gewalt unvermeidlich sein mag (vgl. unten 5.4).

Einer der wichtigsten Gefahrenherde weltweit dürften auch in Zukunft die extremen ökonomischen Gegensätze bleiben, die immer wieder zu Konflikten führen und vermutlich einer der Gründe für den Erfolg extremistischer Terrorgruppen sind.

5.3 Internationale Gerechtigkeit

Mehrfach wurde in diesem Buch bereits ein Menschenrecht auf das Lebensnotwendige angenommen und Menschenrechte als Legitimitätsbedingungen für Staaten erklärt. Somit beeinträchtigt jeder Mensch, der nicht mit dem Lebensnotwendigen versorgt ist, der verfolgt und misshandelt wird, die Legitimität jedes Staates auf der Erde, da er Teil der rechtlichen Weltordnung ist und jeder Mensch laut UNO-Charta den Anspruch auf eine Weltordnung besitzt, die die Menschenrechte achtet. Fraglich bleibt, zu welchen Maßnahmen ein Staat, eine politische Einheit innerhalb der Weltgemeinschaft genau verpflichtet und berechtigt ist, um für dieses Problem Abhilfe zu schaffen. Man wird nicht erwarten, dass ein Staat dabei bis an die Obergrenze für die Hilfsverpflichtung geht, von der an eine Volkswirtschaft durch die Hilfeleistung so weit geschädigt würde, dass sie nicht mehr Hilfe leisten könnte, sondern auf Dauer selbst hilfebedürftig würde. Doch ist man davon derzeit sehr weit entfernt, gibt es wohl keinen Staat, um den man sich aus diesen Gründen Sorgen machen müsste.

Charles Beitz und Thomas Pogge hatten bereits in den späten siebziger und den achtziger Jahren Anläufe unternommen, die von Rawls formulierten Gerechtigkeitsprinzipien auf die Gemeinschaft aller Menschen zu übertragen, somit auch im internationalen Rahmen zu einer das Wohlergehen der Individuen berücksichtigenden Beurteilungsbasis zu gelangen und das Völkerrecht nicht auf ein zwischenstaatliches Recht zu beschränken. Dabei gesteht man durchaus zu, dass auf diesem Wege nur die moralischen Beurteilungskriterien ermittelt werden, deren institutionelle Umsetzung im politischen Rahmen durch die vorhandenen politischen Institutionen erfolgen könnte.[79]

Dieser Ansatz wurde seit den neunziger Jahren von Rawls selbst und in Deutschland noch vehementer von Wolfgang Kersting zurückgewiesen. Beide bevorzugen einen zweistufigen Aufbau des Völkerrechts, bei dem Individuen sich zu Staaten zusammenschließen, innerhalb derer die Rawlsschen Gerechtigkeitsprinzipien gelten mögen oder, wie in Kerstings späteren Arbeiten, auch nicht. Die Beziehungen zwischen den Völkern werden jedenfalls in Rawls' Sicht anhand eines Urvertrags geregelt, dessen Beteiligte die Repräsentanten von Staaten sind.

Am „unbeschränkten Kosmopolitismus" kritisiert man erstens, dass er sich von konkreten politischen Programmen und institutionellen Strukturen ablöst, dass er zweitens die Grundgüter, die es in dem Urzustand hinter dem Schleier des Nichtwissens zu verteilen gilt, überall in der Welt gleich ansetzt, während sie doch in verschiedenen Gruppierungen dem Wandel unterliegen können, drittens generell, dass man das Differenzprinzip mit seiner sozialliberalen, letztlich kapitalistischen Ausrichtung nicht für alle Gruppierungen von Menschen verbindlich machen könne, viertens, dass Verteilungsgerechtigkeit im Völkerrecht nichts zu suchen habe, weil es da nur um „allseits anerkennungsfähige Regelungen des zwischenstaatlichen Verhaltens" gehe, deren Grundlage die Wahrung der Menschenrechte sei.[80] Pogge hält hier dagegen, es sei nicht einsehbar, warum das Differenzprinzip und andere moralische Grundsätze sozusagen an der Staatsgrenze Halt machen sollten, warum es innerhalb eines Nationalstaats anwendbar sein solle, darüber hinaus nicht. Schließlich sind die kulturellen und ökonomischen Gegensätze innerhalb eines Nationalstaats oft genug dramatischer als zwischen Angehörigen unterschiedlicher Staaten.[81] Ferner erscheint nach den Resultaten dieses Kapitels, sowohl im Hinblick auf die Geschichte des Völkerrechts als auch auf die Wandlung hinsichtlich der daran Beteiligten, die rigide Einschränkung der Rolle des Völkerrechts auf zwischenstaatliche Beziehungen willkürlich.

In seinem Buch *The Law of Peoples*,[82] illustriert Rawls den auf die Grundgüter und das Differenzprinzip bezogenen Kritikpunkt und betont, dass es „decent hierarchical peoples" geben könne, die nicht liberal gesonnen sind, die man international gleichwohl zu tolerieren habe und bei denen man daher nicht die für liberale Staaten typischen Grundgüter, wie sie in seiner „Theorie der Gerechtigkeit" vorgestellt wurden, annehmen dürfe. Als solch ein „decent hierarchical people" skizziert er „Kazanistan", das er in etwa als muslimische Rätedemokratie beschreibt.[83]

Gewiss wird man, wenn man eine politische Philosophie der internationalen Gerechtigkeit entwerfen möchte, die auch zur Anwendung gelangen kann, auf die Existenz eines Pluriversums von Staaten Rücksicht nehmen müssen, die zudem nicht alle nach liberalen Prinzipien strukturiert sind. Ob und gegebenenfalls wann eine Einmischung in die inneren Angelegenheiten von Staaten berechtigt sein kann, soll im nächsten Abschnitt besprochen werden. Die Art von Grundgütern, deren es zum Leben bedarf, ist jedoch nur insoweit kulturabhängig wie die Ernährungsgewohnheiten verschieden sein können. Es steht zudem keiner Gemeinschaft, ob liberal oder hierarchisch, zur Disposition, ob sie ihren Mitgliedern das Überleben zugestehen möchte. Mag sein, dass der wahre Reichtum vieler Gesellschaften im kulturellen Bereich liegt. Doch geht es zunächst um die Sicherung der Subsistenz, die Kultur überhaupt möglich macht, somit um die elementarsten Menschenrechte, diese gehen Rechten auf kulturelle Identität voran, wie in Kap. 3 betont worden war.

Hier gibt es noch genügend technische Probleme, etwa hat man zu klären, wie man die Möglichkeit der Selbstversorgung unterstützen kann statt durch bloße Lebensmittellieferungen die regionale Agrarstruktur zu zerstören, wie es an verschiedenen Orten der Erde geschah.[84] Doch ist die Gewährleistung des Überlebensminimums keine Tugendpflicht vom Mitleid bewegter Menschen aus den Industrieländern, wie es Nozick sähe, so edel und ehrenvoll diese Hilfsbereitschaft sein mag, sondern ein Gebot der Gerechtigkeit, welches allerdings angesichts der vorhandenen rechtlichen Strukturen und Besitzverhältnisse nicht leicht zu realisieren ist. Wenn Kersting „Pflichten zur Hilfeleistung", die „auf Notfälle reagieren" einräumt, aber Gerechtigkeitspflichten, die „auf langfristige Zustandsveränderung in der globalen Güterverteilung gerichtet sind", ablehnt, scheint er weniger im Sinne Nozicks als bereits in Analogie zu seiner Konzeption eines Sozialstaats ohne Egalitarismus zu argumentieren. Allerdings zeigen die Anstrengungen um eine dauerhafte Versorgung der Menschen in Krisenzonen mit dem Lebensnotwendigen, zusammen mit den Bemühungen um Investitionen einerseits, Schutz vor Umweltschäden und sozialen Zerstörungen andererseits, dass eine klare Trennung zwischen diesen Zielen kaum möglich ist.[85]

Rawls konfrontiert sein „Law of Peoples" mit dem erwähnten „cosmopolitan view", für den egalitäre Prinzipien über Staatsgrenzen hinweg Gültigkeit besitzen. Er will stattdessen zwar eine universelle Pflicht zum Beistand akzeptieren, so dass alle Menschen frei von Not eine liberale oder eine „decent society" errichten können, geht also möglicherweise weiter als Kersting. Doch lehnt er es darüber hinaus ab, die von einer Gesellschaft getroffenen wirtschaftspolitischen Entscheidungen von einer anderen mitverantworten zu lassen, indem die Güter immer wieder egalisiert werden.[86] Rawls' Argumentation weist einige Schwachstellen auf. Das erste scheint ein impliziter ethnischer Essentialismus: Die Rede von einem Recht der Völker suggeriert die Existenz prästataler selbstverantwortlicher kollektiver Subjekte, die sich in dieser Weise nicht halten lässt. Zweitens entspricht die Idee zweier weitgehend getrennter Volkswirtschaften, deren wirtschaftspolitische Entscheidungen sich in ihren Folgen nach einigen Jahren getrennt voneinander beobachten lassen, nur noch in geringerem Maße der Situation einer vielfach verflochtenen Weltwirtschaft. Drittens entspricht es nicht einer sinnvollen Verwendung des Begriffs Verantwortung, auch kollektiver Verantwortung, diejenigen, die gerade in einem nicht demokratischen Staat keinerlei Möglichkeit zur Einwirkung auf dessen Politik hatten, für die Fehlentscheidungen autoritärer Herrscher haftbar zu machen, solange sich dies vermeiden lässt. Viertens ist in dem Augenblick, da von allen Beteiligten die Menschenrechte geachtet werden oder jedenfalls ihre Achtung eingefordert wird, inklusive der universellen Pflicht zum Beistand in dem von Rawls beschriebenen Ausmaß, ein großer Teil der Streitpunkte beigelegt.

Der Schwerpunkt der Argumentation Thomas Pogges in seinem Werk über Armut und Menschenrechte liegt entsprechend bei extremen sozialen Gegensätzen, die einen erheblichen Teil der Weltbevölkerung unterhalb der Armutsgrenze und in chronischer Unterernährung halten,[87] und befasst sich mit Vorschlägen für institutionelle Veränderungen, die in dieser Situation Abhilfe schaffen könnten. Es geht etwa um Wege, wie man den Tendenzen in den reichen Ländern, die Verantwortung für die fatalen Zustände an lokale Repräsentanten zu delegieren und sich damit moralische Schlupflöcher[88] zu schaffen, entgegentreten kann. Darüber hinaus sucht er nach Wegen, Staaten, speziell schwache Demokratien, vor der Vereinnahmung durch korrupte Machthaber zu schützen. Man könne zwar nicht leugnen, dass ein erheblicher Teil der Probleme in den ärmsten Ländern, häufig gerade die mit erheblichen Rohstoffvorkommen, durch korrupte regionale Eliten bedingt ist. Doch seien es eben die Banken und andere Institutionen des globalen Nordens, die derartiges Verhalten erst möglich machen.[89] Die fraglichen politischen Systeme würden von Rawls sicher auch nicht das Prädikat „decent" erhalten.

Wenn man also bei der Beurteilung konkreter Situationen institutionelle Strukturen berücksichtigen muss, inklusive des Umstandes, dass ein großer Teil der Staaten auf der Welt weder demokratisch, noch Rechtsstaaten sind, steht man erst recht vor der Frage, wie sich politische Institutionen in diesen Staaten, vor allem wenn es dort extreme Armut gibt, positiv beeinflussen lassen. Christine Chwaszcza fällt mit ihrer Kritik, der kosmopolitische Ansatz Pogges vernachlässige die Institutionen[90], zwar nicht in einen ethnischen Essentialismus, berücksichtigt aber zu wenig die labile Struktur der politischen und ökonomischen Institutionen in vielen Ländern der Erde, für deren Modifikation in eine akzeptable Richtung gerade ein universalistischer Standard wichtig ist.

Wenn man nun in Folge der bisher geführten Argumentation akzeptiert, dass ein rein auf die Wechselbeziehung von Staaten reduziertes Völkerrecht nicht den heutigen Gegebenheiten und Erfordernissen entspricht, dass es ferner eine rechtliche Pflicht gibt, die Sicherheit der Menschen auch in gefährdeten Gebieten der Welt zu sichern, im Moment im Sinne einer *freedom from want*, wie sie in Kapitel 4.1. bereits angesprochen wurde, so bleibt die Frage, wozu die wohlhabenden Teile der Welt verpflichtet sind.

Ayelet Shachar erkennt die Staatszugehörigkeit zunächst als ein Kriterium für die Zuerkennung bestimmter Rechte an,[91] will aber gegenüber dieser *birthright lottery* insofern Korrekturen einbauen, als sie die mit der Geburt in einem reichen und friedlichen Land verbundenen Vorteile in Analogie zu ererbtem Eigentum behandelt, worauf die in die mit dieser Staatsbürgerschaft Gesegneten einmal in ihrem Leben eine Abgabe zu entrichten haben. Dies wird zweckmäßiger Weise der Staat in Relation zur Anzahl seiner Neugeborenen übernehmen, wobei er seine Verpflichtungen durch andere Maßnahmen, wie etwa eine hohe Aufnahme von Immigranten verringern kann.[92] An diesem Vorschlag wurde schon sehr früh kritisiert, dass Shachar keine Angaben mache, wie man die Höhe dieser Steuer berechnen solle, wie sie sich zur Höhe der sonst von einem wohlhabenden Staat geleisteten Transfersummen verhalte, wer den Transfer organisieren und überwachen solle etc.[93] Doch bleibt die Überlegung berechtigt, dass die durch glückliche Umstände Privilegierten zwar durchaus ihre Vorteile genießen dürfen, in gewissem Maße jedoch ihr Glück mit denen zu teilen haben, die es nicht so gut getroffen haben. Aber wieviel haben sie abzugeben, damit von einer gerechten Weltordnung gesprochen werden kann?

Es gibt vermutlich keine Möglichkeit einer effektiven Bestimmung dessen, was jedem Menschen nach distributiven Kriterien gerechterweise zusteht, schon allein deshalb nicht, weil dies eine in etwa statische Gütermenge voraussetzen würde. Hillel Steiner fügt seiner Ausgangsidee, dass die Rechtsnachfolger derer, die bei der Verteilung des ursprünglichen Gemeinbesitzes – um seine Rede von den *initially unowned things* kantianisch, aber auch in der Tradition des römischen Rechts zu paraphrasieren – zu kurz gekommen sind, obwohl anfangs alle gleiche Rechte besaßen, Anspruch auf einen Ausgleich seitens der Nachfolger derer haben, die überproportional profitiert haben,[94] eine Reihe von Differenzierungen hinzu. Hier sei nur angesprochen, dass Kinder einmal als zusätzliche Belastung für die Gruppe der ursprünglich Anspruchsberechtigten gedeutet werden können, so zitiert Steiner Eric Rakowski: „With what right can two people force all the rest, through deliberate behavior rather than bad brute luck, to settle for less than their fair shares after ressources have been divided justly?"[95] Man kann Kinder andererseits auch als neue Ressource für die Zukunft ansehen (wenn man eben keine statische Gütermenge annimmt) und denen, die sie mit ihren Mitteln zur Verfügung stellen, besondere Gratifikationen zusprechen. Die Sicht darauf hat sich gerade in den westlichen Ländern mit dem Schwinden der Ressource Kind geändert. Da auch Steiner in seinem Epilogue: *Just Redistribution* eine Reihe von Differenzierungsaspekten nennt, scheint es ihm entgegen der häufig an ihm geübten Kritik nicht so sehr um ein exaktes Kalkulationsverfahren als um den Hinweis darauf zu gehen, dass es einen Ausgleich zu geben habe. Dies lässt sich u. a. durch Kants Hinweis begründen, dass die Erde eben begrenzte Fläche und begrenzte Ressourcen zur Verfügung stellt und es angesichts der Gleichheit der Personen a priori keinen privilegierten Zugang zu den natürlichen Gütern gibt.

Die Anwendung des Differenzprinzips wird angesichts einer kaum überschaubaren Menge von Parametern bei globaler Anwendung ebenfalls noch komplizierter als im nationalen Rahmen, zumal fast völlig unbestimmbar bleibt, wo die gedachte Gleichverteilungslinie anzusetzen ist, über die man sich hinwegbewegen möchte. Indessen ist gerade im internationalen Bereich die Benachteiligung zahlloser Menschen bei der Bemühung um ökonomische Prosperität derart eklatant und unübersehbar, dass ernsthaft nur noch die Frage nach der geeigneten politischen und rechtlichen Organisation des Ausgleichs für diese Benachteiligungen gestellt und die Suche nach *exakten* quantitativen Verteilungs- oder Kompensationsschlüsseln erst einmal zurückgestellt werden kann.

Das Vorhaben, mittels einer revolutionären oder interventionistischen Beseitigung der vorhandenen und zur Ernährung der Bevölkerung unfähigen oder unwilligen politischen und rechtlichen Weltordnung eine gerechte Verteilung der Güter herbeizuführen, muss nach den Erfahrungen des zwanzigsten Jahrhunderts mit derartigen Versuchen als weit weniger attraktiv für den größten Teil der Bevölkerung angesehen werden als man noch vor wenigen Jahrzehnten glaubte. Die Kosten für die Machterhaltung der neuen Herrschaft, ein nach wie vor erhebliches Maß an Korruption und der Verlust durch Abwanderung besitzender und gut ausgebildeter Bürger verschlechterten vielfach die ökonomische Lage einzelner Volkswirtschaften. Allerdings bringt nicht selten erst die Drohung einer revolutionären Umorientierung, in den letzten Jahrzehnten vermehrt auch der Migrationsdruck die wohlhabenden Länder dazu, sich der ökonomischen Probleme in den armen Teilen der Welt etwas mehr anzunehmen, noch immer kann allerdings von fairen Bedingungen im ökonomischen Umgang miteinander nicht durchweg gesprochen werden.

Es war im Kontext der Eigentumsdiskussion in Kap. 4.4 betont worden, wie wichtig normalerweise die Erhaltung und allenfalls gesetzmäßige Wandlung des status quo hinsichtlich der Besitzverhältnisse für die Bewahrung der Rechtssicherheit und damit auch für wirtschaftliche Prosperität ist. Dies gilt selbst dann, wenn sie eine deutliche Abweichung von den Bedingungen ursprünglicher – nicht uranfänglicher – Gleichheit darstellen und trifft prima facie auch im internationalen Bereich zu. Doch gilt hier wie dort die Einschränkung, dass der status quo nicht seinerseits eine Lebensbedrohung für Menschen darstellen darf, die ein würdeloses Dasein zu fristen haben. Just diese Situation ist im globalen Rahmen indessen längst gegeben, da eine große Zahl von Menschen nicht über das zum Überleben Erforderliche verfügt, keinen Zugang zu medizinischer Versorgung und einer angemessenen Ausbildung hat.[96] Dies ist moralisch nicht vertretbar und wird als einer der Gründe für den Erfolg extremer, gewalttätiger Strömungen angesehen, die sich zur Zeit eher religiöser als zum Beispiel marxistischer Rhetorik bedienen, aber auch von den „Schwachen und Unterdrückten" sprechen.[97] Ein schlichtes Hinnehmen der gegebenen sozialen Weltordnung ist daher moralisch ebenso wenig zu rechtfertigen wie die gewaltsame Umverteilung nach den ideologischen, in der Praxis oft untauglichen Vorstellungen einer kleinen revolutionären Elite.

Gegen die mitunter geforderte völlige Beschränkung auf die „Kräfte des Marktes" im internationalen Verkehr, gegen den völligen Verzicht auf regulierendes Eingreifen seitens der Staatengemeinschaft spricht allerdings, dass es hier wie anderswo „Marktversagen" gibt, mit häufig katastrophalen, menschenverachtenden Folgen. Insbesondere ist keine Tauschgerechtigkeit zu erwarten, da der Markt zwischen reichen und armen Ländern der Welt nun einmal nicht in der Weise fair ist, dass Anbieter und Nachfrager zwangsfrei aus dem jeweiligen Angebot wählen können. Vor allem ist jedoch „der Markt" entgegen neoliberaler Ideologie keineswegs eine Form von Naturereignis, sondern ein von Menschen geschaffenes und aufrechterhaltenes, keineswegs gewaltfreies Regelsystem, das einige Elemente dem Spiel von Angebot und Nachfrage überlässt. Dieses relativ freie Spiel erweist sich oftmals als bürokratischer Planung überlegen, bedarf aber bestimmter Randbedingungen wie etwa eines halbwegs funktionierenden Wettbewerbs.

Es gilt also, der einseitigen Form ökonomischer Globalisierung mit angemessenen Maßnahmen zu begegnen. Politische Ziele wären einmal größere Fairness der Marktbedingungen, zweitens Ausgleich der extremen Benachteiligungen von Menschen, die unter den unverschuldeten Rahmenbedingungen ihrer Geburt leiden. Ob diese Benachteiligungen natürlichen oder sozialen oder rechtlichen Ursprungs sind, macht dabei keinen prinzipiellen Unterschied aus. Die konkrete Umsetzung dieser zunächst einleuchtenden Forderungen erweist sich bekanntlich als sehr diffizil, besonders da, wo der Besitz der Wohlhabenderen in Frage zu stehen scheint, seien dies die Menschen in den wohlhabenderen Ländern, seien es die Wohlhabenderen in Ländern, in denen es viele Menschen gibt, die unter dem Existenzminimum leben. So muss man beachten, dass Eigentumsrecht, welches über das zum Leben Nötige hinausgeht, nach dem Gesagten zwar konventioneller Natur ist, nicht jedoch an eine bestimmte Konvention, in diesem Fall an ein bestimmtes positives Rechtssystem gebunden ist. Der Versuch, das surplus der Reichen zur Unterstützung der Armen, zumal der Armen in anderen Ländern heranzuziehen, führt bei unvorsichtigem Vorgehen leicht zur Kapitalflucht, sei es in Form traditionellen Geldschmuggels, sei es durch andere Transaktionen. Die einzige Möglichkeit, hier zugunsten einer angemessenen Versorgung aller Menschen tätig zu werden, liegt wohl darin, dass öffentlicher Druck auf die verschiedenen ökonomischen und politischen Entscheidungsträger ausgeübt wird.

Wenn man auch so bald keinen Weltstaat errichten können wird – abgesehen von der Frage, ob dies erstrebenswert wäre – und auch die von Kant erstrebte Gemeinschaft *freier* Republiken noch etwas auf sich warten lässt, so gibt es doch bereits so etwas wie eine Weltgesellschaft. Diese besteht, einem verbreiteten Irrtum zum Trotz, nicht nur in der Vernetzung der Finanzmärkte und der Ubiquität mancher Massenprodukte.[98] Sie besteht auch in der Vernetzung individueller und kultureller Austauschmöglichkeiten, in der Entstehung einer Weltöffentlichkeit, der sich Staaten stellen müssen, wenn es um die Einhaltung von Menschenrechten geht, aber auch weltweit tätige Unternehmen, wenn ökologisch fragwürdige Praktiken oder unerträgliche Arbeitsbedingungen in Ländern ohne entsprechenden Schutz der Arbeitenden ans Tageslicht kommen. Diese Weltöffentlichkeit, die sich immer noch im Entstehen befindet, könnte durch verschiedenerlei, vor allem natürlich ökonomischen Druck für etwas mehr internationale Gerechtigkeit sorgen, solange es Kants System freier Republiken nicht gibt. Sie kann und sollte auch das von Thomas Piketty angeregte Projekt einer globalen Kapitalsteuer, besonders globaler Besteuerung extremer Vermögen, von 1 % jährlich ab einer Million Dollar bis 5 % ab einer Milliarde vorantreiben.[99] Dies würde einerseits das immer raschere Auseinanderdriften des Besitzes abbremsen und zum anderen einen Prozess verlangsamen, der in einer Verlagerung der Vermögen von solchen, die es für auf dem Markt befindliche Güter ausgeben, zu solchen, die mit Finanzwerten spekulieren, besteht und am Ende für das kapitalistische System selbst zur Gefahr wird. Ferner kann eine solche Steuer angesichts der 9 Billionen Dollar, welche laut dem Magazin Forbes im März 2015 etwas mehr als 1800 Milliardäre weltweit besitzen, zur Finanzierung der Verbesserung der Lebensbedingungen der Armen beitragen.

Wenngleich man zugestehen muss, dass es schwierig wird, einen Algorithmus für eine gerechte Verteilung der Ressourcen zu finden, kann man daher festhalten, dass die Weltgemeinschaft die Aufgabe hat, jedem Menschen ein gewisses Maß an dem zukommen zu lassen, was Martha Nussbaum und Amertya Sen gemäß ihrem *capability approach* als Rahmenbedingungen für menschliches Wohlergehen angeführt haben. Dies ist in etwa auch das Anliegen von Pogges Version des Kosmoplitismus. Nussbaum betont, für den Fall, dass es Pogge um die Herstellung der materialen Grundlage zur Achtung der Menschenrechte gehe, sei sein Ansatz von dem bei ihr und Amartya Sen erarbeiteten nicht allzu weit entfernt.[100]

Da es immer noch im Wesentlichen die Staaten, wenn auch nicht mehr sie alleine sind, welche die Weltordnung aufrechterhalten, beeinträchtigt jeder Mensch, der nicht mit dem Lebensnotwendigen in diesem Sinne versorgt ist, ebenso wie jeder, der verfolgt und misshandelt wird, die Legitimität jedes Staates auf der Erde. Wir leben heute noch viel mehr als zu Kants Zeit in einer Welt, in der „die Rechtsverletzung an einem Platz der Erde an allen gefühlt wird".[101] Somit erscheint auch hier das Zusammenspiel zwischenstaatlicher und überstaatlicher Institutionen und zivilgesellschaftlicher Organisationen, die über die Weltöffentlichkeit die Kräfte vorhandener Staaten mobilisieren, das gegenwärtig aussichtsreichste Instrument zur Verbesserung der Lage der von Not geplagten Menschen. Es wird sich zeigen müssen, ob es genügend Erfolg hat, um die Errichtung einer globalen Republik überflüssig werden zu lassen.

5.4 Krieg und humanitäre Intervention

Die zu Beginn dieses Buches getroffene Feststellung, dass sich das Wesen des Rechts wieder einmal im Wandel befinde, trifft auch und in besonderem Maße auf die rechtliche Sicht des Krieges, genereller des Einsatzes militärischer Mittel zu, der ja eigentlich durch die Deutung des Rechts als Aushandlung vermieden werden sollte.

Die Geschichte des rechtlichen Umganges mit dem Krieg[102] lässt sich aus europäischer Sicht in Kurzfassung etwa so skizzieren, dass es im Mittelalter bis in die Neuzeit relativ stabil geltende Kriterien für einen gerechten Krieg gab. Ähnlich wie vor ihm Augustinus, aber eben mit der für ihn typischen Fähigkeit zur präzisen Systematisierung, hält Thomas von Aquin[103] fest, dass nur eine autorisierte Obrigkeit Krieg führen darf, nicht etwa eine Privatperson, dass diese in rechtschaffener Absicht, also mit dem Willen zum Friedensschluss und aus einem gerechten Kriegsgrund handeln müsse. Später, insbesondere in den Texten der Spanischen Scholastiker, kommen noch weitere Elemente hinzu,[104] etwa dass alle Wege anderweitiger Streitbeilegung gescheitert sein, dass also der Krieg die *ultima ratio* sein solle, dass stets vor dem Krieg, nach dem Krieg und im Krieg die Billigkeit zu walten habe, also keineswegs jedes Mittel recht sei, ein Kriterium, das Suárez an die Stelle der guten Absicht setzt,[105] dass es begründeten Aussicht auf Erfolg zu geben habe, dass also der Krieg nicht mehr Opfer fordere als verhindere. Man hat diese Liste unlängst als klassische Theorie des Krieges bezeichnet.[106] Manche Autoren akzeptieren auch Kriege von Privatleuten, sofern sie der Selbstverteidigung dienen. Einig ist man sich darin, dass die rechtliche Funktion des gerechten Krieges darin besteht, Strafe für der anderen Seite zugefügtes Unrecht zu sein, wenn es keine gemeinsame Obrigkeit gibt. Teil dieser Strafe ist bis ins 18. Jahrhundert die Versklavung von Teilen der Zivilbevölkerung. Man geht zunächst davon aus, dass höchstens eine Seite einen gerechten Krieg führen kann und dass der Krieg der ungerechten Seite eine Todsünde darstellt, im Laufe der Zeit erwägen einige Autoren die Möglichkeit, dass evtl. beide Seiten von der Gerechtigkeit ihres Krieges überzeugt sein können, auch wenn mindestens eine davon im Irrtum sein muss.[107] Als einer der wesentlichen Beiträge Francisco de Vitorias gilt die Unterscheidung von Angriffskrieg und Verteidigungskrieg, je nachdem, ob das Unrecht bereits geschehen ist und bestraft werden muss oder ob es erst droht und verhindert werden soll.[108] Während ein Verteidigungskrieg nicht nur erlaubt, sondern sogar geboten ist, bedarf es gerechter Gründe für einen Angriffskrieg. Als gerechte Gründe konnten mitunter auch schon Ehrverletzungen gelten[109], Francisco de Vitoria hat in seiner bereits in Kapitel 3 skizzierten Rechtfertigung des Krieges gegen die Indianer weitere herausgearbeitet: Verletzung des Gastrechts, Verstoß gegen die Handelsfreiheit, Verstoß gegen die Missionsfreiheit, Schutz der Christen, aber auch der Schutz der Völker vor der Tyrannei der Herren.[110]

Die klassische Theorie des gerechten Krieges fordert also, dass der Krieg von einer autorisierten Obrigkeit geführt wird, dass es einen gerechten Grund gibt, dass er aus achtbaren Motiven geführt wird, dass zu jedem Zeitpunkt auf die Angemessenheit – Billigkeit – des Vorgehens geachtet wird, dass der Krieg die *ultima ratio* sein soll und dass er nicht mehr Opfer kostet als unvermeidlich. Wenn dies erfüllt ist, darf der Sieger des gerechten Krieges Maßnahmen wie Reparationsforderungen und eben die Versklavung der Bevölkerung durchführen, wobei etwa von Luis de Molina explizit festgehalten wird, dass individuelle Schuld und Unschuld der betroffenen Individuen dabei keine Rolle spielen.[111]

Carl Schmitt stellt dieser Konzeption den „nicht diskriminierenden" Staatenkrieg des *Ius Publicum Europaeum* entgegen, der die „Epoche der Staatlichkeit" geprägt habe.[112] Die Staaten befinden sich nach dieser Auffassung in einem Hobbesschen Naturzustand, das *ius belli*, das Recht zur Kriegführung ist ein entscheidendes Kennzeichen ihrer Souveränität, weshalb es keines gerechten Kriegsgrundes bedarf und von den eben genannten Merkmalen des gerechten Krieges nur übrig bleibt, dass er von den zuständigen Autoritäten geführt wird. „Gerecht im Sinne des Völkerrechts der zwischenstaatlichen Epoche ist deshalb jeder von militärisch organisierten Armeen anerkannter Staaten des europäischen Völkerrechts nach den Regeln des Kriegsrechts geführte staatliche Krieg."[113]

Wie die Formulierung von den Regeln des Kriegsrechts andeutet, gilt die Fiktion des Naturzustandes nur für das *ius ad bellum*, insbesondere für den Kriegsgrund, die *iusta causa*. Hingegen rückt das *ius in bello* in den Mittelpunkt, die Hegungen des Krieges, wie Schmitt es nennt, die seiner Ansicht nach möglich werden, weil man den Feind nicht als Verbrecher ansehe. An Stelle der *iusta causa* sei nun der *iustus hostis* entscheidend, das ordnungsgemäß gekennzeichnete Mitglied einer anerkannten europäischen Macht. Diese Hegungen des Krieges feiert Schmitt als „Kunstwerk der Vernunft"[114], als „etwas unwahrscheinlich Humanes"[115]. Obwohl nach allgemeiner Überzeugung der Völkerrechtsgeschichtler durchaus zutrifft, dass die Kriegsrechtfertigung in dieser Zeit „für die rechtliche Beurteilung belanglos"[116] ist, enthält Schmitts Darstellung einige Stilisierungen und Idealisierungen, die man nicht übersehen sollte: Es gab auch zuvor, in der thomistischen Tradition, die Forderung nach Schutz der Nicht-Kombattanten, der „Unschuldigen", deren Tötung nur „akzidentiell" erlaubt sei, wenn es zum Erreichen des Kriegszieles erforderlich sei, wie z. B. Domingo de Soto betont,[117] wenn es sich, wie man mit einem heutigen „Unwort" sagen würde, um „Kollateralschäden" handelt. Andererseits wirkte sich die Hegung des Krieges eher bei der Schonung und dem Austausch von Kriegsgefangenen aus – die schließlich wertvolles Kapital der Herrscher darstellten – als beim Schutz der Zivilbevölkerung, die z. B. im Siebenjährigen Krieg erheblich unter Plünderungen zu leiden hatte. Der Begriff des *iustus hostis* ist denn auch ein weit weniger humanes Kunstwerk der Vernunft, als Schmitt glauben machen möchte. Sein Erfinder, der spanische Jurist Balthasar Ayala, verwendet ihn, um den Schutz der Kriegsgefangenen und der Unschuldigen nicht auf die holländischen Rebellen anwenden zu müssen.[118] Ferner finden sich bei den prominenten Völkerrechtlern des 18. Jahrhunderts trotz aller Einschränkungen immer noch Verweise auf die *iusta causa* bzw. auf gerechte Kriege, wie auch immer dies als relevant oder irrelevant angesehen wurde. Es reicht bei Vattel zumindest für die Versklavung der

Unterlegenen[119] und Georg Daries reflektiert über den Krieg als Rechtsurteil.[120] Für Gottfried Achenwall ist der *iustus hostis* derjenige, der einen gerechten Krieg führt und sich somit dem ungerechten Feind widersetzt.[121] Von ihm hat vermutlich Kant den Begriff des ungerechten Feindes übernommen. Im Gegensatz zu Schmitts Unterstellung schließt er allerdings auch in diesem Fall, wenn ein Staat permanent den Frieden stört, einen Vernichtungskrieg (bellum internecinum) aus, akzeptiert jedoch das, was man heute einen erzwungenen Regimewechsel nennt.[122]

In der Nachfolge des *Ius Publicum Europaeum*, als dessen Beteiligte man neben den europäischen Mächten seit dem 19. Jahrhundert auch die amerikanischen Staaten, das Osmanische Reich und Japan akzeptierte, kam es erstens zu einer Globalisierung und Entkolonialisierung, zweitens zur Einführung eines erst partiellen, dann generellen Kriegsverbotes. Nach dem Ende des Kolonialzeitalters wird global das Prinzip der Staatengleichheit in Verbindung mit einem generellen Interventionsverbot angenommen.[123] Während man für die Gleichheit der natürlichen Personen im staatlichen Recht eine gewisse naturale Grundlage hat, ist die Gleichheit der Staaten im Völkerrecht offenbar das Resultat einer rechtlichen Konstruktion, deren Notwendigkeit sich durch die Erfahrungen mit Eurozentrismus und Imperialismus aufdrängte. Das Interventionsverbot war die Fortsetzung des Kriegsverbotes, das als partielles Kriegsverbot bereits in der Völkerbundsatzung enthalten war, als generelles Kriegsverbot im Briand-Kellogg-Pakt (27.8.1928) formuliert wurde, dem die meisten Mitglieder des Völkerbundes beitraten. Nach dem zweiten Weltkrieg dehnte man das Kriegsverbot zum Gewaltverbot aus, bekanntlich mit begrenztem Erfolg. Immerhin gibt es seit 1998 den Internationalen Strafgerichtshof, der 2012 eine 50jährige Haftstrafe für Liberias ehemaligen Diktator Charles Taylor aussprach und 2013 bestätigte, es gab ferner ad-hoc-Gerichtshöfe für die Verbrechen im ehemaligen Jugoslawien und in Ruanda. Ein Problem dieser Institution besteht darin, dass sich wichtige Staaten wie USA, Russland, China, Türkei und Israel ihren Verfahren nicht stellen wollen.

Seit dem Ende des Zweiten Weltkrieges verstärkte sich die Tendenz, dass Kriege eben nicht mehr nur von ordnungsgemäß gekennzeichneten Mitgliedern staatlicher Armeen geführt werden, sondern auch von Partisanen, außerstaatlich organisierten Milizen und Terroristen.[124] Zwar wird seit einigen Jahren immer wieder die These formuliert, des einen Terrorist sei eben des anderen Freiheitskämpfer, doch kann man sehr wohl zu unterscheiden versuchen, ob versucht wird, mit militärischen Mitteln ein bestimmtes Ziel zu erreichen oder ob lediglich die mediale Aufmerksamkeit für grausame Akte gegen Unbeteiligte gesucht wird. Carl Schmitt hatte bereits in den sechziger Jahren den „autochthonen" Partisanen, der sein Land von einer fremden Besatzung befreien will – das „Urbild" ist hier die spanische *guerilla* gegen Napoleon – vom Revolutionär unterschieden, der wie Mao Zedong und Ho-Tschi-Minh die u. a. Zerstörung der regionalen Infrastruktur einsetzt, um sein Ziel zu erreichen.[125]

Der Terrorist hingegen weiß, dass er sein politisches Ziel in absehbarer Zeit nicht erreichen kann und will mit schockierenden Gewalttaten Aufmerksamkeit erregen und die Gegenseite zu Überreaktionen verleiten, die ihm wiederum scheinbare Legitimität verleihen. Nach Auffassung radikaler Theoretiker wie al-Zawahiri, gegenwärtig Führungsperson von al-Quaida gibt es in diesem Zusammenhang keine unschuldigen Opfer, weil alle Menschen in den westlichen Staaten, aber auch in den islamischen Staaten, die sich zu Helfern der Ungläubigen gemacht haben, deren Feindschaft gegen die wahren Gläubigen unterstützen.[126] Dies ist offenbar eine absurde Überdehnung der strafrechtlichen Konzeption der Mittäterschaft. Ted Honderich[127] wiederum scheint eine Binnendifferenzierung zwischen palästinensischen Selbstmordattentaten und jenen des 11.September 2001 durchführen zu wollen. Doch sollte eine sicherlich sinnvolle Differenzierung zwischen verschiedenen Varianten des Terrorismus hinsichtlich möglicher Legitimität der ursprünglichen Ziele keine potentielle Rechtfertigung des Mordes an Unschuldigen implizieren. Selbst wenn man den drastisch verschiedenen Bezug zur Lebenslage anerkennt, bleibt der absichtliche gewalttätige Angriff auf unschuldige Menschen ein nicht zu rechtfertigendes Verbrechen. Allenfalls kann man bei manchen der palästinensischen Täter(innen) eine begrenzte Zurechnungsfähigkeit angesichts traumatischer Erlebnisse, also Entschuldigungsgründe, in gewissem Ausmaß in Anspruch nehmen. Eine neue Dimension terroristischer Aktivitäten entstand durch Milizen wie den Islamischen Staat und Boko Haram, die explizit ein Territorium beanspruchen um ein „Kalifat" einzurichten und mit professionell hergestellten Dokumentationen ihrer grausamen Aktionen und weiteren Werbeaktionen offenbar besonders anziehend für junge Männer aus allen Teilen der Welt sind. Ein bedauerlicher „Erfolg" weltweit agierender terroristischer Akteure besteht darin, dass in einigen Ländern rechtsstaatliche Garantien außer Kraft gesetzt wurden, Gefangene ohne jeden Prozess Jahre lang in Guantanamo interniert, dort oder in geheimen Gefängnissen gefoltert wurden, dass man extreme, rechtswidrige Überwachungssysteme einführte, somit einen erheblichen Legitimitätsverlust für die demokratischen Staaten in Kauf nahm.

Nach dem Ende des Kalten Krieges intensivierte sich außerdem die Debatte zwischen den unterschiedlichen Schulen in der Deutung internationaler Beziehungen, also den Neorealisten wie Kenneth Waltz,[128] für die internationale Politik ein ungeregeltes Miteinander souveräner und egoistischer Staaten ist, den Institutionalisten, welche die Staaten in die zwischen- und überstaatlichen Organisationen einbinden wollen und den Liberalen, die auf die demokratische und rechtsstaatliche Struktur der Staaten Wert legen, wenn in Zukunft Kriege vermieden werden sollen.[129] Während die einen das Prinzip der Nichteinmischung und die strikte staatliche Souveränität betonten, auch bereits gegenüber bloßer Kritik an Menschenrechtsverletzungen, sahen die anderen – eingedenk der Lehren des Kalten Krieges – dadurch ein neues „Sicherheitsdilemma" entstehen, da ohne übergreifende zwischenstaatliche Rechtsstruktur durch erneutes Wettrüsten der Krieg wahrscheinlicher werde. Letztere forderten eine erheblich stärkere Einbindung der Staaten in zwischen- und überstaatliche, internationale Organisationen und wollten diesen erweiterte Rechte, auch bei der Überprüfung der Einhaltung der Menschenrechte zusprechen. Hier kam es zu einer Allianz zwischen Institutionalisten und Liberalen. Mit der angestrebten „Reform der UNO"[130] wäre man dem von Kant propagierten Völkerbund als „Föderalism freier Staaten" auf Dauer relativ nahe gekommen. Inzwischen ist man, wie bemerkt, weniger optimistisch.

Interessanterweise wurde eine Mehrzahl militärischer Aktivitäten seitens der westlichen Staaten in den letzten Jahrzehnten gerade unter Rückgriff auf liberale Prinzipien gerechtfertigt, nämlich die sog. humanitären Interventionen. Für diese Art internationaler Aktivität gibt es diverse Definitionen, eine gewisse Prominenz hat die im Sammelband von Holzgrefe und Keohane erhalten: „[A humanitarian intervention is] the threat or use of force across state borders by a state (or group of states) aimed at preventing or ending widespread and grave violations of the fundamental human rights of individuals other than its own citizens, without the permission of the state within whose territory force is applied."[131]

Hatte bis in die neunziger Jahre das Prinzip der Souveränität und der Nicht-Intervention gegolten – von einigen Stellvertreterkriegen in Äthiopien, Eritrea und Angola abgesehen – gab es in den neunziger Jahren verschiedene Interventionen in Somalia und im ehemaligen Jugoslawien, beim Kosovo-Einsatz der NATO im Jahr 1999 auch ohne Auftrag der UNO.[132] Die Bereitschaft zu solchen Einsätzen war angesichts des katastrophalen Versagens der Weltgemeinschaft beim Völkermord in Ruanda im Jahr 1994 deutlich gestiegen. Der Krieg gegen das Taliban-Regime in Afghanistan im Jahre 2001 richtete sich nicht gegen das anerkannte Regime eines souveränen Staates und wurde mit dem Schutz der Zivilbevölkerung in allen Teilen der Welt vor terroristischer Bedrohung legitimiert; kritisiert wurde die hohe Anzahl ziviler Opfer. Der Erfolg der Aktion ist nach dem Rückzuge der meisten ausländischen Truppen im Jahr 2014 umstritten. Vor dem Hintergrund dieser Erfahrungen findet seit den neunziger Jahren eine intensive Debatte darüber statt, ob die Weltgemeinschaft bzw. diejenigen ihrer Vertreter, die dazu militärisch in der Lage sind, die Verpflichtung haben, die Menschenrechte im Angesicht von Unterdrückung und Massakern zu schützen, oder ob es sich dabei nur wieder um eine neue Form von Kolonialismus und Imperialismus handelt, zumal die Einsätze offenkundig nicht immer nach Gleichheits- und Gerechtigkeitskriterien entschieden werden.

Durch den Irak-Krieg der USA und ihrer Verbündeten im Jahre 2003 und vergleichbare Ereignisse wurde die Diskussion um den gerechten Krieg mitsamt der Frage nach der Berechtigung eines erzwungenen Regimewechsels (coercive regime change) in einem souveränen Staat wiederbelebt.[133] Eine wichtige Rolle spielt seither die Doktrin von der Schutzverantwortung, *responsibility to protect* (R2P), die seit September 2000 im Auftrag der kanadischen Regierung von der *International Commission on Intervention and State Sovereignty* (ICISS) entwickelt und 2005 von der Vollversammlung der Vereinten Nationen angenommen wurde. Es wurde und wird darüber debattiert, ob sich diese auf die sog. Bush-Doktrin des Krieges gegen den Terror reduzieren lässt, die man als humanitären Imperialismus bezeichnet hat.[134]

Der ICISS-report,[135] der im Dezember 2001 publiziert wurde, nimmt explizit Bezug auf die Ereignisse des 11. September, betont jedoch, der Bericht sei zu jenem Zeitpunkt weitgehend abgeschlossen gewesen und befasse sich nicht mit der Politik in solcher Weise angegriffener Staaten. Grundgedanke ist, dass sich Souveränität und Menschenrechte nicht im Konflikt befinden, „the idea that sovereign states have a responsibility to protect their own citizens from avoidable catastrophe – from mass murder and rape, from starvation – but that when they are unwilling or unable to do so, that responsibility must be borne by the broader community of states."[136] Dies entspricht der oben in Kapitel 3 dargelegten Deutung der Menschenrechte als Legitimitätsbedingungen, auch als Bedingungen für das Beanspruchen von Souveränitätsrechten.

Der Text teilt die *responsibility to protect* ein in eine *responsibility to prevent*, eine *responsibility to react* und eine *responsibility to rebuild*. Dabei wird sehr nachdrücklich der Schwerpunkt auf die Bemühungen zur Vermeidung von massenhafter Gewaltausübung und von anderen Katastrophen gelegt (Chap. 3) und werden bei der Rechtfertigung militärischer Maßnahmen ganz im Sinne der eben angeführten Kriterien gerechter Kriege die Hürden sehr hoch angesetzt, gerade auch hinsichtlich der Frage, ob alle anderen Wege versucht wurden und ob während des Einsatzes die Verhältnismäßigkeit der Mittel gewahrt bleibt.[137] Wichtig ist auch, dass man mit einer solchen Intervention die Verantwortung übernommen hat, für eine nachhaltige Versöhnung der Konfliktparteien und eine funktionierende staatliche Organisation zu sorgen.[138] Immer wieder betonen die Kommissionsmitglieder, wie wichtig ihnen der weltweite Konsens über die von ihnen erarbeiteten Prinzipien ist und wie sie sich der Dilemma-Situation bewusst sind, die entsteht, wenn man menschliche Sicherheit dadurch herzustellen oder zu sichern versucht, dass man Menschen gefährdet oder gar ihre Tötung in Kauf nimmt, dass die Missachtung der Souveränität eines Staates auch ein Element der Demütigung seiner Bürger enthalten kann. Doch könne die Souveränität eines Staates eben nicht bedeuten, dass seine Bürger nach Belieben misshandelt werden dürften.[139]

Daran wurde kritisiert, dass durch die Rede von der Pflicht zu schützen die Frage nach der rechtlichen Grundlage eines Eingriffs in den Hintergrund treten könne, dass es andererseits keine Möglichkeit zur Klage gebe, wenn diese Verantwortung nicht wahrgenommen werde, dass außerdem die Volkssouveränität der betroffenen Staaten nicht ernst genommen werde.[140] Zumindest der letzte Punkt trifft insofern nicht recht zu, als in einem Staat, der große Teile seiner Bürger verfolgt oder sie verhungern lässt, nur in einem sehr problematischen Sinn von Volkssouveränität gesprochen werden kann, während die Verantwortung zum Wiederaufbau gerade die Sorge um funktionsfähige legitime Institutionen enthält.

Wesentlich näher an Bushs *war on terror* kommt der aus Argentinien stammende, in den USA lebende Philosoph Fernando Tesón, der sich auch keineswegs gegen die Einschätzung als Verteidiger der Bush-Doktrin oder auch als humanitärer Imperialist verwahrt. Tesón geht von einem individuellen Recht aller Menschen auf Achtung ihrer Rechte, ihrer Selbstbestimmung und Selbsterhaltung aus. In den Fällen, in denen diese durch „Anarchie oder Tyrannei" gefährdet sind, also durch zu wenig Regulierung oder aber Unterdrückung, haben Staaten von außen auch das Recht, sie durch einen erzwungenen Regimewechsel durchzusetzen. Staatliche Souveränität steht unter der Bedingung, dass sie für die Einhaltung der Menschenrechte zu sorgen habe, andernfalls ist sie einigermaßen bedeutungslos, ebenso wie Staatsgrenzen moralisch irrelevant sind. Auch die Gründe für das militärische Eingreifen werden gegenüber dem ICISS-Ansatz deutlich ausgeweitet: „My own suggestion is that justifiable intervention must be aimed at ending anarchy or tyranny. This standard does not necessarily require that genocide or a similar massive crime should be afoot."[141] Das Problem an Tesóns Position sind also nicht so sehr die Ziele der Umsetzung von Demokratie und Menschenrechten, sondern die Vernachlässigung der vorhandenen Institutionen, der konkreten Situation vor Ort, wo die Ersetzung einer Form der Fremdbestimmung durch eine andere von der Bevölkerung der „befreiten" Gebiete oft als im vollen Sinne fremd, als Besatzung erlebt wird. In einem neueren Text nennt er Bedingungen für die Intervention, die wesentliche Elemente aus der Theorie des gerechten Krieges übernehmen.[142] Obendrein wird die Schutzmacht häufig in interne Auseinandersetzungen der lokalen Parteien hineingezogen. Zieht sie sich hingegen zu rasch zurück, wird ihr die Vernachlässigung der *responsibility to rebuild* vorgeworfen, wenn auf die Intervention blutige Bürgerkriege folgen, wie in Libyen nach dem Sturz Gaddafis.

Es wird mit Bezug auf die NATO-Mission in Libyen immer wieder auch über die Berechtigung humanitärer Intervention angesichts der Möglichkeit des Missbrauchs oder jedenfalls der deutlichen Ausweitung des UNO-Mandats debattiert.[143] Ob dies ein Fall von Missbrauch war, soll hier nicht geklärt werden, jedenfalls lässt sich sowohl die Rede vom Schutz der Menschenrechte als auch die von der Verhinderung eines Völkermordes relativ leicht ausdehnen. Beim Krieg zwischen Georgien und Russland im Jahr 2008 wurde diese Rhetorik von beiden Seiten bemüht. Dies bedeutet nicht, dass humanitäre Interventionen ihre Berechtigung verlören, wohl aber, dass man sich kontinuierlich um die Präzisierung der Kriterien bemühen muss – etwa gab es begründete Zweifel an der Bestimmbarkeit der Absicht (intention)[144] – und über jeden Einzelfall neu zu entscheiden ist; Automatismen kann und darf es dabei nicht geben.

Systematisch lässt sich, wenn man diese Überlegungen mit dem bisher Erarbeiteten verknüpft, als erstes Kriterium für die Rechtfertigbarkeit derart als Notwehr oder als Notwehr zugunsten Dritter legitimierter gewaltsamer Eingriffe in den Herrschaftsbereich anderer Staaten die Frage stellen, ob die der betreffenden Herrschaft Ausgesetzten nach den in Kapitel 2 formulierten Maßstäben ein Recht auf Widerstand haben. Höchstens dann, wenn man annimmt, dass die von staatlicher Gewalt Betroffenen ein solches Recht auf Widerstand besäßen, das sie aufgrund erdrückender Übermacht ihres Gegners oder aus anderen Gründen nicht wirksam ausüben können, kann ein derartiger Eingriff berechtigt sein. Gewaltsamer Widerstand ist jedoch nur berechtigt, wenn ein Staat seine Untertanen in erheblichem Ausmaße mit dem Tode bedroht oder sie angesichts lebensbedrohlicher Gefahr, etwa in Hungersnöten, im Stich lässt. In den anderen Fällen illegitimer Herrschaft ist die Gefahr für die Unbeteiligten als zu hoch im Verhältnis zu den zu erwartenden Verbesserungen einzuschätzen. Darüber hinaus muss, wer sich von außen berufen sieht, den von einem despotischen Regime bedrohten Menschen zu Hilfe zu eilen, was zur Vermeidung eines Völkermords durchaus berechtigt sein kann, auf das Äußerste bemüht sein, die Schädigung Unschuldiger so weit wie irgend möglich zu vermeiden. Ferner sind auswärtige Mächte verpflichtet, zunächst auf diplomatischem Weg für Abhilfe zu sorgen.

Dies bedeutet in keiner Weise, dass die internationale Gemeinschaft, sei es die Zivilgesellschaft, sei es die Staatengemeinschaft gegenüber Staaten, die ihren Bürgern fundamentale Mitspracherechte und die freie Meinungsäußerung verweigern, auf Kritik und jede Form des Drucks verzichten sollte. Sie muss selbstverständlich in angemessener Form Kritik üben, in gravierenden Fällen möglicherweise sogar verschiedene Formen von Sanktionen aussprechen, wobei der Grundsatz gilt, dass diese Sanktionen nicht gerade denjenigen schaden sollten, die man zu unterstützen gedenkt – wie die Erfahrungen zeigen eine schwierige Gratwanderung. Als Grund für den kriegerischen Angriff auf einen souveränen Staat sind diese Rechtsverletzungen angesichts der durch den Verstoß gegen das Interventionsverbot erzeugten Rechtsunsicherheit für alle Menschen jedoch normalerweise nicht ausreichend. Als solcher kann nur ein nach den vorliegenden Erkenntnissen unmittelbar drohender Völkermord gelten.

Etwas niedriger liegt die Schwelle für militärische Interventionen bei so genannten *failed states*, gescheiterten Staaten, die aufgrund des Zusammenbruchs der gouvernementalen Ordnung nicht mehr in der Lage sind, ihre Bevölkerung in der internationalen Gemeinschaft zu repräsentieren.[145] In diesen Fällen ist es auch nach den Überlegungen der ICISS Aufgabe der internationalen Gemeinschaft, die für den Erhalt des Lebens der Menschen erforderliche Sicherheit zu schaffen und aufrecht zu erhalten.

Die Ansichten darüber, wann ein Staat als „gescheitert" angesehen werden muss, können offenbar stark differieren. Nicht unerheblich ist die Versuchung, eine solche Einschätzung als Legitimation zum Angriff zu missbrauchen. Dabei muss man gar nicht an dunkle Zeiten erinnern, als etwa deutsche Staatsrechtler die Auffassung vertraten, die Tschechoslowakei sei 1938 „auseinandergefallen".[146] Allemal gilt: Wer sich das *Recht* zum Eingriff nimmt – womit die Entmachtung derer verbunden ist, die sich selbst als legitime Regierung dieses Territoriums verstehen – und einen Anspruch auf Gehorsam von Seiten der Beschützten und Geretteten erhebt, der hat sich zumindest zu effektivem Schutz und funktionierender Versorgung der Bevölkerung verpflichtet, außerdem dazu, der Bevölkerung so rasch wie möglich die politische Selbstbestimmung zu gewährleisten. Nur wer dazu willens und fähig ist, sollte derartige Eingriffe durchführen.

Da nun Schutz und Sicherheit *gegen* größere Teile der Bevölkerung eines Landes kaum dauerhaft möglich sind und zudem einen Verstoß gegen anerkannte Legitimitätsprinzipien darstellen, sind reine Zwangsmaßnahmen weder erfolgversprechend noch legitim. Der Erfolg derartiger Eingriffe steht und fällt daher mit der Zustimmung der Zivilbevölkerung, um die sich die Schutzmächte mit allen Maßnahmen zu bemühen haben, die zur Verbesserung der Lebenssituation, der Versorgung mit Nahrungsmitteln, aber auch der Wiederherstellung der Infrastruktur dienen. Allerdings hat zumeist auch ein repressives System einen nicht unerheblichen Teil der Bevölkerung als Nutznießer, die entsprechend leicht zum Gegner des neuen Systems werden. Bei den Unterdrückten wiederum gibt es meist nicht nur unschuldige Anhänger von Demokratie und Rechtsstaat, sondern auch solche, die die neue Situation zur Rache an alten Eliten verwenden wollen, so dass die Friedensschützer sehr leicht in bürgerkriegsähnliche Zustände verwickelt werden. Der häufig bemühte Verweis auf den Erfolg beim Aufbau der deutschen Demokratie nach dem Zweiten Weltkrieg übersieht, wie stark dieser von der Angst vor einer russischen Invasion getragen war und welch große Teile der alten Eliten sich nach wie vor an der Macht halten konnten.

Eine nach wie vor offene Frage besteht darin, *wer* über das Vorliegen eines Völkermordes oder über das Scheitern eines Staates, welches einen externen Eingriff erforderlich macht, entscheidet, ferner, wer im Zweifelsfall diesen Eingriff durchführt. Die lange geübte Praxis, dass für beides die nächstgelegene Großmacht oder aber diejenige Großmacht zuständig ist, die den fraglichen Teil der Welt als ihre natürliche Interessensphäre ansieht, kann nach dem Ende des Kolonialismus, nach dem Ende des Kalten Krieges mit seinen Stellvertreterkriegen, nach den Erfahrungen der letzten Jahrzehnte nicht mehr als akzeptabel gelten. Es bildete sich seit dem Ende des zwanzigsten Jahrhunderts ein Konsens darüber aus, dass derartige Entscheidungen Aufgabe der Vereinten Nationen seien. Diese besitzen jedoch keine eigenen Truppen und sind auf die Unterstützung ihrer Mitglieder angewiesen, welche aus strategischen, historischen und anderweitigen Gründen oft genug unterbleibt oder durch Veto-Maßnahmen unterbunden wird. Beispiele wurden bereits angesprochen, ebenso die Problematik des Umgangs mit globalen oder lokalen Terrorbedrohungen.

Als Indizien für das Vorliegen einer Situation, in der eine humanitäre Intervention angebracht sein kann, könnte man demnach folgende nennen:
- Bürgerkrieg, bei dem nicht einzelne, lokal begrenzte Aktionen von Rebellengruppen vorliegen, sondern die öffentliche Ordnung in weiten Teilen des Territoriums außer Kraft gesetzt ist und große Teile der Bevölkerung bedroht sind.
- Völkermord, wozu nicht unbedingt die Ausrottung der gesamten Bevölkerung gehört, sondern bereits die Zerstörung der kulturellen und natürlichen Lebensgrundlage eines Volkes genügen kann.
- Unmittelbar drohende oder bereits beginnende Hungersnot und Seuchengefahr bei nicht vorhandener oder unwirksamer Administration.
- Flüchtlingsströme in Nachbarländer oder auch innerhalb des Territoriums.

Es ist wünschenswert, soweit wie irgend möglich die Zustimmung der Weltgemeinschaft, hier konkret des UNO-Sicherheitsrates einzuholen. Es kann aber Situationen geben, in denen diese aus politischem Kalkül verweigert wird und dennoch Handlungsbedarf zum Schutz der bedrohten Menschen besteht.

Anmerkungen

Einleitung

1 Isidor von Sevilla (1833), cap. 2.
2 Gratian (ca. 1140), cap. 1: Omnes leges aut divinae sunt, aut humane. Divinae natura, humanae moribus constant, ideoque he discrepant, quoniam aliae aliis gentibus placent.
3 STh, IaIIae, qu. 91.
4 Vgl. ebd.; vgl. Finnis (1980), S. 281 ff.

Kapitel 1

1 Vgl. Senn (1999), S. 30, 130 ff., 158 ff.
2 Honsell (1992), S. 18 f.; über die Verbindung von römischem Recht und Naturrecht im späteren Vernunftrecht vgl. ebd. S. 1 f., Senn (1999), S. 170 ff.
3 Isidor von Sevilla (1833), cap. 2.
4 Platon, Protagoras 337c,d.
5 Platon, Gorgias 483c-484a.
6 Aristoteles, Politik I 2, 1252b 30 ff.
7 Politik III 9.
8 NE III 1 ff. 1109b 30ff, V 11.
9 Aristoteles, Rhetorik I 13.12-19 1374a 20 – 1374b 20; NE V 14.
10 Diogenes Laertius VII, 87; Forschner (1995).
11 De re publica III 22 (33); Cicero (1979) S. 281.
12 Ullmann (1949), S. 46.
13 Tierney (1963), S. 307-322, 317 f.
14 STh, IaIIae qu. 90 art. 4 co.
15 STh, IaIIae qu. 91.
16 Suarez ([1612] 2002), Kap. I i 5, S. 31.
17 Ebd. Kap. I iii 2, S. 55.
18 Ebd. Kap. II vi 3 ff. S. 424 ff.
19 Vgl. Kaufmann (2007), S. 182-198, v. a. Recknagel (2010).
20 nulla lex est recta nisi quatenus a voluntate divina acceptante est statuta; Ord. I d.44, Vaticana VI 363 ff., ed. Wolter S. 254 ff.
21 Tieropfer, Sakramente, etc.; Ordinatio IV, dist. 17, ed. Wolter S. 262 ff.
22 Ord. III dist. 37, suppl., ed. Wolter S. 268 ff.
23 Politik I.2 1254a S. 2 ff.
24 De cive, Vorwort.
25 De cive 1.1.
26 Lev. S. 11.
27 De cive 1.4; Lev. S. 13.
28 De cive 1.9.
29 De cive 1.12 ff., 2.1 ff.; Lev. S. 14, 15, 17.
30 Lev. 15.
31 Lev. 14; Mayer-Tasch (1965), S. 95 ff.
32 Lev. 18.
33 De cive 6.11.
34 Lev. 21.
35 Kersting (1994), S. 225; vgl. zu Pufendorf: Welzel (1990), S. 130-144.
36 De off. I 3.3.
37 lex pro jussu sumitur, non doctoris, sed imperantis, Fundamenta iuris naturae et gentium, I Cap. VI § XVII, Thomasius ([1705] 1979), S. 170.
38 Rousseau (1755/2001), 102 ff., 126 ff.
39 Rousseau (1755/2001), 345.
40 Gehlen (1972); Schmitt (1979a).
41 Ratsch (1996), S. 54-66.
42 Hart (1994), IX.2.
43 Vgl. George (1992).
44 AA VIII 20 f.
45 Hart (1994), Chap. IX.2.
46 Nussbaum (1999), S. 24-85, 49 ff.
47 Politik I 2, 1253 a1-a18.
48 Nussbaum (1999), S. 62.
49 Ebd., S. 66-71; Nussbaum (2006), S. 76 ff.
50 Rawls (1975), S. 94 f.
51 Nussbaum (1999), S. 60; Nussbaum (2006), S. 74, 87; Karl Marx ([1844] 1968), S. 542.
52 Ebd., S. 66-71; Nussbaum (2006), 76 ff.
53 Vgl. ebd., S. 75-77.
54 Vgl. ebd., S. 61.
55 Vgl. Hruschka (1992), S. 429-438.
56 Hruschka (1992).
57 AA VI 421.

58 Senn (1999), S. 220 ff.
59 MS Rechtslehre, Einleitung § B
60 Fichte ([1796] 1979) § 12.
61 MS Rechtslehre § 42.
62 Ebd. Einleitung § D.
63 Fichte ([1796] 1979) § 13.
64 Rph §§ 75, 100, 258.
65 Ebd. § 273.
66 Ebd. § 258.
67 Rawls (1975), § 4, §§ 20-30.
68 Ebd. §§ 24 f.
69 Ebd. § 11.
70 Ebd.
71 Mill ([1863] 2006), S. 188-189.
72 Ebd. § 15.
73 Rph § 1.
74 Rph § 3.
75 Ebd. Anm.
76 Vgl. Kaufmann (1996), S. 207 ff.; Wittreck (2008).
77 Künnecke (2003), S. 40 ff.
78 Hilfreich ist u. a. die von Ralf Dreier und Stanley Paulson edierte Studienausgabe von Radbruchs Rechtsphilosophie, Heidelberg (1999), die neben dem Text von 1932 auch einige Schriften aus den Jahren nach 1945 enthält.
79 Radbruch (1999), S. 76, 166.
80 Neumann (2007), S. 11-32; Künnecke (2003), S. 53 ff.
81 Coing (1947); Künnecke (2003), S. 86-115.
82 Welzel (1990), S. 240; Künnecke (2003), S. 139-145.
83 Künnecke (2003), S. 317 ff.
84 Fuller (1969).
85 Fuller (1969), S. 33-38.
86 Hart (1983), S. 347.
87 Finnis (1980).
88 Ebd., S. 18, 23.
89 Ebd., S. 16 f.
90 Ebd., S. 28.
91 Ebd., S. 33, 47.
92 Ebd., S. 48.
93 Ebd., S. 24.
94 Ebd., S. 31.
95 Vgl. ebd., S. 16-30.
96 Ebd., S. 24.
97 Ott (1992), §§ 3-5.
98 Zippelius (1982), S. 201 ff.; Koller (1992), S. 204 ff.
99 Bergbohm (1892), S. 144; Ott (1992), S. 36, 39 ff.; Austin (1972), I S. 39ff, 86 ff.
100 Kelsen (1985), XI.
101 Kelsen (1960), S. 196, 200 ff., 228 ff., 349 ff.; vgl. Dreier (1986), S. 29 ff., 42 ff., 174 ff.
102 Ott (1992), S. 59 ff.; Bjarup (1978), S. 131 ff.; Summers (1983), S. 115 ff.
103 Hart (1973), S. 110; ders., (1961); ders., (1994).
104 Kaufmann (1997), S. 40 ff.
105 Hegel (1992), S. 434-532.
106 Vgl. Riedel (1982), S. 84 ff., 93 ff.
107 Vgl. ebd., S. 72 f.
108 Rph, Vorrede.
109 Rph §§ 14 f.
110 Rph § 21.
111 Riedel (1982), S. 76; vgl. Rph §§ 29, 30.
112 Rph § 258; vgl. Riedel (1982), S. 82.
113 Rph § 258.
114 Rph § 1.
115 Rph § 3 Zusatz.
116 Ebd.
117 Schaber (1989), S. 131 ff.
118 Rph § 157.
119 Rph § 294, § 324.
120 Rph § 212.
121 Ebd. Anm.
122 Rph § 3 Anm.
123 Ebd.
124 Rph § 272.
125 Westphal (1993), S. 234 ff.
126 Dworkin (1978), Kap. 1-3; Dworkin (1986), S. 239 ff., 333 ff.
127 Vgl. Kaufmann (1996), S. 199 ff.; Alexy (1992), Kap. 2.III.
128 Thomasius ([1705] 1979), S. 151.
129 Locke, Second Treatise XIX §§ 228ff, 240 ff.; Radbruch (1973), S. 345.
130 Hart (1973), S. 153.
131 Ebd., S. 155.
132 Kelsen (1960), S. 197.
133 Vgl. z. B. Kimminich (1993); Ziegler (1994).
134 Hobe (2008); Herdegen (2009).

135 Vanderlinden (1972), S. 19-56.
136 Benda-Beckmann (2002) u. (2005).
137 Franz und Keebet von Benda-Beckmann (2005), S. 89-104; dies., (2006) S. 53-54, 239-270; dies., (2007a), S. 15-35; Turner (2006), S. 101-139.
138 Benda-Beckmann (2007a), S. 22 f.
139 Turner (2006), S. 109 f.
140 Benda-Beckmann (2007a), S. 18.
141 Ebd.
142 Benda-Beckmann (2005), S. 90.
143 Benda-Beckmann (2007a), S. 20.
144 Ebd., S. 35.
145 Ebd., S. 76.
146 Ebd., S. 88.
147 Ebd., S. 89.
148 Ebd., S. 92 f.
149 Ebd., S. 103-113.
150 Ebd., S. 118 ff.
151 Ebd., S. 134 f., 138 ff.
152 Benhabib (2002), S. 123.
153 Art 1, § 1, Ans. 1 MedG; vgl. Montada/Kals (2013), Weinheim: Beltz ³(2013); Wendenburg (2013); Besemer (2009); Eriksson (2013).
154 Benedikt XVI. (2009), Fünftes Kapitel, Abs. 67.
155 Höffe (1999), S. 426.
156 AA 367.
157 Ebd.
158 Benedikt XVI. (2009), Fünftes Kapitel, Abs. 57.
159 Höffe (1999), S. 317 f., 320 f.
160 Archibugi (2008), S. 126 ff.; Held (2013), S. 150 ff.
161 http://www.spiegel.de/wirtschaft/bankenfunktionaer-stephan-goetzl-verteidigt-nazi-vergleich-a-910813.html (Stand: 13.7.2012).
162 Mouffe (2007), S. 133.
163 Ebd., S. 139.
164 Ebd., S. 151 ff.
165 Schmitt (1979a), S. 29, 33.
166 Mouffe (2007), S. 31.
167 Ebd., S. 45.
168 Schmitt (1979), S. 32.
169 Schmitt (1939); ders. (1940), S. 303-313; ders. (1974). Zur Rolle der Großraumordnung in Schmitts Denken vgl. Kaufmann (1988), S. 366 ff.
170 Mouffe (2007), S. 153 ff.
171 Thomasius ([1705] 1979), S. 152.
172 Rottenburg (2003), S. 153-174.
173 Vgl. Arrow/Mnookin (1995) und diverse andere Publikationen des Stanford Center on International Conflict and Negotiation (SCICN). Auch im Umkreis der Harvard Negotiation Law Review, (vgl. z. B. HNLR Online) wird auf die konflikteindämmende oder gar -lösende Wirkung von Verhandlungen verwiesen, allerdings eher mit Hinweisen darauf, was bei transkulturellen Verhandlungen zu berücksichtigen ist.
174 Schmitt (1979), S. 25 ff.; Kaufmann (1988), § 16.
175 MacIntyre (1988).
176 Kölbel (2009), S. 139-161; vgl. aber auch Schmidt (2009); ebd. 117-137.
177 Appiah (2007), S. 11.
178 Vgl. hierzu ausführlicher Kaufmann (1999), S. 54 ff.
179 Vgl. z. B. Daston (2001); Daston/Galison (2007).
180 Quine (1990).
181 Appiah (2007), S. 36 ff.
182 Vgl. u. a. Dussel (1989), S. 18 ff.
183 Dussel (1992).
184 Lamond (2012), S. 495.
185 AA VI 305 f.
186 Dworkin (1978), S. 188 f.
187 Ebd., S. 192.
188 Ebd., S. 193, 81 ff.
189 Ebd., S. 90.
190 Achenwall (1767), § 44.
191 Dworkin (1978), S. 172.
192 Dworkin (1984), S. 153-167.
193 Luhmann (1993), S. 78.
194 Ebd. S. 46.
195 Alexy (1985), S. 159.
196 Eine der letzten deutschsprachigen Monographien, die dem Begriff des subjektiven Rechts selbst gewidmet sind, scheint: Volanthen (1964); zu subjektiven Rechten in Verbindung mit besonderen Kontexten vgl.

Marc Schütze (2004); Eva Schulev-Steindl (2008).
197 Vgl. Renzikowski (2007), S. 561-578.
198 Menke (2015), S. 165.
199 Ebd. S. 166.
200 Campbell (2006); Edmundson (2004).
201 Bereits Friedrich Carl von Savigny spricht von einem „sichern freyen Raum" für den Willen. F. C. v. Savigny (1973), S. 331 ff.
202 Wenar (2010); auch Schulev-Steindl siedelt das subjektive Recht „zwischen Willensmacht und Interesse" an, (2008), S. 9.
203 Raz (1984), S. 194-214; Steiner (1994).
204 Hart (1982), S. 162-194, 189. Hart gilt häufig als paradigmatischer Vertreter der *choice-theory of rights*, scheint indessen auch deren Grenzen zu sehen.
205 Feinberg (2007), S. 184-203, 192, 200.
206 Ebd., S. 184 f.
207 Menke (2008), S. 197-204, 203, im Anschluss an Luhmann.
208 Hartung (2007), S. 239-255, 240.
209 Hartung (2007), S. 241 ff.
210 Dies scheint im Zweifelsfall auszureichen, um z. B. Richard Tuck (1979) von einem *natural right* sprechen zu lassen.
211 Alexy (1985), S. 159 ff.
212 Ebd., S. 163 f.
213 Ebd., S. 224.
214 Darauf, dass inzwischen auch subjektive Rechte, die keine Menschenrechte sind, internationalen, ja globalen Charakter haben können, verweist die Untersuchung von Anne Peters, Jenseits der Menschenrechte. Die Rechtsstellung des Individuums im Völkerrecht, Tübingen 2014.
215 Lohmann/Gosepath (1998), S. 62-95.
216 Vgl. hierzu Kaufmann (2009), Kap. 5.
217 Schmitt (1933), S. 45.
218 Vgl. zu dieser Problematik die Beiträge von Arnd Pollmann, Anne Duncker, Gregor Paul und Dorothea E. Schulz im Abschnitt IV.1. „Universalismus, Kulturalismus, Relativismus", in: Pollmann/Lohmann (2012), sowie Lohmann, „Interkulturalismus und ‚cross-culture'", ebd., S. 210-215.
219 Benhabib (2002), S. 14 f.

Kapitel 2

1 Rawls (2002).
2 „quell'utile che oggi si chiama ragion di Stato", Casa (1960), S. 474-491, 479.
3 Campagna (2013), S. 194 ff.
4 Gellner (1999), S. 89 ff.
5 Hart (1994), S. 50 ff.
6 Six livres de la république I.10.
7 Schmitt (1979a), S. 11.
8 Ebd., S. 20.
9 Ebd., S. 19 f. Diese Suspendierung des Rechts lässt es befremdlich erscheinen, wenn Menke unter Berufung auf Agamben meint, die „moderne Form der Rechte und der Ausnahmezustand haben [...] dieselbe Struktur" (Menke 2015, 161). Wenn einer etwas verteidigt, das der andere suspendieren will, geht es um denselben Gegenstand, die Rede von Struktur führt eher in die Irre.
10 Ebd., S. 18, 21.
11 Schmitt (1979a), S. 13.
12 Second Treatise, S. 158-168.
13 Agamben (2004), Kap. 1.
14 Schmitt (1928), S. 244.
15 Vgl. Recknagel (2010), S. 149 ff., 217 ff.
16 AA VIII, 273-314; Gentz (1967), S. 106 f.
17 Entscheidung des Staatsgerichtshofs vom 16. Oktober 1926 in RGZ 114, Anhang, S. 1 ff. (6 ff.).
18 ZeF, AA VIII, S. 352.
19 Sieyes (1981).
20 Habermas (1992), S. 600 ff.
21 Schmitt (1928), S. 234.
22 Kriele (1975), S. 224 ff.
23 Vgl. z. B. Gellner (1999).
24 Anderson (2005), S. 15 f.
25 Mohr (2001), S. 214.
26 Renan (1995), S. 43.
27 Ebd., S. 49 f.
28 Ebd., S. 53.
29 Anderson (2005), S. 72-87; vgl. auch v. Seydlitz (2010), S. 85.
30 Renan (1995), S. 55.
31 Ebd., S. 55.
32 Mohr (2001), S. 215.
33 Renan (1995), S. 45.

34 Ebd., S. 56 f.
35 Ebd., S. 57.
36 Ebd.
37 Ebd.
38 Ebd.
39 Christophe (2002).
40 Vgl. Kaufmann (2010), S. 115-126.
41 Vgl. Miller (1995), S. 8, 22-26.
42 Vgl. v. Seydlitz (2010), S. 102 ff.
43 Vgl. Mohr (2001).
44 Vgl. Chwaszsca (2001).
45 Shachar (2009), S. 164 ff.
46 Foucault (2006a), S. 162.
47 AA VI 219.
48 Schmitt (1991).
49 Weber (1980), S. 122 f.
50 Schmitt (1970), S. 90.
51 Habermas (1976), S. 42; vgl. Kaufmann (1996), S. 234 ff.
52 Vgl. Lev. 14-18.
53 Schmitt (1979), S. 20.
54 Kelsen (1960), S. 221 f.
55 Contrat Social IV. 2.
56 Contrat Social III. 11.
57 Gans (1992), S. 51 ff.
58 Hennis (1976), S. 14.
59 Contrat Social, IV 2, II 4.
60 Meier (1980), S. 177 ff., 214 ff.
61 Ockham ([1614] 1960), (I D VI 99), S. 704; Ockham (1956), S. 15; Ockham (1992), S. 223.
62 legumlacionis auctoritatem humanam ad solam civium universitatem aut eius valenciorem partem pertinere, Defensor pacis Diccio I. Cap. XII § 5.
63 Walther (1990), S. 114 ff.
64 Heun (1983), S. 223 ff., 233 ff.
65 Mill ([1861] 1972), S. 300, vgl. ebd. S. 281: „It is an essential part of democracy that minorities should be adequately represented".
66 Ebd. S. 183 ff.
67 Habermas (1982), S. 166.
68 Mill ([1861] 1972), S. 395.
69 Nimni (1995), S. 66 ff.
70 Simmel (1984), S. 40, 45.
71 U. a. Guggenberger/Offe (1984).
72 Schumpeter (1980), S. 429.
73 Habermas (1997), S. 170; Norman (2006).
74 Benhabib (2002), S. 4 ff.; vgl. Rottenburg e.a. (2006).
75 Gombocz (2004); vgl. Appiah über den einzigen Letten in einer amerikanischen Kleinstadt.
76 Habermas (1973).
77 Guggenberger/Offe (1984).
78 AA VIII, 360.
79 Benhabib (2006), S. 17, 27.
80 Bhabha (2004), S. 201 ff.
81 AA VIII 357 ff.
82 Benhabib (2006), S. 24.
83 Pogge (2002), S. 91 ff.
84 Ebd., S. 196 ff.
85 Appiah (2007), S. 162 ff.
86 Kern (1967), S. 146.
87 Ebd., S. 144.
88 Ebd., S. 235; vgl. Wagner (1973).
89 STh IIaIIae art. 2 co.
90 STh IIaIIae art. 2 ad 3.
91 De regimine principum I 6.
92 Costello (1974), S. 65.
93 Molina ([1659] 1993), III 6 2.
94 Grotius ([1625] 1993), lib. I cap. 4; Locke ([1689] 1995), §§ 220 ff.; Hobbes ([1651] 1996), chap. 42.
95 Ockham, I Dialogus VI, cc. 37-39, hg. von Jürgen Miethke (1992), S. 32 ff.
96 Kern (1967), S. 210.
97 Maus (1994), S. 238.
98 Hart (1994), S. 117 ff., 207 ff.
99 ZeF, AA VIII, S. 304 f.
100 Jakob (1794), S. 84; vgl. Stolleis (1972); Abaschnik (2008).
101 Kaufmann (1999), S. 142 ff.
102 Jakobs (1993), S. 441 f.
103 Hart (1994), S. 118.
104 Henckel (1995), S. 778 ff.
105 Hirsch (1994).
106 Jakobs (1993), S. 442.
107 MS, Rechtslehre § 49, AA VI, 317.
108 Ockham (1992), S. 72.
109 Habermas (1985), S. 79 ff.; Rawls (1972), §§ 55, 57.
110 Gans (1992).
111 Pol. III 15, 1286 a 36 f.

112 Isidor von Sevilla, Decretum Gratiani, Luis de Molina.
113 Lück (2013), S. 41.
114 Vgl. Anton (2007); Mühleisen (1997); Stolleis (1990), S. 58 ff.
115 AA VIII, 370,ff.
116 Ebd.
117 Ebd. S. 386.
118 Hulliung (1983).
119 Vgl. Stolleis (1990); Cicero, De officiis I 41.
120 Botero (1589).
121 Campagna (2013).
122 Stolleis (1990).
123 Vgl. Radrizzani (2006).
124 Schmitt (1979b), S. 19.
125 Ebd., S. 18.
126 Ebd., S. 18 f.
127 Ebd., S. 20.
128 Locke Second Treatise §§ 158-168.
129 Schmitt (1979b), S. 20.
130 Vgl. Hruschka (1991), S. 1-10.
131 Ebd., S. 24.
132 Ebd., S. 15.
133 Benz (2006), S. 143.
134 Vgl. Schmitt (1931), Hans Kelsen, Wer soll Hüter der Verfassung sein?
135 Kneipp (2006), S. 259-281, 269.
136 http://www.spiegel.de/politik/ausland/schweizer-journalist-verteidigt-volksvotum-gegen-zuwanderung-a-952673.html Zugriff am 11.2.2014, 16:00 Uhr. http://www.nzz.ch/aktuell/schweiz/je-weniger-auslaender-desto-hoeher-die-zustimmung-1.18240391 Zugriff am 11.2.2014, 16:30 Uhr.
137 Wiesner/Schneider/Nullmeier et al. (2006), S. 164-183, besonders S. 171.

Kapitel 3

1 Machiavelli Discorsi, S. 283 f.
2 Woodward (2003); ders., (2004).
3 Spiegel online 3.3.2014.
4 Vgl. Nussbaum (2006), S. 69 ff.
5 Said (2010).
6 Eine ausführliche Geschichte der Menschenrechte findet sich in Pollmann/Lohmann (2012), S. 1-128.
7 Macpherson (1973), S. 13 ff., 172 ff., 250 ff.; Villey (1968), S. 248 ff., 261, 267.
8 Tuck (1979), S. 8 ff.; Tierney (1997), S. 15 f., 45 f. Die im folgenden Text angeführten Zitate aus Schriften und Summen der Kanonisten finden sich in diesem Werk S. 58-76; Weigand (1967).
9 Horn (2012), S. 1-5; Nussbaum (1999), S. 24-85.
10 Seneca (1995), LXXI 33: corporum autem bona corporibus quidem bona sunt, sed in totum non sunt bona. His pretium quidem erit aliquod, ceterum dignitas non erit.
11 Huguccio aus der Schule von Bologna (1130/40-1210) weist darauf hin, dass nicht alle der dort gegebenen Beispiele von ius naturale sich auf dieselbe Bedeutung des Terminus bezögen, was der kluge Leser sowieso bemerke. „Damit aber nicht der Geist eines Idioten verwirrt werde, werden wir jede sorgfältig bezeichnen" (Sed ne ydiote animus in hoc confundatur, de quolibet diligenter assignabimus).
12 Oestreich (1978), S. 25 ff.
13 Defensor Pacis Diccio II cap. 12 § 4, ed. Scholz S. 277, 279.
14 Tierney (1997), S. 193 f.
15 Die Bulle Quia vir reprobus ist wörtlich wiedergegeben in Ockhams Antwort, dem Opus nonaginta dierum, Ockham, OP I u.II, Manchester 1940 und Manchester 1963, cap. 61, OP II, S. 558 ff.
16 De cive 3.14.
17 First Treatise § 42.
18 Domingo de Soto, De Iustitia et Iure Lib. IV, Quaest. Prima, Art. 1, Lyon 1569, S. 99: „Dominium ...est propria cuiusque facultas & ius in rem quamlibet, quam in suum ipsius commodum usurpare potest quocunque usu lege permisso."
19 Vgl. Tellkamp (2014), S. 125-153.
20 Domingo de Soto (1569), Lib. IV, Quaest. Secunda, Art. 2, 102b. Vgl. Tosi (2002), S. 69.

21 Jean Gerson ([1402] 1987), Bd. III Lectio Tertia, col. 28 f.
22 Domingo de Soto (1569), Lib. IV, Quaest. Prima, Art. 2, Lyon, S. 101.
23 Hier zitiert nach Vitoria ([1532] 1997), S. 370 ff.
24 Scott (1934).
25 Vitoria ([1532] 1997), S. 409 ff.
26 Ebd., S. 461 ff.
27 Scott (1934), S. 83 ff.
28 Bartolomé de Las Casas ([1571] 1996), Bd. 3/2, S. 187-248; vgl. Delgado (2007), S. 177-203; Tosi (2002), S. 174, 191 f.
29 Luis de Molina, De iustitia et iure, hier zitiert nach der editio novissima, Mainz 1659, Tracatus secundus, disputationes S. 32-40; vgl. Kaufmann (2014), S. 183-225.
30 Tr. I, Disp. S. 11.
31 Tr. II, Disp. S. 33.
32 Tr. II, Disp. S. 34.
33 Tr. II, Disp. S. 35.
34 Tr. II, Disp. S. 38.
35 Ebd.
36 Vgl. Oestreich (1978), S. 31 f.
37 Blickle (2003).
38 Vgl. ebd., S. 90 f.
39 Vgl. ebd., S. 102.
40 Ebd. Lev. chap. 17.
41 Lev. chap. 17, De cive 1.13, 1.15.
42 De cive 1.9 f.
43 De cive 1.7.
44 De cive 1.11.
45 De cive 2.1 ff., Lev. chap. S. 14, 15.
46 Grotius ([1625] 1993), I, 3 § 8, 1-3.
47 Eisenberg (2007), S. 357-383.
48 Molina (1659), II 20 ff., III 6.
49 Pufendorf ([1682] 1998), Vol. 4, VII 3 § 1, VII 6, §§ 5 u. 6.
50 TTP, Cap. 20.
51 Ebd. Cap. 17.
52 TTP, S. 248 f., editio princeps 187.
53 Ebd., S. 241, editio princeps 181.
54 Ebd., S. 239, editio princeps 180.
55 Second Treatise, IV 22.
56 „imperite", Pufendorf ([1682] 1998), Vol. 4, VII 3 § 1.
57 Schüßler (2007), S. 257-284.
58 Second Treatise, XV 172.
59 Second Treatise, IX 123, XI 138.
60 Esprit des lois, X iii, XV ii.
61 Contrat social, I 3, I 4.
62 MS, Rechtslehre § 30, AA VI 283.
63 MS, Einleitung in die Rechtslehre, AA VI 237 f.
64 MS, Rechtslehre § 57 f., AA VI 347.
65 MS, Rechtslehre § 46.
66 Welzel (1990), S. 142 ff.
67 Klippel (1976), S. 79 f.
68 Kriele (1975), S. 151 ff.
69 Vgl. ebd., S. 151 ff.
70 Virginia Bill of Rights § 1.
71 Vgl. ebd., §§ 2, 3.
72 Vgl. ebd., § 4.
73 Vgl. ebd., § 12.
74 Bielefeldt (1998), S. 82.
75 Über den Gemeinspruch: das mag in der Theorie richtig sein, taugt aber nicht für die Praxis, AA VIII 295.
76 Bielefeldt (1998), S. 84.
77 Wollstonecraft ([1792] 1992).
78 Vgl. Pallares-Burke (1996), S. 167 ff.
79 MEW I, S. 366. (Hervorh. im Original)
80 Ebd., S. 364.
81 Constitution de l'an I (1793), mit Déclaration des droits de l'homme et du citoyen, unter http://mjp.univ-perp.fr/france/co1793.htm#dec%20I (zuletzt aufgerufen: 15.2.16); MEW I, S. 365.
82 MEW I, S. 365.
83 Die zumindest implizite Übernahme dieser von Marx konstruierten und suggerierten Identität von Menschenrechten und Eigentumsrechten stellt m. E. ein Problem in Christoph Menkes „Kritik der Rechte" dar. Vgl. Menke (2015), S. 9 ff., und 209: „Das bürgerliche Privateigentum ist die Grundkategorie subjektiver Rechte".
84 Deutsche Übersetzungen der französischen Deklarationen und Verfassungen finden sich unter: www.verfassungen.eu. (zuletzt abgerufen: 15.2.16)
85 MEW I, S. 370.
86 6. Feuerbachthese, MEW III, S. 6.

87 Vgl. Décl. 1793, art. 18: Tout homme peut engager ses services, son temps; mais il ne peut se vendre, ni être vendu; sa personne n'est pas une propriété aliénable.
88 Bakunin (1928), S. 267 ff.
89 Die in Deutschland lange vertretene Behauptung eines vorbildlichen Verhaltens des deutschen Militärs stellte sich inzwischen gleichfalls als Legende heraus: Zwischen August und September 1914 wurden in Belgien 6500 Zivilisten ohne militärischen Grund erschossen. Vgl. Horne/Kramer (2001).
90 Herman/Chomsky (1988).
91 Tönnies (1922).
92 Schmitt (1926).
93 Locke, Second Treatise IV.
94 Rousseau, Contrat social I 4.
95 MEW Bd. 3, S. 191.
96 Ob man dies als anthropologische Menschenrechtsbegründung versteht – vgl. dazu Ladwig (2012), S. 186-193 – oder als Korollar der anthropologischen Naturrechtsinhalte, wie sie sich bei Hart und Nussbaum finden (vgl. oben 1.1.2.), hängt primär vom Argumentationszusammenhang ab.
97 Einen Versuch, die unterschiedlichen Präzisierungsversuche für diese zugegebenermaßen vage Formulierung des Nichtschadens – etwa bei Kant und bei Mill – zu evaluieren und schließlich ein klares Kriterium zu finden, unternimmt Koller (1996), S. 111-138.
98 Weiß (2012), S. 228-231, 229.
99 Vgl. z. B. Constitution (1793), art. 4: „La loi est l'expression libre et solennelle de la volonté générale", art. 5: „Tous les citoyens sont également admissibles aux emplois publics"; Virginia Bill of Rights 12.6.1776, art. 6: „all men, having sufficient evidence of permanent common interest with, and attachment to, the community, have the right of suffrage".
100 Zur „Positivierung sozialer Rechte als Menschenrechte" vgl. Pariotti (2008), S. 44.
101 Vgl. Sen (2010), 365 ff., 415 ff. sowie die dort genannten anderen Werke Sens.
102 Vgl. z. B. die Systematisierungen von Dietmar von der Pfordten – unter Rückgriff auf Georg Jellinek – Georg Lohmann und Corinna Mieth, in: Pollmann/Lohmann (2012), S. 216-228.
103 Yingtai (1999), S. 168-184; Diaw (2002), S. 473-479.
104 Vgl. Honnefelder (2012), S. 171-178.
105 Maududi (1993); Mayer (1999); Souaiaia (2003); Macqueen/Shahram (2008); Anselmo (2007); Serbaji (2012).
106 Vgl. Schröder (2012).
107 MacIntyre (1985), S. 69, dt: Der Verlust der Tugend (2002): „Wahrheit ist einfach: es gibt keine solchen Rechte, und der Glaube daran entspricht dem Glauben an Hexen und Einhörner."
108 Über kontraktualistische Begründungen vgl. Araujo (2012), S. 193-198.
109 Riccobono (2003), 91-100.
110 Pogge (2002), S. 44 ff.
111 Donnelly (1991).
112 Forst (2012), S. 199-204.
113 Nino (1992).
114 Vgl. Lohmann (1998).
115 Bielefeldt (1998), S. 62 ff., 85 ff.; vgl. Bielefeldt (2011), S. 105 ff.
116 Honnefelder (2012), S. 171-178, 175.
117 Vgl. dazu auch Klemme (2013), S. 213-229. Sandkühler bezeichnet die menschliche Würde zwar als „Grundlage der Menschenrechte", führt aber keine Deduktion oder Ähnliches durch. Sandkühler (2013), S. 61-104.
118 Beschluss des VG Neustadt vom 21.05.1992 – Aktz: 7 L 1271/92.
119 Balzer/Rippe/Schaber (1998), S. 18 f.
120 Sorgner (2010).
121 Bieri (2013), S. 15.
122 Ebd., S. 23, 35.
123 MS, Rechtslehre § 49, Anm. E, AA VI 333.
124 Foucault (1977).
125 Dass derartige Kollateralschäden jedoch nicht zu rechtfertigen, sondern allenfalls zu entschuldigen sind, zeigt Joerden (2004), S. 135-146. Zur Diskussion der Doppelwirkungslehre vgl. Mapel (2001), S. 257-272; Moore (2009), S. 44 ff.
126 Bielefeldt (1998), S. 62 ff., 85 ff.
127 De Officiis 1, 105-107.
128 STh I 29, ad 3.

129 AA IV 428 f.
130 AA IV 429.
131 MS, Tugendlehre § 5 f., AA VI 421 ff.
132 MS, Rechtslehre § 22 § 30, AA VI 276, 283.
133 MS, Tugendlehre § 11, AA VI 434 f.
134 Kaufmann (2014b).
135 Wetz (2005), weitere Beispiele in Sandkühler (2013), S. 67 ff.
136 Nussbaum (2006), S. 74 ff.
137 Vgl. Sorgner (2010), S. 153 ff., 166 ff., 183 ff., 193 ff.
138 Singer (1989).
139 Sturma (2001).
140 Locke ([1690] 1975).
141 Hruschka (2001), S. 261-271; Honnefelder (1996), S. 213-266.
142 Mayer (2001), S. 20 ff.
143 MS, Rechtslehre § 28. (Hervorh. im Original)
144 Birnbacher (1988).
145 Kaufmann (2003), S. 83 ff.
146 Vgl. u. a. Singer (1989), Kap. 4-7; Harris (1994), Kap. 2; Quante (2002); Wiesing (2004).
147 Plunger (2007), S. 322.
148 Defensor Pacis I.XII 4.
149 Discorsi II.4.
150 TTP, Kap. 16.
151 Contrat Social I 6, II 1, II 4.
152 MS, Rechtslehre § 46, AA VI 314 f.
153 Über Subsistenzrechte, ihre Institutionalisierung und offene Fragen vgl. Schmitz (2012), S. 233-241.
154 Vgl. z. B. Sen (2000); Banik (2007).
155 Vgl. Sen (2010a), Vierter Teil.
156 ZeF, AA VIII 373.
157 AA VIII 375.
158 STh, IaIIae, 90 art 1 co.
159 Ebd., S. 90 art 2 co.
160 De cive 6.11-13, 7.1-3.
161 Vgl. Huber (1990), S. 293-309, 301 f.
162 Michel Foucault (2006b, S. 57) hält es nicht für nötig und nicht für angebracht, hier nach der Ursache dieser Entwicklung zu suchen.
163 Foucault (2006b), S. 52 ff., 57 ff.
164 So wird bei Duns Scotus die absolute Macht Gottes erläutert; ordinatio I, distinctio 44, abgedr. in: Scotus ed. Wolter (1986), S. 255 ff.
165 Vgl. Habermas (1982).
166 Vgl. z. B. Kelsen (1981a); vgl. Kelsen (1981b).
167 Sandel (1982), S. 173; Taylor (1989).
168 Pettit (1999).
169 Eisenberg (2003).
170 Schmitt (1973).
171 Merrill (1995), S. 69-101.
172 Dworkin (1984), Kap. 9 u. 12.
173 Vgl. u. a. DIE ZEIT 13.5.2004, Nr. 21.
174 Vgl. Lenzen (2006).
175 Lev. chap. 14.
176 Lenzen (2006); vgl. Möhlenbeck (2008).
177 Wit (2002), S. 387-414, 388.
178 Wieviorka (2004), S. 1-11; vgl. Wieviorka (2003).
179 Bizeul (2004), S. 137-175, 167.
180 „Vater Du, führe mich, führ' mich zum Siege, führ' mich zum Tode." Theodor Körner.
181 Vgl. z. B. über den Nationalismus sardischer Emigranten in Deutschland: Cappai (2000).
182 Häufig wird in diesem Kontext Goethe zitiert: „Toleranz sollte eigentlich nur eine vorübergehende Gesinnung sein: sie muss zur Anerkennung führen. Dulden heißt Beleidigen", Johann Wolfgang von Goethe, Maximen und Reflexionen Nr. 875.
183 Walzer (1998), S. 19 ff.
184 Ebd., S. 35 ff., 42 ff.
185 Vgl. Forst (2001), S. 106-117, 108; Forst (2003).
186 Taylor (1997), S. 21.
187 Ebd., S. 25.
188 Ebd., S. 28.
189 Ebd., S. 31.
190 Kymlicka (2002), S. 387-406, vertritt eine differenziertere Position.
191 Taylor (1997), S. 34.
192 Ebd., S. 64 f.
193 Ebd., S. 65, 70.
194 Nussbaum (2014), S. 93-119.
195 Vgl. Höffe (2004).
196 Habermas (1997), S. 154ff; Benhabib (1999), S. 45.

197 Pogge (2001), S. 188-195, 190f; Dworkin (1978), § 9; Rössler (1993).
198 Vgl. Mackert (1999), S. 181.
199 Schmitt (1975), S. 27 Anm. 17.
200 Schmitt (1955), S. 163 ff.
201 Schmitt ([1943] 2011), S. 62 f.; Schmitt (1975), S. 157 ff.
202 Schmitt (1955), S. 161 f.; Schmitt (1974), S. 13 ff.
203 Schmitt ([1943] 2011), S. 66.
204 Schmitt ([1942] 2011), S. 62 f.
205 „Bis in die tiefsten, unbewusstesten Regungen des Gemütes aber auch bis in die kleinste Gehirnfaser hinein, steht der Mensch der Wirklichkeit dieser Volks- und Rassenzugehörigkeit [...] Ein Artfremder mag sich noch so kritisch gebärden und noch so scharfsinnig bemühen, mag Bücher lesen und Bücher schreiben, er denkt und versteht anders, weil er anders geartet ist, und bleibt in jedem entscheidenden Gedankengang in den existenziellen Bedingungen seiner eigenen Art. Das ist die objektive Wirklichkeit der ‚Objektivität'." Schmitt (1933), S. 45.
206 v. a. Schmitt ([1942] 2011).
207 Benhabib (2002), S. 13 f.
208 Über Gewißheit §§ 94-98.
209 Rottenburg (2003), S. 153-174.
210 Vgl. Brunozzi/Dhouib/Pfannkuche (2013).
211 Robertson (1995), S. 25-44; Benda-Beckmann/Benda-Beckmann (2007a), S. 53-80; dies. (2007b), S. 211-252.
212 Taylor (1997), S. 21.
213 Ebd., S. 25.
214 Ebd., S. 28.
215 Ebd., S. 31.
216 Vgl. Appiah (2005), S. 65 ff.
217 Habermas (1997), S. 174, Benhabib (2002), S. 42.
218 Meyer-Bisch (2002), S. 453-472, 455.
219 Shachar (2001), S. 38 ff., 96 ff., 131 ff.; Benhabib (2002), S. 86 ff.
220 Benhabib (2005), S. 122 ff.
221 Tagesspiegel vom 28.08.07; siehe: http://www.tagesspiegel.de/berlin/polizei-justiz/fall-sueruecue-keine-toleranz-fuer-ehrenmorde/1026034.html.
222 La Republica vom 03.08.07.
223 Shachar (2001), S. 35 f.
224 Vgl. ebd., S. 119 ff., 131 ff.
225 Vgl. ebd., S. 90.
226 Benhabib (2002), S. 128 ff.
227 Vgl. Orth (2000).
228 Interessant ist die terminologische Unsicherheit zwischen den westeuropäischen Sprachen: Huntingtons „Clash of Civilisations" wird auf Deutsch zum „Kampf der Kulturen", auf Italienisch zum „Scontro delle civiltà".
229 Vgl. dazu Nübel (2004).
230 Herder ([1784-1791] 2002), Buch XX 4.
231 Benhabib (2002), S. 3; Joppke/Lukes (1999), S. 5.
232 Waldron (1995), S. 93-119, 105.
233 Benhabib (2002), S. 4.
234 Sen (2006).
235 Kymlicka (1999), S. 22.
236 Benhabib (1999), S. 50, 74; vgl. Emcke (2000).
237 Weinstock (2001), S. 160-169.

Kapitel 4

1 Humboldt ([1792] 2010), Kap. X.
2 Foucault (2006a), S. 26.
3 MS Einleitung zur Rechtslehre, § D, AA VI 231.
4 Ebd., § B, AA VI 230.
5 Ebd., AA VI 237 f.
6 AA VI 238.
7 AA VI 266.
8 Pol. III 9, 1280a 11 ff.
9 Kersting (2002), S. 9.
10 Humboldt ([1792] 2010), S. 30.
11 Ebd., S. 36.
12 Ebd., S. 42.
13 Ebd., S. 45 f.
14 Ebd., S. 59, vgl. S. 52, 116 u. a.
15 Ebd., S. 118.
16 Ebd., S. 60.

17 Ebd., S. 120.
18 Foucault (2006a), S. 26.
19 Ebd., S. 57.
20 Über die Erklärungen für diese Situation und spezifische Versuche, auf sie zu reagieren vgl. Hendricks (2008), S. 137-148.
21 Foucault (2006a), S. 360.
22 Vgl. ebd., S. 162 ff.
23 Vgl. ebd., S. 33 ff., 67 ff., 87 ff.
24 Dobner (2010).
25 Eine – sicherlich noch nicht vollständige – Auswahl an Sicherheitsakteuren und Sicherheitsverständnissen nennt Bosold (2008), S. 123-134; vgl. auch Feldman/Ticktin (2010).
26 Lange (2007), S. 75-92.
27 Rottenburg (2009), S. 423-440.
28 Sen (2010a); Ulbert/Werthes (2008); Tigerstrom (2007).
29 Eriksen/Bal/Salemink (2010).
30 Vgl. Blickle (2003).
31 Davis (1966); Klein (1999); Blackburn (1997).
32 Molina (1659), II 33; vgl. Kaufmann (2014a), S. 183-225.
33 Thomasius ([1692] 1968), § 125.
34 Honneth (2011), S. 35.
35 Berlin (1969).
36 Ebd., S. 131 f.
37 Vgl. Nagl-Docekal (2003), S. 296-326, 297; Rössler (2003), S. 327-357.
38 GMS BA 87.
39 Schneewind (1998).
40 GMS BA 83.
41 Rousseau ([1762] 1971).
42 Berlin (1969), S. 138.
43 Ludwig (2013), S. 271-305.
44 MS Rechtslehre § 46, AA VI 314.
45 MS Rechtslehre § 47, AA VI 315 f.
46 MS Einleitung zur Rechtslehre, AA VI 237.
47 Rousseau ([1769/70] 1971), I 7.
48 Beccaria ([1766] 1998), Kap. 2, Kap. 16; vgl. MS Rechtslehre § 49 Anm. E, AA VI 334 f.
49 Arendt ([1958] 2013), S. 62 ff.
50 „Urnocracia", editorial El Tiempo (Kolumbien), 13.7.2013.
51 Inston (2010), S. 167-169.
52 MS Einleitung in die Rechtslehre § C, AA VI 230.
53 Ebd. § D AA VI 231.
54 Berlin (1969), S. 148, 154.
55 Lev. XXI.
56 Hayek (2005), S. 13.
57 Ebd., S. 110.
58 Hayek ([1944] 2011), S. 210-226.
59 Mises (1978), S. 77.
60 Foucault (2006b), S. 160 f.
61 Lenin (1961), S. 503.
62 Steiner (1994), S. 11-21.
63 Benn/Peters (1977), S. 220 f.
64 Zu Gertrude Himmelfarbs diesbezüglicher Sorge in ihrer Einführung der Ausgabe von On Liberty bei Penguin Classics vgl. Dworkin (1984), S. 419-428.
65 Der Klassiker ist hier sicherlich Wilhelm Reichs *Die Funktion des Orgasmus*, wobei die 1969 in Köln erschienene Übersetzung aus dem Amerikanischen vermutlich einflussreicher war als die 1927 publizierte Schrift gleichen Titels, die nur in Teilen mit dem späteren Werk übereinstimmt.
66 Der Unterschied von Erlaubtheit und Unabhängigkeit findet sich u. a. bei Dworkin (1984b), S. 424 f.
67 Kriele (1975), S. 152.
68 Honneth (2011), S. 145.
69 Vgl. Spitz (2005), S. 38 ff.
70 Vgl. Pettit (1999).
71 Ripstein (2009), S. 42 ff. Byrd/Hruschka (2010), S. 77 ff.
72 Pettit (1999), S. 171 ff.
73 Vgl. ebd. S. 81 f.
74 Sen (2010), S. 306 f.
75 MS Einleitung zur Rechtslehre § E, AA VI 232.
76 Koller (1992), S. 302.
77 Honneth (2011), S. 141-145; 443.
78 Rawls (1972), § 32.
79 Honneth (2011), S. 222-224.
80 Ebd., S. 226 f.
81 Ebd., S. 311.
82 Ebd., S. 462-470.
83 Honneth (2011), S. 539-546.
84 Pol. III 12.

85 Kripke (1980); vgl. Hintze (1998).
86 NE V 5 ff.
87 Molina (1659), I 13, 2.
88 MS Rechtslehre § 49, Anm. E, AA VI.
89 Lev. chap. 13.
90 Nussbaum (2006), S. 38-52.
91 Lev. chap. 13.
92 Singer (2013), Kap. 2.
93 France (1894).
94 Contrat social II 11.
95 Nussbaum (2006), S. 83, 95.
96 Ebd., S. 14-24.
97 Vgl. ebd., S. 24-35, 113-127.
98 Rawls (1975), S. 479.
99 Ebd., S. 131.
100 Vgl. Hruschka (2001), S. 256-271; Kaufmann (2002), S. 99-111.
101 Molina (1659), II 3. 3: „(...) aliquem propter amentiam, somnum, vel infantiam non posse disponere de re sua, non tollit, quin sit illius dominus."
102 MS § 28, AA VI 280 f.
103 GMS, AA IV 393.
104 Ebd., S. 407.
105 Ebd., S. 419.
106 KpV, AA V 19.
107 Gessa-Kurotschka (2009), S. 15-22, 15.
108 Sehr eindeutig äußert sich Wolfgang Kersting: „Das Kantische Programm ist gescheitert: Moralität lässt sich nicht gegen moralischen Zufall immunisieren." Kersting (2002), S. 71.
109 MS, AA VI 215.
110 Schnepf (2007), S. 110-135, 118; Kersting (2002), S. 62-70.
111 Vgl. Miethke (1969), Kap. 3; Tuck (1979), S. 22; Brett (1997), S. 12 ff.; die päpstliche Bulle ist wiedergegeben in Ockhams Antwortschreiben, dem *Opus nonaginta dierum*, Guillelmus de Ockham, Opera Politica I u.II, Manchester 1940 und 1963, auf das sich auch die im Text folgenden Kapitel- und Seitenangaben beziehen.
112 Vgl. Tellkamp (2014), S. 123-154.
113 Cap. 26, OP II 484.
114 Cap. 14, OP II 434.
115 Cap. 14, OP II 435 ff.
116 Cap. 14, OP II 439.
117 Gerson (1987), S. 28 f.
118 Second Treatise Chap. V art. 25-51.
119 Second Treatise XI 138.
120 First Treatise § 42.
121 Merle (1997), S. 93.
122 De cive 3.14.
123 MS Rechtslehre § 9, AA VI 257.
124 Ebd.
125 MS Rechtslehre § 17, AA VI 268.
126 Steiner (1994), S. 231 ff.
127 MS Rechtslehre § 17, AA VI 270.
128 Vgl. Kaufmann (2014b), S. 149-159.
129 Vgl. über diese „rechtsphilosophische Genialität" Kants W. Kersting (1996), S. 423-456; zur Eigentumslehre Kants außer Brocker und Merle ferner noch Herb/Ludwig (1993), S. 283-316; Saage ^{2}(1994); Westphal (1997), S. 141-197; zu Kants Rechts- und Staatsphilosophie generell Kersting (1993).
130 MS Rechtslehre § 49 Anm. B AA VI, 342 f.
131 NE 1130b 30 ff.
132 NE 1130a 1 ff.
133 Buchanan (1984), S. 23-25.
134 Koller (1992), S. 288.
135 Mill ([1861] 2006), Chap. V.
136 Cohen (1992), S. 273-328, 279 ff.
137 Rawls (1972), § 11, S. 60 ff., 75.
138 Art. 1er. Les hommes naissent et demeurent libres et égaux en droits. Les distinctions sociales ne peuvent être fondées que sur l'utilité commune. http://www.legifrance.gouv.fr/Droit-francais/Constitution/Declaration-des-Droits-de-l-Homme-et-du-Citoyen-de-1789 (5.2.2015).
139 MEW 19.
140 Rawls (1975), S. 75 ff.
141 Sen (2010a), S. 94 ff.
142 Nussbaum (1999), S. 24-85.
143 Nussbaum (2006), S. 72 f.; Sen (2010a), S. 253 f., 300 f.
144 Ebd., S. 95 f.
145 Ebd., S. 94.
146 Ebd., S. 44 f., 124.
147 Ebd., S. 127 ff.
148 Ebd., S. 133.
149 Sen (2010a), S. 119 ff., 306 ff.

150 Ebd., S. 73, 166-180.
151 Ebd., S. 73, 176.
152 Ebd., S. 73, 179.
153 Rawls (1999), S. 119 f.
154 Sen (2010a).
155 Brocker (1992).
156 Vgl. z. B. Tierney (2001), S. 73 ff.
157 Brecht ([1948] 1997), S. 669.
158 Hayek (2005), S. 386.
159 Ebd., S. 394, 397, 408, 412.
160 Ebd., S. 100, 104.
161 Ebd., S. 130.
162 Kersting (2002), S. 45.
163 Ebd., S. 90 ff.; Hayek (1970), Kap. 20, v. a. S. 421-436.
164 Kersting (2002), S. 78, 81, 93.
165 Ebd., S. 59, 62.
166 Vgl. ebd., S. 63-66.
167 Vgl. ebd., S. 84 f.
168 Ebd., S. 69.
169 Vgl. ebd., S. 83 f.
170 Steiner (1994), S. 270.
171 Rossetti (2011), S. 28, 38 f.
172 Ebd., S. 232 f.
173 Fabre (2006), S. 72 ff., 98 ff.

Kapitel 5

1 Grewe (1988), S. 194 ff., 237 ff.; Ziegler (1994), S. 145 ff.
2 Tuck (1979).
3 Dig. 1,1,1,4.
4 Dig. 1,1,1,4: Ius gentium est, quo gentes humanae utuntur. Quod a naturali recedere facile intellegere licet, quia illud omnibus animalibus, hoc solis hominibus inter se commune sit.
5 Dig. 50,17,32 Ulpianus libro quadragesimo tertio ad Sabinum: Quod attinet ad ius civile, servi pro nullis habentur: non tamen et iuri naturali, quia, quod ad ius naturale attinet, omnes homines aequales sunt.
6 STh, IaIIae qu. 95 a 4, ad 1. „ius gentium est quidem aliquo modo naturale homini, secundum quod est rationalis, inquantum derivatur a lege naturali per modum conclusionis [...] Distinguitur tamen a lege naturali, maxime ab eo, quod est omnibus animalibus commune."
7 Scott (1934), Courtine (1999), Tosi (2002); vgl. Matthias Kaufmann (2011), S. 393-409.
8 Dieses Werk wird hier zitiert nach der 1659 in Mainz erschienenen editio novissima, mit Angabe des Traktats, der Disputation und des Abschnittes.
9 Molina (1659), I 5. 4; V 69. 3.
10 Ebd. II xvii 2.
11 Ebd. II xvii 5.
12 Ebd. II xvii 8
13 Ebd. II xix 1.
14 Ebd. II xvii 8.
15 Ebd. II xvii 9, II xix 2.
16 Ebd.
17 Ebd. II xviii 8.
18 Ebd. II xviii 9, II xix 8.
19 Ebd. II xix 8.
20 Ebd. II xix 9.
21 Jeremy Bentham, Principles of International Law (1786-1789), es handelt sich um eine Sammlung von vier relativ kurzen Manuskripten, die 1843 in Band 2 der Werkausgabe aufgenommen wurden, abrufbar unter: http://www.laits.utexas.edu/poltheory/bentham/pil/index.html (26.2.2015).
22 Grotius ([1625] 1993).
23 Recknagel (2010).
24 Grotius ([1625] 1993), I, 3,2,1; Recknagel (2010), S. 279.
25 Vgl. Pateman (2007), S. 35-78.
26 Grotius ([1625] 1993), II, 23, 8, 3-4.
27 Recknagel (2010), S. 297 ff.
28 Kimminich (1993), S. 70 ff.
29 Ziegler (1994), S. 213 ff.; vgl. Schmitt (1974).
30 Vgl. die detaillierte Entstehungsgeschichte der Doktrin bei May (1992); zur Entwicklung der amerikanischen Außenpolitik seit dem frühen 19. Jahrhundert Seller (2001), Kap. 5.
31 Ziegler (1994), S. 222.
32 Kimminich (1993), S. 72.
33 Pufendorf ([1672] 1998).
34 Vattel ([1758] 1959).
35 AA VIII 355.

36 Schmitt (1974), Kap. IV.
37 Vgl. ebd.; Schmitt (2011).
38 Kimminich (1993), S. 84 ff.
39 Vitoria (1997), S. 446 f.
40 Kimminich (1993), S. 313 ff.
41 Vgl. für die unterschiedlichen Bereiche die Textsammlung von Tomuschat (2014), Vitzthum (2010).
42 Vgl. Bleckmann (1984), §§ 7, 8.
43 Vgl. v. a. den zweiten Teil von Kelsen (1928).
44 Kelsen (1960), S. 221 f., 333 ff.
45 Kelsen (1928), §§ 36 ff., §§ 52 ff.
46 Kelsen (1928), S. 320.
47 Ebd.
48 Kelsen (1928), S. 250 ff.
49 AA VIII 354 ff.
50 Vitzthum (2007), S. 275.
51 Ebd. S. 380 ff.
52 Nawparwar (2009); abrufbar unter: www2.jura.uni-halle.de/telc/Heft4.pdf (18.2.15).
53 Vitzthum (2007), S. 307 ff.
54 AA VIII 243-247.
55 AA VIII 349.
56 Doyle (1986), S. 1151–1169; vgl. Williams (2001), S. 241-253.
57 AA VIII 354.
58 AA VIII 356.
59 Czempiel (1994).
60 AA VIII 357.
61 Ebd., S. 358 f.
62 Vitzthum (2007), S. 169 ff., 229 ff.
63 Peters (2014).
64 Vitzthum (2007), S. 250 ff.
65 Ronit/Schneider (2000), S. 1; zitiert nach Janich (2015), S. 211-249, besonders: S. 222; abrufbar unter: http://digital.bibliothek.uni-halle.de/urn/urn:nbn:de:gbv:3:4-8639 (20.2.15).
66 www.uia.org (18.2.15).
67 Bleckmann (1982), S. 338 ff.
68 Fischer (2013), S. 25 ff.
69 Tietje (2009), Dalhuisen (2013).
70 Hierzu verdanke ich Vieles Janich (2015), S. 211-249.
71 Oloka-Onyango/Udagama (2000), abrufbar unter: E/CN.4/Sub.2/2000/S. 13.
72 Ferguson (2006).
73 Moyo (2009).
74 Haufler (2000). Vgl. www.ilo.org; www.iso.org/home/standards.
75 Janich (2015), S. 227 ff.; Gerstlberger/Schneider (2008).
76 AA VIII 368.
77 Scholte (2005).
78 So Held (2013), der sein Kapitel 5 überschreibt: „Global Governance umgestalten: Reform oder Apocalypse soon"; vgl. auch Janich (2015), S. 309 ff.
79 Beitz (1979); ders., (1980), S. 211-228; Pogge (1989); ders., (1988), S. 227-265. Vgl. allgemein zur Ethik der internationalen Beziehungen: Chwaszcza (1996), S. 154-198.
80 Rawls (1999), S. 113 ff.
81 Pogge (2002), S. 105 f.
82 Rawls (1999), S. 61 ff., 75 ff.
83 Ebd., S. 77.
84 Vgl. z. B. die von der EU unterstützte, u. a. von misereor und Heinrich-Böll-Stiftung getragene Untersuchung (3.3.2015), abrufbar unter: http://www.misereor.de/fileadmin/redaktion/Die_europaeische_Agrarpolitik_und_ihre_Bauernopfer.pdf.
85 Kersting (1997), S. 297.
86 Rawls (1989), S. 115-120.
87 Pogge (2002), S. 97 ff.
88 Ebd., S. 75 ff.
89 Ebd., S. 164 ff.; vgl. Pogge (1998), S. 325-362.
90 Chwaszcza (2007), S. 164.
91 Shachar (2009).
92 Ebd., S. 96 ff.
93 Rezension von Moltchanova (2010).
94 Steiner (1994), S. 266 ff.
95 Ebd., S. 278 f.
96 Pogge (1998), S. 325-362.
97 Schnelle (2013), S. 174.
98 Vgl. Beck (1997), S. 80 ff. Über die MacDonaldisierung der Welt und deren „natürliche" Grenzen.
99 Piketty (2014), Kap. 15.
100 Nussbaum (2006), S. 267.
101 AA VIII 360.

102 Eine ausführlichere Darstellung gibt Bellamy (2006), etwas kürzer Schnelle (2013), S. 37-96. Zu den wichtigsten Texten aus diesem Bereich zählen zurzeit sicherlich Walzer (1992) und Orend (2006).
103 STh, IIaIIae quaestio 40 art 1.
104 Vgl. hierzu die umfangreiche Textsammlung Justenhoven (2006), und den gründlichen Einführungstext von Scattola (2006), S. 11-53.
105 Francisco Suárez, De bello (= De triplici virtute theologica, Fide, Spe et Charitate, Tractatus III: De charitate, Disputatio 13) I 7 (in: Suarez (2013), S. 60-193); zur Kriegslehre bei Suárez vgl. Specht (2000), S. 191-222; Recknagel (2010), S. 235 ff. und die Vorbemerkungen von Markus Kremer zu *Über den Frieden – Über den Krieg*, in: Suárez (2013).
106 Orend (2006), S. 31 ff.
107 Vgl. Fernandes (2014), S. 227-256.
108 Justenhoven (1991), S. 37.
109 Suárez (2013), IV 3.
110 Vitoria (1997), S. 370 ff.
111 Molina (1659), II 33.
112 Schmitt (1974), S. 123 f.
113 Ebd., S. 115.
114 Ebd., S. 123.
115 Schmitt (1975), S. 92.
116 Kimminich (1993), S. 72.
117 Soto (2006), S. 127.
118 Ayala (1597), I, 2; § 14/15; 17: „In rebelles vero jure belli saevire, multoque magis quam in hostes, licet: sunt enim odio digni majore"; vgl. Schnepf (2003), S. 319-345.
119 Vattel ([1758] 1959), § 152.
120 Daries (1751), § 40.
121 Achenwall (1768), § 264.
122 MS, Rechtslehre § 60, AA VI 349, dazu ausführlicher Kaufmann (2008), S. 147-163; vgl. über coercive regime change, Orend (2006), chap. 7.
123 Kimminich (1993), S. 313 ff.
124 Dazu ausführlich Münkler (2006).
125 Schmitt (1975).
126 Schnelle (2013), S. 187 ff.
127 Honderich (2002).
128 Waltz (1965).
129 Vgl. z. B. Krell (2009); Schieder/Spindler (2010).
130 Czempiel (1994).
131 Holzgrefe/Keohane (2003), S. 18.
132 Eine differenzierte Stellungnahme zur humanitären Intervention, die vor dem Kosovo-Konflikt entstanden ist und relativ stark den Legalitätsaspekt der Intervention betont, findet sich bei Zanetti (1998), S. 297-324, kritisch zur Legitimation dieses Krieges vgl. Merkel (2000).
133 Orend (2006), v. a. S. 78 ff., 96 f., 190ff; ferner Kaufmann (2007b).
134 Vgl. Knauß (2014), Kap. 2.
135 http://responsibilitytoprotect.org/ICISS%20Report.pdf (9.3.2015).
136 Ebd., VIII.
137 Ebd., S. 32 ff.
138 Ebd., S. 39 ff.
139 Ebd., VII, VIII, S. 5-8.
140 So Welsh (2010), S. 272-294.
141 Tesón (2011); ders., (2003), S. 93-123; ders., (2005), S. 1-20.
142 Tesón (2014), S. 76.
143 Vgl. Glanville (2014), S. 148-165.
144 Frowe (2014), S. 95-112.
145 Rotberg (2003); ders., (2004); Werther-Pietsch (2012); kritisch zum Problem des *nation building*, Bliesemann de Guevara (2010).
146 Kaiser (1968), S. 529-548.

Siglenverzeichnis

Für einige der häufiger angeführten Werke werden folgende Abkürzungen verwendet, woran entweder die international standardisierten Zitierweisen (z. B. bei Aristoteles) oder Band und Seitenzahl folgen. Hier wird eine gut zugängliche Ausgabe erwähnt.

Contrat social	= Rousseau, Jean-Jacques [1762]: *Du Contrat social*, Paris: Gallimard 1964; dt. *Vom Gesellschaftsvertrag*, Stuttgart: Reclam 1971.
De cive	= Hobbes, Thomas [1642]: *Vom Bürger*, in: ders. *Vom Menschen, vom Bürger*, Elemente der Philosophie II und III, hrsg. von G. Gawlick, Hamburg: Meiner 1994.
Defensor Pacis	= Marsilius von Padua [1324]: Defensor Pacis (Verteidiger des Friedens), hrsg. von Richard Scholz, Hannover. Hahnsche Buchhandlung 1932, dt. hrsg. von Horst Kusch, Berlin: Rütten & Loening 1958.
De Officiis	= Marcus Tullius Cicero: De Officiis, (latein. u. deutsch, Nachdruck) Stuttgart: Reclam 2010.
Dig.	= Digesten (zentraler Teil des Corpus Iuris Civilis, 528-534), aufzufinden unter: http://droitromain.upmf-grenoble.fr/Corpus/digest.htm (zuletzt 15.2.16).
Discorsi	= Machiavelli, Niccolò [1520], *Discorsi*, dt. *Gedanken über Politik und Staatsführung*, hrsg. von R. Zorn, Stuttgart: Kröner² 1977.
Esprit de lois	= Montesquieu, Charles de Secondat, Baron de [1748]: De l'esprit des loix, deutsch: Vom Geist der Gesetze, Stuttgart: Reclam 1999.
First Treatise	= Locke, John [1689], *Two Treatises of Government*, London: Everyman 1995; dt.: *Zwei Abhandlungen über die Regierung*, Frankfurt am Main: Suhrkamp 1995.
GMS	= Kant, Immanuel [1785]: *Grundlegung zur Metaphysik der Sitten*; Kant wird grundsätzlich zitiert nach der Ausgabe der Preußischen Akademie der Wissenschaften (AA), Berlin 1901 ff. Hier: AA IV.
KpV	= Kant, Immanuel [1788]: *Kritik der praktischen Vernunft*; AA V.
Lev.	= Hobbes, Thomas [1651]: *Leviathan*, ed. J.C.A. Gaskin, Oxford: Oxford University Press 1996, dt. von Walter Euchner, hrsg. von Iring Fetscher, Frankfurt am Main: Suhrkamp 1966.
MEW	= Marx, Karl/Engels, Friedrich: Marx-Engels-Werke, Berlin: Dietz-Verlag 1956-1990.
MS	= Kant, Immanuel [1797]: *Die Metaphysik der Sitten*, AA VI.
NE	= Aristoteles: Nikomachische Ethik, Reinbek bei Hamburg: Rowohlt ³2011.
Politik	= Aristoteles: Politik, zitierte Übersetzungen entstammen der Ausgabe von Olof Gigon, Zürich und München: dtv 1978.
Rph	= Hegel, Georg Wilhelm Friedrich [1820]: *Grundlinien der Philosophie des Rechts*, wörtliche Zitate entstammen der von Johannes Hoffmeister edierten Ausgabe bei Felix Meiner, Hamburg⁴ 1955.
Second Treatise	= Locke, John [1689]: *Two Treatises of Government*, London: Everyman 1995; dt.: *Zwei Abhandlungen über die Regierung*, Frankfurt am Main: Suhrkamp 1995.

STh	= Thomas von Aquin: *Summa theologiae*, in: Sancti Thomae de Aquino Opera omnia iussu Leonis XIII P. M. edita, Roma 1888-1906 (ed. „Leonina"); aufzufinden unter: http://www.corpusthomisticum.org/repedleo.html (15.2.16).
TTP	= Spinoza, Baruch de [1670]: *Theologisch-politischer Traktat*, hsrg. von Günter Gawlick, Hamburg: Meiner 1994.
ZeF	= Kant, Immanuel [1795]: *Zum ewigen Frieden*, AA VIII.

Literaturverzeichnis

Abaschnik (2008): Volodymyr O. Abaschnik, „Ludwig Heinrich Jakob (1759-1827), ein Hallescher Professor in Charkov und Sankt Petersburg", in: Erich Donnert (Hg.), Europa in der frühen Neuzeit. Festschrift für Günter Mühlpfordt. Bd. 7: Unbekannte Quellen; Aufsätze zu Entwicklung, Vorstufen, Grenzen und Fortwirken der Frühneuzeit in und um Europa, Köln: Böhlau, 895-927.
Agamben (2004): Giorgio Agamben, Der Ausnahmezustand, Frankfurt am Main: Suhrkamp.
Achenwall (1767): Gottlieb Achenwall, Prolegomena Iuris naturalis, Göttingen: Bossiegel.
Achenwall (1768): Gottfried Achenwall, Iuris Naturalis Pars Prior: Complectens Ius Familiae Ius Publicum et Ius Gentium, Göttingen : Bossiegel.
Alexy (1985): Robert Alexy, Theorie der Grundrechte, Frankfurt am Main: Suhrkamp.
Anderson (2005): Benedict Anderson, Die Erfindung der Nation. Zur Karriere eines folgenreichen Konzepts, Frankfurt/New York: Campus.
Anselmo (2007): Daniele Anselmo, Shari'a e diritti umani, Turin: Giapichelli.
Anton (2007): Hans Hubert Anton, Fürstenspiegel des frühen und hohen Mittelalters, Darmstadt: Wissenschaftliche Buchgesellschaft.
Appiah (2005): Kwame Anthony Appiah, The Ethics of Identity, Princeton: Princeton University Press.
Appiah (2007): Kwame Anthony Appiah, Cosmopolitanism: Ethics in a World of Strangers, New York/London: Penguin.
Araujo (2012): Marcelo de Araujo, „Kontraktualismus", in: Georg Lohmann/Arnd Pollmann (Hg.), Menschenrechte. Ein interdisziplinäres Handbuch, Stuttgart: J.B. Metzler, 193-198.
Archibugi (2008): Daniele Archibugi, Cittadini del mondo. Verso una democrazia cosmopolitica, Milano: il saggiatore.
Arendt (2013): Hannah Arendt, Vita activa oder Vom tätigen Leben, München: Piper 1958.
Arrow/Mnookin/Ross (1995): Kennneth Arrow/Robert Mnookin/Lee Ross et al. (Hg.), Barriers to Conflict Resolution, New York/London: W. W. Norton & Company.
Austin (1885): John Austin, Lectures on Jurisprudence or the Philosophy of Positive Law, Glashütten im Taunus: Auvermann 1972.
Ayala (1597): Balthazar Ayala, De Jure et Officis bellicis et disciplina militari. Libri III, Antwerpen: o.A.
Bakunin (1928): Michail Alexandrowitsch Bakunin, Die Commune von Paris und der Staatsbegriff, Gesammelte Werke II, Berlin: Verlag Der Syndikalist.
Balzer/Rippe/Schaber (1998): Philipp Balzer/Klaus Peter Rippe/Peter Schaber, Menschenwürde vs. Würde der Kreatur: Begriffsbestimmung, Gentechnik, Ethikkommissionen. Freiburg: Verlag Karl Alber.
Banik (2007): Dan Banik, Starvation and India's Democracy, London: Routledge.
Beccaria (1766): Cesare Beccaria, Über Verbrechen und Strafen, Frankfurt am Main: Insel-Verlag 1998.
Beitz (1979): Charles Beitz, Political Theory and International Relations, Princeton: Princeton University Press.
Beitz (1980): Charles Beitz, „Justice and International Relations", in: H. Gene Blocker/Elizabeth H. Smith (Hg.), John Rawls' Theory of Social Justice: An Introduction, Athens: Ohio University Press, 211-228.
Beck (1997): Ulrich Beck, Was ist Globalisierung? Frankfurt am Main: Suhrkamp.

Bellamy (2006): Alex J. Bellamy, Just Wars. From Cicero to Iraq, Cambridge: Polity.
Benda-Beckmann (2005): Franz und Keebet von Benda-Beckmann, „Adat, Islam und Staat –
  Rechtspluralismus in Indonesien", in: Michael Kemper/Maurus Reinkowski (Hg.),
  Rechtspluralismus in der Islamischen Welt, Berlin/New York: de Gruyter, 89-104.
Benda-Beckmann (2006): Franz und Keebet von Benda-Beckmann, „Changing one is changing
  all: dynamics in the Adat-Islam-State triangle", in: Journal of Legal Pluralism Vol. 38, Issue
  53-54, 239-270.
Benda-Beckmann (2007a): Franz und Keebet von Benda-Beckmann, „Transnationalisation of
  Law, Globalisation and Legal Pluralism: a Legal Anthropological Perspective", in: Christoph
  Antons/Volkmar Gessner (Hg.), Globalization and Resistance: Law Reform in Asia Since the
  Crisis, Oxford/Portland: Hart Publishing, 53-80.
Benda-Beckmann (2007b): Franz und Keebet von Benda-Beckmann, „Between Global Forces
  and Local Politics: Decentralisation and Reorganisation of Village Government in
  Indonesia", in: C. Antons and V. Gessner (Hg.): Globalisation and resistance: Law reform in
  Asia since the crisis. Oxford: Hart, 211-252.
Benedikt XVI. (2009): Benedikt XVI., Liebe in Wahrheit – Caritas in veritate: Die Sozialenzyklika.
  Mit einer Einführung von Paul Josef Kardinal Cordes, Freiburg, Basel, Wien: Herder.
Benhabib (1999): Seyla Benhabib, Kulturelle Vielfalt und demokratische Gleichheit. Politische
  Partizipation im Zeitalter der Globalisierung, Frankfurt am Main: Fischer Taschenbuch.
Benhabib (2002): Seyla Benhabib, The Claims of Culture: Equality and Diversity in the Global
  Era, Princeton: Princeton University Press.
Benhabib (2006): Seyla Benhabib, Another Cosmopolitanism, Oxford: Oxford University Press.
Benn/Peters (1977): Stanley I. Benn/Peters, R.S., Social Principles and the Democratic State
  London: HarperCollins Publishers Ltd.
Bentham (1786-1789): Jeremy Bentham, Principles of International Law, abrufbar unter: http://
  www.laits.utexas.edu/poltheory/bentham/pil/index.html
Benz (2006): Arthur Benz, „Selbstbindung des Souveräns: Der Staat als Rechtsordnung", in:
  Michael Becker/Ruth Zimmerling (Hg.), Recht und Politik. Politische Vierteljahresschrift
  Sonderheft 36, 143-163.
Berlin (1969): Isaiah Berlin, Two Concepts of Liberty, in: Four Essays on Liberty, Oxford: Oxford
  University Press.
Besemer (2009): Christoph Besemer, Mediation, Karlsruhe: Gewaltfrei Leben Lernen.
Bieri (2013): Peter Bieri, Eine Art zu leben. Über die Vielfalt menschlicher Würde, Darmstadt:
  WBG.
Birnbacher (1988): Dieter Birnbacher, Verantwortung für zukünftige Generationen, Stuttgart:
  Reclam.
Bizeul (2004): Yves Bizeul (Hg.), Integration von Migranten. Französische und deutsche
  Konzepte im Vergleich, Wiesbaden: Deutscher Universitätsverlag.
Bhabha (2004): Homi K. Bhabha, The Location of Culture, London: Routledge.
Bielefeldt (1998): Heiner Bielefeldt, Philosophie der Menschenrechte, Darmstadt:
  Wissenschaftliche Buchgesellschaft.
Bielefeldt (2011): Heiner Bielefeldt, Auslaufmodell Menschenwürde? Warum sie in Frage steht
  und warum wir sie verteidigen müssen. Freiburg: Herder.
Bjarup (1978): Jes Bjarup, Skandinavischer Realismus: Hägerstrøm, Lundstedt, Olivecrona,
  Ross. Freiburg: Alber.
Blackburn (1997): Robin Blackburn, The Making of New World Slavery, London/New York: Verso.

Bleckmann (1984): Albert Bleckmann, Grundprobleme und Methoden des Völkerrechts, Freiburg/München: Verlag Karl Alber.

Blickle (2003): Peter Blickle, Von der Leibeigenschaft zu den Menschenrechten: Eine Geschichte der Freiheit in Deutschland, München: C.H. Beck.

Bliesemann (2010): Berit Bliesemann de Guevara, Illusion Statebuilding: Warum sich der westliche Staat so schwer exportieren lässt, Hamburg: edition Körber-Stiftung.

Bosold (2008): David Bosold, „Menschliche Sicherheit in der Praxis. Der institutionelle Kontext zur globalen und regionalen Umsetzung menschlicher Sicherheit", in: Cornelia Ulbert/ Sascha Werthes (Hg.), Menschliche Sicherheit: globale Herausforderungen und regionale Perspektiven. Baden-Baden, 123-134.

Botero (1589): Giovanni Botero, Della ragion di stato: libri dieci, Venezia: o.A.

Brecht (1948): Bertold Brecht, „Der kaukasische Kreidekreis", in: Ausgewählte Werke in sechs Bänden, Frankfurt am Main: Suhrkamp 1997.

Brett (1997): Brett Annabel S., Liberty, Right and Nature: Individual Rights in Later Sholastic Thought, Cambridge: Cambridge University Press.

Brocker (1992): Manfred Brocker, Arbeit und Eigentum. Der Paradigmenwechsel in der neuzeitlichen Eigentumstheorie, Darmstadt : Wissenschaftliche Buchgesellschaft.

Buchanan (1984): James Buchanan, Die Grenzen der Freiheit. Zwischen Anarchie und Leviathan, Tübingen: Mohr Siebeck.

Byrd/Hruschka (2010): B. Sharon Byrd/Joachim Hruschka, Kant's Doctrine of Right. A Commentary, Cambridge: Cambridge University Press

Campbell (2006): Tom Campbell, Rights: A Critical Introduction, London: Routledge.

Campagna (2013): Norbert Campagna, Staatsverständnisse im spanischen ‚siglo de oro', Baden-Baden: Nomos.

Cappai (2000a): Gabriele Cappai, Fra realtà locale e processi globali. Emigrazione, associazionismo ed identità nelle società multiculturali, Halle: Hallescher Verlag.

Casa (1960): Giovanni Della Casa, Orazione Scritta a Carlo V Imperatore intorno alla resitituzione della città di Piacenza, in: Carlo Cordié (Hg.), Opere di Baldassare Castiglione, Giovanni Della Casa, Benvenuto Cellini, Milano: Ricciardi, 474-491.

Casas (1997): Bartolomé de Las Casas, „De regia potestate", in: Mariano Delgado (Hg.), Bartolomé de Las Casas: Werkauswahl, (4 Bände) Bd. 3/2, Paderborn: Schöningh, 187-248.

Christophe, Barbara (2002): „When is a Nation? Comparing Lithuania and Georgia", in: Geopolitics 7, 147-172.

Chwaszcza (1996): Christine Chwaszcza, „Politische Ethik II. Ethik der internationalen Beziehung", in: Julian Nida-Rümelin (Hg.), Angewandte Ethik, Die Bereichsethiken und ihre theoretische Fundierung. Ein Handbuch, Stuttgart: Alfred Kröner, 154-198.

Chwaszcza (2007): Christine Chwaszcza, Moral Responsibility and Global Justice. A Human Rights Approach, Baden-Baden: Nomos.

Cicero (1979): De re publica. Vom Gemeinwesen übers. u. hrsg. von Karl Büchner, Stuttgart: Reclam.

Cohen (1992): G. A. Cohen, „Incentives, Inequality, and Community", in: G. B. Peterson (Hg.) The Tanner Lectures on Human Values, vol. 13, Salt Lake City: University of Utah Press, 273-328.

Coing (1947): Helmut Coing, Die obersten Grundsätze des Rechts. Ein Versuch zur Neubegründung des Naturrechts, Heidelberg: Lambert Schneider.

Costello (1974): Frank Costello, The Political Philosophy of Luis de Molina, Roma/Spokane: Gonzaga University Press.
Courtine (1999): Jean-François Courtine, Nature et empire de la loi – études suaréziennes, Paris: Vrin/Editions de l'EHESS.
Czempiel (1994): Ernst-Otto Czempiel, Die Reform der UNO. Möglichkeiten und Missverständnisse, München: C.H. Beck.
Dalhuisen (2013): Jan Dalhuisen, Dalhuisen on Transnational and Comparative Commercial, Financial and Trade Law, Fifth Edition, Oxford: Hart Publishing.
Daries (1751): Joachim Georg Daries, Observationes juris naturalis socialis et gentium, Jena: o.A.
Daston (2001): Lorraine Daston, Wunder, Beweise und Tatsachen. Zur Geschichte der Rationalität, Frankfurt am Main: Fischer.
Daston/Galison (2007): Lorraine Daston/Peter Galison, Objektivität, Frankfurt am Main: Suhrkamp.
Davis (1966): David Brion Davis, The Problem of Slavery in Western Culture, Oxford: Oxford University Press.
Delgado (2007): Mariano Delgado, „Die Rechte der Völker und der Menschen nach Bartolomé de Las Casas", in: Matthias Kaufmann/Robert Schnepf (Hg.), Politische Metaphysik, Frankfurt am Main, 177-203.
Diaw (2002): Aminata Diaw „La culture contre la democratie? Les apories de l'experience africain", in: Lukas K. Sosoe (Hg.), Diversité humaine. Démocratie, multiculturalisme et citoyenneté, Laval/Paris: Les Presses De L´Université Laval, 473-479.
Dobner (2010): Petra Dobner, Wasserpolitik: Zur politischen Theorie, Praxis und Kritik globaler Governance, Frankfurt am Main: Suhrkamp.
Donnelly (1991): Jack Donnelly Universal Human Rights in Theory and Practice. Ithaca: Cornell University Press.
Dreier (1986): Horst Dreier, Rechtslehre, Staatssoziologie und Demokratietheorie bei Hans Kelsen, Baden-Baden: Nomos.
Doyle (1986): Michael W. Doyle (1986), „Liberalism and world politics", in: American Political Science Review, 80, 1151–1169.
Duns Scotus (1986): Ioannes Duns Scotus, Duns Scotus on the Will and Morality, Allan B. Wolter (Hg.) Washington D.C.: The Catholic University of America Press.
Dussel (1989): Enrique Dussel, Philosophie der Befreiung, Hamburg: Argument.
Dussel (1992): Enrique Dussel, „Die Vernunft des Anderen", in: Raúl Fornet-Betancourt (Hg.), Diskursethik oder Befreiungsethik?, Aachen: Verlag der Augustinusbuchhandlung.
Dworkin (1978): Ronald Dworkin, Taking Rights Seriously, Cambridge: Harvard University Press.
Dworkin (1984): Ronald Dworkin, „Rights as Trumps", in: Jeremy Waldron (ed.), Theories of Rights, Oxford: Oxford University Press.
Dworkin (1984b): Ronald Dworkin, Bürgerrechte ernst genommen (Übers. von Dworkin 1978), Frankfurt am Main: Suhrkamp.
Dworkin (1986): Ronald Dworkin, Law's Empire, Cambridge: Harvard University Press.
Dworkin (2012): Ronald Dworkin, Gerechtigkeit für Igel, Berlin: Suhrkamp.
Edmundson (2004): William Edmundson, An Introduction to Rights, Cambridge: Cambridge University Press.
Emcke (2000): Carolin Emcke, Kollektive Identität, Hamburg: Campus.
Eisenberg (2003): José Eisenberg, A Democracia Depois do Liberalismo, Rio de Janeiro: RelumeDumará.

Eisenberg (2007): José Eisenberg, „Cultural Encounters, Theoretical Adventures: The Jesuit Mission in the New World and the Justification of Voluntary Slavery", in: Matthias Kaufmann/Robert Schnepf (Hg.), Politische Metaphysik, Frankfurt am Main, 357-383.
Eriksen/Bal/Salemink (2010): Thomas Hylland Eriksen/Ellen Bal/Oscar Salemink, A world of insecurity: Anthropological Perspectives on Human Security. London: Pluto Press.
Eriksson (2013): Mikael Eriksson, Mediation and Liberal Peacebuilding: Peace from the Ashes of War?, London: Routledge.
Fabre (2006): Cecile Fabre, Whose Body is it Anyway? Justice and Integrity of the Person, Oxford: Oxford University Press.
Feinberg (2007): Joel Feinberg, „Das Wesen und der Wert von Rechten", in: Markus Stepanians (Hg.), Individuelle Rechte, Paderborn: Mentis, 184-203.
Feldmann/Ticktin (2010): Ilana Feldman/Miriam Ticktin, In the name of humanity: the government of threat and care. Durham: Duke University Press.
Ferguson (2006): James Ferguson, Global shadows: Africa in the Neoliberal World Order, Durham: Duke University Press.
Fernandes (2014): João Manuel Fernandes, „Luis de Molina: On War", in: Matthias Kaufmann/ Alexander Aichele (Hg.), A Companion to Luis de Molina, Leiden: Brill, 227-256.
Fichte (1979): Johann Gottlob Fichte, Grundlage des Naturrechts (1796), Hamburg: Meiner
Finnis (1980): John Finnis, Natural Law and Natural Rights, Oxford: Oxford University Press.
Fischer (2013): Claus Fischer, Grundlagen und Grundstrukturen eines Klimawandelanpassungsrechts, Tübingen: Mohr Siebeck.
Forst (2001): Rainer Forst, „Vier Konzeptionen der Toleranz", in: Matthias Kaufmann (Hg.), Integration oder Toleranz – Minderheiten als philosophisches Problem, Freiburg/München, 106-117.
Forst (2003): Rainer Forst, Toleranz im Konflikt: Geschichte, Gehalt und Gegenwart eines umstrittenen Begriffs, Frankfurt am Main: Suhrkamp.
Forst (2012): Rainer Forst, „Universelle Achtungsmoral und diskursethische Menschenrechtsbegründung", in: Georg Lohmann/Arnd Pollmann (Hg.), Menschenrechte. Ein interdisziplinäres Handbuch, Stuttgart: J.B. Metzler, 199-204.
Foucault (1977): Michel Foucault, Überwachen und Strafen, Frankfurt am Main: Suhrkamp.
Foucault (2006a): Michel Foucault, Sicherheit, Territorium, Bevölkerung. Geschichte der Gouvernementalität I, Frankfurt am Main: Suhrkamp.
Foucault (2006b), Michel Foucault, Die Geburt der Biopolitik. Geschichte der Gouvernementalität II, Frankfurt am Main: Suhrkamp.
France (1894): Anatole France, Le lys rouge, übers. von Franziska zu Reventlow, Die rote Lilie, München: Musarion 1925.
Frowe (2014): Helen Frowe, „Judging Humanitarian Intervention", in: Don E. Scheid, The Ethics of Armes Humanitarian Intervention, Cambridge: Cambridge University Press, 95-112.
Fuller (1969): Lon Fuller, The Morality of Law, New Haven: Yale University Press.
Gans (1992): Chaim Gans, Philosophical Anarchism and Political Disobedience, Cambridge: Cambridge University Press.
Gehlen (1972): Arnold Gehlen, Der Mensch. Seine Natur und Stellung in der Welt, Frankfurt: Athenäum.
Gellner (1999): Ernest Gellner, Nationalismus. Kultur und Macht, Berlin: Siedler.
Gentz (1967): Friedrich von Gentz/August Wilhelm Rehberg/Dieter Henrich, Über Theorie und Praxis. Einleitung von Dieter Henrich. Frankfurt am Main: Suhrkamp.

Gerson (1402): Jean Gerson, Opera Omnia (5 Bände), Louis Ellies Du Pin (Hg.), Hildesheim: Georg Olms 1987.
Gessa-Kurotschka (2009): Vanna Gessa-Kurotschka, „Diritti umani e vita. Il pensiero delle donne e la retorica dei diritti umani", in: Francesca Brezzi/Marisa Ferrari Occhionero/ Elisabetta Strickland (Hg.), Pari Opportunità e diritti umani, Bari: Roma Tor Vergata University Press, 15-22.
Glanville (2014): Luke Glanville, „Armed humanitarian intervention and the problem of abuse after Libya", in: Don E. Scheid (Hg.), The Ethics of Armed Humanitarian Intervention, Cambridge: Cambridge University Press, 148-165.
Gombocz (2004): Wolfgang Gombocz: „Für das allgemeine Menschenrecht auf mehrsprachige Alphabetisierung als nächster Phase der Schulpflicht", In: Michael Sertl/Gabriele Khan-Svik/Johannes Zuber (Hg.): Integration? Migration – Rassismus – Zweisprachigkeit. Innsbruck: Studien Verlag.
Gratian (ca. 1140): Gratian: Decretum Gratiani, verfügbar unter: http://geschichte.digitale-sammlungen.de/decretum-gratiani/kapitel/dc_chapter_0_5
Grewe (1988): Wilhelm Grewe, Epochen der Völkerrechtsgeschichte, Baden-Baden: Nomos.
Grotius (1625): Hugo Grotius, De iure belli ac pacis: libri tres; in quibus ius naturae et gentium item iuris publici praecipua, Aalen: Scientia 1993.
Guggenberger/Offe (1984): Bernd Guggenberger/Claus Offe, An den Grenzen der Mehrheitsdemokratie: Politik und Soziologie der Mehrheitsregel, Opladen: Westdeutscher Verlag.
Habermas (1973): Jürgen Habermas, Legitimationsprobleme im Spätkapitalismus, Frankfurt am Main: Suhrkamp.
Habermas (1976): Jürgen Habermas, „Legitimationsprobleme im modernen Staat". In: Politische Vierteljahresschrift, Sonderheft 7, 39-61.
Habermas (1982): Jürgen Habermas, Strukturwandel der Öffentlichkeit: Untersuchungen zu einer Kategorie der bürgerlichen Moral. Darmstadt & Neuwied: Luchterhand.
Habermas (1985): Jürgen Habermas, Die neue Unübersichtlichkeit, Frankfurt am Main: Suhrkamp.
Habermas (1992): Jürgen Habermas, Faktizität und Geltung, Frankfurt am Main: Suhrkamp.
Habermas (1997): Jürgen Habermas, „Anerkennungskämpfe im demokratischen Rechtsstaat", in: Charles Taylor, Multikulturalismus und die Politik der Anerkennung, Frankfurt am Main: Suhrkamp.
Harris (1994): John Harris, Der Wert des Lebens: Eine Einführung in die medizinische Ethik, Berlin: Akademie-Verlag.
Hart (1961): H.L.A. Hart, The Concept of Law, Oxford: Clarendon Press.
Hart (1973): H.L.A. Hart, Der Begriff des Rechts, Frankfurt am Main: Suhrkamp.
Hart (1982): H.L.A. Hart, „Legal Rights", in: H.L.A. Hart (Hg.), Essays on Bentham. Jurisprudence and Political Theory, Oxford: Clarendon, 162-194.
Hart (1983): H.L.A. Hart, Essays in Jurisprudence and Philosophy, Oxford: Oxford University Press.
Hart (1994): H.L.A. Hart, The Concept of Law, Oxford: Oxford University Press.
Hartung (2007): Gerald Hartung, „Vorboten des modernen Liberalismus. Zur Entstehung des Konzepts subjektiver Rechte in der frühen Neuzeit", in: Matthias Kaufmann/Robert Schnepf (Hg.), Politische Metaphysik, Frankfurt am Main: Lang, 239-255.

Haufler (2000): Virginia Haufler, „Private sector international regimes", in: Richard A. Higgott/ Geoffrey R. D. Underhill/Andreas Bieler, Non-State Actors and Authority in the Global System. London/New York: Routledge.
Hayek (1971): Friedrich August von Hayek, Die Verfassung der Freiheit, Tübingen: Mohr Siebeck 2005.
Hayek (1944): Friedrich August von Hayek, Der Weg zur Knechtschaft, München: Olzog 2011.
Hegel (1802/03): Georg Wilhelm Friedrich, „Über die wissenschaftlichen Behandlungsarten des Naturrechts, seine Stelle in der praktischen Philosophie und sein Verhältnis zu den positiven Rechtswissenschaften", in G.W.F. Hegel Jenaer Schriften 1801-1807 Werke 2, Frankfurt am Main: Suhrkamp 1992.
Held (2013): David Held, Kosmopolitanismus – Ideal und Wirklichkeit, Freiburg/München: Verlag Karl Alber.
Henckel (1995): Wolfgang Henckel: „Bürgerliches Recht. Insolvenzrecht: Zum Eintritt und zur Dauer der unmittelbaren Gläubigerbenachteiligung", in: Juristenzeitung 50, 728-732.
Hendricks (2008): Cheryl Hendricks, „Die Weiterentwicklung der Agenda der menschlichen Sicherheit. Afrikanische Perspektiven", in: Cornelia Ulbert/Sascha Werthes (Hg.), Menschliche Sicherheit: globale Herausforderungen und regionale Perspektiven. Baden-Baden, 137-148.
Hennis (1976): Wilhelm Hennis, „Legitimität – Zu einer Kategorie der bürgerlichen Gesellschaft", in: Politische Vierteljahresschrift, Sonderheft 7, 9-38.
Herb/Ludwig (1993): Karlfriedrich Herb/Bernd, Ludwig, „Naturzustand, Eigentum und Staat. Immanuel Kants Relativierung des ‚Ideal des hobbes'", in: Kant-Studien 84, 283-316.
Herdegen (2009): Matthias Herdegen, Völkerrecht, München: C.H. Beck.
Herder (2002): Johann Gottfried Herder, „Ideen zur Geschichte der Menschheit", in: Wolfgang Pross (Hg.), Werke/Johann Gottfried Herder. Band 3, Ideen zur Philosophie der Geschichte der Menschheit. München: Hanser.
Herman/Chomski (1988): Edward S. Herman/Noam Chomsky: Manufacturing Consent: The Political Economy of the Mass Media, New York: Pantheon.
Heun (1983): Werner Heun, Das Mehrheitsprinzip in der Demokratie: Grundlagen, Struktur, Begrenzungen, Berlin: Duncker & Humblot.
Hintze (1998): Henning Hintze, Nominalismus. Primat der ersten Substanz versus Ontologie der Prädikation, Freiburg/München: Verlag Karl Alber.
Hirsch (1994): Susan F. Hirsch, „Kadhi's Courts as Complex Sites of Resistance: The State, Islam and Gender in Postcolonial Kenya". In: Lazarus-Black Mindie/Hirsch, Susan F. Hirsch, Contested States. Law, Hegemony and Resistance, New York/London: Routledge.
Hobe (2008): Stephan Hobe, Einführung in das Völkerrecht, Tübingen: UTB.
Höffe (1999): Otfried Höffe, Demokratie im Zeitalter der Globalisierung, München: C.H. Beck.
Höffe (2004): Otfried Höffe: Wirtschaftsbürger, Staatsbürger, Weltbürger. Politische Ethik im Zeitalter der Globalisierung, München: C.H. Beck.
Honderich (2002): Ted Honderich, After Terror: Promoting Dialogue Among Civilizations, Edinburgh: Edinburgh University Press.
Honnefelder (1996): Ludger Honnefelder, „Person und Menschenwürde", in: Ludger Honnefelder/Gerhard Krieger Philosophische Propädeutik. Band 2: Ethik, Paderborn: Schöningh, 213-266.
Honnefelder (2012): Ludger Honnefelder, „Theologische und metaphysische Menschenrechtsbegründungen", in: Arnd Pollmann/Georg Lohmann (Hg.), Menschenrechte. Ein interdisziplinäres Handbuch, Stuttgart/Weimar: J.B. Metzler, 171-178.

Honneth (2011): Axel Honneth, Das Recht der Freiheit: Grundriß einer demokratischen Sittlichkeit, Berlin: Suhrkamp.
Honsell (1992): Heinrich Honsell, Römisches Recht, Berlin: Springer.
Horn (2012): Christoph Horn, „Antike" in: Arnd Pollmann/Georg Lohmann (Hg.), Menschenrechte: Ein interdisziplinäres Handbuch, Stuttgart: J.B. Metzler.
Horne (1914): John Horne, German Atrocities 1914: A History of Denial, New Haven: Yale University Press 2001.
Hruschka (1991): Joachim Hruschka, „Rechtfertigungs- und Entschuldigungsgründe: Das Brett des Karneades bei Gentz und bei Kant", in: Goltdammers Archiv für Strafrecht 138, 1-10.
Hruschka (1992): Joachim Hruschka, „Vorpositives Recht als Gegenstand und Aufgabe der Rechtswissenschaft", in: Deutsche Juristenzeitung 47, 429-438.
Hruschka (2001): Joachim Hruschka, „Utilitarismus in der Variante von Peter Singer", in: Deutsche Juristenzeitung 56, 256-271.
Huber (1990): Gerhard Huber, „Adam Smith: Der Zusammenhang von Moralphilosophie, Ökonomie und Institutionentheorie", in: G. Göhler u. a. (Hrsg.), Politische Institutionen im gesellschaftlichen Umbruch, Opladen: VS Verlag für Sozialwissenschaften, 293-309.
Hulliung (1983): Mark Hulliung, Citizen Machiavelli, Princeton: Princeton University Press.
Humboldt (1792): Wilhelm von Humboldt, Ideen zu einem Versuch, die Grenzen der Wirksamkeit des Staats zu bestimmen, Stuttgart: Reclam 2010.
Inston (2010): Kevin Inston, Rousseau and Radical Democracy, London/New York: Continuum.
Isidor von Sevilla, Etymologiarium Liber V. De legibus et temporibus, verfügbar unter: http://www.e-rara.ch/bau_1/ch15/content/pageview/4301562
Jakob (1794): Antimachiavell. Oder über die Grenzen des bürgerlichen Gehorsams, Halle: o.A.
Jakobs (1993): Günther Jakobs, Strafrecht. Allgemeiner Teil, Berlin/New York: de Gruyter.
Janich (2015): Sebastian Janich, Demokratie global denken: Legitimitätskriterien transnationaler und globaler Herrschafts- und Regierungskonzeptionen unter besonderer Berücksichtigung der Rolle internationaler Zivilgesellschaft in der Erscheinungsform der International Non-Governmental Organizations (INGOs), 211-249. abrufbar unter: http://digital.bibliothek.uni-halle.de/urn/urn:nbn:de:gbv:3:4-8639
Joerden (2004): Jan Joerden, „Zurechnungsprobleme bei Gruppen und Kollektiven", in: Matthias Kaufmann/Joachim Renzikowski (Hg.), Zurechnung als Operationalisierung von Verantwortung, Frankfurt am Main, 135-146.
Joppke/Lukes (1999): Christian Joppke/Steven Lukes: Multicultural Questions, Oxford: Oxford University Press.
Justenhoven (1991): Heinz-Gerhard Justenhoven, Francisco de Vitoria zu Krieg und Frieden, Köln: J.P. Bachem.
Justenhoven/Stüben (2006): Heinz-Gerhard Justenhoven/Joachim Stüben (Hg.), Kann Krieg erlaubt sein? Eine Quellensammlung zur politischen Ethik der Spanischen Spätscholastik, Stuttgart: Kohlhammer.
Kaiser (1968): Joseph Kaiser, „Europäisches Großraumdenken. Die Steigerung geschichtlicher Größen als Rechtsproblem", in: Hans Barion u. a. (Hg.), Epirrhosis. Festgabe für Carl Schmitt, Bd. II, Berlin: Duncker & Humblot.
Kaufmann (1988): Matthias Kaufmann, Recht ohne Regel? Die philosophischen Prinzipien in Carl Schmitts Staats- und Rechtslehre, Freiburg/München: Verlag Karl Alber.
Kaufmann (1996): Matthias Kaufmann, Rechtsphilosophie, Freiburg/München: Verlag Karl Alber.

Kaufmann (1997): Arthur Kaufmann, Rechtsphilosophie: Eine Einführung in das rechtsphilosophische Denken, München: C.H. Beck.
Kaufmann (1999): Matthias Kaufmann, Aufgeklärte Anarchie. Eine Einführung in die politische Philosophie, Berlin: Dunker & Humblot.
Kaufmann (2002): Matthias Kaufmann, „Potentialität und Wahrscheinlichkeit. Zum moralischen und rechtlichen Status überzähliger Embryonen", in: Jahrbuch für Recht und Ethik 10, 99-111.
Kaufmann (2003): Matthias Kaufmann, „Contra Kontinuumsargument: Abgestufte moralische Berücksichtigung trotz stufenloser biologischer Entwicklung", in: Gregor Damschen/Dieter Schönecker (Hg.), Der moralische Status menschlicher Embryonen, Berlin: de Gruyter, 83-98.
Kaufmann (2007a): Matthias Kaufmann, „Francisco Suárez, Tractatus de Legibus ac Deo Legislatore", in Manfred Brocker (Hg.), Geschichte des Politischen Denkens – Ausgewählte Werkanalysen, Frankfurt am Main: Suhrkamp, 182-198.
Kaufmann (2007b): Matthias Kaufmann, „Hégémonie, liberalisme militant, conscience des responsabilités", in: Jacques Poulain, Hans-Jörg Sandkühler, Fathi Triki (a cura di), L'agir philosophique dans le dialogue transculturel, Paris: L'Harmattan,101-128.
Kaufmann (2008): Matthias Kaufmann, „What is new in the theory of war in Kant's Metaphysics of Morals?", in: Jahrbuch für Recht und Ethik, Vol. 16, 147-163.
Kaufmann (2009): Matthias Kaufmann, Diritti umani, Napoli: Guida.
Kaufmann (2010): Matthias Kaufmann, „Gibt es ein Menschenrecht auf kulturelle Identität?", in: Bernd-Rüdiger Kern/Hans Lilie (Hg.), Jurisprudenz zwischen Medizin und Kultur. Festschrift zum 70. Geburtstag von Gerfried Fischer, Frankfurt am Main, 125-135.
Kaufmann (2011): Matthias Kaufmann, „Francisco de Vitorias Beitrag zur Ablösung des ius gentium vom ius naturale". In: Kirstin Bunge/Anselm Spindler/Andreas Wagner (Hg.), Die Normativität des Rechts bei Francisco de Vitoria, Stuttgart-Bad Cannstatt: Frommann-Holzboog, 393-409.
Kaufmann (2014a): Matthias Kaufmann, „Slavery between Law, Morality and Economy", in: Matthias Kaufmann/Alexander Aichele (Hg.), A Companion to Molina, Leiden/Boston: Brill, 183-225.
Kaufmann (2014b): Matthias Kaufmann, „Gibt es moralische Pflichten gegen sich selbst?" In: Florian Steger/Jan C. Joerden/Maximilian Schochow (Hg.), 1926 – Die Geburt der Bioethik in Halle durch den protestantischen Theologen Fritz Jahr, Frankfurt am Main: Peter Lang, 149-159.
Kelsen (1928): Hans Kelsen, Das Problem der Souveränität und die Theorie des Völkerrechts, Tübingen: Mohr Siebeck, Neudr. Aalen: Scientia 1960.
Kelsen (1960): Hans Kelsen, Reine Rechtslehre, 2. Auflage Wien: Deuticke.
Kelsen (1981a): Hans Kelsen, Der soziologische und der juristische Staatsbegriff: kritische Untersuchung des Verhältnisses von Staat und Recht, Aalen: Scientia.
Kelsen (1981b): Hans Kelsen, Wesen und Wert der Demokratie, Aalen: Scientia.
Kelsen (1985): Hans Kelsen, Reine Rechtslehre, Nachdr. der 1. Auflage von 1934, Aalen: Scientia.
Kern (1967): Fritz Kern, Gottesgnadentum und Widerstand im früheren Mittelalter, Zur Entwicklungsgeschichte der Monarchie. Darmstadt: Wissenschaftliche Buchgesellschaft.
Kersting (1993): Wolfgang Kersting, Wohlgeordnete Freiheit: Immanuel Kants Rechts- und Staatsphilosophie, Frankfurt am Main: Suhrkamp.

Kersting (1996): Wolfgang Kersting, „Philosophische Probleme der internationalen Beziehungen", in Kurt Bayertz (Hg.), Politik und Ethik, Stuttgart: Reclam, 423-456.
Kersting (1997): Wolfgang Kersting, Recht, Gerechtigkeit und demokratische Tugend, Frankfurt am Main: Suhrkamp.
Kersting (2002): Wolfgang Kersting, Kritik der Gleichheit und der Moral, Weilerswist: Velbrück Wissenschaft.
Klemme (2013): Heiner F. Klemme, „Menschenwürde und Menschenrecht. Variationen eines Kantischen Themas in systematischer Absicht", in: Frank Brosow/T. Raja Rosenhagen (Hg.), Moderne Theorien praktischer Normativität, Münster: Mentis, 213-229.
Klippel (1976): Diethelm Klippel, Politische Freiheit und Freiheitsrechte im Deutschen Naturrecht des 18. Jahrhunderts, Paderborn: Ferdinand Schöningh.
Kimminich (1993): Otto Kimminich, Einführung in das Völkerrecht, Tübingen/Basel: UTB.
Knauß (2016): Stefan Knauß, Von der Conquista zur Responsibility while Protecting. Die Debatte der humanitär gerechtfertigten Kriegsführung aus lateinamerikanischer Perspektive, Frankfurt am Main, Berlin, Bern, Bruxelles, New York, Oxford, Wien: Peter Lang.
Kneipp (2006): Sascha Kneipp, „Demokratieimmanente Grenzen der Verfassungsgerichtsbarkeit", in: Michael Becker/Ruth Zimmerling (Hg.), Recht und Politik. Politische Vierteljahresschrift Sonderheft 36, 259-281.
Kölbel (2009): Max Kölbel, „Sittenvielfalt und moralischer Relativismus", in: Gerhard Ernst (Hg.), Moralischer Relativismus, Paderborn: Mentis, 139-161.
Koller (1992): Peter Koller, Theorie des Rechts: eine Einführung, Wien: Böhlau Wien.
Koller (1996): Peter Koller, „Freiheit als Problem der politischen Philosophie", in: Kurt Bayertz, Politik und Ethik, Stuttgart: Reclam, 111-138.
Krell (2009): Gert Krell, Weltbilder und Weltordnung – Einführung in die Theorie der internationalen Beziehungen, Baden-Baden: Nomos.
Kriele (1975): Martin Kriele, Einführung in die Staatslehre: die geschichtlichen Legitimationsgrundlagen des demokratischen Verfassungsstaates, Reinbek: Rowohlt.
Kripke (1980): Saul Kripke, Naming and Necessity, Oxford: Blackwell.
Künnecke (2003): Arndt Künnecke, Auf der Suche nach dem Kern des Naturrechts. Ein Vergleich der schwachen säkularen Naturrechtslehren Radbruchs, Coings, Harts, Welzels und Fullers ab 1945, Berlin: Verlag Dr. Kovac.
Kymlicka (1999): Will Kymlicka, Multikulturalismus und Demokratie. Über Minderheiten in Staaten und Nationen, Hamburg: Europäische Verlagsgesellschaft.
Kymlicka (2002): Will Kymlicka, „Droits de l'homme et justice ethnoculturelle", in: Lukas Sosoe (Hg.), Diversité humaine. Démocratie, multiculturalisme et citoyenneté, Saint-Nicolas/ Quebec/Paris: Les Presses de Lúniversité Laval, 387-406.
Ladwig (2012): Bernd Ladwig, „Anthropologie und Naturalismus" in: Arnd Pollmann/Gerhard Lohmann (Hg.), Menschenrechte. Ein interdisziplinäres Handbuch. Stuttgart, Weimar: J.B. Metzler.
Lamond (2012): Grant Lamond, „The Rule of Law", in: Andrei Marmor (Hg.) The Routledge Companion to the Philosophy of Law, New York: Routledge, 495-508.
Lange (2007): Hans-Jürgen Lange, „Mehr Staat – mehr Sicherheit?" In: Moderner Staat im Dialog. Vom Wandel der Grundlagen zu einem neuen Staatsverständnis, Reihe der Friedrich-Ebert-Stiftung, Berlin: Forum Berlin, 75-92.
Las Casas (1994-1997), Bartholomé de Las Casas, De regia potestate, in: Mariano Delgado (Hg.), Bartholomé de Las Casas: Werkauswahl, 4. Bände, Paderborn: Schöningh.

Lenin (1961): Wladimir Iljitsch Lenin, „Ein neuer revolutionärer Arbeiterbund", in Werke Bd. 8, Hg. v. Institut für Marxismus-Leninismus beim ZK der SED, Berlin: Dietz.

Lenzen (2006): Wolfgang Lenzen (Hg.), Ist Folter erlaubt? Juristische und philosophische Aspekte, Paderborn: Mentis.

Lohmann (1998): Georg Lohmann, „Menschenrechte zwischen Moral und Recht", in: Georg Lohmann/Stefan Gosepath (Hg.), Philosophie der Menschenrechte, Frankfurt am Main: Suhrkamp, 62-95.

Lück (2013): Heiner Lück, Über den Sachsenspiegel: Entstehung, Inhalt und Wirkung des Rechtsbuches, Wettin-Löbejün: Stekovics.

Ludwig (2013): Bernd Ludwig, „Positive und negative Freiheit" bei Kant? – Wie begriffliche Konfusion auf philosophiehistorische Abwege führt, in: Jahrbuch für Recht und Ethik 21, 271-305.

Luhmann, Niklas (1993), „Subjektive Rechte: Zum Umbau des Rechtssystems für die moderne Gesellschaft", in: ders., *Gesellschaftsstruktur und Semantik*, Bd. 2, Frankfurt am Main: Suhrkamp, 45-104.

Machiavelli (1532): Niccolò Machiavelli, „Il principe", in: Martelli Mario (Hg.), Tutte le opere, Florenz: Sansoni (1992).

MacIntyre (1985): Alasdair C. MacIntyre, After Virtue: A Study in Moral Theory. London: Duckworth.

MacIntyre (1988): Alasdair C. MacIntyre, Whose justice, which rationality? Notre Dame: University of Notre Dame Press.

Mackert (1999): Jürgen Mackert, Kampf um Zugehörigkeit. Nationale Staatsbürgerschaft als Modus sozialer Schließung, Opladen: Springer VS.

Macpherson (1973): Crawford Brough, Die politische Theorie des Besitzindividualismus, Frankfurt am Main: Suhrkamp.

Macqueen/Shahram (2008): Benjamin Macqueen/Akbarzadeh Shahram, Islam and human rights in practice: perspectives across the Ummah, London: Routledge.

Mapel (2001): David Mapel, „Revising the Doctrine of the Double Effect", in: Journal of Applied Philosophy 13, 257-272.

Marx (1956): Karl Marx, „Zur Judenfrage", in: Marx-Engels-Werke (MEW) Band I (1839-1844), Berlin: Dietz.

Marx (1968): Karl Marx, „Ökonomisch-philosophische Manuskripte aus dem Jahr 1844", in Marx-Engels-Werke (MEW) Ergänzungsband 1. Teil, Berlin: Dietz.

Mayer (1999): Ann Elizabeth Mayer, Islam and Human Rights, Tradition and Politics, Boulder: Westview Press.

Mayer (2001): Verena Mayer „Was würde Kant zum Klonen sagen?" in: Information Philosophie 3, 20-22.

Mayer-Tasch (1965): Peter-Cornelius Mayer-Tasch, Thomas Hobbes und das Widerstandsrecht, Tübingen: Mohr Siebeck.

Maus (1994): Ingeborg Maus, Zur Aufklärung der Demokratietheorie. Rechts- u. demokratietheoretische Überlegungen im Anschluß an Kant, Frankfurt am Main: Suhrkamp.

May (1992): Ernest R. May, The Making of the Monroe Doctrine, Cambridge/Mass.: Harvard University Press.

Maududi (1993): Abdul A'la Maududi, Human Rights in Islam, Leicester: The Islamic Foundation.

Meier (1980): Christian Meier, Die Entstehung des Politischen bei den Griechen, Frankfurt am Main: Suhrkamp.

Menke (2008): Christoph Menke, „Subjektive Rechte: Zur Form der Differenz", in: MRM – MenschenRechtsMagazin, Heft 2, 197-204.
Menke (2015): Christoph Menke, Kritik der Rechte, Frankfurt am Main: Suhrkamp.
Merkel (2000): Reinhard Merkel, Der Kosovo-Krieg und das Völkerrecht, Frankfurt am Main: Suhrkamp.
Merle (1997): Jean-Christophe Merle, Justice et Progrès, Paris: Presses Universitaires de France – PUF.
Miethke (1969): Jürgen Miethke, Ockhams Weg zur Sozialphilosophie, Berlin/New York: de Gruyter.
Mill (1861): John Stuart Mill, Considerations on Representative Government, London: Dent & Sons (1972).
Mill (1863): John Stuart Mill, Utilitarianism/Der Utilitarismus, Stuttgart: Reclam 2006.
Miller (1995): David Miller, On Nationality, Oxford: Clarendon Press.
Mises (1939): Ludwig von Mises, Im Namen des Staates, Stuttgart: Bonn Verlag 1978.
Möhlenbeck (2008): Michaela Möhlenbeck, Das absolute Folterverbot: Seine Grundlagen und die strafrechtlichen sowie strafprozessualen Folgen seiner Verletzung, Frankfurt am Main, Peter Lang.
Montada/Kals (2013): Leo Montada/Elisabeth Kals, Mediation: Ein Lehrbuch auf psychologischer Grundlage, Weinheim: Beltz.
Moyo (2009): Dambisa Moyo, Dead aid: why aid is not working and how there is another way for Africa, London: Penguin.
Molina (1659): Luis de Molina, De iustitia et iure, Mainz: Schönwetter.
Moltchanova (2010): Anna Moltchanova, „The Birthright Lottery: Citizenship and Global Inequality – by Shachar Ayelet" (Rezension), in Ethics & International Affairs, Vol. 24.4.
Moore (2009): Michael Moore, Causation and Responsibility. An Essay Concerning Law, Morals and Metaphysics, Oxford: Oxford University Press.
Mohr (2001) Georg Mohr, „Nation und Integration", in: Matthias Kaufmann (Hg.), Integration oder Toleranz? Minderheiten als philosophisches Problem, Freiburg/München, 200-225.
Mouffe (2007): Chantal Mouffe, Über das Politische. Wider die kosmopolitische Illusion, Frankfurt am Main: Suhrkamp.
Mühleisen (1997): Hans-Otto Mühleisen (Hg.), Fürstenspiegel der frühen Neuzeit, Frankfurt am Main: Insel-Verlag.
Münkler (2006): Herfried Münkler, Der Wandel des Krieges. Von der Symmetrie zur Asymmetrie, Weilerswist: Velbrück Wissenschaft.
Nagl-Docekal (2003): Herta Nagl-Docekal, „Autonomie zwischen Selbstbestimmung und Selbstgesetzgebung oder Warum es sich lohnen könnte, dem Verhältnis von Moral und Recht bei Kant erneut nachzugehen", in Herlinde Pauer-Studer/Herta Nagl-Docekal (Hg.), Freiheit, Gleichheit und Autonomie, Wien-Berlin: Böhlau, 296-326.
Nawparwar (2009): Manazha Nawparwar, „Die Außenbeziehungen der Europäischen Union zu internationalen Organisationen nach dem Vertrag von Lissabon", Christian Tietje (Hg.), Beiträge zum Europa- und Völkerrecht, Heft 4, Halle, abrufbar unter: www2.jura.uni-halle.de/telc/Heft4.pdf.
Neumann (2007): Ulfried Neumann, „Naturrecht und Positivismus im Denken Gustav Radbruchs – Kontinuitäten und Diskontinuitäten", in: Wilfried Härle/Bernhard Vogel (Hg.), „Vom Rechte, das mit uns geboren ist". Aktuelle Probleme des Naturrechts, Freiburg: Herder, 11-32.

Nimni (1995) Ephraim Nimni: „Marx, Engels and the National Question, in: Will Kymlicka, (Hg.): The Rights of Minority Cultures", Oxford: Oxford University Press, 57-75.
Nino (1992) Calos Santiago Nino, The Ethics of Human Rights, Oxford: Clarendon Press.
Norman (2006): Wayne Norman, Negotiating Nationalism: Nation-Building, Federalism and Secession in the Multinational State, Oxford: Oxford University Press.
Nübel (2004): Birgit Nübel, „Zum Verhältnis von ,Kultur' und ,Nation' bei Rousseau und Herder" (29.01.2004), in: Goethezeitportal, verfügbar unter: http://www.goethezeitportal.de/db/wiss/herder/nuebel_rousseau.pdf.
Nussbaum (1999): Martha C. Nussbaum, „Der aristotelische Sozialdemokratismus", in: dies. Gerechtigkeit oder Das gute Leben, Frankfurt am Main: Suhrkamp, 24-85.
Nussbaum (2006): Martha C. Nussbaum, Frontiers of Justice: Disability, Nationality, Species Membership. Cambridge, Mass.: Harvard University Press.
Nussbaum (2014): Martha Nussbaum, Die neue religiöse Intoleranz. Ein Ausweg aus der Politik der Angst, Darmstadt: WBG.
Ockham (1614): Wilhelm von Ockham, „Dialogus", in: Melchior Goldast (Hg.) Monarchia S.Romani Imperii, Vol. II Graz: o.A. 1960.
Ockham (1940-1963): Wilhelm von Ockham, „Opera Politica", in J.G. Sikes/B.L. Manning/J.S. Offler et al. (Hg.): Guillelmi de Ockham opera politica, (3. Bände), Manchester: Manchester University Press.
Ockham (1956): Wilhelm von Ockham, „Epistola ad fratres minores in capitulo apud Assisium congregatos", in: H.S.Offler (Hg.), Guillelmi de Ockham Opera Politica III, Manchester: Manchester University Press, 6-17.
Ockham (1992): Wilhelm von Ockham, Dialogus: Auszüge zur politischen Theorie, übersetzt von Jürgen Miethke (Hg.), Darmstadt: WBG.
Oestreich (1978): Gerhard Oestreich, Geschichte der Menschenrechte und Unfreiheiten im Umriß, Berlin: Duncker & Humblot.
Oloka-Onyango/Udagama (2000): Oloka-Onyango, J. and Deepika Udagama. „The realization of economic, social and cultural rights: Globalization and its impact on the full enjoyment of human rights", United Nations Economic and Social Council. Sub-Commission on the Promotion and Protection of Human Rights. E/CN.4/Sub.2/2000/13.
Orend (2006): Brian Orend, The Morality of War, Toronto: Broadview Press.
Orth (2000): Ernst Orth, Was ist und was heißt „Kultur"? Dimensionen der Kultur und Medialität der menschlichen Orientierung. Würzburg: Königshausen & Neumann.
Ott (1992): Walter Ott, Der Rechtspositivismus: Kritische Würdigung auf der Grundlage eines juristischen Pragmatismus. Berlin: Duncker & Humblot.
Padua (1324): Marsilius von Padua, Defensor Pacis, Richard Scholz (Hg.) Hannover: Hahn 1932.
Pallares-Burke (1996): Maria Lúcia Garcia Pallares-Burke, „A Mary Wollstonecraft que o Brasil conheceu", in: ders., Nísia Floresta o capuceiro e outros ensaios de traducao cultural, Sao Paulo: Ed. Hucitech.
Pateman (2007): Carole Pateman, „The Settler Contract", In: Pateman, Carole & Mills, Charles W. (Hg.): Contract and Domination, London: Polity Press, 35–78.
Pariotti (2008): Elena Pariotti. I diritti umani. Tra giustizia e ordinamenti giuridici, Novara: UTET Université.
Peters (2014): Anne Peters, Jenseits der Menschenrechte. Die Rechtsstellung des Individuums im Völkerrecht, Tübingen: Mohr Siebeck.
Pettit (1999): Philip Pettit, Republicanism: A Theory of Freedom and Government, Oxford: Oxford University Press.

Plunger (2007): Sibylle Plunger, Patientenautonomie und Willensfreiheit im Umfeld der Gerontopsychiatrie, Frankfurt am Main: Peter Lang.
Pogge (1988): Thomas Pogge „Rawls and Global Justice", in: Canadian Journal of Philosophy 18, 227-265.
Pogge (1989): Thomas Pogge, Realizing Rawls, Ithaca/London: Cornell University Press.
Pogge (1998): Thomas Pogge, „Eine globale Rohstoffdividende", in: Christine Chwaszcza/ Wolfgang Kersting, Politische Philosophie der internationalen Beziehungen, Frankfurt am Main: Suhrkamp, 325-362.
Pogge (2001): Thomas Pogge, „Gruppenrechte von Minderheiten", in: Matthias Kaufmann (Hg.), Integration oder Toleranz – Minderheiten als philosophisches Problem, Freiburg/ München: Verlag Karl Alber, 188-195.
Pogge (2002): Thomas Pogge, World Poverty and Human Rights, Cambridge: Politiy Press.
Pollmann/Lohmann (2012): Arnd Pollmann/Georg Lohmann (Hg.), Menschenrechte: Ein interdisziplinäres Handbuch, Stuttgart: J.B. Metzler.
Pufendorf (1672): Samuel Pufendorf, „De iure naturae et gentium libri octo", Frank Böhling/ Wilhelm Schmidt-Biggemann (Hg.), Gesammelte Werke Vol. 4, Berlin: Akademie-Verlag 1998.
Quante (2002): Michael Quante, Personales Leben und menschlicher Tod: personale Identität als Prinzip der biomedizinischen Ethik, Frankfurt am Main: Suhrkamp.
Quine (1990): Willard Van Orman Quine, Pursuit of Truth, Cambridge/Mass.: Harvard University Press.
Radbruch (1973): Gustav Radbruch, Rechtsphilosophie, Stuttgart: Koehler.
Radbruch (1999): Ralf Dreier/Stanley Paulson (ed.), Gustav Radbruch – Rechtsphilosophie, Heidelberg: C.F. Müller.
Radrizzani (2006): Ives Radrizzani (Hg.), Fichte, lecteur de Machiavel, Basel: Schwabe Verlag.
Rawls (1972): John Rawls, A Theory of Justice, Oxford: Oxford University Press.
Rawls (1975): John Rawls, Eine Theorie der Gerechtigkeit, Frankfurt am Main: Suhrkamp.
Rawls (1999): John Rawls, The Law of Peoples, Cambridge/Mass.: Harvard University Press.
Ratsch (1996): Ulrich Ratsch, „Vom guten und vom bösen Menschen. Der ‚wissenschaftliche Anarchismus? von Peter Kropotkin", in: Hans Diefenbacher (Hg.), Anarchismus. Zur Geschichte und Idee der herrschaftsfreien Gesellschaft, Darmstadt: WBG, 54-66.
Raz (1984): Joseph Raz, „On the Nature of Rights", in: Mind 93, 194-214.
Recknagel (2010): Dominik Recknagel, Einheit des Denkens trotz konfessioneller Spaltung. Parallelen zwischen den Rechtslehren von Francisco Suárez und Hugo Grotius, Frankfurt am Main, Peter Lang.
Renan (1995): Ernest Renan, Was ist eine Nation? Rede am 11. März 1882 an der Sorbonne, Hamburg: Hanseatische Verlagsanstalt.
Renzikowski (2007): Joachim Renzikowski, „Pflichten und Rechte – Rechtsverhältnis und Zurechnung", in: Goltdammers Archiv für Strafrecht, 561-578.
Riccobono (2003): Francesco Riccobono, „Legittimazione attraverso diritti umani?", in: Lorenzo d'Avack, Sviluppo dei diritti dell'uomo e protezione giuridica, Napoli: Guida, 91-100.
Ripstein (2009): Arthur Ripstein, Force and Freedom. Kant's Legal and Political Philosophy, Cambridge/Mass.: Harvard University Press.
Robertson (1995): Roland Robertson. „Globalization: Time-space and homogeneity-heterogeneity", in: M. Featherstone/L. Scott/R. Robertson (Hg.), Global modernities, London: Sage Publications, 25-44.

Ronit/Schneider (2000): Karsten Ronit, Volker Schneider. „Private Organizations and their Contribution to Problem-Solving in the Global Arena." in: Karsten Ronit/Volker Schneider, Private Organizations in Global Politics. London, New York: Routledge.

Rossetti (2011): Marco Rossetti, Il Diritto delle Assicurazioni I, Padova: CEDAM.

Rössler (1993): Beate Rössler, Quotierung und Gerechtigkeit, Frankfurt am Main: Campus.

Rössler (2003): Beate Rössler, „Bedingungen und Grenzen von Autonomie", in: Herlinde Pauer-Studer/Herta Nagl-Docekal, Freiheit, Gleichheit und Autonomie, Wien, Berlin: Böhlau, 327-357.

Rotberg (2003): Robert I. Rotberg, State Failure and State Weakness in a Time of Terror, Cambridge/Mass.: Cambridge University Press.

Rotberg (2004): Robert I. Rotberg, When States Fail. Causes and Consequences, Princeton: Princeton University Press.

Rottenburg (2003): Richard Rottenburg, „Code-Wechsel. Ein Versuch zur Umgehung der Frage; Gibt es eine oder viele Wirklichkeiten?", in: Matthias Kaufmann (Hg.), Wahn und Wirklichkeit – Multiple Realitäten, Frankfurt am Main: Peter Lang, 153-174.

Rottenburg (2009): Richard Rottenburg, „Social and public experiments and new figurations of science and politics in postcolonial Africa", in Postcolonial Studies 12(4), 423-440.

Rousseau (1755): Jean-Jacques Rousseau, Diskurs über die Ungleichheit – Discours sur l'inégalité (ed. Meier), Paderborn: Schöningh ^{5}2001.

Rousseau (1762): Jean-Jacques Rousseau, Du Contrat social, Paris: Gallimard 1964

Rousseau (1769/70): Jean-Jacques Rousseau, Der Gesellschaftsvertrag oder die Grundsätze des Staatsrechtes, Stuttgart: 1971.

Saage (1994): Richard Saage, Eigentum, Staat und Gesellschaft bei Immanuel Kant, Baden-Baden: Nomos.

Said (2010): Edward W. Said, Orientalismus, Frankfurt am Main: S. Fischer.

Sandel (1982): Michael Sandel, Liberalism and the Limits of Justice, Cambridge: Cambridge University Press.

Sandkühler (2013): Hans Jörg Sandkühler, Recht und Staat nach menschlichem Maß, Weilerswist: Velbrück Wissenschaft.

Savigny (1840): Friedrich Carl von Savigny, System des heutigen römischen Rechts/I, Aalen: Scientia 1973.

Scattola (2006): Merio Scattola, „Konflikt und Erfahrung: Über den Kriegsgedanken im Horizont frühneuzeitlichen Wissens", in: Heinz-Gerhard Justenhoven/Joachim Stüben (Hg.), Kann Krieg erlaubt sein? Eine Quellensammlung zur politischen Ethik der Spanischen Spätscholastik, Stuttgart: Kohlhammer, 11-53.

Schmidt (2009): Thomas Schmidt, „Die Herausforderung des ethischen Relativismus", in: Gerhard Ernst (Hg.), Moralischer Relativismus, Paderborn: Mentis, 117-137.

Schieder/Spindler (2010): Siegfried Schieder, Manuela Spindler (Hg.), Theorien internationaler Beziehungen, Opladen: Barbara Budrich.

Schmitt (1926): Carl Schmitt, „Vorbemerkung über den Gegensatz von Parlamentarismus und Demokratie", in: ders., Die geistesgeschichtliche Lage des heutigen Parlamentarismus, Berlin: Duncker & Humblot (Neudruck ebd. 1996).

Schmitt (1928): Carl Schmitt: Die Diktatur: von den Anfängen des modernen Souveränitätsgedankens bis zum proletarischen Klassenkampf, München/Leipzig: Duncker & Humblot.

Schmitt (1931): Carl Schmitt: Der Hüter der Verfassung, Berlin: Duncker & Humblot.

Schmitt (1933): Carl Schmitt, Staat, Bewegung, Volk. Die Dreigliederung der politischen Einheit, Hamburg: Hanseatische Verlagsanstalt.

Schmitt (1939): Carl Schmitt, Völkerrechtliche Großraumordnung mit Interventionsverbot für raumfremde Mächte, Berlin/Wien: Deutscher Rechtsverlag.

Schmitt (1940a): Carl Schmitt, „Der Reichsbegriff im Völkerrecht" in: ders., Positionen und Begriffe im Kampf mit Weimar – Genf – Versailles, Hamburg: Hanseatische Verlagsanstalt, 303-313.

Schmitt (1940b): Carl Schmitt, „Staatsethik und pluralistischer Staat", in: ders, Positionen und Begriffe im Kampf mit Weimar – Genf – Versailles, Hamburg: Hanseatische Verlagsanstalt.

Schmitt (1943): Carl Schmitt, Land und Meer: Eine weltgeschichtliche Betrachtung, Stuttgart: Klett-Cotta 2011.

Schmitt (1955): Carl Schmitt, „Die geschichtliche Struktur des heutigen Weltgegensatzes von Ost und West", in: Freundschaftliche Begegnungen. Festschrift für Ernst Jünger zum 60. Geburtstag, Frankfurt am Main: Klostermann, 135-167.

Schmitt (1970): Carl Schmitt, Verfassungslehre, Berlin: Duncker & Humblot.

Schmitt (1973): Carl Schmitt, „Wohlerworbene Beamtenrechte und Gehaltskürzungen", in: ders., Verfassungsrechtliche Aufsätze, Berlin: Duncker & Humblot.

Schmitt (1974): Carl Schmitt, Der Nomos der Erde, Berlin: Duncker & Humblot.

Schmitt (1975): Carl Schmitt, Theorie des Partisanen, Berlin: Duncker & Humblot.

Schmitt (1979a): Carl Schmitt, Der Begriff des Politischen, Berlin: Duncker & Humblot.

Schmitt (1979b): Carl Schmitt, Politische Theologie. Vier Kapitel zur Souveränität, Berlin: Duncker & Humblot.

Schmitt (1991): Carl Schmitt, Glossarium. Aufzeichnungen der Jahre 1947-1951, Berlin: Duncker & Humblot.

Schmitz (2012): Barbara Schmitz, „Subsistenzrechte", in: Arnd Pollmann/Georg Lohmann (Hg.), Menschenrechte: Ein interdisziplinäres Handbuch, Stuttgart: J.B. Metzler, 233-241.

Schneewind (1998): Jerome Schneewind, The Invention of Autonomy. A History of Modern Moral Philosophy, Cambridge: Cambridge University Press.

Schnelle (2013): Sebastion Schnelle, Im Namen Allahs? Gewaltrechtfertigungsstrategien islamischer Fundamentalisten aus westlicher Perspektive, Frankfurt am Main: Suhrkamp.

Schnepf (2003): Robert Schnepf, „Baltasar de Ayalas Beitrag zum Kriegsrecht und dessen Kritik bei Francisco Suárez und Hugo Grotius", in: N. Brieskorn/M. Riedenauer (Hg.): Suche nach Frieden: Politische Ethik in der frühen Neuzeit III, Stuttgart: Kohlhammer, 319-345.

Schnepf (2007): Robert Schnepf, „Armut ohne Bedürftigkeit ist ein Gut. Autonomie in einer Welt von Gütern", in: Ursula Renz/Barbara Bleisch (Hg.), Zu wenig. Dimensionen der Armut, Zürich: Seismos, 110-135.

Scholte (2005): Jan Aart Scholte, Globalization – A Critical Introduction. Houndsmills, Basingstoke Macmillan Education.

Schröder (2012): Wolfgang M. Schröder „Natur- und Vernunftrecht", in: Georg Lohmann/Arnd Pollmann (Hg.), Menschenrechte. Ein interdisziplinäres Handbuch, Stuttgart: J.B. Metzler, 179-185.

Schulev-Steindl (2008): Eva Schulev-Steindl, Subjektive Rechte: Eine rechtstheoretische und dogmatische Analyse am Beispiel des Verwaltungsrechts, Wien: Springer.

Schumpeter (1980): Joseph A. Schumpeter: Kapitalismus, Sozialismus und Demokratie, München: Francke.

Schütze (2004): Marc Schütze, Subjektive Rechte und personale Identität: die Anwendung subjektiver Rechte bei Immanuel Kant, Carl Schmitt, Hans Kelsen und Hermann Heller, Berlin: Duncker & Humblot.
Scott (1934): James Brown Scott: The Spanish origin of international law, Oxford: Oxford University Press.
Seller (2001): Hanns-Frank Seller, Der Weg der USA in die Weltpolitik. Die amerikanische Außen- und Sicherheitspolitik in ihren Grundlinien, München: Herbert Utz.
Sen (2006): Amartya Sen, Identity and Violence. The Illusion of Destiny, New York/London: Penguin.
Sen (2010a): Amartya Sen, Die Idee der Gerechtigkeit, München: C.H. Beck.
Seneca (1995): Lucius Annaeus Seneca, Ad Lucilium epistulae morales, in, Manfred Rosenbach (Hg.), Philosophische Schiften: Lateinisch und Deutsch (5 Bände), Darmstadt: Wissenschaftliche Buchgesellschaft.
Senn (1999): Marcel Senn, Rechtsgeschichte – ein kulturhistorischer Grundriss Zürich: mit Bildern, Karten, Schemen, Register, Biografien und Chronologie, Zürich: Schulthess.
Serbaji (2012): Mongi Serbaji, „Die kulturellen Rechte in den islamisch-arabischen Menschenrechtserklärungen", in: Sarhan Dhouib, Kultur, Identität und Menschenrechte. Transkulturelle Perspektiven, Weilerswist: Velbrück Wissenschaft.
Seydlitz (2010): Christian von Seydlitz, Supranationale Herrschaft und europäische Integration. Zur Kritik des liberalen Nationalismus, Baden-Baden: Nomos.
Shachar (2001): Ayelet Shachar, Multicultural Jurisdictions. Cultural Differences and Women's Rights, Cambridge: Cambridge University Press.
Shachar (2009): Ayelet Shachar, The Birthright Lottery: Citizenship and Global Inequality, Cambridge/Mass.: Harvard University Press.
Sieyès (1981): Emmanuel Joseph Sieyès, Politische Schriften 1788-1790: mit Glossar und kritischer Sieyes-Bibliographie, München: Oldenbourg.
Singer (1997): Peter Singer, Praktische Ethik, Stuttgart: Reclam.
Sorgner (2010): Stefan Lorenz Sorgner, Menschenwürde nach Nietzsche. Die Geschichte eines Begriffs, Darmstadt: WBG.
Soto (1569): Domingo de Soto, De jusititia et jure, Lyon: Honoratus.
Soto (2006): Domingo de Soto, „De bello", in: Heinz-Gerhard Justenhoven/Joachim Stüben (Hg.), Kann Krieg erlaubt sein? Eine Quellensammlung zur politischen Ethik der Spanischen Spätscholastik, Stuttgart: Kohlhammer, 108-144.
Souaiaia (2003): Ahmed Souaiaia, Human Rights & Islam: The Divine and the Mundane in Human Rights Law, New York, Lincoln, Shanghai: iUniverse.
Specht (2000): Rainer Specht, „Francisco Suárez über den Krieg", in: Norbert Brieskorn/Markus Riedenauer (Hg.), Suche nach Frieden: Politische Ethik in der Frühen Neuzeit I, Stuttgart: Kohlhammer, 191-222.
Spitz (2005): Jean-Fabien Spitz, Le moment républicain en France, Paris: Gallimard.
Steiner (1994): Hillel Steiner, An Essay on Rights, Oxford: Blackwell.
Stolleis (1972): Michael Stolleis, Staatsraison, Recht und Moral in philosophischen Texten des späten 18. Jahrhunderts, Meisenheim am Glan: Hain.
Stolleis (1990a): Michael Stolleis, Staat und Staatsräson in der frühen Neuzeit: Studien zur Geschichte des öffentlichen Rechts, Frankfurt am Main: Suhrkamp.
Stolleis (1990b): Michael Stolleis, „Löwe und Fuchs. Eine politische Maxime im Frühabsolutismus", in: Ingo von Münch (Hg.) Staatsrecht – Völkerrecht – Europarecht. Festschrift für Hans-Jürgen Schlochauer, Berlin/New York: de Gruyter.

Sturma (2001): Dieter Sturma: Person: Philosophiegeschichte – theoretische Philosophie – praktische Philosophie, Paderborn: Mentis.
Suárez (1612): Francisco Suárez, Abhandlung über die Gesetze und Gott den Gesetzgeber (deutsche Übersetzung von Buch I und Buch II Kap. i-xvi) übers. und hg. von Norbert Brieskorn/Hermann Klenner, Freiburg: Haufe-Lexware 2002.
Suárez (2013): Francisco Suárez, De Pace – De Bello/Über den Frieden – Über den Krieg. Hrsg. und eingeleitet von Markus Kremer. Ins Deutsche übersetzt von Markus Kremer und Josef de Vries, Stuttgart-Bad Cannstatt: Frommann-Holzboog.
Summers (1983): Robert S. Summers, Pragmatischer Instrumentalismus und amerikanische Rechtstheorie, Freiburg/München: Verlag Karl Alber.
Taylor (1989): Charles Taylor, Sources of the Self: The Making of the Modern Identity, Cambridge: Cambridge University Press.
Taylor (1997): Charles Taylor, Multikulturalismus und die Politik der Anerkennung, Frankfurt am Main: Suhrkamp.
Tellkamp (2014): Jörg Alejandro Tellkamp, „Rights and Dominium", In Matthias Kaufmann/Alexander Aichele (Hg.), A Companion to Molina, Leiden/Boston: Brill, 125-153.
Tesón (2003): Fernando Tesón, „The Liberal Case for Humanitarian Intervention", in: Jeff L. Holzgreffe/Robert O. Keohan (Hg.), Humanitarian Intervention, Ethical, Legal, and Political Dilemmas, Cambridge: Cambridge University Press, 93-123.
Tesón (2005): Fernando Tesón, „Ending Tyranny in Iraq", in: Ethics and International Affairs 19 (2), 1-20.
Tesón (2011): Fernando Tesón, „Humanitarian Intervention: Loose Ends", (August 11, 2011). Journal of Military Ethics, Forthcoming, Public Law Research Paper No. 516. verfügbar unter: http://ssrn.com/abstract=1908269
Tesón (2014): Fernando Tesón, „The Moral Basis of Armed Humanitarian Intervention", in: Don E. Scheid, The Ethics of Armed Humanitarian Intervention, Cambridge: Cambridge University Press, 61-77.
Thomasius (1692): Christian Thomasius, Einleitung zur Sittenlehre. Hildesheim: Olms 1968.
Thomasius (1705): Christian Thomasius, Fundamenta iuris naturae et gentium, Aalen: Scientia 1979.
Tierney (1963): Brian Tierney, „Natura Id Est Deus: A Case of Juristic Pantheism?" in: Journal of the History of Ideas 24, 307-322.
Tierney (1997): Brian Tierney, The Idea of Natural Rights, Atlanta: Scholar Press.
Tietje (2009): Christian Tietje, Internationales Wirtschaftsrecht, Berlin/New York: de Gruyter.
Tigerstrom (2007): Barbara Tigerstrom, Human Security and International Law – Prospects and Problems, Oxford/Portland: Hart Publishing.
Tönnies (1922): Ferdinand Tönnies, Kritik der öffentlichen Meinung, Berlin: Springer.
Tosi (2002): Guiseppe Tosi „Veri domini" o „servi a natura"? La teoria della schiavitù naturale nel dibattito sul Nuovo Mondo, Bologna: Edizioni Studio Domenicano.
Tuck (1979): Richard Tuck, Natural Rights Theories: Their Origin and Development, Cambridge: Cambridge University Press.
Turner (2006): Bertram Turner, „Competing Global Players in Rural Morocco", in: Journal of Legal Pluralism 53/54, 101-139.
Ulbert/Werthes (2008): „Afrikanische Perspektiven", in: Cornelia Ulbert/Sascha Werthes (Hg.), Menschliche Sicherheit: globale Herausforderungen und regionale Perspektiven. Baden-Baden: Nomos, 137-148.
Ullmann (1949): Walter Ullmann, Medieval Papalism, London: Methuen & Co.

Vanderlinden (1972): Jacques Vanderlinden, „Le pluralisme juridique. Essai de synthèse", in: John Gilissen (Hg.), Le pluralisme juridique, Bruxelles: ULB, 19-56.
Vattel (1758): Emer de Vattel, Le droit des gens ou principes de la loi naturelle, in: Walter Schätzel (Hg.), „Reihe: Klassiker des Völkerrechts", Tübingen: Mohr Siebeck 1959.
Villey (1968): Michel Villey, La formation de la pensée juridique moderne, Paris: Presses Universitaires de France.
Vitoria (1532): Francisco de Vitoria, „De Indis", in: ders., Vorlesungen: Politik, Völkerrecht, Kirche II, hg. von Ulrich Horst/Heinz-Gerd Justenhoven/Joachim Stüben, Stuttgart: Kohlhammer 1997.
Vitzthum (2007): Wolfgang Vitzthum, Völkerrecht, Berlin: de Gruyter.
Volanthen (1964): Albert Volanthen, Zum rechtsphilosophischen Streit über das Wesen des subjektiven Rechts, Zürich: Polygraph.
Wagner (1973): Hans Wagner (Hg.), Magna Charta Libertatum von 1215: lateinisch, deutsch, englisch mit ergänzenden Aktenstücken, Bern: Peter Lang.
Waldron (1995): Jeremy Waldron, „Minority Rights and the Cosmopolitan Alternative", in: Will Kymlicka (Hg.), The Rights of Minority Cultures, Oxford: Oxford University Press, 93-119.
Walther (1990): Helmut G. Walther: „Die Gegner Ockhams: Zur Korporationslehre der mittelalterlichen Legisten", in: Gerhard Göhler (Hg.), Politische Institutionen im gesellschaftlichen Umbruch: ideengeschichtliche Beiträge zur Theorie politischer Institutionen, Opladen: Westdeutscher Verlag, 113-139.
Waltz (1965): Kenneth Waltz, Man, the State and War – A Theoretical Analysis, New York: Columbia University Press.
Walzer (1992): Michael Walzer, Just and Unjust Wars: A Moral Argument With Historical Illustrations, New York: Basic Books.
Walzer (1998): Michael Walzer, Über Toleranz. Von der Zivilisierung der Differenz, Hamburg: Rotbuch.
Weber (1980): Max Weber, Wirtschaft und Gesellschaft Bd. I, Tübingen: Mohr & Siebeck.
Weigand (1967): Rudolf Weigand, Die Naturrechtslehre der Legisten von Irnerius bis Accurius und von Julian bis Johannes Teutonicus, München: Max Hueber.
Weinstock (2001): Daniel Weinstock, „Kymlicka, Collective Rights and the Problem of Inclusion", in: Matthias. Kaufmann (Hg.), Integration oder Toleranz? Minderheiten als philosophisches Problem, Freiburg/München: Verlag Karl Alber, 160-169.
Weiß (2012): Norman Weiß, „Drei Generationen von Menschenrechten", in: Arndt Pollmann/ Georg Lohmann (Hg.), Menschenrechte. Ein interdisziplinäres Handbuch, Stuttgart: J.B. Metzler, 228-231.
Welsh (2010): Jennifer Welsh, „Die internationale Gemeinschaft und die ‚Verantwortung zum Schutz' ", in: Véronique Zanetti/Doris Gerber (Hg.), Kollektive Verantwortung und internationale Beziehungen, Frankfurt/Main 2010, 272-294.
Welzel (1990): Hans Welzel, Naturrecht und materiale Gerechtigkeit, Göttingen: Vandenhoeck & Ruprecht.
Wenar (2010): Leif Wenar, „Rights" in: Stanford Encyclopedia of Philosophy, abrufbar unter: plato.stanford.edu/entries/rights/.
Wendenburg (2013): Felix Wendenburg, Der Schutz der schwächeren Partei in der Mediation, Tübingen: Mohr Siebeck.
Werther-Pietsch (2012): Ursula Werther-Pietsch, Failed States – Staatsaufbau als Konfliktprävention, Berlin: Berliner Wissenschafts-Verlag.

Westphal (1993): Kenneth Westphal, „The Basic Conept and Structure of Hegel's Philosophy of Right", in: The Cambridge Companion to Hegel, Cambridge: Cambridge University Press.
Westphal (1997): Kenneth Westphal, „Do Kant's Principles Justify Property or Usufruct?", in: Jahrbuch für Recht und Ethik 5, 141-197.
Wetz (2005): Franz-Josef Wetz, Illusion Menschenwürde. Aufstieg und Fall eines Grundwerts, Stuttgart: Klett-Cotta.
Wiesing/Ach (2004): Urban Wiesing/Johannes S. Ach, Ethik in der Medizin: ein Studienbuch, Stuttgart: Reclam.
Wiesner/Schneider/Nullmeier (2006): Achim Wiesner/Steffen Schneider/Frank Nullmeier et al., „Legalität und Legitimität – erneut betrachtet", in: Michael Becker/Ruth Zimmerling (Hg.), Recht und Politik. Politische Vierteljahresschrift Sonderheft 36/2006, 164-183.
Wieviorka (2003): Michel Wieviorka: Kulturelle Differenzen und kollektive Identitäten, Hamburg: Hamburger Edition.
Wieviorka (2004): Michel Wieviorka: „Zur Überwindung des Konzeptes der Integration", in: Yves Bizeul (Hg.), Integration von Migranten. Französische und deutsche Konzepte im Vergleich, Wiesbaden: Deutscher Universitätsverlag, 1-11.
Williams (2001): Howard Williams, „The Idea of a Liberal Democratic Peace", in: Mark Evans (Hg.), The Edinburgh Companion to Contemporary Democratic Liberalism, Edinburgh: Edinburgh University Press, 241-253.
Wit (2002): Theo W. A. De Wit: „The Ups and Downs of Tolerance. An Introductory Essay on the Genealogy of (Religious) Tolerance", in: Bijdragen. International Journal in Philosophy and Theology 63, 387-414.
Wittreck (2008): Fabian Wittreck, Nationalsozialistische Rechtslehre und Naturrecht – Affinität und Aversion, Tübingen: Mohr Siebeck.
Wollstonecraft (1792): Mary Wollstonecraft: Vindication of the Rights of Women, London: Penguin 1992.
Woodward (2003): Bob Woodwrd, Bush at War, New York: Pocket Books.
Woodward (2004): Bob Woodward, Plan of Attack. The Road to War, New York: Simon & Schuster.
Yingtai (1999): Lung Yingtai, „Culture as a Dead Picture. Receptions of Cultural Criticism in the Chinese-Speaking World: an Example", in: Thomas Göller (Hg.) Philosophie der Menschenrechte, Göttingen: Cuvillier, 168-184.
Zanetti (1998): Veronique Zanetti, „Ethik des Interventionsrechts", in: Christine Chwaszcza/Wolfgang Kersting (Hg.), Politische Philosophie der Internationalen Beziehungen, Frankfurt am Main, 297-324.
Ziegler (1994): Karl-Heinz Ziegler, Völkerrechtsgeschichte, München: C.H. Beck.
Zippelius (1982): Reinhold Zippelius, Rechtsphilosophie: ein Studienbuch, München: C.H. Beck.

Namenregister

A
Achenwall, Gottfried 47, 223, 233, 245
Agamben, Giorgio 56, 85, 234
Aischylos 70
Alexander VI. 89
Alexy, Robert 29
Anderson, Benedict 60, 61, 234
Anschütz, Gerhard 22
Archibugi, Daniele 39, 233
Arendt, Hannah 168, 241
Aristoteles 3, 4, 6, 7, 8, 13, 83, 92, 96, 122, 158, 177, 179, 184, 191, 231
Arrow, Kenneth 194, 233
Augustinus 221
Austin, John 22, 232
Averroes 4
Ayala, Balthasar 222, 245

B
Bacon, Francis 85
Bakunin, Michail Alexandrowitsch 108, 238
Barbeyrac, Jean 101
Beccaria, Cesare 167, 241
Beitz, Charles 195, 213, 244
Benda-Beckmann, Franz von 33, 233, 240
Benda-Beckmann, Keebet von 33, 233, 240
Benedikt XVI. 38 f., 233
Benhabib, Sheila 37, 51, 146, 151, 153 f., 233 ff., 239, 240
Bentham, Jeremy 14, 22, 48, 146, 203, 243
Bergbohm, Karl 21, 22, 232
Berlin, Isaiah 151 f., 164 ff., 241
Bernays, Edward 108
Bieri, Peter 119, 238
Bierling, E.R. 23
Blickle, Peter 98, 103, 237, 241
Bodin, Jean 55
Brecht, Bertold 57, 196, 243
Brugger, Winfried 134
Burke, Edmund 16, 237

C
Carnap, Rudolf 178
Chwaszcza, Christine 216, 244

Cicero, Marcus Tullius 4, 77, 85, 120, 231, 236
Coing, Helmut 18, 19, 232
Coleman, Doriane Lambelet 151

D
Daries, Georg 223, 245
de Barrientos, Alamos 85
de la Barre, Francois 105
Della Casa, Giovanni 54
Doyle, Michael W. 208, 244
Duns Scotus, Ioannes 6, 10, 239
Dussel, Enrique 45, 233

E
Ehrlich, Eugen 23
Engels, Friedrich 71, 111, 175

F
Fabre, Cécile 200, 243
Feinberg, Joel 49, 234
Fichte, Johann Gottlieb 14 ff., 85, 232
Filmer, Sir Robert 187
Finnis, John 18 f., 20, 21, 231, 232
Forst, Rainer 138, 238, 239
Foucault, Michel 64, 119, 157, 159, 160, 161, 170, 235, 238, 239, 240, 241
Fuller, Lon 19, 46, 232

G
Gehlen, Arnold 10, 231
Geiger, Theodor 23
Gellner, Ernest 62, 234
Gentz, Friedrich 57, 234
Gerson, Jean 96, 102, 187, 189, 237, 242
Gilissen, John 32
Goodman, Nelson 178
Götzl, Stephan 40
Gouges, Olympe de 104, 105
Gratian 4, 93, 231
Grotius, Hugo 6, 8, 57, 77, 100 ff., 202 ff., 235, 237, 243

Namenregister

H

Habermas, Jürgen 116, 142, 196, 234, 235, 239 f.
Harris, John 123, 239
Hart, Herbert Lionel Adolphus 10 ff., 18 f., 24, 25, 28, 29, 30, 31, 35, 48, 79, 231 ff., 238
Hassemer, Winfried 25
Hayek, August Friedlich von 169, 197, 241, 243
Hegel, Georg Wilhelm Friedrich 16, 17, 25, 26, 27, 85, 174, 176 f., 232
Held, David 39, 233, 244
Herder, Johann Gottfried von 152, 240
Hobbes, Thomas 2, 6, 7, 8, 9, 11, 15, 22, 54, 55, 65, 77, 78, 99, 100, 111, 112, 127, 130, 132, 135, 169, 178, 179, 180, 184, 204, 235
Hoerster, Norbert 123
Höffe, Otfried 38, 39, 233, 239
Hohfeld, Wesley 48
Holzgrefe, J. L. 225, 245
Honderich, Ted 245
Honneth, Axel 174, 176, 177, 241
Horn, Christoph 92, 236
Humboldt, Wilhelm von 157, 159, 160, 240
Hume, David 11, 68, 183
Hutcheson, Francis 14

I

Inston, Kevin 168, 241
Isidor von Sevilla 2, 4, 231, 236

J

Jakob, Ludwig Heinrich von 77 f., 84, 235
Jellinek, Georg 23, 238
Jhering, Rudolf von 48
Johannes XXII. 94, 95, 186

K

Kant, Immanuel 11, 14, 15, 26, 39, 41, 46, 51, 58, 74, 77, 82, 84, 102, 103, 104, 111, 115, 119, 121, 124, 126, 130, 136, 146, 157, 158, 165, 166, 167, 168, 174, 175, 179, 183, 184, 185, 188, 189, 190, 193, 197, 205, 206, 207, 208, 211, 219, 223, 225, 238

Kaufmann, Arthur 19, 25, 231, 232, 233, 234, 235, 237, 239, 241, 242, 243, 245
Kelsen, Hans 22, 23, 25, 30, 31, 132, 206, 232, 235, 236, 239, 244
Keohane, Robert O. 225, 245
Kersting, Wolfgang 197, 198, 213, 214, 215, 231, 240, 242, 243, 244
Kripke, Saul 178, 241
Kropotkin, Pjotr 10
Kymlicka, Will 153, 154, 239, 240

L

Las Casas, Bartolomé 97, 119, 237
Leibniz, Gottfried Wilhelm 14
Lippmann, Walter 108
Lipsius, Walter 85
Locke, John 9, 29, 77, 78, 85, 94, 101, 102, 111, 123, 127, 184, 187, 188, 232, 235, 236, 238, 239

M

Machiavelli, Niccolò 54, 84, 85, 89, 126, 199, 236
MacIntyre, Alaisdair 7, 114, 233, 238
Mariana, Juan de 76
Marsilius von Padua 22, 70, 94, 126
Marx, Karl 11, 13, 71, 85, 91, 106, 107, 108, 111, 130, 174, 175, 193, 231, 237
Meier, Christian 70, 235
Miller, David 62, 63, 235
Mill, John Stuart 17, 62 f., 71, 146, 148, 171, 173, 175, 192, 196, 232, 235, 238, 242
Mises, Ludwig von 169, 241
Molina, Luis de 47, 76 f., 95, 97 f., 100, 163, 179, 202 f. 222, 235 ff., 241 ff.
Mouffe, Chantal 40 ff., 233
Müller, Patrik 87

N

Nietzsche, Friedrich 122
Nino, Carlos Santiago 116, 238
Nísia Floresta, Brasileira Augusta 105
Nozick, Robert 214
Nussbaum, Martha 11 ff., 92, 121, 141, 172, 180, 182 ff., 193, 194, 196, 198, 220, 231, 236, 238 f., 242, 244

O
Ockham, Wilhelm von 6, 70, 77, 91, 94 f., 186 f., 235 f., 242

P
Pettit, Philip 132, 165, 174 f., 239, 241
Pico della Mirandola, Giovanni 120
Piketty, Thomas 219, 244
Pogge, Thomas 116, 142, 195, 213, 215 f., 220, 235, 238, 240, 244
Pufendorf, Samuel 8, 9, 100 ff., 204, 231, 237, 243

Q
Quine, Willard Van Orman 178, 233

R
Radbruch, Gustav 18, 25, 232
Rakowski, Eric 217
Rawls, John 11, 13, 16, 17, 25, 51, 53, 122, 146, 154, 162, 176, 182 f., 185, 192-199, 213-216, 231-235, 241 ff.
Raz, Joseph 46, 48, 234
Renan, Ernest 61, 62, 234
Repgow, Eike von 76
Rousseau, Jean-Jacques 9, 26, 68 ff., 102 f., 105, 110 f., 115, 126, 129, 164 ff., 168, 175, 178, 182, 184, 196, 231, 238, 241
Russell, Bertrand 178

S
Schmitt, Carl 10, 40, 44, 51, 55, 56, 65, 85, 109, 133, 144, 145, 222, 223, 231, 233, 234, 235, 236, 238, 239, 240, 243, 244, 245
Schumpeter, Josef 235
Sen, Amartya 11, 112, 128, 129, 153, 193, 194, 195, 196, 197, 198, 220, 238, 239, 240, 241, 242, 243
Seneca 92, 120, 236
Shachar, Ayelet 35, 36, 37, 38, 63, 152, 216, 235, 240, 244
Sieyès, Abbé 59, 234
Simmel, Georg 71, 235
Singer, Peter 113, 123, 184, 239, 242

Smith, Adam 131, 194, 195
Soto, Domingo de 95 f., 113, 222, 236, 237
Spinoza, Baruch 4, 90, 101, 103, 126
Spitz, Jean-Fabien 174, 241
Steiner, Hillel 48, 170, 189, 198, 199, 200, 217, 234, 241, 242, 243, 244
Stirner, Max 175
Suárez, Francisco 5, 6, 57, 114, 202, 203, 221, 231, 245

T
Tacitus 85
Taylor, Charles 139, 150 f., 223, 239 f.
Tesón, Fernando 227, 245
Thomasius, Christian 9, 42, 163, 203, 231 f., 241
Thomas von Aquin 4, 5, 76, 120, 130 f., 201 f., 221
Tugendhat, Ernst 116
Turner, Bertram 33, 233

U
Ulpian 201, 202

V
Van Parijs, Phillipe 199
Vattel, Elmer 222, 243, 245
Vico, Giambattista 9
Villey, Michel 91, 236
Vitoria, Francisco de 74, 96 f., 113, 201 ff., 205, 209, 221

W
Waltz, Kenneth 224, 245
Walzer, Michael 138, 239, 245
Weber, Max 23, 65, 235
Weinstock, Daniel 154, 240
Welzel, Hans 19, 231, 232, 237
Westphal, Kenneth 27, 232, 242
Wilson, Woodrow 108
Windscheid, Bernhard 48
Wise, John 103
Wolff, Christian 14, 27, 114, 206
Wollstonecraft, Mary 105, 237

Sachregister

A

Absolutismus 95, 99, 130
Abwehrrechte 113, 148, 172
Allgemeine Erklärung der Menschenrechte 109
Altruismus 10
Anarchie 39, 227
Anthropologie 2, 9, 13, 179
Apartheid 207
appeal to heaven 77
Arbeit 13, 106, 107, 159, 188, 189
Armut 68, 78, 197, 210, 215, 216
Armutsstreit 90, 94, 95, 186
Assimilation 137 ff.
Aushandlungszonen 43, 45, 149
Ausnahmezustand 55, 56, 80, 85, 234
Autokratie 127
Autorität 24, 33, 37, 55, 76, 150, 151, 168, 209

B

Basisdemokratie 67
Bedürfnisse 16, 51, 62, 123, 182, 186
Befehl 3, 9, 22, 24, 42, 78, 130
Befehlstheorie 22, 23, 24, 55
Begriffsjurisprudenz 21, 23
bellum punitivum 103
Besitz 15, 16, 17, 62, 74, 92-96, 102, 104, 121, 124, 158, 184, 186, 187-198, 219
– peremtorischer 190
– provisorischer 190
Besitzverhältnisse 189, 190, 214, 218
Bolschewiki 72
bona fortunae 97, 163
Bourgeois(ie) 144, 164, 170
Brett des Karneades 85
Briand-Kellogg-Pakt 205, 223
Bundesverfassungsgericht 80
Bürgerkrieg 29, 43, 54, 56, 77, 104, 163, 230
Bürgerrechte 113, 115, 130

C

capability approach 175, 183, 220
choice-theory of rights 48, 234
citoyen 72, 104, 106, 164, 237
civitas maxima 206
Corporate Social Responsibility 211, 212
corps politique 64, 126

D

Déclaration des droits de l'Homme et du citoyen 104
Decretum Gratiani 4, 93, 236
Despotie 30, 59, 77, 82
Despotismus 16
Differenzprinzip 192, 193, 196, 213, 214
Diktatur des Proletariats 193
Direitos das Mulheres e Injustica dos Homens 105
Diskriminierung 73, 80, 109, 123, 137, 183, 207
Dominium 236
– iurisdictionis 95, 100, 186
– libertatis 96, 187
– proprietatis 95, 100, 186

E

Egalitarismus 197, 215
Eigentum 13, 15, 90-96, 101, 102, 106, 111, 158, 174, 186-200, 204, 216
Eigentumsrechte 47, 48, 189, 200
Einwanderungspolitik 136
Emanzipation 107, 123
Enteignung 107
Entscheidungsfreiheit 103, 138
Entscheidungsregel 31, 35
Erkenntnisregel 25, 28, 31
Erkenntnisregeln 35
Erklärung der Menschenrechte 104, 106, 109, 112, 116, 164, 192
Ermächtigungsgesetz 40
Essentialismus 37, 215, 216
Europäische Gemeinschaft 54, 86
Europäische Konvention zum Schutz der Menschenrechte und Grundfreiheiten 109
Eurozentrismus 205, 223
Exekutive 56, 59, 85, 116
Exil 40, 72
Exklusion 142, 183

F

failed states 30, 229
Fairness 17, 140, 219
Familienehre 152
Familienrecht 151, 152
Feudalstrukturen 163
First Nations 151
flourishing 12, 194, 198
Folter 109, 119, 120, 133, 134, 135, 161
Franziskaner 94, 96, 187, 188
Freiheit 15, 17, 26, 47, 65, 70, 77, 93-111, 124, 126, 128, 130, 148, 151, 157-180, 187, 192, 195, 197 f., 204
– als Erlaubtheit 169, 170, 171, 174, 180
– als Nicht-Unterwerfung (non-domination) 174
– als Unabhängigkeit 170, 172, 174, 175
– angeborene 103
– bürgerliche 26, 48, 208, 237
– der Meere 204
– des Handels 149, 171
– negative 69, 164, 169, 170, 171, 174, 175
– positive 9, 20, 23, 26, 83, 93, 111, 115, 133, 142, 164 f., 167, 171 f., 175
– republikanische 86, 126, 137, 172, 174
– soziale 28, 71 ff., 78, 89, 95, 104 f., 109, 112, 118, 125-129, 153, 162, 176 f., 182, 191, 193, 211
– Verwirklichung der 108, 176
Freiwilligkeit 125, 151
Frieden 8, 23, 29, 39, 74, 84, 100, 127, 130, 190, 204, 206 ff., 223, 245
Frühembryonen 118, 125

G

Gehorsamspflicht 16, 78, 79, 82
Gemeineigentum 93
Gemeinwohl 5, 66 ff., 72, 76, 91, 129, 130-133, 137, 143, 174, 190, 192 f.
Genozid 208
Gerechtigkeit 3, 13, 16-20, 29, 38, 44, 46, 53, 73-78, 82, 158, 177-185, 190-198, 212, 214, 219, 221
– als Fairness 17
– formale 3, 46, 117, 129, 173, 175, 177, 182, 191
– materiale 158, 190

Gesellschaft 9, 16, 20, 25 f., 32 f., 36, 64, 89, 106 f., 125, 136, 140 ff., 153, 160, 163, 172-177, 182, 192 f., 197, 215
Gesetzespositivismus 22
Gesetzgebung 14, 26, 28, 36, 70, 165, 166, 167, 175
Gewaltenteilung 46, 59, 164
Gewaltmonopol 75, 99, 211
Gewissen 67, 79
Gewohnheitsrecht 34, 35, 111, 210
Gleichheit 7, 8, 10, 13, 17, 44, 91, 99 f., 103, 108, 117, 126, 128, 136, 144, 157 f., 163, 169, 172, 177-186, 190-199, 205, 217, 218, 223
– demokratische 13, 37, 40, 58, 63, 67, 86, 112, 126, 129, 141, 153, 162, 169, 182, 212, 224
– formale 3, 46, 117, 129, 173, 175, 177, 182, 191
– materiale 158, 190
– politische 2, 6 f., 11, 22, 27, 43, 47, 53, 58, 59, 60, 64, 70, 71, 82, 83, 89, 93 ff., 99, 103, 107, 115 f., 128, 130, 132 f., 141, 144, 151, 161, 164, 168, 172, 174, 175, 178, 181 f., 184, 191, 213 f., 216, 229
– rechtliche 2, 19, 22 f., 32 f., 46, 48, 50, 53, 55, 65, 80, 92, 105, 117, 128, 134, 137, 144, 148, 151 f., 166 f., 172, 178, 180, 184, 190, 204, 216, 220 ff.
global governance 162, 211
Globalisierung 38, 150, 161, 195, 206, 207, 219, 223
Glokalisierung 34, 35, 38
Goldene Regel 14
Gouvernementalität 64, 159, 161
Grundbedürfnisse 12
Grundfreiheiten 109, 173
Grundgesetz 86, 87, 134
Grundnorm 22, 23, 25, 30, 31, 206
Grundrecht 50, 171
Gruppenprivileg 103, 110, 172
Guantanamo 133, 224
Güterverteilung 202, 214

H

Handelsfreiheit 171, 221
Hegemonie 43, 81

Herrschaft 6, 8, 51, 56 ff., 64- 68, 75 f., 79 f., 86, 94, 95 f., 99 f., 110, 115, 126-129, 132, 145, 163, 166, 175, 186, 206, 217, 228
– der Mehrheit 69, 71, 112, 115, 129, 140
– des Gesetzes 4, 22, 132, 134, 143, 166, 182, 202

I
Ikonographie 145, 149
Immunität 179
Imperialismus 144, 146, 147, 205, 223, 225, 226
Indigene Kulturen 12, 27, 51, 62, 72 f., 115, 130, 139, 142, 144, 145, 147, 149, 152 ff., 240
Individualisierung 92
Individuum 29, 36, 49, 77, 100, 116, 120, 131, 133, 165-167, 172 f.
Industrialisierung 105
Institution 44, 87, 223
Investitionen 176, 210, 215
invisible hand 131
in-vitro-Fertilisation 125
Islam 33, 34
ius
– ad bellum 222
– civile 2, 201, 243
– fori 2
– gentium 2, 8, 97, 201, 203, 231, 243
– in bello 222
– inter gentes 202
– naturale 2, 4, 8, 93, 99, 201, 223, 236, 243
– nexi 63
– qua homo 98
– sanguinis 63
– soli 63
iusta causa 222
iustus hostis 222 f.
IWF 43, 157, 162, 210

K
Kalifat 224
Kanonisten 93, 236
Kapitalismus 90, 121
Kaukasuskrieg 50

Kazanistan 214
Kinderarbeit 105
Kollateralschäden 120, 222, 238
Kolonialismus 75, 109, 225, 230
Kommunales Wahlrecht 113
Kommunismus 193
Kommunitarier 132, 158
Konsensdemokratie 168
Konsensprinzip 71, 129
Kontraktualismus 182
Koran 141
Korruption 34, 210, 218
Kosmopolitismus 40, 213
Krieg 7, 8, 15, 33, 97, 100-103, 108 f., 133, 152, 201-205, 208, 209, 220-228, 245
KSZE-Schlussakte 210
Kultur 44, 54, 60, 62 f., 81, 112, 130, 136 f., 139, 144, 148 f., 152-155, 214

L
Lebensqualität 173
Lebensraum 145, 148
Lebensrecht 100
Legalität 15, 28, 65, 133
leges naturales 8, 100
Legislative 58, 59
Legitimität 8, 34, 43, 47, 53, 59, 65-68, 71, 73 ff., 77, 83, 127, 136, 157, 162, 172, 196, 208, 213, 220, 224
lex aeterna/divina 5
Libertarians 192
licita potestas 91, 187

M
Macht 10, 38 ff., 55, 56, 58, 59, 64, 65, 96, 101 f., 108, 111, 112, 147, 161, 187, 197 f., 222, 229, 239
Mädchenbeschneidung 44
Magna Charta 76, 94, 104
Markt 131, 191, 218, 220
Marxismus 144
Massendemokratien 58, 71
Mediation 37
Mehrheitsentscheidung 58, 67, 68, 69, 70, 72, 129
Mehrheitskultur 137, 140, 152
Meinungsfreiheit 50, 170, 172, 173, 175

Menschenrechte 1, 30, 32, 41, 45, 47-54, 66, 70, 72, 75, 87-133, 139-154, 164, 172, 187, 192, 202, 207, 209, 211-215, 220, 225-228, 234, 236, 238
Menschenrechtscharta 109
Menschenwürde 82, 86, 91, 102, 117-125
Migranten 75, 138, 140, 142, 143, 154
Migration 63, 161
Minderheiten 41, 64, 69-73, 136, 137, 138-143, 151-154, 212
Minderheitenherrschaft 70, 127
minimum content of natural law 10
Mitbestimmung 168, 181
Mittäterschaft 152, 224
Monarchie 79, 130, 148
Monarchomachen 76
Monroe-Doktrin 204
Moral 2, 8, 9, 17, 21, 23-31, 44, 65, 78, 84, 113, 122, 132, 144, 145, 180, 198
Multikulturalismus 153

N
Nächstenliebe 98
Nation 22, 53 f., 58-62, 64, 71, 77, 83, 152
Nationalökonomie 144 f.
Nationalsozialismus 18, 109, 169
Nationalstaat 60, 62, 63, 73, 138, 157, 159, 160, 168, 211
nation building 62 f. 245
natura naturans 4
natura naturata 4
Naturrecht 1 f., 4, 6-20, 25 ff., 30, 57, 65, 99, 114, 202 f., 231
Naturzustand 7, 8, 11, 15, 46, 54, 99 f., 135, 189, 190, 204, 222
Neukantianismus 22
New Deal 169
Nicht-Einmischung 158, 174
Nicht-Unterwerfung 174, 175
NIMBY 133
Nominalismus 91
non-domination 174
non-interference 169, 174
Nonkognitivismus 22
Norm 4, 22, 44, 50, 55, 66, 120, 183, 185, 206
Nötigung 81
Notwehrrecht 57

O
Objektivität 45, 62, 240
Öffentlichkeit 19, 38, 39, 46, 77, 80, 82, 84, 94, 112, 117, 131, 140, 143, 169, 208, 211, 212
Ontologie 178, 182
Ordoliberalismus 169
Orientalismus 90

P
Pandekten 26
Partizipation 13, 47, 81, 88, 130, 158, 167 ff., 212
Paternalismus 13
Pflichten 9, 16, 78, 104, 121, 133, 172, 181, 185, 214
Physiokraten 131
Pluriversum 41
Polis 3, 7
Polygamie 170
Positives Recht 9
Prärogativrechte 56, 85
Pressefreiheit 90, 164, 170-175
Privateigentum 106, 158, 237
Privatrecht 101
Privatsphäre 158, 161, 171 f.
Privilegien 40, 90 f., 153, 164, 198
Proletariat 170
Propaganda 108, 168
property 102, 188

R
Radbruchsche Formel 29
Rasse 61, 110, 123, 145
Räterepublik 79
reactive culturalism 152
Rebellen 222
Recht
– auf Differenz 140
– auf Zweisprachigkeit 73, 143
– der Frauen 33, 90, 104, 198
– der gelungenen Revolution 57
– natürliches 4, 8, 15, 83, 86, 94, 99, 100, 187
Rechtfertigung 31, 67, 74, 81, 95 ff., 102, 149, 170, 187 f. 190, 202, 209, 221, 224, 226
Rechtsanspruch 119, 140, 173, 188, 209

Rechtsbegriff 1, 35
Rechtsdurchsetzung 1, 40
Rechtsgehorsam 15, 28, 78
Rechtsgeltung 23
Rechtsidee 18
Rechtsnorm 22, 48
Rechtsordnung 1, 22, 36, 47, 49, 53, 55 f., 73, 77, 84, 189, 204, 206
Rechtspluralismus 1, 30, 32, 35-43, 51, 150, 160, 206
Rechtspolitik 19
Rechtspositivismus 1, 18, 21, 22, 29
Rechtsprechung 35, 118
Rechtsquellen 27, 28, 86
Rechtsrealismus 23
Rechtsregeln 24, 25, 27, 31, 149
Rechtssicherheit 18, 29, 54, 83, 135, 190, 218
Rechtssubjekt 49
Rechtssystem 10, 18, 29-32, 38, 49, 60, 78, 83, 113, 133, 149, 165, 170, 219
Rechtstheorie 11, 19
Rechtsunfähigkeit 55
Rechtsverletzung 74, 220
Rechtswirksamkeit 23
Rechtswissenschaft 17, 19, 22, 23, 26
Rechtszustand 81, 189, 190
Redefreiheit 148
Refeudalisierung des Rechts 152
Reformation 98, 99
Regionalisierung 150
Relativismus 22, 234
Religionsfreiheit 104, 141, 164, 172
Repräsentation 37, 58
Repression 66, 75
Republikanismus 126, 132, 137
Ressentiment 82
Revolution 16, 56 f., 59, 79, 80, 91, 103, 107, 112, 145
Reziprozität 15
right-based-theory 47
rule of law 42, 46
rule of recognition 25, 31

S

Scharia 1, 32-36
Schleier des Nichtwissens 16, 146, 185, 192, 195, 213

Schöpfung 5, 23, 120, 122
Schule von Salamanca 95
Selbstbestimmung 69, 103, 111, 125, 164 f., 167, 175, 207, 227, 229
Selbstgesetzgebung 165, 167
Selbstimmunisierung 20
Selbsttötung 97
Selbstversklavung 100, 102
Selbstverteidigung 102, 221
Selbstwidersprüchlichkeit 19
Sezession 40, 73
Sicherheit 38, 40, 78, 114, 157-162, 169, 210, 216, 226, 229
Siegerjustiz 117
Sittlichkeit 16, 17, 25 ff.
Sklaverei 94, 95, 97, 102, 163, 202
socialitas 9
soft law 210
Solidarität 38, 62, 112, 132
Sophistik 2
Souveränität 40, 53, 54, 55, 60, 64, 168, 206 f., 222, 225 ff.
Sozialdemokratie 193
Spanische Scholastik 94
Staat 3, 6, 7, 15 f., 26, 34-39, 44, 47, 53 f., 56, 58, 60, 61, 64, 66, 72-79, 81 f., 85 f., 100, 102, 105, 111, 113, 116, 120, 126 f., 132 f., 140, 147, 152, 157, 159-164, 176, 182, 190, 203, 204, 208, 213, 215 f., 216, 223-229
Staatenbund 116, 208
Staatsbürgerinnen 72, 144
Staatsbürgerschaft 74, 143, 216
Staatsgerichtshof 57
Staatsgründung 101, 203
Staatsmacht 56
Staatsräson 54, 66, 85, 130
Staatssozialismus 169
Staatsverfassung 58
Staatsvolk 63
Stalinismus 74, 164, 169
Stammesgesellschaften 150
Ständestaat 147
Sterbehilfe 119, 125
Stoa 4
Strafgerichtsbarkeit 119
Subsidiarität 38, 39, 87
Sündenfall 96, 186, 187, 197

T
Talion 179
Terrorismus 80, 81, 137, 161, 224
Tiere 7, 122, 183, 184, 186, 201, 202
Tierversuche 173
Todesstrafe 119, 167
Toleranz 136, 138 ff., 179, 239
Totalität 26, 56
Tradition 1, 12 ff., 17, 34, 70, 75, 77 f., 83, 86, 92, 93, 96, 126 f., 136 f., 140, 144, 150, 152, 157, 158, 163, 178, 180, 184, 188, 194, 200, 217, 222
Transkulturalität 144
Transparenz 36, 38, 162
Trennungsthese 21, 25, 28, 29, 31
Tugend 64, 132, 163, 191, 238
Tyrann 95, 171
Tyrannus
– absque titulo 76
– in exercitio 76

U
Umverteilung 196, 197, 218
Unabhängigkeit 15, 46, 67 f., 103 f., 109, 157, 166, 169, 170, 172, 174 f., 241
Ungerechtigkeit 20, 29, 34, 77
Universalismus 51, 146, 205, 234
UNO 30, 53 f., 109, 114, 116, 206 ff., 213, 225, 228, 230
Unparteilichkeit 30, 44, 117, 139, 146, 147, 179, 195
Unschuldsvermutung 141
Unterdrückung 2, 40, 41, 78, 98, 109, 115, 126, 141, 143, 147, 170, 225, 227
Unterwerfungsvertrag 7, 8, 99, 100
Urzustand 16, 213
Usurpator 65, 77
Utilitarismus 17

V
Vaterland 45, 60 f., 97
Verantwortung 102, 110, 190, 197, 215, 226, 227
Verbindlichkeit 7
Verfahrensregeln 43
Verfassung 22, 59, 86 f., 104, 106 f., 208, 236
Verfassungsänderungen 86

Verfassungsstaat 56, 78, 128 f., 133, 164, 170, 207, 208
Veridiktion 131
Vernunftrecht 2, 14, 17, 26, 231
Verteilungsgerechtigkeit 191, 213
Vertrag 9, 15, 16, 100, 101, 102, 110, 113, 207
Vertragstheorie 15, 16, 68
Vertrag von Lissabon 207
Vindication of the Rights of Woman 105
Volk 4, 57, 58, 60, 68, 77, 83, 86, 127, 132, 152, 161
Völkerbund 41, 225
Völkermord 225, 229, 230
Völkerrecht 2, 32, 39, 53 f., 145, 201-209, 211, 213, 216, 223, 234
– supranationales 32, 206
– transnationales 32, 206
– überstaatliches 187, 207
– zwischenstaatliches 201, 207, 213
Volksentscheid 67
Volkssouveränität 57, 58, 59, 60, 77, 86, 88, 126, 128, 227
volonté de tous 69, 129
volonté générale 69, 129, 238

W
Wahlrecht 113, 124
Weltbank 162, 210
Weltbürgerrecht 74, 209
Weltgesellschaft 162, 219
Weltherrschaft 96
Weltmacht 205
Weltöffentlichkeit 50, 116, 211, 219, 220
Weltordnung 40, 45, 53, 91, 116, 213, 216, 217, 218, 220
Weltrepublik 38, 39, 40, 41, 44, 50
Widerstand 59, 76-82, 136, 167, 186 f., 228
Widerstandsrecht 53, 57, 59, 75 ff., 100, 102
Willkür 15, 26, 36, 47, 65, 98, 103, 157, 166, 168-170, 174, 175
Wohlfahrt 197
Wohlstand 131, 159, 180, 197
– der Nationen 61, 131

Z
Zivilbevölkerung 205, 221, 222, 225, 229
Ziviler Ungehorsam 82

Zivilgesellschaft 41, 44, 116, 133, 169, 211, 228

Zwang 11, 15, 24, 55, 100, 118, 120, 134, 141, 157, 169, 175, 180, 186, 191

Zwölf Artikel der oberschwäbischen Bauern 98

Weitere empfehlenswerte Titel

Relativismus
(Grundthemen Philosophie)
Bernd Irlenborn, 2016
ISBN 978-3-11-046247-0, e-ISBN 978-3-11-046354-5 (PDF),
978-3-11-046249-4 (EPUB), Set-ISBN 978-3-11-046355-2

Hoffnung
(Grundthemen Philosophie)
Ingolf U. Dalferth, 2016
ISBN 978-3-11-049467-9, e-ISBN 978-3-11-049196-8 (PDF),
978-3-11-049186-9 (EPUB), Set-ISBN 978-3-11-049206-4

Demokratie
(Grundthemen Philosophie)
Peter Rinderle, 2015
ISBN 978-3-11-039936-3, e-ISBN 978-3-11-034925-2 (PDF),
978-3-11-039950-9 (EPUB), Set-ISBN 978-3-11-034937-5

Imagining Human Rights
Susanne Kaul/David Kim (Hg.), 2015
ISBN 978-3-11-037619-7,
e-ISBN 978-3-11-037661-6 (PDF), 978-3-11-038729-2 (EPUB),
(e-Books: Open Access)

De habitu religionis ad vitam civilem (lat./dt.)
(Samuel Pufendorf, Gesammelte Werke, Bd. 6)
Wilhelm Schmidt-Biggemann (Hg.), 2016
ISBN 978-3-11-045759-9, e-ISBN 978-3-11-045889-3 (PDF),
978-3-11-045797-1 (EPUB), Set-ISBN 978-3-11-045890-9

Politische Utopien der Neuzeit
Thomas Morus, Tommaso Campanella, Francis Bacon.
(Klassiker Auslegen, KA 61)
Otfried Höffe (Hg.), 2016
ISBN 978-3-11-045868-8, 978-3-11-045992-0 (PDF),
978-3-11-045996-8 (EPUB)

www.ingramcontent.com/pod-product-compliance
Lightning Source LLC
Chambersburg PA
CBHW050840230426
43667CB00012B/2084